U0682400

21 世纪高职高专精品教材　　　　总主编 ◎ 苏春林

新税制纳税操作实务系列

SHUIWU DAILI SHIWU

税务代理实务

（第四版）

主　编 ◎ 奚卫华
副主编 ◎ 徐　伟　何　敬
　　　　　司　茹

中国人民大学出版社

·北京·

编委会名单

主　任　苏春林

编　委　（按姓氏笔画排列）

丁春玲　于久洪　王希颖　王学梅

司　茹　冯秀娟　朱红云　乔梦虎

苏春林　何　敬　杨　博　奚卫华

徐　伟　黄玉双　韩建勋　蔡　昌

总　序

　　高等职业教育的人才培养目标必须注重对学生职业技能的训练，以帮助学生尽快适应某一具体岗位的工作；但高等职业教育又应该体现教育的属性，为学生的终身发展、终身幸福服务。如果仅仅训练学生的某一技能，忽视对学生的全面培养，高职院校就会蜕化成技能训练班；当然，脱离了职业技能训练的高等教育，缺失了实在的载体，提高学生的全面素质会成为无源之水。

　　若要实现对学生职业技能的训练和全面素质提升的有机结合，最重要的是让学生成为学习的主人，成为学习活动的主体，既当演员，又当导演，教师承担起顾问和咨询师的角色。学生作为学习的主人，在自主学习、自我训练及师生、生生共同探索的过程中，既得到专业技能的训练，又水到渠成地锻炼了学习能力以及和他人友善共事的"人格"能力。教材是实现人才培养目标的重要工具，"新税制纳税操作实务"系列教材编写的初衷就是尊重学生的学习主体地位，适合自学、适合自我训练。

　　1. 每章（项目）有学习目的或训练任务，指导学生自学和自我训练。在使用本系列教材时可由教师先布置任务，把学生分成数个学习小组；每个小组的学生从选择资讯、作出决策、实施决策到总结反馈完成一个完整的项目。完成项目后，每个学习小组推荐代表展示成果，由学生讨论，教师点评并给出阶段性学生成绩。学生通过自主地参与整个学习过程，在操作中锻炼岗位技能，在完成任务中探索税法知识，加深对税法的理解和对纳税程序的把握。

　　2. 编写形式力求生动活泼，让学生能读懂、读进去。每章前编有导入案例，引发学生的学习兴趣，在每章内容中，编有"资料链接""业务操作案例"，每章后有"实务训练题""案例分析"，以利于师生之间和学生之间的讨论，锻炼学生解决问题的能力。

　　3. 素材丰富，各章（项目）精心设置"资料链接"，模拟类教材附有全套的纳税图表工具。这些插入的素材均与上下文有密切的逻辑关系，成为教材中的有机组成部分，可以扩展学生的阅读视野，激发其探索相关知识的欲望。

　　本系列教材自 2004 年由中国人民大学出版社出版发行以来，得到高职界同行一定程度的认可，多次重印。之所以受到这样的欢迎，主要是因为我们一直所秉持的以学生为主体、为学生的自主学习和教师更有成效的工作提供适用教材的理念，当然也是教材编写者们一丝不苟、艰苦耕耘的结果。这次再版的教材从内容到案例均依据出版前出台的最新税收法规，摒弃失效的法律法规，能够为使用者提供最具时效性的税法信息。同时，本次修订也依据目前高职院校的教学改革情况，部分教材改为采用"项目引领、任务导向"的编写形式。

在本系列教材的编写过程中，编者们吸收了高等职业教育最新的教学理念，把新的教学方法固化在教材中；编写中也参考了大量近年来出版的税法专著和教材，借此再版的机会向高职界同行、税法教育界同行表示衷心的感谢和崇高的敬意。同时也感谢参编教师所任课的各类班级的同学们，他们在探讨问题的过程中给了我们不少的启发和真诚的鼓励。

最后衷心感谢选用本系列教材的各位同行多年的支持与厚爱，希望您不吝赐教，以使得我们编写的教材让您更加满意。

苏春林

前　言

税务代理是税务师在国家法律规定的范围内，以税务师事务所的名义，接受纳税人、扣缴义务人的委托，代为办理税务事宜的各项行为的总称。它是市场经济发展、税收制度不断完善的必然产物。在发达国家，税务代理制度已有百年历史；与发达国家相比，我国税务代理行业出现较晚，始于20世纪80年代中期的税务咨询业。随着我国税制改革的不断深入、税收征管的加强和纳税人纳税意识的提高，税务代理行业蓬勃发展。推行税务代理制度，由纳税人自主选择其信赖的税务代理人，可以增强纳税人的纳税意识，减少税收流失；推行税务代理制度，有利于降低税务机关的征税成本，提高征税效率；同时，税务代理业的发展有助于形成纳税人、税务代理人和征税机关之间相互监督的制约机制，促进我国依法治税的进程。

规范、发展和完善税务代理制度，对于优化我国的税收环境具有深远的意义。有鉴于此，本书作者从我国税务代理实际业务操作的角度，分三篇（基础篇、审查与申报篇、拓展篇）系统阐述了税务代理的基础知识、纳税申报与纳税审查的具体业务内容以及其他涉税事宜。本书的特色及创新之处主要体现在：

1. 时效性。根据最新的税收法规（包括全面"营改增"的规定、资源税从价定率征收、消费税征税范围变化等）、会计准则以及国家税务总局新发布的《增值税纳税申报表》《企业所得税年度纳税申报表》《个人所得税纳税申报表》编写本书，具有极强的实效性。

2. 实用性。本书作者长期从事一线税务人员、会计人员的培训工作，曾为数十家大中型企业的会计人员和税务机关的税务人员进行税务知识培训。作者从实际工作人员对税务代理知识的应用出发，结合案例和实际工作流程编写本书，能够有效地满足学生、实务工作者学习纳税申报、纳税审查等税务代理知识的需求。

3. 体系新颖。为满足高职高专的教学需要，本书设计了导入案例、案例、本章小结、思考题、实务训练题等内容，符合高职高专学生的认知特点。

4. 简洁明了、通俗易懂、重点突出。本书不单纯罗列税法条文，而是通过企业的实际操作案例来介绍税务代理的相关知识。本书在简要介绍税务代理基础知识的基础上，以纳税申报、纳税审查为重点，突出税务代理的核心工作，使学生易于抓住重点。

5. 教学资源丰富。本书配有教学资源库（请登录 http://www.crup.com.cn/jiaoyu/搜索下载），内含教学PPT、若干表格的填写说明及因篇幅所限未能尽列的各类纳税申报表等。

本书编写分工如下：徐伟编写第一、二、十章，何敬编写第三、四章，奚卫华编写第五、六、七、八章，司茹编写第九章，全书由奚卫华总纂。

在编写过程中，作者参阅了税务代理方面已有的研究成果，部分参考文献附于书后，本书的写作还得到了很多企业的大力协助，为本书提供了第一手宝贵的资料，在此一并表示感谢。由于我们水平有限，书中不足之处在所难免，恳请读者不吝赐教，以期再版时修正。

编者

目 录

第一篇 基 础 篇

第二篇 审查与申报篇

第三篇　拓 展 篇

第一篇

基础篇

第一章 导 论

【学习目的】

通过本章的学习，应当掌握税务代理的概念、税务代理的范围及税务代理的法律关系与法律责任。

【导入案例】

从电影《肖申克的救赎》看税务代理

《肖申克的救赎》在豆瓣电影上的评分高达 9.6 分，是长期被影迷所推崇的电影，其描述的是银行家安迪（Andy）在 1947 年被指控枪杀了妻子及其情人，被判无期徒刑，需要在狱中度过余生的故事。在这个电影里，有这样三个与税收相关的片段：

第一个是安迪帮助狱警申报个人所得税，填写在美国经常使用的个税申报表（1040 表），在申报时安迪帮助狱警把枪套等与工作相关的支出在税前予以扣除，使得狱警少负担税收——这个行为是合理纳税。

第二个是安迪在屋顶刷漆时听到一个狱警抱怨继承其哥哥的遗产需要缴纳高额比例的税收，于是安迪告诉该狱警可以通过把遗产转赠给妻子的方式回避联邦所得税，最终这个方法成功了——这个行为是纳税筹划。

第三个是安迪帮助典狱长做"花账"，以虚构人物和银行账号的方式转移财富，使得典狱长有了一个不用交税的小金库——这个行为是逃避税收。

上述三个片段带来了几个问题：为什么银行家安迪可以帮助别人少交税，而狱警们对自己的税收情况一无所知？在上述行为中，安迪在扮演什么角色？安迪的三个做法都可以少交税，但是否都可取？一旦被发现，要承担什么责任？想要解决上述问题，我们就不得不谈到税务代理。

第一节 税务代理概述

一、什么是税务代理？

说到税务代理，不得不从代理说起。如今，代理活动遍布于我们日常生活的方方面面。当我们想要吃饭去叫百度外卖的时候，当我们想买卖房屋去找链家地产的时候，当我们想维权去找律师的时候……以上诸多情形，我们都需要有一个人或机构帮我们去做一件事情，而这个事情就是代理活动，外卖小哥、链家地产和律师就是代理人，而我们就是被代理人。当我们头疼于税务登记、税款计算、纳税申报、减免税申请、税负过重等相关涉税事项时，我们也希望有一个人或机构帮我们办理上述事情，而解决这些问题的过程就是税务代理。因此，税务代理就是受托人代委托人代办涉税事项的行为。

为什么我们需要税务代理？先看一个简单的问题，如果有人问你去哪儿交税，你可能不假思索地回答：当然是去税务局交税了，但如果继续问你去哪个税务局，你就会发现一个简单的问题开始变得专业了，得找个专业人士问一问，因为我国的税务局分为国家税务局和地方税务局。我们为什么需要税务代理？那一定是源于税收事项的复杂性。

说到税务代理源于税收事项的复杂性，让我们看看日本的例子。1896年，日本政府制定了营业税法。面对税收负担的加重及税法的复杂性，一些营业税纳税人为了减少税收负担，顺利完成纳税申报，便向一些懂税的人（如退休的税务人员）寻求纳税帮助。1904年，日本政府为了筹措战争经费，再次修改了营业税法，增加了纳税人税款计算的难度和工作量。在这种情况下，营业税纳税人寻求税务帮助业务迅速增加，于是税务服务成为较为稳定的行业。日本政府认可税务服务行业的存在，并在1911年出台《税务代办监督制度》，从而对税务服务行业进行规范。这被看作税务代理制度的起源。在这之后，一些发达资本主义国家和地区也出现了类似的税务服务行业和相应的约束制度，这个税务服务行业和相应的约束制度就是我们今天所说的税务代理行业和税务代理制度。

由此可见，税务代理是经济发展到一定程度时，纳税人面对税制复杂性的客观需要。税收事项的复杂性是税务代理行业发展的第一动力。

影响税务代理行业发展的第二个因素就是选择税务代理服务机会成本的大小。税收事项的复杂性是税务代理的第一动力，但复杂性都是相对的，关键是你愿意付出多少精力和时间去熟悉它。试想一下，如果一个乞丐宁可花钱点送餐外卖，也不愿意暂时离开他所行乞的地方，那么往往是因为在送餐这段时间行乞的收入要高于点餐的成本。我们以现在的美国个人所得税纳税申报为例，美国税务局要求的个人所得税纳税申报包括：单身申报、夫妻联合申报、丧偶家庭申报、夫妻单独申报及户主申报。其纳税申报项目不仅包括工资所得、劳务所得等一些常规项目，还包括一些非常规项目，如捡拾物品所得等。其纳税申报方式包括邮寄申报、电话申报和网络申报等多种申报形式。面对如此复杂的申报规定，美国人每次进行个人所得税纳税申报时都感到非常头疼，如果花费大量时间去弄懂申报制度，就意味着耽误大量时间和工作。因此，如何能够顺利完成纳税申报成为许多纳税人的艰巨任务。面对这种情况，很多纳税人宁可请税务代理人员代劳，并依据纳税数额及报税手续的烦琐程度有偿付费。美国一个普通家庭每年要向税务代理人员支付数百美元乃至上千美元的劳务费，这已经是再平常不过的事情了。如此复杂的申报制度把越来越多的美国人同税务代理行业紧密联系在一起。据统计，美国全国仅业余报税师就有数十万之多，他们平时从事其他职业，到纳税申报期便办理代理报税业务。

影响税务代理行业发展的第三个因素是谋取税收利益，降低税收支出。随着经济的快速发展，企业间的竞争日益激烈，如何谋取税收利益，降低税收支出，已经成为越来越多的企业所关注的焦点。根据TechWeb 2016年3月11日的报道，阿里巴巴集团为了让一线员工在杭州置业，通过"招拍挂"方式取得某地块，土地性质为商住混合用地，即除配套商业、酒店外，还有部分住宅性质。目前，阿里巴巴集团仅有西溪三期地块涉及住宅开发，而且仅面向阿里巴巴集团员工销售。此次阿里巴巴集团内部出售房源价格约为 10 000 元/平方米，而同区域房产项目售价从 17 000～20 000 元/平方米不等，换言之，马云的内部房源价格仅是市场价的 60％。根据上述情况分析，阿里巴巴集团如果自行购买土地开发房产并低价销售给职工，需要缴纳契税、增值税、城建税、教育费附加、土地增值税、企业所得税等；如果职工按上述低价去购买一套面积为 100 平方米的房屋，按现行个人所得税相关法律的规定，适用税率高达 45％。因此，阿里巴巴集团如果按上述方式给予员工福利，需要付出很大的代价，而员工想要住进福利房，也得先过了税务局这道关。如何在税收支出和职工福利之间找到一个平衡点，既可以少交税，又可以顾及职工福利？越来越多的企业会主动寻求税务代理服务。

二、我国税务代理的发展与前景

我国的税务代理行业始于 20 世纪 80 年代中期的税务咨询业。当时，一些离退休税务干部组建税务咨询机构，为纳税人提供纳税帮助。我国在 1993 年实施的《中华人民共和国税收征收管理法》第 57 条（在 2001 年修订后的《中华人民共和国税收征收管理法》中为第 89 条）明确规定"纳税人、扣缴义务人可以委托税务代理人代为办理税务事宜"，这为我国税务代理的发展提供了法律依据。1994 年，国家税务总局颁布了《税务代理试行办法》，要求开展税务代理试点工作，税务代理市场正式启动。1996 年，人事部和国家税务总局下发了《注册税务师资格制度暂行规定》，标志着注册税务师资格制度①在我国正式确立。

近几年，我国税制改革不断深化，税收制度日益完善，征管环境日趋严格，主要表现在下述几个方面。

（一）宽税基、严征管的政策倾向

2016 年 5 月 1 日，我国全面推行增值税，并取消了营业税，本着宽税基、严征管的政策倾向，国家通过"营改增"降税 5 000 亿元，但同时又颁布了四个稽查文件，分别是：税总发〔2016〕84 号《国家税务总局关于印发〈国家税务局　地方税务局联合稽查工作办法（试行）〉的通知》；税总发〔2016〕73 号《国家税务总局关于印发〈税务稽查随机抽查对象名录库管理办法（试行）〉的通知》；税总发〔2016〕74 号《国家税务总局关于印发〈税务稽查随机抽查执法检查人员名录库管理办法（试行）〉的通知》；税总发〔2016〕71 号《国家税务总局关于印发〈税务稽查案源管理办法（试行）〉的通知》。

（二）发布了商品和服务税收分类与编码

为加快税收现代化建设，方便纳税人便捷、规范开具增值税发票，有利于税务机关加强增值税征收管理，国家税务总局编写了《商品和服务税收分类与编码（试行）》，以便约束纳税人在开票时乱填开票名称，进一步防范了开具发票的违法犯罪行为。

（三）国家税务总局颁布了《纳税信用管理办法（试行）》

根据《纳税信用管理办法（试行）》，纳税信用级别设 A、B、C、D 四级。A 级纳税信用为年度评价指标得分 90 分以上；B 级纳税信用为年度评价指标得分 70 分以上不满 90 分；C 级纳税信用为年度评价指标得分 40 分以上不满 70 分；D 级纳税信用为年度评价指

---

① 根据国务院 2014 年 7 月 22 日发布的《关于取消和调整一批行政审批项目等事项的规定》，取消了注册税务师职业资格许可和认定，注册税务师改为税务师。

标得分不满 40 分或者直接判级确定。纳税人信用等级越高，其所适用的征管程序越少。如对纳税信用 A、B 级的纳税人取消增值税发票的扫描认证；反之，对于纳税信用等级较低的纳税人，会被记入黑名单，限制企业及管理层的经济活动，如贷款、消费和出境等。税务机关按月开展纳税信用等级动态调整工作。国税机关、地税机关相互传递动态调整相关信息，协同完成动态调整工作，并为纳税人提供动态调整信息的自我查询服务。

（四）推行金税三期工程

金税三期工程通过建设统一的网络发票管理、查询等系统，制定网络发票开具标准和赋码规则等相关制度，及时获取纳税人开具发票信息，与申报信息进行分析比对，促进税源管理；为纳税人提供发票信息辨伪查询；逐步实现发票无纸化，最大限度地压缩假发票的制售空间。

伴随复杂的税收制度和日益严峻的征管环境，企业、个人和税务机关对税务代理服务的需求日益增加，具体表现为下述几方面。

1. 企业需要税务代理服务

随着税制改革的不断深化以及税收征管力度的不断加强，怎样进行税务登记、正确计算税款、及时进行纳税申报和申请税收优惠已成为纳税人必须面对的法律问题。面对这些问题，企业的财务人员很可能力不从心，由于缺乏对税收法规的了解而承担涉税风险，造成不必要的损失，或者由于缺乏对税收优惠政策的了解，本应该享受的税收优惠没有进行申请，增加了企业的税收负担。因此，完全靠财务人员处理涉税事务已不能适应经济发展的需要。获得良好的税务代理服务已成为很多企业的迫切需求。

2. 个人需要税务代理服务

随着市场经济的发展和全国居民收入的增长，个人所得税制度日益完善，尤其是国家税务总局在 2006 年发布了《关于印发〈个人所得税自行纳税申报办法（试行）〉的通知》，要求年所得 12 万元以上的纳税人自行纳税申报，更是促进了个人所得税制度的发展。怎样区分不同种类的所得、怎样正确计算自己的所得额，这对于大多数缺乏税法知识的个人来说是个难题。因此，个人对税务代理服务需求的增加是今后的必然趋势。

3. 税务机关需要税务代理服务

面对日益增长的纳税人数量和征管力度的不断加强，税务机关的任务越来越重。如何减少税收成本、提高征管效率，如何合法征管、保障纳税人的合法权益，已经成为税务机关的当务之急。长期以来，我国的税收成本一直居高不下，征税费用占税收收入的比例高达 5%～6%，远远高于美国、日本等发达国家。从中美比较来看，美国有 12 万税务人员，年税收收入 1 万多亿美元；我国有 100 万税务人员，年税收收入 1 000 多亿美元。日本的年税收收入仅次于美国，是全球第二税收大国，但日本的税务人员有 13 万人左右，从事税务代理的人员就达 30 万人，大大超过了税务机关工作人员，征税成本也很低。因此，税务机关需要通过税务代理服务降低征税成本，提高征税效率，同时税务代理业的发展也有助于形成纳税人、税务代理机构和征税机关之间的监督制约机制。

根据税务师行业"十二五"时期发展指导意见，为了实现行业跨越式发展，到 2015 年底，我国基本实现税务师资格人数、执业人数和行业从业人数分别达到 12 万人、5 万人和 12 万人，税务师事务所数量达到 6 000 家的目标。税务师事务所重组、转型运转顺利，涉税鉴证业务范围进一步扩大，涉税服务高端业务、新兴业务比重进一步提高。上述情况告诉我们，税务代理服务离我们生活越来越近，税务代理人员队伍越来越壮大，那么到底谁能够提供税务代理服务？

第二节　税务代理人员与机构——税务师与税务师事务所

任何具备一定财税专业知识的人都可以从事一定范围的代理服务。例如：取得会计从业资格证书的人员，可以从事代理记账及代办纳税申报等涉税事项；拥有税务咨询师资格的人员，可以从事涉税咨询服务或一对一的税务顾问服务；拥有税务筹划师资格的人员，可以从事代理纳税筹划服务。提供税务代理服务的核心力量则是税务师和税务师事务所。

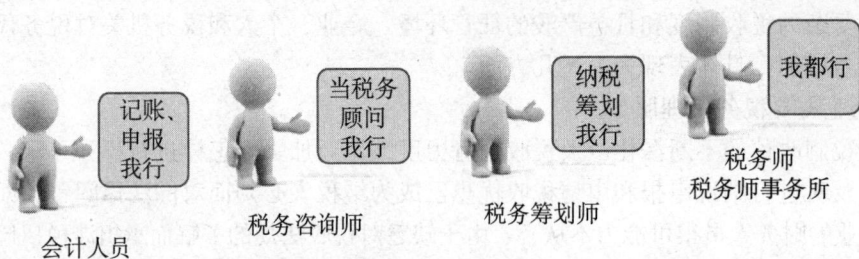

会计人员　记账、申报我行
税务咨询师　当税务顾问我行
税务筹划师　纳税筹划我行
税务师　税务师事务所　我都行

一、税务师

税务师应是精通税法和财务会计制度，并能熟练进行实务操作的专业技术人员，其必须具备从事税务代理工作的专业素质和工作技能。我国每年都有大量的人员报名全国税务师职业资格考试，2014—2016 年，每年报考人数都在 18 万人左右。税务师从事代理工作，形成法律上的代理服务关系，因此就会产生一定的权利，形成一定的义务。

（一）税务师的权利

（1）有权依照《注册税务师管理暂行办法》规定的范围，代理由委托人委托的代理事宜。

（2）依法从事税务代理业务，受国家法律保护，任何主体都不得非法干预。

（3）可以向税务机关查询税收法律、法规、规章和其他规范性文件。

（4）可以要求委托人提供有关会计、经营等涉税资料（包括电子数据），以及其他必要的协助。

（5）可以针对税收政策存在的问题向税务机关提出意见和修改建议；可以对税务机关和税务人员的违法、违纪行为提出批评或者向上级主管部门反映。

（6）对行政处分决定不服的，可以运用法律武器，依法申请行政复议或向人民法院起诉。

（二）税务师的义务

（1）执业由税务师事务所委派，个人不得承接业务。

（2）应当在对外出具的涉税文书上签字盖章，并对其真实性、合法性负责。

（3）税务师在执业过程中发现委托人有违规行为并可能影响审核报告的公正时，应当予以劝阻；劝阻无效时，应当终止执业。

（4）税务师对执业中知悉的委托人的商业秘密，负有保密义务。

（5）税务师应当对业务助理人员的工作进行指导与审核，并对其工作结果负责。

（6）税务师与委托人有利害关系的，应当回避；委托人有权要求其回避。

（7）税务师应当不断更新执业所需的专业知识，提高执业技能，并按规定接受后续教育培训。

二、税务师事务所

税务师事务所是专门从事税务代理的工作机构，由税务师出资设立，其组织形式为有限责任制税务师事务所和合伙制税务师事务所，以及国家税务总局规定的其他形式。

申请设立税务师事务所的主体，应当向审批机关提出书面申请，并报送下列有关资料：

（1）税务师事务所的名称、组织机构、营业场所。

（2）税务师事务所主要负责人的姓名、简历及有关证明文件。

（3）税务师事务所的从业人员情况以及税务师的姓名、简历和有关证明文件。

（4）税务师事务所的章程、合同、协议书。

（5）审批机关要求提供的其他资料。

三、税务师行业特点

（一）主体的确定性

税务代理工作是一项技术性很强的工作。在我国，主要是由税务师及税务师事务所从事税务代理工作，并且税务师只能以税务师事务所的名义接受委托代理。

（二）法律约束性

税务代理作为中介服务行为，其主要工作是在合法的限度内，在保证国家财政利益的前提下，帮助纳税人合法、合理纳税。税务代理机构不能在代理的过程中协助纳税人或扣缴义务人偷逃税款，损害国家利益。

（三）代理活动的公正性

在代理活动中，税务师应站在客观、公正的立场上，以税法为准绳，以服务为宗旨，既为维护纳税人合法权益服务，又为维护国家税法的尊严服务。

（四）执业活动的专业性

税务师应当具有专业知识和实践经验，有综合分析能力，以税收法规和民事代理法规为依据，只有这样，才能从事有关税务事宜的代理业务。

（五）执业内容的确定性

税务师的执业范围，由国家以法律、行政法规和行政规章的形式确定，税务师不得超越规定的范围从事代理活动。除税务机关按照法律、行政法规规定委托税务师代理外，税务师不得代理应由税务机关行使的行政职权。

（六）税收法律责任的不转嫁性

税务师与纳税人、扣缴义务人代理关系的建立并不改变纳税人、扣缴义务人对其本身所固有的税收法律责任的承担。在代理过程中产生的税收法律责任，无论是纳税人、扣缴义务人的原因，还是税务师的原因，其承担者均为纳税人或扣缴义务人，而不能因为建立了税务代理关系而转移征纳关系，即转移纳税人、扣缴义务人的法律责任。但是这种法律责任的不转嫁性,并不意味着税务师在执业过程中可以对纳税人、扣缴义务人的权益不负责任,不承担任何代理过错。若因税务师工作过失而导致纳税人、扣缴义务人产生损失,纳税人、扣缴义务人可以通过民事诉讼程序向代理人提出赔偿要求。

【案例1-1】 因为天元税务师事务所代理人张庆的失误,其所代理的华美服装销售公司(以下简称华美公司)2016年3月的增值税申报未在规定的期限内办理,华美公司所在地主管税务机关对华美公司做出加收滞纳金200元和罚款5 000元的决定。对于这些滞纳金和罚款,华美公司认为是由于天元税务师事务所代理人的操作失误造成的,应该由天元税务师事务所负责缴纳。请分析上述滞纳金和罚款究竟由谁来缴纳。

解析:

根据税收法律责任的不转嫁性,滞纳金和罚款虽然是由代理人操作失误造成的,但这并不能改变华美公司的税收法律责任,因此该滞纳金和罚款应全部由华美公司缴纳,但华美公司可以向天元税务师事务所提出民事赔偿要求。

(七)执业有偿服务性

税务师事务所及税务师与委托人达成代理事项往往是以收取一定费用为前提的。

第三节 税务代理的原则、范围与形式

一、税务代理的原则

(一)依法代理准则

开展税务代理必须依照税收法律和法规进行,任何人不得违反税法规定,这是一切税务代理活动的前提,也是税务代理必须遵循的行为准则。

(二)自愿原则

税务代理行为发生的前提必须是代理人与被代理人双方都自愿。纳税人有委托和不委托的选择权,有选择不同代理人的权利;同时,税务代理人也有受理或不受理纳税人委托代理的选择权。

(三)自律原则

税务代理机构和税务代理人员要严格自律,依照国家法律从事中介服务,树立税务代理行业的良好社会形象。税务代理机构作为社会中介服务组织,在实施代理过程中必须站在公正的立场上,诚信严谨,代纳税人办理各项税务事宜。

(四)合理收费原则

税务代理工作同医生、律师、会计师的工作一样,是一种专业程度很高的智力劳动,税务代理人付出劳动就应得到相应的报酬,因此应当按照代理工作的数量和质量来确定合理的报酬。但代理收费必须按照国家规定,做到合理合法,不能随意制定标准、乱收费。

(五)保密原则

在税务代理活动的过程中,税务代理人必然会知晓委托人的生产经营情况,其中凡涉及委托人的商业秘密和其他秘密的,税务代理人必须为委托人保密,不得擅自向社会及委托人的竞争者泄露;否则,对委托人造成经济损失及其他损失的,税务代理人应当承担法律责任。保守委托人的秘密,既是办理税务代理业务应该遵循的一项原则,也是税务代理人的执业纪律。

二、税务代理的范围

《注册税务师管理暂行办法》规定，税务师可以接受委托人的委托从事下列范围内的业务代理：

（1）办理税务登记。

（2）办理纳税、退税和减免税申报。

（3）建账、记账。

（4）办理增值税一般纳税人资格认定申请。

（5）利用主机共享服务系统为增值税一般纳税人代开增值税专用发票。

（6）代为制作涉税文书。

（7）开展税务咨询、税收筹划、涉税培训等涉税服务业务。

（8）承办下列涉税鉴证业务：企业所得税汇算清缴纳税申报的鉴证；企业税前弥补亏损和资产损失税前扣除的鉴证；土地增值税清算鉴证；国家税务总局和省税务局规定的其他涉税鉴证业务。

三、税务代理的形式

税务师在接受纳税人、扣缴义务人委托时，因委托内容多少、时间长短等因素的不同会产生全面代理、单项代理、常年代理、临时代理等代理形式。

（一）全面代理

税务代理人代理纳税人、扣缴义务人所有涉税事宜。一般来说，纳税人、扣缴义务人在委托全面代理时会把一个纳税年度的涉税事宜委托给代理人，这样做虽然代理费用会高一些，但是可以减少涉税风险。

（二）单项代理

税务代理人代理纳税人、扣缴义务人某一项涉税事宜，如代理税务登记、代理纳税申报、代办增值税一般纳税人资格申请等单一事项。

（三）常年代理

税务代理人同纳税人、扣缴义务人形成了稳定的代理关系，就纳税人、扣缴义务人全部或部分涉税事宜进行长期的代理，如常年接受企业建账和记账业务代理、常年接受纳税人各个税种的纳税申报代理等。

（四）临时代理

税务代理人就纳税人、扣缴义务人临时发生的税务事项进行代理，如代理产品出口退税等。

第四节　税务代理的法律关系与法律责任

一、税务代理的法律关系

税务代理的法律关系是指纳税人、扣缴义务人委托税务师办理纳税事宜而产生的委托方与受托方之间的权利、义务和责任关系。

（一）税务代理法律关系的确立

1. 税务代理法律关系的确立前提

（1）委托项目必须符合法律规定。税务师不得超越法律规定范围进行税务代理，并严禁代理偷税、骗税业务，在代理过程中，如果发现纳税人有违法行为，可以终止税务代理关系。

（2）受托代理机构及专业人员必须符合一定的资格条件。税务代理机构在我国专指经国家税务总局及其授权部门确认批准的税务师事务所，其他机构不得从事税务代理业务。

税务代理人员必须经考试取得全国《税务师职业资格证书》，方可从事税务代理业务。税务师职业资格证书实行登记服务制度。

（3）税务师的代理业务必须由所在的税务师事务所统一受理。税务师只能接受其所在的税务师事务所委派的业务，不能以个人名义接受纳税人、扣缴义务人的委托。

（4）签订委托代理协议书。税务代理法律关系的确立前提之一是税务代理机构和纳税人、扣缴义务人之间必须书面签订委托代理协议书，不得采用口头或其他形式。未签订委托代理协议书而擅自开展税务代理业务的，不受法律保护。

2. 税务代理法律关系确立的程序

（1）确定代理内容及收费标准。税务代理法律关系是在双方自愿的基础上建立的，这就要求税务代理机构和纳税人、扣缴义务人就有关代理事项达成一致意见。同时，税务代理具有有偿性的特征，税务代理法律关系能否达成，还要看纳税人、扣缴义务人在委托代理时是否认可税务代理机构的收费标准。

（2）签订委托代理协议书。税务代理机构和纳税人、扣缴义务人一旦就代理内容及收费标准达成一致，就要签订委托代理协议书，在法律上确定双方的权利和义务。双方不签订委托代理协议书的，代理关系不受法律保护。

（二）税务代理法律关系的变更

委托代理协议书签订后，税务师及其助理人员应按协议约定的税务代理事项进行工作，但遇有下列问题之一的，应由协议双方协商对原协议书进行修改和补充：

（1）委托代理项目发生变化。委托代理项目发生变化分为两种情况：第一种是原委托代理项目有了新发展，代理内容超越了原约定范围，经双方同意增加或减少代理内容，如原来签订的是单项代理，后改为全面代理；第二种是由客观原因，委托代理内容发生变化，需要相应修改或补充原协议内容。

（2）税务师发生变化。

（3）由于客观原因，需要延长完成协议的时间。

上述内容的变化都将使税务代理法律关系发生变化，因此，必须修订委托代理协议书，并经过委托方和受托方以及税务师共同签章后才能生效，修订后的协议书具有同等法律效力。

（三）税务代理法律关系的终止

税务代理法律关系会随着代理事项的完成或者因为某些事情的发生而被迫终止。因此，税务代理法律关系的终止情形可分成以下两类。

1. 自然终止

税务代理法律关系的自然终止是最常见的终止形式。所谓自然终止，就是代理人按合同约定成功完成了委托人的代理事项，委托人对代理人的服务感到满意，税务代理法律关系自然终止；或者按照法律规定，税务代理期限届满，委托代理协议书届时失效，税务代理法律关系自然终止。

2. 人为终止

人为终止是相对于自然终止而言的，它是由于一方违反合同或一方失去代理资格等因素引起的税务代理法律关系的被迫终止。

（1）有下列情况之一的，委托方在代理期限内可单方终止代理行为：

1）税务代理执业人员未按代理协议的约定提供服务；

2）税务师事务所被注销资格；

3）税务师事务所破产、解体或被解散。

（2）有下列情况之一的，税务师及其代理机构在委托期限内可单方面终止代理行为：

1）委托方死亡或解体、破产；

2）委托方自行实施或授意税务师实施违反国家法律、行政法规的行为，经劝告仍不停止其违法活动的；

3）委托方提供虚假的生产、经营情况和财务会计报表，造成代理错误。

委托方或税务师按规定单方终止委托代理关系的，终止方应及时通知另一方，并向当地税务机关报告，同时公布终止决定。

二、税务代理的法律责任

一般来说，税务代理人（包括税务代理机构和承办税务代理的人）实施的代理行为所引起的法律责任，应直接由纳税人、扣缴义务人承担，但是，在税务代理实践中还应注意根据不同情况正确区分纳税人、扣缴义务人和税务代理人之间的法律责任。

（一）委托方的法律责任

当事人一方不履行合同义务或者履行合同义务不符合约定的，应当承担继续履行、采取补救措施或者赔偿损失等违约责任。因此，如果委托方违反代理协议的规定，致使税务师不能履行或不能完全履行代理协议，由此产生的法律后果和法律责任应全部由委托方承担。其中，委托方除了应按规定承担本身应该承担的税收法律责任以外，还应按规定向受托方支付违约金和赔偿金。

（二）受托方的法律责任

代理人不履行职责而给被代理人造成损害的，应当承担民事责任。根据这项规定，税务代理人如因工作失误或未按期完成税务代理事务等未履行税务代理职责，给委托方造成不应有的损失的，应由受托方负责。

税务代理人违反税收法律、行政法规，造成纳税人未缴或者少缴税款的，除由纳税人缴纳或者补缴应纳税款、滞纳金外，对税务代理人处以纳税人未缴或少缴税款50％以上3倍以下的罚款。

《注册税务师管理暂行办法》规定，对税务师及其所在机构违反有关规定的行为按下列规定处理：

（1）税务师有下列行为之一的，由省税务局予以警告或者处1 000元以上5 000元以下罚款，责令其限期改正，限期改正期间不得对外行使税务师签字权，逾期不改正或者情节严重的，应当向社会公告，公告办法另行规定：执业期间买卖委托人股票、债券的；以个人名义承接业务或者收费的；泄露委托人商业秘密的；允许他人以本人名义执业的；利用执业之便，谋取不正当利益的；在一个会计年度内违反《注册税务师管理暂行办法》规定两次以上的。

（2）税务师事务所有下列行为之一的，由省税务局予以警告或者处 1 000 元以上 1 万元以下罚款，责令其限期改正，逾期不改正或者情节严重的，应当向社会公告：未按照《注册税务师管理暂行办法》的规定承办相关业务的；未按照协议规定履行义务而收费的；未按照财务会计制度核算，内部管理混乱的；利用执业之便，谋取不正当利益的；采取夸大宣传、诋毁同行、以低于成本价收费等不正当方式承接业务的；允许他人以本所名义承接相关业务的。

（3）税务师和税务师事务所出具虚假涉税文书，但尚未造成委托人未缴或者少缴税款的，由省税务局予以警告并处 1 000 元以上 3 万元以下的罚款，并向社会公告。

（4）税务师和税务师事务所违反税收法律、行政法规，造成委托人未缴或者少缴税款的，由省税务局按照《中华人民共和国税收征收管理法实施细则》第 98 条的规定处以罚款；情节严重的，撤销执业备案或者收回执业证，并提请工商行政管理部门吊销税务师事务所的营业执照。

（三）对共同法律责任的处理

代理人知道被委托代理的事项违法，仍进行代理活动的，或者被代理人知道代理人的代理行为违法，不表示反对的，被代理人和代理人负连带责任。根据此项规定，税务师与被代理人如果互相勾结，偷税抗税，共同违法，应按共同违法论处，双方都要承担法律责任。涉及刑事犯罪时，还要移送司法部门依法处理。

【本章小结】

1. 税务代理就是税务师在国家法律规定的范围内，以税务师事务所的名义，接受纳税人、扣缴义务人的委托，代为办理税务事宜的各项行为的总称。

2. 税务代理的法律关系主要包括两方面的内容：一是纳税人、扣缴义务人委托税务师办理纳税事宜而产生的委托方与受托方之间的权利、义务关系；二是在税务代理过程中产生的责任关系。

【思考题】

1. 为什么说复杂性是推动税务代理行业发展的第一动力？

2. 在什么情况下税务代理法律关系产生人为终止？

3. 在税务代理过程中，如果代理人或被代理人出现违法行为，应怎样明确法律责任？

第二章 办税代理实务

【学习目的】

通过本章的学习，应当掌握"五证合一，一照一码"登记制度，变更税务登记和注销税务登记的操作要点，增值税一般纳税人资格登记的条件和程序，发票的填开要求和领购程序等内容。

【导入案例】

张先生准备和其他一些投资人注册一家有限责任公司，但张先生对注册公司一窍不通。在经历了企业名称预先核准申请、租房、编写公司章程、刻法人名章、到银行开立公司验资户、办理验资报告等重重困难之后，张先生终于办完了工商登记。然而让张先生头疼的事还没有完，他还要面对税务登记等办税环节。办税程序对张先生来说是一个复杂的过程。应在什么时候去办理税务登记？应在哪个税务局办理？是国税局还是地税局？是在住所所在地的税务局办理还是在办公所在地的税务局办理？面对这些问题，张先生感到一头雾水，他也不知道谁能够帮助他。这时，张先生的一位朋友告诉他，可以找税务师事务所代理办税登记。于是张先生找到一家税务师事务所，花了180元就顺利办完了税务登记。事后，张先生表示：要是早点知道有专职代理人能代理税务登记就好了，虽然花了些钱，但是节省了很多时间，少了很多麻烦事，可以把更多的精力用在公司运营筹备上。

第一节 企业税务登记证代理实务

一、设立税务登记

（一）"五证合一，一照一码"登记制度

"五证合一，一照一码"登记制度是指工商营业执照、组织机构代码证、税务登记证、社会保险登记证和统计登记证，改为一次申请、由工商行政管理部门核发一个加载法人和其他组织统一社会信用代码营业执照的登记制度。

注意：个体工商户、其他机关（编办①、民政、司法等）批准设立的主体暂不纳入

---

① 中央机构编辑委员会办公室。

"五证合一，一照一码"办理范围，仍按照原有关规定执行。

"五证合一，一照一码"登记制度的内容包括以下几个方面。

1. 一表申请

纳税人办理企业登记注册，只需填写一张申请表，向登记机关提交一套登记材料。

2. 一窗受理

企业登记申请表和登记材料由工商登记窗口受理，申请材料和审核信息在部门间共享。

3. 一企一码

一个企业主体只能有一个统一代码，一个统一代码只能赋予一个企业主体。

4. 一网互联

工商、质检、国税、地税、社保、统计等部门通过省级共享平台进行数据交换，推动企业基础信息和相关信用信息跨层级、跨区域、跨部门共享和有效应用。

5. 一照通用

"一照一码"执照在全国通用，各相关部门均认可。

这里需要明确的是，"五证合一，一照一码"登记制度改革并非是将税务登记取消了，税务登记的法律地位仍然存在，只是政府简政放权将此环节改为由工商行政管理部门受理，核发一个加载法人和其他组织统一社会信用代码的营业执照，这个营业执照在税务机关完成信息补录后具备税务登记证的法律地位和作用。

（二）新设登记的流程

在"五证合一，一照一码"登记制度下，纳税人领取载有 18 位的"统一社会信用代码"营业执照后，无须再次进行税务登记，也不再领取税务登记证。企业在工商行政管理部门登记，取得相关证照后，30 日内未去税务机关报到，不属于逾期登记。

二、变更税务登记

变更税务登记是指纳税人注册成立后，对在税务机关采集或登记的信息内容进行更改，而向税务机关申报办理的税务登记。

（一）变更税务登记管理规程

1. 变更税务登记的范围

（1）改变名称；

（2）改变法人代表；

（3）改变经济性质；

（4）增设或撤销分支机构；

（5）改变住所或经营地点（涉及主管税务机关变动的办理注销登记）；

（6）改变生产、经营范围或经营方式；

（7）增减注册资本；

（8）改变隶属关系；

（9）改变生产经营期限；

（10）改变开户银行和账号；

（11）改变生产经营权属以及改变其他税务登记内容。

2. 变更税务登记的流程

(1) 领取"一照一码"营业执照的企业变更流程。

在企业经营过程中，生产经营地、财务负责人、核算方式三项信息发生变化的，企业应向主管税务机关申请变更，不向工商登记部门申请变更。除上述三项信息外，企业在登记机关新设时采集的信息发生变更时，均由企业向工商登记部门申请变更。

对于税务机关在后续管理中采集的其他必要涉税基础信息发生变更的情况，企业直接向税务机关申请变更即可。

(2) 未领取"一照一码"营业执照的企业变更流程。

未领取"一照一码"营业执照的企业申请变更登记或者申请换发营业执照的，税务机关应告知企业在登记机关申请变更，并换发载有统一社会信用代码的营业执照。原税务登记证由登记机关收缴、存档。企业财务负责人、核算方式、经营地址三项信息发生变化的，应直接向税务机关申请变更。

个体工商户及其他机关（编办、民政、司法等）批准设立的未列入"一照一码"登记范围主体的变更事项，仍按照原有税收业务流程操作。

3. 变更税务登记的时限

(1) 纳税人在工商行政管理机关办理变更登记的，应当自工商行政管理机关办理变更登记之日起 30 日内，向原税务登记机关申请办理变更登记。

(2) 纳税人按照规定不需要在工商行政管理机关办理变更登记的，或者其变更的内容与工商登记无关的，应当自税务登记内容实际发生变化之日起 30 日内或者自有关机关批准或者宣布变更之日起 30 日内，向原税务登记机关申请办理变更登记。

(二) 代理变更税务登记操作要点

1. 代理变更税务登记申报

纳税人需要办理变更税务登记的，首先应确定是否领取过"一照一码"营业执照。如果税务登记情形发生变化，但不涉及改变税务登记证件内容的，纳税人在原主管税务机关办理变更税务登记。申请变更登记的企业，如已取得载有统一社会信用代码的营业执照，按照"五证合一，一照一码"相关事项执行。

2. 代理填写《变更税务登记表》并提交税务机关审核

税务师领取《变更税务登记表》并进行填写。《变更税务登记表》如表 2-1 所示。

3. 领取变更后的税务登记证件及有关资料

税务师应及时到税务机关领取重新核发的税务登记证件及有关资料，送交企业存档。

表 2-1　　　　　　　　　　　　变更税务登记表

纳税人名称		纳税人识别号		
变更登记事项				
序号	变更项目	变更前内容	变更后内容	批准机关名称及文件

送缴证件情况：			
纳税人：			
经办人： 法定代表人（负责人）： 纳税人（签章）：			
年 月 日 年 月 日 年 月 日			
经办税务机关审核意见：			
经办人： 负责人： 税务机关（签章）：			
年 月 日 年 月 日 年 月 日			

填写说明：

(1) 本表适于各类纳税人变更税务登记填用。

(2) 变更项目：填写需要变更的税务登记项目。

(3) 变更前内容：填写变更税务登记前的登记内容。

(4) 变更后内容：填写变更的登记内容。

(5) 批准机关名称及文件：凡需要经过批准才能变更的项目，须填写此项。

三、注销税务登记

注销税务登记是指纳税人办理税务登记后，发生特定情形，需要在所登记的税务机关终止纳税，而注销其登记的行为。

（一）注销税务登记管理规程

1. 注销税务登记的范围

(1) 纳税人因发生解散、破产、撤销以及其他情形依法终止纳税义务；

(2) 纳税人因住所、经营地点变动而涉及改变税务登记机关；

(3) 纳税人被工商行政管理机关吊销营业执照。

2. 企业办理注销税务登记流程

(1) 领取"一照一码"营业执照的企业办理注销税务登记流程。

已实行"五证合一，一照一码"登记模式的企业办理注销税务登记，应向国税、地税主管税务机关申报清税，填写《清税申报表》（见表2-2）。主管税务机关在受理企业清税申报后，应将企业清税申报信息同时传递给另一方税务机关，国税、地税主管税务机关按照各自职责分别进行清税，限时办理。

清税完毕后，纳税人持税务机关出具的《清税证明》办理后续工商注销事宜。

表2-2 清税申报表

纳税人名称		统一社会信用代码（纳税人识别号）	
注销原因			
附送资料			
纳税人：			
经办人： 法定代表人（负责人）： 纳税人：（签章）			
年 月 日 年 月 日 年 月 日			

以下由税务机关填写		
受理时间	经办人： 年　月　日	负责人： 年　月　日
清缴税款、滞纳金、罚款情况	经办人： 年　月　日	负责人： 年　月　日
缴销发票情况	经办人： 年　月　日	负责人： 年　月　日
税务检查意见	检查人员： 年　月　日	负责人： 年　月　日
批准意见	部门负责人： 年　月　日	税务机关（签章） 年　月　日

填表说明：

(1) 附送资料：填写附报的有关注销的文件和证明资料。

(2) 清缴税款、滞纳金、罚款情况：填写纳税人应纳税款、滞纳金、罚款缴纳情况。

(3) 缴销发票情况：填写纳税人发票领购簿及发票缴销情况。

(4) 税务检查意见：检查人员对需要清查的纳税人，在纳税人缴清查补的税款、滞纳金、罚款后签署意见。

(2) 未领取"一照一码"营业执照的企业办理注销税务登记流程。

1) 纳税人发生解散、破产、撤销以及其他情形依法终止纳税义务的，应当在向工商行政管理机关办理注销登记前，持有关证件向原税务登记机关申报办理注销税务登记；按照规定不需要在工商行政管理机关办理注销登记的，应当自有关机关批准或者宣告终止之日起15日内，办理注销税务登记。

2) 纳税人因住所、经营地点变动而涉及改变税务登记机关的，应当在向工商行政管理机关申请办理变更或注销登记前，或者住所、经营地点变动前，向原税务登记机关申报办理注销税务登记，并自注销税务登记之日起30日内向迁达地税务机关申请办理税务登记。

3) 境外企业在中国境内承包建筑、安装、装配、勘探工程和提供劳务的，应当在项目完工、离开中国境内前15日内，持有关证件和资料，向原税务登记机关申报办理注销税务登记。

4) 纳税人被工商行政机关吊销营业执照的，应当自营业执照被吊销之日起15日内，向原税务登记机关申报办理注销税务登记。

5) 纳税人在办理注销税务登记前，应当向税务机关提交相关证明文件和资料，结清应纳税款、多退（免）税款滞纳金、罚款，缴销发票和其他税务登记证件。

3. 纳税人办理注销税务登记需要提交的资料

(1)《注销税务登记申请审批表》（见表2-3）。

(2) 税务登记证及其副本和其他税务证件。

（3）《发票领购簿》及未验旧、未使用的发票。

（4）工商营业执照被吊销的，应提交工商行政管理部门发出的吊销决定原件及其复印件。

（5）单位纳税人应提供上级主管部门批复文件或董事会决议原件及其复印件。

（6）非居民企业应提供项目完工证明、验收证明等相关文件原件及其复印件。

（7）使用增值税税控系统的增值税一般纳税人应提供金税盘、税控盘和报税盘，或者提供金税卡和 IC 卡。

（8）《中华人民共和国企业清算所得税申报表》及其附表。

（9）其他按规定应收缴的设备。

表 2-3 注销税务登记申请审批表

纳税人名称			纳税人识别号		
注销原因					
附送资料					

纳税人：

经办人： 法定代表人（负责人）： 纳税人（签章）：
　年　月　日 　　年　月　日 　年　月　日

以下由税务机关填写					
受理时间	经办人： 负责人： 年　月　日 年　月　日				
清缴税款、滞纳金、罚款情况	经办人： 负责人： 年　月　日 年　月　日				
缴销发票情况	经办人： 负责人： 年　月　日 年　月　日				
税务检查意见	检查人员： 负责人： 年　月　日 年　月　日				
收缴税务证件情况	种类	税务登记证正本	税务登记证副本	临时税务登记证正本	临时税务登记证副本
	收缴数量				
	经办人： 负责人： 年　月　日 年　月　日				
批准意见	部门负责人： 税务机关（签章）： 年　月　日 年　月　日				

填表说明：

（1）附送资料：填写附报的有关注销的文件和证明资料。

（2）清缴税款、滞纳金、罚款情况：填写纳税人应纳税款、滞纳金、罚款缴纳情况。

（3）缴销发票情况：填写纳税人发票领购簿及发票缴销情况。

（4）税务检查意见：检查人员对需要清查的纳税人，在纳税人缴清查补的税款、滞纳金、罚款后签署意见。

（5）收缴税务证件情况：在相应的栏内填写收缴数量并签字确认，收缴的证件如果为"临时税务登记证"，添加"临时"字样。

（二）代理注销税务登记操作要点

1. 代理注销税务登记申报

税务师应在规定的时限内，以纳税人名义向税务机关提出注销税务登记申请。

2. 代理填报《注销税务登记申请审批表》

税务机关在接到代理人提交的有关注销税务登记资料后，经审核资料完备、符合规定的，发放《注销税务登记申请审批表》。代理人领取该表后，应根据被代理人的实际情况认真填写，并按照要求分别到发票管理部门缴销发票、到征收部门清缴税款、到稽查部门办理纳税清算等手续。最后，将填列完整并有各相关管理部门签署意见的《注销税务登记申请审批表》提交税务登记部门审核。

3. 代理领取注销税务登记的有关批件

税务机关对代理人填报的《注销税务登记申请审批表》及有关资料进行审查、核实，在确认纳税人结清全部纳税事项后，为其办理注销税务登记手续，核发《注销税务登记通知书》。对因生产、经营地点发生变化，需要改变主管税务机关的纳税人，还应向迁达地税务机关递交《纳税人迁移通知书》，并附《纳税人档案资料移交清单》。代理人应及时到税务机关领回有关注销税务登记的批件、资料，将其交给被代理人，至此便完成了注销税务登记的代理业务。

四、停业、复业税务登记

纳税人由于某种原因需要暂时停止营业活动的，或者在停业一段时间后需要恢复营业的，应到税务机关办理停业、复业税务登记。

（一）停业、复业税务登记管理规程

（1）实行定期定额征收方式的个体工商户需要停业的，应当在停业前向税务机关申报办理停业登记。纳税人的停业期不得超过一年。

（2）纳税人在申报办理停业登记时，应如实填写《停业、复业登记表》，说明停业理由、停业期限、停业前的纳税情况和发票的领、用、存情况，并结清应纳税款、滞纳金、罚款。税务机关应收存纳税人的税务登记证件及其副本、发票领购簿、未使用完的发票和其他税务证件。

（3）纳税人在停业期间发生纳税义务的，应当按照税收法律、行政法规的规定申报缴纳税款。

（4）纳税人应当于恢复生产经营之前，向税务机关申报办理复业登记。

（5）纳税人停业期满不能及时恢复生产经营的，应当在停业期满前向税务机关提出延长停业登记申请，并如实填写《停业、复业（提前复业）报告书》（见表2-4）。

（二）代理停业、复业税务登记操作要点

代办停业、复业登记业务时，税务师首先向纳税人的主管税务机关提出停业、复业登记申请，提交《停业、复业（提前复业）报告书》，说明停业的理由、时间、停业前的纳税情况和发票的领、用、存情况。

表 2-4　　　　　　　　停业、复业（提前复业）报告书

填表日期：　　年　月　日

纳税人基本情况	纳税人名称			纳税人识别号			经营地点		
停业期限				复业时间					
缴回发票情况	种类	号码	本数	领回发票情况	种类		号码		本数
缴存税务资料情况	发票领购簿 是（否）	税务登记证 是（否）	其他资料 是（否）	领用税务资料情况	发票领购簿 是（否）		税务登记证 是（否）		其他资料 是（否）
结清税款情况	应纳税款 是（否）	滞纳金 是（否）	罚款 是（否）	停业期是（否）纳税	已缴应纳税款 是（否）		已缴滞纳金 是（否）		已缴罚款 是（否）
纳税人（签章）：　　　　年　月　日									
税务机关复核	经办人：　　　年　月　日		负责人：　　　年　月　日			税务机关（签章）　　　年　月　日			

填表说明：

（1）申请提前复业的纳税人在表名"提前复业"字样上画钩。

（2）已缴还或领用税务资料的纳税人，在"是"字上画钩，未缴还或未领用税务资料的纳税人，在"否"字上画钩。

（3）纳税人在停业期间有义务缴纳税款的，在"停业期是（否）纳税"项目的"是"字上画钩，然后填写后面内容；没有纳税义务的，在"停业期是（否）纳税"项目的"否"字上画钩，后面内容不用填写。

第二节　纳税事项税务登记代理实务

一、增值税一般纳税人资格登记

我国采用增值税专用发票抵扣办法计算纳税人应纳的增值税。并不是所有的增值税纳税人都可以使用增值税专用发票，只有经过国家税务局认定的增值税一般纳税人才可以使用增值税专用发票。如何成为一般纳税人，我国税法有明确的规定。

（一）成为增值税一般纳税人的资格登记

自 2015 年 4 月 1 日起，增值税一般纳税人（以下简称一般纳税人）资格认定实行登记制，登记事项由增值税纳税人向其主管税务机关办理。

（1）从事货物生产或提供应税劳务的纳税人，以及以从事货物生产或提供应税劳务为主并兼营货物批发或零售的纳税人，年应税销售额在 50 万元以上的（不包含 50 万元），应申请增值税一般纳税人资格认定。

（2）从事货物批发或零售的纳税人，年应税销售额在 80 万元以上的（不包含 80 万元），应申请增值税一般纳税人资格认定。

（3）销售服务、无形资产或者不动产的纳税人，年应税销售额超过 500 万元的（含本数），应申请增值税一般纳税人资格认定。

（4）年应税销售额超过小规模纳税人标准的其他个人按小规模纳税人纳税；非企业性单位、不经常发生应税行为的企业可选择按小规模纳税人纳税。

上述纳税人选择按小规模纳税人纳税的，应当向主管税务机关提交书面说明（见表 2-5）。

表 2-5   **选择按小规模纳税人纳税的情况说明**

纳税人名称		纳税人识别号		
连续不超过12个月的经营期内累计应税销售额		货物劳务：	年 月至 年 月共	元。
		应税服务：	年 月至 年 月共	元。
情况说明				
纳税人（代理人）承诺： 上述各项内容真实、可靠、完整。如有虚假，愿意承担相关法律责任。 经办人： 法定代表人： 代理人：（签章） 年 月 日				
以下由税务机关填写				
主管税务机关受理情况	受理人：主管税务机关（章） 年 月 日			

注意：个体工商户以外的其他个人年应税销售额超过规定标准的，不需要向主管税务机关提交书面说明。

（5）年应税销售额未超过财政部、国家税务总局规定的小规模纳税人标准以及新开业的纳税人，可以向主管税务机关申请一般纳税人资格认定。

（6）下列纳税人不办理一般纳税人资格认定：

1）个体工商户以外的其他个人；

2）选择按照小规模纳税人纳税的非企业性单位；

3）选择按照小规模纳税人纳税的不经常发生应税行为的企业。

（二）增值税一般纳税人资格认定的登记时限

纳税人年应税销售额超过规定标准的，在申报期结束后 20 个工作日内按规定办理相关手续；未按规定时限办理的，主管税务机关应当在规定期限结束后 10 个工作日内制作《税务事项通知书》，告知纳税人应当在 10 个工作日内向主管税务机关办理相关手续。

除财政部、国家税务总局另有规定外，纳税人自其选择的一般纳税人资格生效之日起，按照增值税一般计税方法计算应纳税额，并按规定领用增值税专用发票。

（三）增值税一般纳税人认定登记管理规程

（1）纳税人向主管税务机关填报《增值税一般纳税人资格登记表》（见表 2-6），并提供税务登记证件。

(2) 纳税人填报内容与税务登记信息一致的,主管税务机关当场登记。

(3) 纳税人填报内容与税务登记信息不一致,或者不符合填列要求的,税务机关应当场告知纳税人需要补正的内容。

表 2-6 　　　　　　　　　　增值税一般纳税人资格登记表

纳税人名称			纳税人识别号		
法定代表人 (负责人、业主)	证件名称及号码			联系电话	
财务负责人	证件名称及号码			联系电话	
办税人员	证件名称及号码			联系电话	
税务登记日期					
生产经营地址					
注册地址					
纳税人类别:企业□　非企业性单位□　个体工商户□　其他□					
主营业务类别:工业 □　商业 □　服务业 □　其他□					
会计核算健全:是□					
一般纳税人资格生效之日:当月1日 □　次月1日 □					
纳税人(代理人)承诺: 　　上述各项内容真实、可靠、完整。如有虚假,愿意承担相关法律责任。 　　经办人:　　　　法定代表人:　　　　代理人:(签章) 　　　　　　　　　　　　　　　　　　　　　　　　年　月　日					
以下由税务机关填写					
主管税务机关受理情况	受理人:主管税务机关(章) 　　　　　　　　　　　　　　　　　　　　　　　　年　月　日				

填表说明:

(1) 表中"证件名称及号码"相关栏次,根据纳税人的法定代表人、财务负责人、办税人员的居民身份证、护照等有效身份证件及号码填写。

(2) 表中"一般纳税人资格生效之日"由纳税人自行勾选。

(四) 代理增值税一般纳税人资格认定登记操作要点

税务师在代理增值税一般纳税人资格认定登记时,应注意纳税人的年应税销售额是否达到增值税一般纳税人资格认定标准,是否有资格选择按小规模纳税人身份纳税。

1. 代理增值税一般纳税人资格认定登记申请

代理人应在规定的时间内,向被代理人(企业)所在地主管国税机关(县级以上)提出申请报告并提供相关证件、资料。

2. 代理填报《增值税一般纳税人资格登记表》

代理人应提醒纳税人妥善保管经主管税务机关核对后退还纳税人留存的《增值税一般纳税人资格登记表》,该表格可以证明纳税人具备增值税一般纳税人资格。主管税务机关在为纳税人办理增值税一般纳税人登记时,纳税人税务登记证件上不再加盖"增值税一般纳税人"戳记。

3. 写明有关增值税一般纳税人资格认定登记的核查报告

针对《增值税一般纳税人资格登记表》的主要内容，代理人应根据企业已经或可能实现的年度应税销售额、企业会计核算情况、企业财务人员的办税能力是否符合增值税一般纳税人的条件等问题，写出有关增值税一般纳税人资格认定登记的核查报告，作为《增值税一般纳税人资格登记表》的附件，报送主管国税机关。

二、税种认定登记代理实务

税种认定登记是在纳税人办理了设立税务登记或变更税务登记之后，由主管税务局（县级以上国税局、地税局）根据纳税人的生产经营项目，进行适用税种、税目、税率的鉴定，以指导纳税人、扣缴义务人办理纳税事宜。

（一）税种认定登记代理规程

（1）适用"五证合一，一照一码"登记制度的新设立的纳税人参照所主管税务机关的相关规定进行税种认定登记。

（2）除（1）以外的其他纳税人应在领取税务登记证副本后和申报纳税之前，到主管税务机关的征收管理科申请税种认定登记，填写《纳税人税种登记表》（见表 2-7）。如果纳税人所变更税务登记的内容涉及税种、税目、税率变化的，应在变更税务登记之后重新申请税种认定登记，并附送申请报告。

（3）税务机关对纳税人报送的《纳税人税种登记表》及有关资料进行审核，根据实际情况派人到纳税人的生产经营现场调查之后，对纳税人适用的税种、税目、税率、纳税期限、纳税方法等进行确认，在《纳税人税种登记表》的有关栏目中注明，或书面通知纳税人税种认定结果，以此作为办税的依据。

表 2-7 　　　　　　　　　　　　纳税人税种登记表

纳税人识别号 ☐☐☐☐☐☐☐☐☐☐☐☐☐☐☐

纳税人名称：北京海杰有限公司 　　　法定代表人：张云

一、增值税			
类别	货物或加工、修理修配	主营	五金建材、化工原料（化学危险品除外）
		兼营	
	交通运输、邮政业和应税服务		本栏目为单选。根据实际经营项目，在下列选项中勾选一项主营项目。 陆路运输：公路货运☐ 公路客运☐ 缆车货运☐ 缆车客运☐ 索道货运☐ 索道客运☐ 其他陆路货运☐ 其他陆路客运☐ 铁路旅客运输☐ 铁路货物运输☐ 其他铁路运输辅助活动☐ 水路运输：程租货运☐ 程租客运☐ 期租货运☐ 期租客运☐ 其他水路货运☐ 其他水路客运☐ 航空运输：湿租货运☐ 湿租客运☐ 其他航空货运☐ 其他航空客运☐ 航天运输服务☐ 管道运输：管道货运☐ 管道客运☐ 研发和技术服务：研发服务☐ 向境外单位提供研发服务☐ 技术转让服务☐ 技术咨询服务☐ 合同能源管理服务☐ 工程勘察勘探服务☐ 信息技术服务：软件服务☐ 电路设计及测试服务☐ 信息系统服务☐ 业务流程管理服务☐ 离岸服务外包☐

类别	交通运输、邮政业和应税服务	文化创意服务：设计服务□ 向境外单位提供设计服务□ 商标著作权转让服务□ 知识产权服务□ 广告服务□ 会议展览服务□ 物流辅助服务：航空服务□ 港口码头服务□ 货运客运场站服务□ 打捞救助服务□ 货物运输代理服务□ 代理报关服务□仓储服务□ 装卸搬运服务□ 收派服务□ 有形动产租赁服务：有形动产融资租赁□ 有形动产经营性租赁光租业务□ 有形动产经营性租赁干租业务□ 其他有形动产经营性租赁□ 鉴证咨询服务：认证服务□ 鉴证服务□ 咨询服务□ 广播影视服务：制作服务□ 发行服务□ 播映服务□ 邮政业：邮政普遍服务□邮政特殊服务□其他邮政服务□
经营方式		1. 境内经营货物☑ 2. 境内加工修理□ 3. 境内交通运输□ 4. 境内应税服务□ 5. 自营出口□ 6. 间接出口□ 7. 收购出口□ 8. 加工出口□
备注：		

二、消费税

类别	1. 生产□ 2. 委托加工□ 3. 批发□ 4. 零售□	应税消费品名称	1. 烟□ 2. 酒及酒精□ 3. 化妆品□ 4. 贵重首饰及珠宝玉石□ 5. 鞭炮、焰火□ 6. 成品油□ 7. 汽车轮胎□ 8. 摩托车□ 9. 小汽车□ 10. 高尔夫球及球具□ 11. 高档手表□ 12. 游艇□ 13. 木制一次性筷子□ 14. 实木地板□
	经营方式		1. 境内销售□ 2. 委托加工出口□ 3. 自营出口□ 4. 境内委托加工□
备注：			

三、营业税

经营项目	主营	
	兼营	
备注：		

四、企业所得税

居民企业	征收方式：☑查账征收 □核定征收 预缴期限：□按月预缴 ☑按季预缴 预缴方式：☑据实预缴 □按上年度四分之一或十二分之一 □按税务机关认可的其他方式 纳税方式：□汇总纳税 □非汇总纳税
非居民企业法定或申请纳税方式	1. 据实纳税□ 2. 按收入总额核定应纳税所得额计算纳税□ 3. 按经费支出换算收入计算纳税□ 4. 航空、海运企业纳税方式□ 5. 其他纳税方式□
备注：	

五、城市维护建设税：1. 市区☑ 2. 县城镇□ 3. 其他□
六、教育费附加：按实际缴纳的增值税、营业税和消费税税额计算
七、地方教育费附加：按实际缴纳的增值税、营业税和消费税税额计算

注：截至2016年，本表为税务机关发布的最新版式。

（二）代理税种认定登记操作要点

在办理开业税务登记和变更税务登记之后，需要办理税种认定登记。代理税种认定登记业务时，税务师要掌握纳税人业务范围、经营方式、所涉及税种等信息。

1. 代理税种认定申请

税务师应在代理开业或变更税务登记业务后，办理纳税人税种登记申报工作，提交申请报告书，并附送相关资料。如果所代理的纳税人税种认定涉及国家税务局和地方税务局，应分别申办税种认定登记。

2.代理填写《纳税人税种登记表》

纳税人必须如实填写表中内容，如内容发生变化，应及时办理变更登记。

3.具体办理税务事宜或要求重新认定

在取得主管税务机关税种认定的通知之后，税务师应指导纳税人办理具体的税务事宜，如果纳税人对税务机关的认定提出异议，应进一步调查并提出意见，提交主管税务机关重新加以认定。

【案例 2 - 1】 北京海杰有限公司为增值税一般纳税人。法人代表：张云。生产经营范围：五金建材、化工原料（化学危险品除外）。经营方式：境内经营货物。根据北京海杰有限公司经营范围等情况，其主要涉及增值税、城市维护建设税、教育费附加和企业所得税税种。

根据上述纳税人资料填写完成的《纳税人税种登记表》见表 2 - 7。

第三节 发票领购与审查代理实务

发票是指单位和个人在购销商品、提供或接受应税服务以及从事其他经营活动中，开具、收取的收付款凭证。依照法律的规定，税务机关是管理发票的法定机关。企业和个人所使用的发票绝大部分是由税务机关印刷并监制的，要从税务机关购买。也有一些发票是由企业根据自己的行业特点自行设计并制作的，但前提是得到税务机关的批准。

一、发票的种类

根据行业的不同，发票分成很多种，但是每种发票都有限定的使用主体和适用范围。

（一）增值税专用发票

增值税专用发票（简称专用发票）是一般纳税人在销售货物时开出或购进货物时获得的用于按抵扣法计算增值税应纳税额的法定凭证。只有增值税一般纳税人才能领购、使用增值税专用发票，其他纳税人不得领购。

一般纳税人如有下列情形之一者，不得领购、使用增值税专用发票：

（1）会计核算不健全，即不能按会计制度和税务机关的要求准确核算销项税额、进项税额和应纳税额者。

（2）有以下行为且经税务机关责令限期改正而未改正者：

1）虚开增值税专用发票；

2）私自印制专用发票；

3）向税务机关以外的单位和个人购买专用发票；

4）借用他人专用发票；

5）未按规定的要求开具专用发票；

6）未按规定保管专用发票和专用设备；

7）未按规定申请办理防伪税控系统变更发行；

8）未按规定接受税务机关的检查。

(3) 销售的货物全部属于免税项目者。

(4) 从 2007 年 7 月 1 日起，增值税一般纳税人经营商业零售的烟、酒、食品、服装、鞋帽（不包括劳保专用的部分）、化妆品等消费品不得开具专用发票。

(5) 自 2009 年 1 月 1 日起，从事废旧物资回收经营业务的增值税一般纳税人销售废旧物资，不得开具印有“废旧物资”字样的增值税专用发票。纳税人取得的 2009 年 1 月 1 日以后开具的废旧物资专用发票，不再作为增值税扣税凭证。

(6) 一般纳税人申请专用发票最高开票限额不超过 10 万元的，主管税务机关事前不再实地查验。

(二) 普通发票

普通发票是相对于增值税专用发票而言的，是目前使用范围最广泛、使用主体最多的发票。增值税一般纳税人、增值税小规模纳税人都可以领购和使用普通发票。

自 2011 年 1 月 1 日起，全国统一使用通用普通发票。

(三) 专业发票

专业发票是指国有金融和保险企业的存贷、汇兑、转账凭证，保险凭证；国有邮政和电信企业的邮票、邮单、话务、电报收据；国有铁路、民用航空企业和交通部门、国有公路、水上运输企业的客票、货票等。

专业发票可由政府主管部门自行管理，不套印税务机关的统一发票监制章，也可根据税收征管的需要纳入发票统一管理。

(四) 电子发票

电子发票（见图 2-1）是通过增值税电子发票系统开具的增值税普通发票，其对降低纳税人经营成本，节约社会资源，方便消费者保存和使用发票，营造健康公平的税收环境有着重要作用。

北京电子增值税普通发票

全国统一发票监制章

发票代码：
发票号码：
开票日期：
校 验 码：

机器编号：

<table>
<tr><td>购买方</td><td colspan="4">名　　称：
纳税人识别号：
地 址 、电 话：
开户行及账号：</td><td>密码区</td><td colspan="4"></td></tr>
<tr><td colspan="2">货物或应税劳务、服务名称</td><td>规格型号</td><td>单位</td><td>数量</td><td>单价</td><td>金额</td><td>税率</td><td>税额</td></tr>
<tr><td colspan="2">合计</td><td></td><td></td><td></td><td></td><td></td><td></td><td></td></tr>
<tr><td colspan="2">价税合计（大写）</td><td colspan="7">（小写）</td></tr>
<tr><td>销售方</td><td colspan="4">名　　称：
纳税人识别号：
地 址 、电 话：
开户行及账号：</td><td>备注</td><td colspan="3"></td></tr>
</table>

收款人：　　复核：　　开票人：　　销售单位：（章）

图 2-1　电子发票

　　电子发票的发票代码为 12 位，编码规则为：第 1 位为 0，第 2~5 位代表省、自治区、直辖市和计划单列市，第 6~7 位代表年度，第 8~10 位代表批次，第 11~12 位代表票种（11 代表增值税电子普通发票）。发票号码为 8 位，按年度、分批次编制。

　　电子发票的开票方和受票方需要纸质发票的，可以自行打印电子发票的版式文件，其法律效力、基本用途、基本使用规定等与税务机关监制的增值税普通发票相同。

二、发票领购管理规程

（一）发票领购的适用范围

（1）已经完成了法定登记程序，领取了统一社会信用代码的营业执照或税务登记证的纳税人可以在所在地的国税局或地税局领购发票。

（2）不需要办理税务登记的主体，临时发生经营业务时，如果需要使用发票，可以凭单位介绍信和其他有效证件，到税务机关申请代开发票。

（3）临时到本省、自治区、直辖市以外从事经营活动的单位和个人，凭所在地税务机关开具的《外出经营活动税收管理证明》，在办理纳税担保的前提下，可向经营地税务机关申请领购经营地的发票。所谓办理纳税担保，就是按税务机关的要求提供担保人或者缴纳不超过 1 万元的保证金，并限期缴销发票。

（二）发票领购手续

（1）首次领取发票前，须先到主管税务所办理发票票种核定，领取《发票领购簿》，确定企业发票领购人员和税控机具注册发行及办理其他相关手续。

　　在登记机关完成登记，领取统一社会信用代码的营业执照的纳税人，在首次领取发票时，应当持有统一社会信用代码的营业执照、经办人身份证明、新的发票专用章印模，向主管税务机关办理发票领取手续。

（2）纳税人须在领购发票前完成抄税、报税和清卡操作。

（3）非首次领购发票的纳税人在开完最后一张发票后，抄报、上传发票明细电子数据并自动完成发票验旧后即可领购发票。

（4）纳税人领购发票须携带以下证件和资料：

1）税务登记证（副本）原件；

2）发票专用章；

3）购票员身份证原件；

4）IC 卡或税控盘或金税盘；

5）《发票领购簿》（见表 2-8）（主管税务所尚未通知领取的不用提供）。

表 2-8	发票领购簿

纳税人识别号	□□□□□□□□□□□□□□□□□□□□
发票领购簿号码：	
纳税人名称：	
纳税人（签章）：	
法定代表人（负责人）：	
发票管理人：	
	税务机关（签章）：　　年　月　日

核准使用发票情况	发票种类	发票代码	发票名称	单位	限购数量		备注
					每次限购／每月限购		
					数量	票面金额	
	购票方式：□批量供应　□验旧购新　□交旧购新　□其他				须提供发票担保的，是否已经提供担保人或交纳保证金：□是　□否		

发票领购记录										
年		发票代码	发票名称	单位	数量	字轨	起讫号码	售票人	购票人	
月	日									

发票缴销、挂失记录										
年		发票代码	发票名称	缴销	挂失	单位	数量	字轨	起讫号码	经办人
月	日									

发票违章记录

纳税人提供的资料经审核通过后，根据《发票领购簿》上核准的种类和数量领购发票。

（5）纳税人申请经营地使用发票，应提供以下资料：

1）《纳税人领用发票票种核定表》；

2）《外出经营活动税收管理证明》；

3）经办人身份证明原件及其复印件（首次办理或经办人发生变化时提供）；

4）发票专用章印模。

（三）发票的领购方式

领购税务机关统印的发票有以下几种方式。

1. 批量供应

经营规模较大、经营范围单一、财务管理制度健全、依法履行纳税义务、发票管理规范的单位可适用批量供应的发票领购方式。税务机关根据用票单位业务量对发票需求量的大小，确定一定时期内的合理领购数量，用量大的可以按月提供，用量不太大的可以按季领购，防止纳税人积存较多发票而引起管理上的问题。

2. 交旧购新

用票单位交回旧的（即已填用过的）发票存根联，经主管税务机关审核后留存，之后才允许领购新发票。主管税务机关对旧发票存根联进行审核，主要看其存根联是否按顺序号完整保存，作废发票是否全份缴销，填开的内容是否真实、完整、规范等。

实行交旧购新方式领购发票的主要是个体工商业户，但对外省、自治区、直辖市来本辖区从事临时性经营活动的纳税人，除实行发售担保方式发售发票外，同时实行交旧购新方式。

3. 验旧购新

用票单位将已使用过的发票存根联交由主管税务机关审核，经主管税务机关审核无误后，才能领购新发票。

一些财务制度不健全、经营流动性大或无固定经营场所、较易发生短期经营行为、纳税意识不强、不具备发票保管条件的单位和个体工商业户，适用验旧购新的发票领购方式。

三、代理领购发票操作要点

（一）代理领购发票审批程序与操作要点

1. 代理自制发票审批程序与操作要点

《中华人民共和国发票管理办法实施细则》规定：凡有固定生产经营场所、财务核算和发票管理制度健全、发票使用量较大的单位，可以申请印制带有本单位名称的发票，即自制发票；如果统一发票式样不能满足业务需要，也可以自行设计本单位的发票式样，报经县（市）以上税务机关批准后，到指定的印刷厂印刷。自制发票仅限于普通发票。

（1）要求用票单位根据业务特点和经营需要设计发票式样，预计使用数量。

（2）代理填写《自制发票申请审批表》，写明所需发票的种类、名称、格式、联次和需求数量，连同发票式样一同提交主管税务机关审批。

（3）取得税务机关核准的《发票印制通知书》后，到指定的印刷厂印制。发票印制完毕后，税务代理人应指导用票单位建立发票领、用、存的管理制度，按季度向主管税务机关报送《发票领、用、存情况季报表》。

2. 代理领购统印发票操作要点

税务代理人接受纳税人委托，应根据用票单位适用的发票领购方式，办理发票领购手续。办理发票领购业务时，应向纳税人索要有关证件，根据发票领购的有关规定，分不同情况办理。

（1）代理初次领购发票业务。

1）提出购票申请，领取《发票领购簿》。税务代理人为初次领购发票的用票单位或个人办理发票领购手续时，首先应向税务机关提出购票申请，并提供经办人身份证明、税务登记证件或其他有关证明以及纳税人的财务印章或发票专用章的印模，经主管税务机关审核后发给《发票领购簿》。

2）代理领购发票。税务代理人根据《发票领购簿》上核准的领购发票的种类、数量以及领购方式，向主管税务机关领购发票。

3）清点检查后交委托人签收。税务代理人在领购发票后，应对所购发票的名称、种类和数量进行认真的清点检查，并将其与《发票领购簿》上记载的种类、数量、号码等内容进行核对，确认无误后交给用票单位并履行签收手续。

（2）代理再次领购发票。

对于再次领购发票的用票单位，税务代理人应按税务机关发票保管与使用的规定，认真审查发票存根联的各项内容，对于发票中存在的问题，应提示用票单位，予以纠正后，再根据税务机关对用票单位确定的发票领购方式，相应地办理发票领购手续。

发票领购以后，税务代理人应将其与《发票领购簿》中记载的种类、数量、字轨号码进行核对，确认无误后交给委托人（用票单位）清点签收。此时，便完成了发票领购代理业务。

另外，对于用票单位已经发生的发票丢失、发票使用不符合规范等问题，税务代理人应指导用票单位及时向主管税务机关提交检查报告，按规定办理相关手续。

在临时性领购发票的方式下，代购发票的程序和手续需视纳税人、扣缴义务人临时经营活动的情况而定。一般而言，税务代理人在代理临时性领购发票时，应根据税务机关的要求，有选择地办理以下手续：出示税务师执业证书；提交纳税人、扣缴义务人的购票证明（或介绍信）；提交纳税人、扣缴义务人机构所在地主管税务机关开具的《外出经营活动税收管理证明》；提供纳税人、扣缴义务人的购票和用票担保人的相关信息；交纳购票和用票保证金。

（二）发票填开的要求及操作要点

1. 发票填开的要求

（1）发票开具使用的要求。

1）任何填开发票的单位和个人，必须在发生经营业务并确认营业收入时才能开具发票，未发生经营业务，一律不得开具发票。

2）一般情况下，收款方应当向付款方开具发票。特殊情况下，由付款方向收款方开具发票：收购单位和扣缴义务人支付个人款项时；国家税务总局认为其他需要由付款方向收款方开具发票的。

3）向消费者个人零售小额商品或提供零星服务的，是否可免予逐笔开具发票，由省税务机关确定。

4）一般纳税人在开具专用发票当月，发生销货退回、开票有误等情形，收到退回的发票联、抵扣联符合作废条件的，按作废处理；开具时发现有误的，可即时作废。

（2）发票开具时限的要求。

在开具发票时，首先要确认是否发生了业务事项，其次要确认是否符合税法规定的开票时限。对一般的销售行为、提供劳务或服务行为，发出商品、提供劳务或服务并收到款项时为开票时间。但也有些特殊情形，以增值税为例：采用预收货款方式销售货物的，以货物发出时间为开票时间；采用赊销、分期付款方式销售货物的，以合同约定的收款日期的当天为开票时间。

（3）发票开具地点的要求。

发票限于领购单位和个人在本省（直辖市、自治区）范围内开具，有些省级（直辖市、自治区）税务机关规定仅限于在本县、本市内开具；有些省级（直辖市、自治区）税务机关虽然规定可在本省（直辖市、自治区）跨县、市开具，但附有限定条件。不得跨区域（不在统一县、市的区域）携带、邮寄或者运输发票，更不得携带、邮寄或者运输发票出入国境。这里的发票指空白发票。

2. 发票填开的操作要点

（1）发票的开具。纳税人在提供应税行为时向购买方开具发票，开票要规范。

1）按规定的顺序填开。开票人必须按照发票号码的顺序，包括本数顺序、每本的号码顺序填开发票。既不能跳本、跳号填开，也不能多本同时填开。

2）逐栏填开发票。开票人应按照发票票面规定的内容逐项进行填写，不得空格、漏项或省略，这是保证发票使用完整性的基本要求。

3）全部联次一次性填开。即必须按照经济业务活动的真实内容，全部联次一次性复写、打印，内容完全一致。

4）对因计算错误而作废的发票，应当全份完整保存，并加盖"作废"戳记。

5）加盖单位财务印章或发票专用章。财务专用章是发票开具方加盖在发票上的信用证明，发票填开后，只有在发票联和抵扣联加盖了开具方的财务专用章或发票专用章，该发票才能成为合法有效的发票；否则，该发票就不具备法律效力，付款方也不能作为财务核算的有效凭证。

（2）不得开具增值税专用发票的情形。增值税一般纳税人有下列情形的，不得开具专用发票：

1）向消费者销售应税项目；

2）销售免税项目；

3）销售报关出口的货物、在境外销售应税劳务；

4）将货物用于集体福利或个人消费；

5）向小规模纳税人销售应税项目。

（3）发票的取得。所有单位和从事生产、经营活动的个人在购买商品、接受服务以及从事其他经营活动中支付款项时，应当从收款方取得发票，但必须按规定取得。根据《中华人民共和国发票管理办法》的规定，在取得发票时要注意以下几点：

1）不得要求对方变更货物或应税劳务名称，不得要求改变价税金额；

2）购买方只能从销售商品或提供劳务的销售方取得发票，不得虚开或代开发票；

3）信息打印不清、填写不真实等不符合规定的发票，不得作为财务报销凭证，任何单位和个人有权拒收；

4）购买方取得发票后，如发现不符合开具规定的要求，即应经而未经税务机关监制的发票，项目填写不齐全、内容不真实、字迹不清楚的发票，没有加盖财务专用章或者发票专用章的发票，伪造、作废以及其他不符合税务机关规定的发票，一律不得作为财务报销凭证，有权要求对方重新开具。

（4）发票的作废。发票的作废处理分为普通发票的作废处理和防伪税控增值税专用发票的作废处理。

1）普通发票的作废处理。用票单位和个人开具发票时发生错填、误填等需要重新开具发票的，可以在原发票上注明"作废"字样后，重新开具发票；开具发票后，如果发生销货退回需开红字发票的，必须收回原发票并注明"作废"字样或者取得对方的有效凭证；发生销售折让的，必须在收回的原发票上注明"作废"字样后重新开具销售发票或取得对方有效证明后开具红字发票。

2）增值税专用发票的作废处理。一般纳税人在开具增值税专用发票当月，发生销货退回、开票有误、应税服务中止等情形，收到退回的发票联、抵扣联符合作废条件的，按作废处理；开具时发现有误的，可即时作废。作废专用发票时，须在防伪税控系统中将相应的数据电文按"作废"处理，在纸质专用发票（含未打印的专用发票）各联次上注明"作废"字样，全联次留存。

（5）纳税人发生上述等情形但不符合发票作废条件，或者因销货部分退回及发生销售折让，需要开具红字专用发票的，按以下方法处理：

1）购买方取得专用发票已用于申报抵扣的，购买方可在增值税发票管理新系统（以下简称新系统)中填开并上传《开具红字增值税专用发票信息表》(以下简称《信息表》)。在填写《信息表》时,不填写相对应的蓝字专用发票信息,应暂时依据《信息表》所列增值税税额从当期进项税额中转出,待取得销售方开具的红字专用发票后,与《信息表》一并作为记账凭证。

2)购买方取得专用发票未用于申报抵扣、但发票联或抵扣联无法退回的,《信息表》中应填写相对应的蓝字专用发票信息。

3)销售方开具专用发票尚未交付购买方,以及购买方未用于申报抵扣并将发票联及抵扣联退回的,销售方可在新系统中填写并上传《信息表》。销售方填写《信息表》时应填写相对应的蓝字专用发票信息。

4)销售方凭税务机关系统校验通过的《信息表》开具红字专用发票,在新系统中以销项负数开具。红字专用发票应与《信息表》一一对应。

【本章小结】

1. 税务登记主要包括"五证合一,一照一码"登记、变更税务登记、注销税务登记和停业、复业税务登记。

2. 增值税一般纳税人的认定标准主要有以下几点:第一,从事货物生产或提供应税劳务的纳税人,以及以从事货物生产或提供应税劳务为主并兼营货物批发或零售的纳税人,年应税销售额在50万元以上的(不包含50万元),应申请增值税一般纳税人资格认定;第二,从事货物批发或零售的纳税人,年应税销售额在80万元以上的(不包含80万元),应申请增值税一般纳税人资格认定;第三,销售服务、无形资产或者不动产的纳税人,年应税销售额超过500万元(含本数)的,应申请增值税一般纳税人资格认定。

3. 年应税销售额超过小规模纳税人标准的其他个人按小规模纳税人纳税;非企业性单位、不经常发生应税行为的企业可选择按小规模纳税人纳税。

4. 发票的种类主要包括增值税专用发票、普通发票、专业发票和电子发票。

【思考题】

1. 变更税务登记证和注销税务登记分别适用哪些情形?
2. 代理增值税一般纳税人资格认定登记操作要点是什么?
3. 发票的领购方式有哪些?
4. 发生销货部分退回及销售折让,需要开具红字专用发票的程序是什么?

【实务训练题】

海阳市三鑫服装加工有限公司决定于2016年12月17日向主管税务机关申请增值税一般纳税人资格认定。请根据下列信息填写《增值税一般纳税人资格登记表》。

海阳市三鑫服装加工有限公司经海阳市工商行政管理部门批准,于2016年11月2日取得营业执照,统一社会信用代码为:810104197510116911;法人代表:程颐,身份证号码:81015×××××××××123;注册地址:海阳市钢铁街18号;生产经营地址:海阳市钢铁街18号;生产经营范围:服装加工;生产经营方式:加工;登记注册类型:私营有限责任公司;财务负责人:钱志强。办税人员:吴梅。

第二篇

审查与申报篇

第三章 代理纳税审查方法

【学习目的】

通过本章的学习，应当掌握纳税审查的基本方法、基本内容和账务调整的方法。

【导入案例】

佳美制衣有限公司系增值税一般纳税人，主要生产销售羽绒服装，其主要原材料是布料和羽绒。2017 年 1 月，该公司聘请诚信税务师事务所对其 2016 年 1 月 1 日至 2016 年 12 月 31 日的企业所得税纳税情况进行审查。

根据账簿记载，诚信税务师事务所获得以下信息：2016 年度产品销售收入 2 293 970 元，销售成本 1 826 168 元，期间费用 245 233 元，税金及附加为 13 885 元，利润总额为 208 684 元，无纳税调整项目，已经预缴了 52 171 元的企业所得税。

初看账册，该公司账簿记载清楚，核算准确。但在审查中，审查人员根据羽绒服上的吊牌得知，每件羽绒服的含绒量为 130 克～150 克，而且羽绒服的商标中也有注明，于是审查人员把审查的重点放在原材料的核算上。从原材料明细账上看，该公司 2016 年度生产领用羽绒共计 4 387 千克，按每件最大耗绒量 150 克算，可生产羽绒服 29 247 件。而该企业 2016 年度生产入库羽绒服共计 24 822 件，据耗料测算少入账羽绒服 4 425 件。审查人员就计算分析结果向财务主管、企业法人代表进行询问，该企业法人代表却说所有羽绒服均已验收入库。审查人员决定对该公司财务科、仓库保管室等生产经营场所进行审核，经审核发现 2016 年度有 18 份发货单共 4 425 件羽绒服未入账。此时，企业法人代表道出实情：该公司在本市羽绒服专卖店销售的 4 425 件羽绒服未记入产成品账、销售未计收入，也未申报纳税。

请问：诚信税务师事务所在纳税审查中采用了哪些方法？

第一节 纳税审查的基本方法

纳税审查的形式主要有两种：一是税务机关专业审查；二是纳税人自查。税务代理人审查纳税人的纳税情况，不是行使税务机关的检查职责，而是受纳税人的委托，指导、帮助纳税人进行纳税自查。纳税审查的目的是帮助纳税人正确、完整地履行纳税义务，避免因纳税人不熟悉税法或财务会计制度而出现少缴或多缴税款的情况。为此，税务代理人在纳税审查过程中，发现纳税人有少缴税款情况的，应该及时告知纳税人补缴税款；发现纳税人有多缴税款情况的，应该及时告知纳税人申请退税或抵缴下期税款。

纳税审查的方法多种多样，主要有顺查法和逆查法、详查法和抽查法、核对法和查询法、比较分析法和控制计算法。

一、顺查法和逆查法

按照查账的顺序不同，纳税审查的方法可分为顺查法和逆查法。顺查法是指按照会计核算的程序，依次审查原始凭证、账簿、报表，并将其相互核对以审查纳税情况的方法。顺查法比较系统、全面，运用简单，可避免遗漏；但这种方法工作量大，重点不够突出。顺查法适用于审查经济业务量较少的纳税人、扣缴义务人。逆查法与顺查法相对，逆着会计核算的顺序，从分析审查会计报表开始，通过分析报表，找出可能存在的纳税疑点，比如收入和成本费用不匹配的问题，资产、生产能力和收入不匹配的问题，之后对于有疑点的地方再进一步审查账簿和凭证。使用这种方法能够抓住重点，迅速找出问题，适用于税务代理人对于纳税人、扣缴义务人的税务状况较为了解的情况。

二、详查法和抽查法

根据审查的内容、范围不同，纳税审查的方法可分为详查法和抽查法。详查法是对纳税人、扣缴义务人在审查期内的所有会计凭证、账簿、报表及各种存货进行全面、系统审查的一种方法。这种方法可从多方面进行比较分析，相互考证以发现问题，可在一定程度上保证纳税审查的质量，但工作量大、时间长，仅适用于审查经济业务量较少的纳税人、扣缴义务人。

抽查法是对纳税人、扣缴义务人的会计凭证、账簿、报表及各种存货，有选择性地抽取一部分进行审查。抽查法能够提高纳税审查的工作效率，但抽查有较高的风险，影响纳税审查的质量，所以在运用这种方法进行纳税审查时，应对纳税人、扣缴义务人相关方面予以评价，以减少风险；同时在抽查时要结合企业实际重点抽查往来账项等容易出现问题的账目。抽查法适用于对经济业务量较大的纳税人、扣缴义务人的审查。

三、核对法和查询法

核对法是指通过对纳税人的各种相关联的会计凭证、账簿、报表及实物进行相互核对，验证其在纳税方面是否存在问题的一种方法。在本章导入案例中，诚信税务师事务所对佳美制衣有限公司财务科、仓库保管室等生产经营场所进行检查，将其发货单与账簿记录进行核对，采用的就是核对法。核对法一般在税务代理人对纳税人和扣缴义务人有关会计处理结果之间的对应关系有所了解的情况下采用。

查询法是在查账过程中，根据查账的线索，通过询问或调查的方式，取得必要的资料或旁证的一种审查方法。在本章导入案例中，诚信税务师事务所就计算分析结果向佳美制衣有限公司的财务主管、企业法人代表进行询问，采用的就是查询法。使用查询法便于了解现实情况，常与其他方法一起使用。

四、比较分析法和控制计算法

比较分析法是将纳税人、扣缴义务人审查期间的账表资料同历史的、计划的、同行业、同类的相关资料进行纵向或横向比较，分析其异常变化情况，从中找出存在问题的一种审查方法。使用比较分析法易于发现纳税人、扣缴义务人存在的问题，但分析比较的结果只能为更进一步的审查提供线索。比如将某公司 2016 年的增值税税负率与该公司 2015 年增值税税负率比较，分析是否存在异常，使用的就是比较分析法。

控制计算法也称逻辑推算法，是根据账簿之间、生产环节之间的必然联系，用可靠或科学测定的数据，验证企业账面记录或申报的资料是否正确的审查方法。如以产核销、以耗定产等都属于这种方法。在本章导入案例中，诚信税务师事务所审查人员根据每件羽绒服的含绒量和该公司生产领用羽绒的数量，计算其应生产的羽绒服数量，并与入账羽绒服的数量进行核对，采用的就是控制计算法。通常，控制计算法需要配合其他方法才能发挥作用。

以上几种纳税审查的方法各有所长，税务代理人在实际审查中，应根据审查的目的、审查的范围以及审查的对象，采用一种或多种审查方法，提高审查的效率。在本章导入案例中，诚信税务师事务所就是将几种不同的审查方法并用，取得了较好的效果。

第二节　纳税审查的基本内容

一、代理纳税审查的基本内容

税务代理人对纳税人纳税情况的审查涉及多个税种，虽然不同税种纳税审查的重点不同，但是审查的主要内容基本一致。审查的内容主要包括：审查纳税人的核算是否符合《企业财务通则》《企业会计准则》的规定；审查计税是否符合税收法规的规定，税款的计算是否使用法定计税公式，重点是审查计税依据和税率；审查纳税人有无不按纳税程序办事，违反征管制度的情况，主要是审查纳税人税务登记、凭证管理、纳税申报、缴纳税款等方面的情况。在审查上述内容时，税务代理人还应关注纳税人的生产、经营、管理情况，通过审查发现问题，提出改进的措施，帮助企业改善经营管理。

二、会计报表的审查

会计报表是综合反映企业一定时期财务状况和经营结果的书面文件，按照我国现行会计制度和《公司法》的规定，企业的会计报表主要包括资产负债表、利润表、现金流量表、各种附表以及附注说明。审查会计报表是纳税审查的重要环节，在逆查法中，纳税审查是从审查和分析会计报表开始的。通过审查和分析会计报表，税务代理人可以了解纳税人经济活动的全部情况，发现存在的问题，进一步确定审查的重点。

（一）资产负债表的审查

资产负债表是反映企业在某一特定日期资产、负债及所有者权益的报表，反映企业所掌握的经济资源、企业所负担的债务以及所有者拥有的权益。对资产负债表的审查，主要包括以下三个方面：

第一，根据会计核算原理，从编制技术上审查：表中资产合计数是否等于负债与所有者权益合计数；表中相关数据的衔接及钩稽关系是否正确，表中数据与其他报表、总账、明细账数据是否相符。

第二，根据资产负债表所反映的总体情况，按资产类和负债类的分类指标以及所有者权益的构成情况，分析资金的使用和分布是否合理，经营状况和偿还能力如何，观测企业的筹资能力和经营状况的发展趋势。同时，结合税务代理人对纳税人的了解，着重分析与纳税有关的项目，通过对项目的纵向或横向比较分析，从数额升降变动的异常现象中发现问题。

第三，将资产负债表所体现的生产能力与利润表中的营业收入进行对比分析，分析企业是否存在隐瞒或虚增收入的可能性。资产负债表中的资产分布，比如房产、土地、设备等资产的情况在很大程度上体现了企业的生产能力，而企业的生产能力与企业的营业收入息息相关。实践中，一些企业为了少纳税或者免税企业（比如农业生产企业）为了增加客户的成本费用，可能会出现隐瞒收入或虚增收入的情况。通过分析企业资产负债表中的资产分布与利润表中的营业收入，在一定程度上可以发现问题。

一般来说，应注意以下项目的审查。

1. 应收账款、预付账款、应付账款、预收账款项目的审查

审查以上项目时应注意以下问题：

（1）"应付账款"和"预收账款"科目中，是否隐匿着已经实现的产品销售收入或其他业务收入。

（2）"应收账款"和"应付账款"科目中有无不符合制度规定的任意核销或转销情况。

（3）对坏账损失实行备抵法、采用应收账款余额百分比法设立"坏账准备"科目核算坏账损失的企业，应将"坏账准备"科目本期增减金额与企业实际发生的损失进行对比分析。对于企业计提的坏账准备，除金融、保险、证券、中小企业信用担保等行业外，其他行业计提的坏账准备在企业所得税前一律不允许扣除，需要纳税调增。

【案例 3 - 1】　某税务师事务所审查某企业"应付账款"账户时，发现年底有一笔应付账款转入"资本公积"账户，其会计处理为：

　　　　借：应付账款——××　　　　　　　　　　　　　　　　　11 700
　　　　　　贷：资本公积　　　　　　　　　　　　　　　　　　　　　11 700

这一不正常的转账处理引起了审查人员的注意，再追查至该笔应付账款发生时的原始记录：

　　　　借：银行存款　　　　　　　　　　　　　　　　　　　　　11 700
　　　　　　贷：应付账款——××　　　　　　　　　　　　　　　　11 700

经进一步追查，得知此笔款项乃是货款，由于对方未索取发票，企业将其放在往来账户中，以逃避税收。此时，应如何调账？我们将在本章第三节中进行介绍。

2. 各项存货项目的审查

各项存货项目，反映企业期末结存、在途和加工过程中各种存货的实际成本，包括原材料、包装物、低值易耗品、自制半成品、库存商品、发出商品等。这些项目是根据以上科目以及"在途物资""材料采购""材料成本差异""委托加工物资""生产成本"等科目的期末余额填列的。对于采用计划成本法进行日常核算的某些存货项目，在编制资产负债表时，有关存货项目仍应按实际成本进行反映。检查时，应注意对材料、库存商品、低值易耗品等日常核算采用计划成本核算的企业，月末编制资产负债表时，是否在正确计算发出材料、产品成本差异的基础上，将"材料成本差异"科目的余额与"发出材料""库存商品"科目的余额相加或相抵后填入存货项目中。

3. 待摊费用、预提费用项目的审查

审查时,如果发生期初、期末数额突增、突减现象,应结合有关明细科目,检查"两费"设立的项目是否符合制度规定,有无不属于项目规定范围的假借名义的立项;检查发生额是否与摊销项目经济内容一致,有无不属于成本费用列支范围的其他项目;检查发生额是否均衡,有无任意调节成本费用的现象。

4. 固定资产的审查

固定资产的审查内容包括"固定资产原价""累计折旧""固定资产净值""在建工程"和"待处理固定资产净损失"等相关科目的审查。此处应注意,税法规定,以前年度未计提的折旧,不得在本年度补提。

(二)利润表的审查

利润表是综合反映企业一定时期内(月份、年度)利润(亏损)的实现情况的报表。通过对利润表的审查和分析,可以了解企业本期生产经营的成果。对利润表的审查,应重点注意以下内容。

1. 营业收入

营业收入包括主营业务收入和其他业务收入两部分内容。对营业收入的审查,要从以下三个方面入手:一是核实账面销售收入额;二是核实销售收入净额;三是核查漏计的销售收入额。核查的主要方法是:将收入与企业的资产对比,审查营业收入与企业的生产能力是否匹配;将收入与计划和上年同期对比,看是上升还是下降以及上升或下降的理由。在正常情况下,生产发展了,销售收入应相应增加。如果销售收入反而下降,就要审查企业是否存在收入未通过收入类科目核算,漏报收入、少计税收的情况。

2. 营业成本

营业成本包括主营业务成本和其他业务成本。对于营业成本的审查,主要是通过:(1)将本企业营业成本占营业收入的比重与同行业进行对比分析,看是否符合行业常规,有无虚列成本问题;(2)通过对产品成本、成本结构、成本项目或进销差价的分析,掌握成本变动因素,检查企业是否存在挤占生产成本、多转或少转成本的行为,以确保成本核算的正确性。

3. 销售费用

对于销售费用的审查,一般应注意以下几点:必须是与销售业务有关的费用;必须是费用性质的,不属于购置固定资产或门市部的翻建装潢或奖金分配性质;必须符合制度规定的开支范围和开支标准,一般不允许预提或按比例列支;对销售机构的费用,必须据实查证并按制度规定列支。

4. 营业外收支

审查营业外收支数额的变动情况时,对于营业外收入,应注意企业有无将应列入销售收入的款项或收益直接记作营业外收入,从而漏报流转税额的情况。对于营业外支出,应注意是否符合规定的开支范围和开支标准,有无突增、突减的异常变化。对于超过标准的公益性捐赠等,在计算应交所得税时,应调增应纳税所得额。

(三)现金流量表的审查

现金流量表是反映企业在一定会计期间,所从事的经营、投资和筹资等活动对现金及现金等价物影响情况的报表。它通过对企业现金流入量、现金流出量和现金净流入量来反映现金项目从期初到期末的变动过程,提供企业在一定会计期间内现金流入与流出的有关信息，揭示企业的偿债能力、应付突发事件的能力和领导市场能力。

对现金流量表的审查，应注意审查核对现金流量表有关项目数字来源及计算的正确性，即主要核对经营活动、投资活动和筹资活动产生的现金流量，对于经营活动产生的现金流量长期为负数，但是筹资活动产生的现金流量为正数，尤其是股东一直增加投资的企业，需要分析具体原因。对于新兴产业，这种情况是正常的，但是对于一般行业，非常有可能存在隐瞒收入、虚增亏损等问题。

三、会计账簿的审查与分析

会计账簿是以会计凭证为依据，全面、连续、系统地记录企业各项资产、负债、所有者权益的增减变化情况以及经营过程中各项经济活动和财务成果情况的簿籍。由于会计账簿所记录的经济活动内容更系统和详细，比会计报表所提供的资料更充分、更具体，因此，它是纳税审查的重要依据，为进一步发现问题、核实问题提供了资料。

会计账簿分为序时账、总分类账和明细分类账。审查时应根据经济业务的分类资料，按照从总分类账到明细分类账、从会计记录到实际情况的顺序进行审查。这样审查的针对性强，可以全面了解各类财产物资和负债等的变化情况，系统地考察成本、费用和利润情况。在逆查法中，通过对会计报表的审查分析，若发现有疑点，就需要通过账簿审查才能查证落实。

（一）序时账的审查与分析

序时账又称日记账，是按照经济业务完成时间的先后顺序登记的账簿。序时账有现金日记账和银行存款日记账。对现金日记账审查时，应注意现金日记账是否做到日清月结，账面余额与库存现金是否相符，有无白条抵库现象，库存现金是否在规定限额之内，现金收入和支付是否符合现金管理的有关规定，有无坐支或挪用现金的情况，有无私设小金库的违法行为。在此基础上，核实现金日记账的记录是否正确、计算是否准确，更改的数字是否有经手人盖章。对银行存款日记账的审查，应注意银行存款日记账所记录的借贷方向是否正确，金额是否与原始凭证相符，各项经济业务是否合理合法，前后页过账的数字、本期发生额合计与期初和期末余额合计计算是否正确，并应注意将企业银行存款日记账与银行对账单进行核对，审查企业有无隐瞒收入等情况。

（二）总分类账的审查与分析

总分类账是按会计制度中会计科目设置的，它可以提供企业资产、负债、所有者权益、成本、损益的总括资料。对总分类账进行审查分析时，应注意以下四方面内容：

（1）账账关系的审查。一是将总分类账账户的期末借方余额合计数同贷方余额合计数核对，看两者是否相等；二是将有关总分类账账户余额同其所控制的二级账户或明细账户的余额合计数核对，看两者是否相等。

（2）账表关系的审查。主要是将总分类账与资产负债表、利润表的数字进行核对，其中总分类账与资产负债表的关系尤为密切。在审查总分类账时，应注意总分类账的余额与资产负债表中所列数字是否相符。

（3）纵向关系的审查。主要通过总分类账各科目的本期与上期发生额、期初与期末余额的纵向比较，从其升降变化的异常情况中发现疑点，查找线索，掌握审查重点。

（4）横向关系的审查。重点是分析与纳税有关的账户，如通过产品出库记录，分析考证主营业务收入和主营业务成本的变化等情况。

由于总分类账户提供的是总括的资料,一般金额比较大,如果企业某些经济业务有问题,但金额较小,在总分类账中数字变化不明显,则审查中不易发现问题。因此,从总分类账审查中发现的问题,只能作为查账的线索,不能作为定案处理的依据,审查的重点应放在明细账簿的审查上。

（三）明细分类账的审查与分析

明细分类账是在总分类账的基础上,对资产、负债、所有者权益、成本、损益按照实际需要进行明细核算的账户,是对总分类账的详细补充说明。通过总分类账的审查,发现疑点后,应重点分析审查明细分类账。明细分类账的审查方法主要有以下几种。

1. 与总分类账进行相互核对

与总分类账进行相互核对,即审查总分类账与所属明细分类账记录是否相吻合,借贷方向是否一致,金额是否相符。

2. 上下结算期之间相互核对

上下结算期之间相互核对,主要是审查各账户期初余额是否同上期期末余额相衔接,有无利用期初建立新账之机,采用合并或分设账户的方法,故意增减或转销某些账户的数额,弄虚作假,偷逃税款。

3. 审查账户余额的借贷方向是否正确

审查账户余额的借贷方向,即审查账户的余额是否正常,计算是否正确,如果出现反常余额或红字余额,应注意核实是由核算错误还是由弄虚作假造成的。

4. 账实相符的审查

账实相符的审查即审查实物明细账的计量、计价是否正确,采用实际成本计价的企业,各种实物增减变动的计价是否准确合理,有无将不应计入实物成本的费用计入实物成本的现象,发出实物时,有无随意变更计价方法的情况。如有疑点,应重新计算,进行验证。

由于企业的账簿种类较多,经济业务量较大,而纳税审查的重点主要是审查企业有无偷税和隐瞒利润等问题。因此,在审查账簿时应有所侧重,重点选择一些与纳税有密切关系的账户,详细审查账簿中的记录,根据有关账户的性质,对借方、贷方、余额等进行有侧重的审查和分析。

四、会计凭证的审查与分析

会计凭证是记录企业经济业务、明确经济责任、进行会计处理的书面证明和记账依据,也是纳税审查中核实问题的重要依据。

会计凭证按其填制程序和用途划分,可以分为原始凭证和记账凭证两种。

（一）对原始凭证的审查

原始凭证是根据经济业务内容直接取得的最初书面证明,按其取得的来源可以分为外来的原始凭证和自制的原始凭证两种。

1. 对外来原始凭证的审查

外来原始凭证包括进货发票、进账单、汇款单、运费发票等。对外来原始凭证进行审查时,一般应注意以下几个方面:

（1）审查凭证的合法性,看凭证记录的经济内容是否符合政策、法规和财务会计制度规定的范围和标准。

（2）审查凭证的真实性，要注意凭证各项目的经济内容、数据、文字有无涂改、污损、伪造、"大头小尾"等问题。

（3）审查凭证的完整性，对凭证上的商品名称、规格、计量单位、大小写金额和填制日期仔细核对，应注意填写的内容是否清晰，计算的结果是否准确。

（4）审查凭证手续是否完备，应备附件是否齐全。

（5）对多联式发票，要注意是否系报销联，防止用其他联作报销联。

2. 对自制原始凭证的审查

自制原始凭证包括各种报销和支付款项的凭证，其中对外自制原始凭证有现金收据、实物收据等；对内自制原始凭证有收料单、领料单、支出证明单、差旅费报销单、成本计算单等。审查时要注意以下几个方面：

（1）审查自制原始凭证的种类、格式、使用是否符合有关主管机关和财务制度的规定，审批手续是否齐全，有无利用白条代替凭证的现象。

（2）审查自制原始凭证的内容是否真实，处理是否符合规定。

（3）审查凭证手续是否完备，应备附件是否齐全。对于差旅费报销单，还应与所附车船票、住宿费单据核对，看内容、金额是否相符。

（4）审查自制支出凭证的报销金额是否遵守制度规定的开支标准和开支范围。

（二）对记账凭证的审查

记账凭证是由会计人员通过对原始凭证进行归类整理而编制的，是登记账簿的依据。记账凭证的审查主要从以下几个方面进行：

（1）审查所附原始凭证有无短缺，与原始凭证的内容是否一致。

（2）审查会计科目及其对应关系是否正确。

（3）审查记账凭证上使用的会计科目与原始凭证反映的经济业务内容是否相符，处理是否及时。

第三节　账务调整的基本方法

在税务代理人对纳税人的纳税情况进行全面审查后，对于有错漏问题的会计账目，按照财务会计制度进行账务调整，使账账、账证、账实相符。

一、账务调整的原则

调整错账，需要做出调账分录来纠正原错账，即：错账分录＋调账分录＝正确的分录。进行账务调整必须注意以下问题：

（1）要分清是账务处理错误还是账务处理正确，只是税法与会计存在差异。如果是账务处理错误，则需要调账；如果账务处理正确，只是税法与会计存在差异，则无须调账，只是需要进行纳税调整。

（2）调账分录必须符合会计原理和核算程序，反映错账的来龙去脉，清晰表达调整的思路。

（3）账务调整应做到核算准确，数字可靠，正确反映企业的财务状况和生产经营情况，并使上下会计期间保持连续性和整体性。

(4) 账务调整要坚持平行调整原则，在调整总账的同时调整相应的明细账。

(5) 调整错账的方法应从实际出发，简便易行。既要做到账实一致，反映查账的结果，又要坚持从简调整的原则。在账务调整方法的运用上，能用补充登记法就不用冲销调整法，尽量做到从简适宜。

二、账务调整的基本方法

税务代理人在进行纳税审查的过程中，可能会发现纳税人存在错账或漏账，此时应当告知纳税人进行账务调整。账务调整的方法如下所述。

(一)红字冲销法

红字冲销法是先用红字冲销错误的会计分录，再用蓝字重新编制正确的会计分录，重新登记账簿。它适用于会计科目用错及会计科目正确但核算金额错误的情况。一般情况下，在及时发现错误，没有影响后续核算的情况下，多使用红字冲销法。

【案例 3-2】 A 税务师事务所审查 B 钢材企业的纳税情况时发现，B 企业将自产钢材用于建造厂房，所用钢材的成本为 300 000 元，不含税销售价格为 400 000 元，企业的账务处理为：

借：在建工程 400 000
　　贷：库存商品 400 000

请问：该企业的账务处理是否正确？如果不正确，应该如何调账？

解析：

2016 年 5 月 1 日"营改增"后，企业将自产货物用于建造厂房等不动产，属于将自产货物用于增值税应税项目，无须视同销售货物计算缴纳增值税。该账务处理的会计科目运用正确，错误之处在于多记了"库存商品"的金额——应该按成本结转，不应按销售价格结转。应做如下调账分录：

借：在建工程 100 000

　　贷：库存商品 100 000

(二)补充登记法

补充登记法是通过编制转账分录，将调整金额直接入账，以更正错账。它适用于漏计或错账所涉及的会计科目正确，但核算金额小于应计金额的情况。

【案例 3-3】 2016 年 12 月 10 日，A 税务师事务所在审查 B 企业的账务资料时发现，该企业于 2016 年 3 月 5 日采用分期收款方式销售产品，总价款为 200 万元，总成本为 160 万元。按合同规定，2016 年 5 月 20 日应收取货款 40 万元（不含税），由于对方企业资金紧张，企业未按时收到货款，未做任何账务处理。该企业为增值税一般纳税人。

请问：该企业的处理是否正确？如果不正确，应该如何调账？

解析：

按照会计制度的规定，分期收款方式销售收入的实现时间为合同约定的收款日期的当天。在合同约定的收款日期当天，无论企业是否收到货款，都应该确认销售收入。因此，对于此笔漏记的会计分录，应采用补充登记法做如下调账分录：

借：应收账款 468 000

```
    贷：主营业务收入                                        400 000
        应交税费——应交增值税（销项税额）                      68 000
```
同时，结转相应的销售成本：
```
    销售成本＝160×40÷200＝32（万元）
    借：主营业务成本                                        320 000
        贷：库存商品                                        320 000
```

（三）综合账务调整法

综合账务调整法是将红字冲销法与补充登记法综合运用的账务调整方法，它一般适用于错用会计科目的情况，而且主要用于所得税纳税审查后的账务调整。如果涉及会计所得，可以直接调整"本年利润"账户。

综合账务调整法一般适用于会计分录借贷方，有一方会计科目用错，而另一方会计科目没有用错的情况。正确一方不调整，错误一方用错误科目转账调整，使用正确科目及时调整。

【案例 3－4】 A 税务师事务所 2016 年 10 月 31 日在审查某企业的账务资料时发现，该企业于 2016 年 6 月 10 日误将 5 月购入的 60 000 元新建厂房耗用材料列入管理费用。该企业为增值税一般纳税人。

请问：该企业的处理是否正确？如果不正确，应该如何调账？

解析：

上述会计分录的借方错用会计科目。按会计准则的规定，新建厂房用料应列入"在建工程"科目，而且其耗用材料的进项税额应该分期抵扣，但是由于在 5 月购入时已经全额抵扣过进项税额，因此应该将 40% 的进项税额转入"待抵扣进项税额"。其调账分录为：
```
    借：在建工程                                            60 000
        贷：管理费用                                        60 000
    借：应交税费——待抵扣进项税额                              4 080
        贷：应交税费——应交增值税（进项税额转出）                 4 080
```

三、错账的类型及调整范围

根据错账发生的时间不同，可将错账分为当期发生的错账和以往年度发生的错账。其发生的时间不同，调账的方法也有所不同。

（一）当期错误会计账目的调账方法

在审查中发现的当期错误会计账目，可以根据正常的会计核算程序，采用红字调整法、补充登记法、综合账务调整法予以调整。对于按月结转利润的纳税人，在本月内发现的错账，调整错账本身即可；在本月以后发现的错账，由于以前月份已结转利润，所以对于影响利润的账项，还需要通过相关科目最终结转到"本年利润"科目。如案例 3－4 中，如果税务师是在月度结算后发现错账，则调账分录为：
```
    借：在建工程                                            60 000
        贷：管理费用                                        60 000
    借：应交税费——待抵扣进项税额                              4 080
        贷：应交税费——应交增值税（进项税额转出）                 4 080
    借：管理费用                                            60 000
```

贷：本年利润 60 000

（二）对上一年度错误会计账目的调账方法

1. 上一年度发生错账且对上年度税收产生影响

这种情况分以下两种：

（1）如果在编制上一年度决算报表前发现，则直接调整上年度账项，可以应用上述几种方法进行调整。在调整过程中应注意，对于影响利润的错账，须一并调整"本年利润"账户核算的内容。

（2）如果在编制上一年度决算报表后发现，一般不能用以上方法调整，而应按正常的会计核算对有关账户进行一一调整。

对于不影响上年利润的项目，可以直接进行调整；对于影响上年利润的项目，由于企业在会计年度内已经结账，所有的损益类账户在当期都结转至"本年利润"账户，所以在以后年度发现的错账，凡涉及调整会计利润的，不能用正常的核算程序对"本年利润"账户进行调整，而应通过"以前年度损益调整"账户进行调整。

【案例 3-5】 A 税务师事务所在 2017 年 1 月对某公司 2016 年度的纳税审查中，发现该公司多预提厂房租金 58 000 元，应予以冲回。其调账分录为：

（1）借：预提费用 58 000

  贷：以前年度损益调整 58 000

（2）补所得税＝58 000×25％＝14 500（元）。

 借：以前年度损益调整 14 500

  贷：应交税费——应交企业所得税 14 500

（3）将以前年度损益调整余额转入未分配利润：

 借：以前年度损益调整 43 500

  贷：利润分配——未分配利润 43 500

2. 上一年度发生错账但不影响上一年度的税收，但与本年度核算和税收有关

对于这种情况，可以根据上一年度账项的错漏金额影响本年度税项情况，相应调整本年度有关账项。

【案例 3-6】 A 税务师事务所 2017 年 2 月审查某企业 2016 年的账簿记录，发现 2016 年 12 月该企业多转材料成本差异 5 000 元（借方超支数），而消耗该材料的产品虽然于 2016 年 12 月完工入库，但 2016 年尚未售出，而是在 2017 年 1 月售出。

解析：

这一错账虽然虚增了 2016 年 12 月的生产成本，但是由于产品并未售出，不需要结转销售成本，因此，这一错账并未对 2016 年的利润和税收产生影响，而是会影响 2017 年的利润和税收，其调账分录为：

 借：材料成本差异 5 000

  贷：主营业务成本（或本年利润） 5 000

案例 3-1 的账务调整方法为（假设该企业为增值税一般纳税人）：

（1）如果是当期发现的，直接调整相应的会计账户：

 借：资本公积 11 700

  贷：主营业务收入 10 000

　　　　应交税费——应交增值税（销项税额）　　　　　　　　　　　　 1 700

再结转相应的成本（假设该批产品的销售成本为 8 000 元）：

　　借：主营业务成本　　　　　　　　　　　　　　　　　　　　　　　 8 000

　　　　贷：库存商品　　　　　　　　　　　　　　　　　　　　　　　　　 8 000

（2）如果是期末结账时发现的，根据有关损益类账户直接调整"本年利润"账户：

　　借：资本公积　　　　　　　　　　　　　　　　　　　　　　　　　11 700

　　　　贷：本年利润　　　　　　　　　　　　　　　　　　　　　　　　10 000

　　　　　　应交税费——应交增值税（销项税额）　　　　　　　　　　　 1 700

　　借：本年利润　　　　　　　　　　　　　　　　　　　　　　　　　 8 000

　　　　贷：库存商品　　　　　　　　　　　　　　　　　　　　　　　　　 8 000

（3）如果是在以后年度发现的，则调账分录为：

　　借：资本公积　　　　　　　　　　　　　　　　　　　　　　　　　11 700

　　　　贷：以前年度损益调整　　　　　　　　　　　　　　　　　　　　10 000

　　　　　　应交税费——应交增值税（销项税额）　　　　　　　　　　　 1 700

　　借：以前年度损益调整　　　　　　　　　　　　　　　　　　　　　 8 000

　　　　贷：库存商品　　　　　　　　　　　　　　　　　　　　　　　　　 8 000

　　（三）不能直接按审查出的错误数额调整利润情况的账务调整方法

　　税务师审查出的纳税错误数额，有的直接表现为实现的利润，无须进行计算分摊，直接调整利润账户；有的需要经过计算分摊，将错误的数额分别摊入相应的有关账户内，才能确定应调整的利润数额。后一种情况主要是在材料采购成本、原材料成本的结转以及生产成本的核算中发生的，如果尚未完成一个生产周期，其错误数额会依次转入原材料、在产品、产成品、销售成本及利润中，导致虚增或虚减利润，影响纳税人当期应缴纳的所得税。因此，应将错误数额根据具体情况在期末原材料、在产品、产成品和本期销售产品成本之间进行合理分摊。分摊步骤为：

　　第一步：计算分摊率。

$$分摊率 = \frac{审查出的错误数额}{期末材料结存成本 + 期末在产品结存成本 + 期末产成品结存成本 + 本期销售产品成本}$$

　　上述公式是基本计算公式，具体应用时，应根据错误发生的环节，相应地选择某几个项目进行分摊，不涉及的项目不参加分摊。

　　（1）在"生产成本"账户贷方、"库存商品"账户借方审查出的错误数额，只需在期末产成品、本期主营业务成本之间分摊。

　　（2）在"原材料"账户贷方、"生产成本——基本生产成本"账户借方审查出的错误数额，即多转或少转成本的问题，应在公式中分母的后三个项目之间分摊。

　　（3）在"原材料"账户借方查出的问题，即多记或少记材料成本，要在公式中分母的四个项目之间分摊。

　　第二步：计算分摊额。

　　　　期末材料应分摊的数额＝期末材料成本×分摊率

　　　　期末在产品应分摊的数额＝期末在产品成本×分摊率

期末产成品应分摊的数额＝期末产成品成本×分摊率

本期销售产品应分摊的数额＝本期销售产品成本×分摊率

第三步：调整相关账户。

根据计算出的各环节应分摊的成本数额，分别调整有关账户。期末结账后，根据当期销售产品应分摊的错误数额直接调整利润数。

【案例3-7】 A税务师事务所受托对某企业进行纳税审查，发现该企业12月多结转了12 000元的材料成本差异（借方超支数）。消耗该材料的产品既有期末在产品，也有生产完工产品，完工产品当月对外销售了一部分。因此，多结转的12 000元材料成本差异已随企业的生产经营过程分别进入了生产成本、库存商品、销售成本之中。经核实，期末材料结存成本为40 000元，在产品成本为150 000元，库存商品成本为150 000元，主营业务成本为300 000元。

请问：税务师应如何调账？

解析：

税务师可以按以下步骤计算分摊各环节的错误数额，并做相应调账处理。

第一步：计算分摊率。

多结转成本时，应在公式中分母的后三个项目之间分摊。

$$分摊率=\frac{多结转的材料成本差异数额}{期末在产品结存成本＋期末产成品结存成本＋本期销售产品成本}$$

$$=\frac{12\ 000}{150\ 000＋150\ 000＋300\ 000}$$

$$=0.02$$

第二步：计算各环节的分摊额。

期末在产品应分摊的数额＝150 000×0.02＝3 000（元）

期末产成品应分摊的数额＝150 000×0.02＝3 000（元）

本期销售产品应分摊的数额＝300 000×0.02＝6 000（元）

第三步：调整相关账户。

若审查期在当年，则调账分录为：

借：材料成本差异	12 000
贷：生产成本	3 000
库存商品	3 000
本年利润	6 000

若审查期在以后年度，则调账分录为：

借：材料成本差异	12 000
贷：生产成本	3 000
库存商品	3 000
以前年度损益调整	6 000

【本章小结】

1. 纳税审查的方法主要有顺查法和逆查法、详查法和抽查法、核对法和查询法、比较分析法和控制计算法。

2. 纳税审查的内容主要是：审查纳税人的核算是否符合《企业财务通则》和《企业会计准则》；审查计税是否符合税收法规的规定，税款的计算是否使用法定计税公式，重点是审查计税依据和税率；审查纳税人有无不按纳税程序办事，违反征管制度的情况。具体包括会计报表、会计账簿、会计凭证的审查与分析。

3. 账务调整需要做出调账分录来纠正原错账，即：错账分录＋调账分录＝正确的分录。

4. 账务调整的方法主要有红字冲销法、补充登记法和综合账务调整法。税务师应根据错账的发生时间采取相应的调账方法。

【思考题】

1. 纳税审查的方法主要有哪些？分别适用于什么情况？

2. 纳税审查的内容主要有哪些？

3. 如果在纳税审查过程中，税务代理人发现纳税人账务处理错误，应如何进行账务调整？

【实务训练题】

北京市某化工有限公司系国有企业，主要生产销售纯碱、粒碱、烧碱、小苏打等产品。该公司产品及耗用材料适用的增值税税率均为17%，2015年各月均缴纳过增值税，2015年公司利润总额为2 000 000元。

2016年5月汇算清缴时申报缴纳企业所得税500 000元。税务师于2016年6月16日受托对该公司2015年1月1日至2016年5月31日的纳税情况进行审查，发现如下情况：

（1）经审查，该公司2015年1月至2016年5月对外单位和个人及公司独立核算的附属企业销售原材料，2015年累计取得款项1 480 000元，2016年1月至5月累计取得款项370 000元，公司账务处理为：

借：银行存款　　　　　　　　　　　　　　　　　　　　　　1 850 000
　　贷：其他应付款　　　　　　　　　　　　　　　　　　　　1 480 000
　　　　预收账款　　　　　　　　　　　　　　　　　　　　　　200 000
　　　　原材料　　　　　　　　　　　　　　　　　　　　　　　170 000

税务师进一步审查，发现2015年相应原材料的成本已结转至"生产成本"账户之中，相关的产品已在2015年全部对外出售。

（2）2015年12月18日，45#记账凭证上的会计分录为：

借：预收账款　　　　　　　　　　　　　　　　　　　　　　　298 350
　　贷：主营业务收入　　　　　　　　　　　　　　　　　　　　255 000
　　　　应交税费——应交增值税（销项税额）　　　　　　　　　43 350
借：主营业务成本　　　　　　　　　　　　　　　　　　　　　180 000
　　贷：发出商品　　　　　　　　　　　　　　　　　　　　　　180 000
借：银行存款　　　　　　　　　　　　　　　　　　　　　　　 25 150
　　预收账款　　　　　　　　　　　　　　　　　　　　　　　　 1 650
　　贷：管理费用——仓储保管费　　　　　　　　　　　　　　　 26 800

后附原始凭证 4 张：产品出库单（2015 年 12 月 18 日填制）1 张；增值税专用发票记账联、取货单各 1 张，开具专用发票的日期、取货单的日期均为 2015 年 10 月 6 日；该公司向客户收取产品仓储保管费收据 1 张。

税务师进一步审查，发现该公司并未与客户签订分期收款销售合同，公司在 2015 年 10 月 6 日收到款项时，账务处理为：

借：银行存款　　　　　　　　　　　　　　　　　　　　　　　300 000
　　贷：预收账款　　　　　　　　　　　　　　　　　　　　　　　300 000
借：发出商品　　　　　　　　　　　　　　　　　　　　　　　180 000
　　贷：库存商品　　　　　　　　　　　　　　　　　　　　　　　180 000

（3）税务师审查"库存商品"账户明细账时，发现该公司在"库存商品"账户下专设了二级账户"非正常损耗"，即为了核算由于保管不善发生的非正常损失。公司分别做如下账务处理：

2015 年 11 月：

借：待处理财产损溢——待处理流动资产损溢　　　　　　　　　100 000
　　贷：库存商品——烧碱　　　　　　　　　　　　　　　　　　　100 000

2016 年 2 月：

借：待处理财产损溢——待处理流动资产损溢　　　　　　　　　20 000
　　贷：库存商品——小苏打　　　　　　　　　　　　　　　　　　20 000

经进一步查阅有关账证资料核实，发现烧碱 2015 年的生产成本中原材料的耗用比例为 60％，小苏打 2016 年的生产成本中原材料的耗用比例为 55％。公司财务人员认为行政许可法实施后，公司无须向主管税务机关申请，即可自行按会计制度的规定进行账务处理，故公司于 2015 年 12 月底经该公司领导批准后，根据 2015 年的财产损失做如下账务处理：

借：营业外支出　　　　　　　　　　　　　　　　　　　　　　100 000
　　贷：待处理财产损溢——待处理流动资产损溢　　　　　　　　　100 000

（4）审查"营业外收入"账户，调阅记账凭证，发现公司 2015 年 12 月有如下账务处理：

借：其他应付款　　　　　　　　　　　　　　　　　　　　　　75 000
　　贷：营业外收入　　　　　　　　　　　　　　　　　　　　　　75 000

经过向企业财务人员询问得知，该公司 2015 年 6 月把取得的抵债水泥销售（收到抵债水泥时未取得合法票据）后取得款项时，做如下账务处理：

借：银行存款　　　　　　　　　　　　　　　　　　　　　　　75 000
　　贷：其他应付款　　　　　　　　　　　　　　　　　　　　　　75 000

（5）该公司 2015 年 11 月通过技术市场签订一份非专利技术转让合同，已按规定贴印花税票，已报主管税务机关备案。其"无形资产——××非专利"账户账面价值为 200 000 元，收取技术转让费 450 000 元。公司账务处理为：

借：银行存款　　　　　　　　　　　　　　　　　　　　　　　450 000
　　贷：无形资产　　　　　　　　　　　　　　　　　　　　　　　200 000
　　　　其他业务收入　　　　　　　　　　　　　　　　　　　　　250 000

要求：

（1）指出该公司存在的纳税问题并做相关账务调整。

（2）计算该公司应补缴的税费。

第四章 代理纳税申报的基础知识

【学习目的】

通过本章的学习，应当掌握纳税申报的对象、内容、期限、要求、方式和流程；掌握纳税人在何种情况下可以进行延期申报以及如何进行延期申报。

【导入案例】

是否需要纳税申报？

宏天公司是一家从事电脑软件开发的公司，该公司于 2016 年 10 月 9 日在工商行政管理机关领取了营业执照，开业经营并办理了相关的税务手续。2016 年 11 月 18 日，税务机关发现该公司未办理纳税申报。宏天公司认为其未取得销售收入，无须纳税申报。

请问：宏天公司的做法是否正确？

第一节 纳税申报概述

纳税申报是指纳税人或扣缴义务人按照税法的规定定期就计算缴纳税款或代扣代缴税款的有关事项向税务机关提出书面报告，是税款征收管理的一项重要制度。纳税申报是纳税人为履行纳税义务或扣缴义务人为履行代扣代缴义务而向税务机关办理的纳税手续，也是基层税务机关办理征收业务、核实应征税款、开具纳税凭证的一项必要制度，在税收征管体系中占有重要的地位。

一、纳税申报的对象

在税收征管过程中，需要办理纳税申报的对象主要有两大类：纳税人和扣缴义务人。

（一）纳税人

纳税人包括从事生产、经营的纳税人和从事临时经营业务的纳税人。纳税人必须依照法律、行政法规规定或者税务机关依照法律、行政法规的规定确定的申报期限、申报内容如实办理纳税申报，报送纳税申报表、财务会计报表以及税务机关根据实际需要要求纳税人报送的其他纳税资料。

（二）扣缴义务人

根据税法的规定，负有代扣代缴、代收代缴税款义务的单位和个人（即扣缴义务人）

必须依照法律、行政法规的规定或者税务机关依照法律、行政法规的规定确定的申报期限、申报内容如实报送代扣代缴、代收代缴税款报告表，以及税务机关根据实际需要要求扣缴义务人报送的其他有关资料。

纳税人、扣缴义务人，不论当期是否发生纳税义务，除经税务机关批准外，均应按规定办理纳税申报，或者报送代扣代缴、代收代缴税款报告表。纳税人享受减税、免税待遇的，在减税、免税期间应当按照规定办理纳税申报。

在本章的导入案例中，宏天公司开业后，虽然未取得销售收入，但是也需要按期进行纳税申报，宏天公司未按期办理纳税申报的做法是错误的。

二、纳税申报的内容

纳税申报的内容，主要体现在各税种的纳税申报表和代扣代缴、代收代缴税款报告表中，还有的体现在随纳税申报表附报的财务报表和有关纳税资料中。纳税人、扣缴义务人的纳税申报或者代扣代缴、代收代缴税款报告表的主要内容包括：税种、税目，应纳税项目或者应代扣代缴、代收代缴税款项目，计税依据，扣除项目及标准，适用税率或者单位税额，应退税项目及税额、应减免税项目及税额，应纳税额或者应代扣代缴、代收代缴税额，税款所属期限，延期缴纳税款，欠税、滞纳金等。

三、纳税申报的期限

《中华人民共和国税收征收管理法》规定纳税人和扣缴义务人必须按照法定期限办理纳税申报。申报期限有两种：一种是法律、行政法规明确规定的；另一种是税务机关按照法律、行政法规的原则，结合纳税人生产经营的实际情况及所应缴纳的税种等相关因素予以确定的。两种期限具有相同的法律效力。

在进行纳税申报时，凡遇申报期限的最后一日是国家法定休假日的，以休假日期满的次日为期限的最后一日；在期限内有连续3日以上法定休假日的，按休假日天数顺延。例如，2015年10月的增值税应该在2015年11月15日前办理纳税申报，而2015年11月15日恰恰是周末，因此申报期限的最后一日顺延至休假日期满的次日——2015年11月16日。又如，每年10月1日国庆节期间放假7天，则此时的纳税申报期限应按休假日天数顺延7天。

纳税人未按照规定的期限办理纳税申报和报送纳税资料的，或者扣缴义务人未按照规定的期限向税务机关报送代扣代缴、代收代缴税款报告表和有关资料的，由税务机关责令限期改正，可以处2 000元以下的罚款；情节严重的，可以处2 000元以上10 000元以下的罚款。

四、纳税申报的要求

纳税人办理纳税申报时，应当如实填写纳税申报表，并根据不同的情况相应报送下列有关证件、资料：

（1）财务会计报表及其说明材料。

（2）与纳税有关的合同、协议书及凭证。

（3）税控装置的电子报税资料。

（4）外出经营活动税收管理证明和异地完税凭证。

（5）境内或者境外公证机构出具的有关证明文件。

（6）税务机关规定应当报送的其他有关证件、资料。

扣缴义务人办理代扣代缴、代收代缴税款申报时，应当如实填写代扣代缴、代收代缴税款报告表，并报送代扣代缴、代收代缴税款的合法凭证以及税务机关规定的其他有关证件、资料。

第二节 纳税申报的方式和流程

一、纳税申报的方式

在进行纳税申报时，纳税人和扣缴义务人可以自行申报，也可以采用代理申报方式。无论是自行申报还是代理申报，都可以采取直接申报、邮寄申报和数据电文申报等方式。

（一）直接申报

直接申报，是指纳税人、扣缴义务人按照规定的期限到税务机关办理纳税申报。

（二）邮寄申报

邮寄申报，是指经税务机关批准的纳税人使用统一规定的纳税申报特快专递专用信封，通过邮政部门办理交寄手续，并向邮政部门索取收据作为申报凭据的方式。

纳税人采取邮寄方式办理纳税申报的，应当使用统一的纳税申报专用信封，并以邮政部门开出收据作为申报凭据。采用邮寄申报，以寄出的邮戳日期为实际申报日期。

（三）数据电文申报

数据电文申报，是指通过经税务机关确定的电话语音、电子数据交换和网络传输等电子方式进行纳税申报。例如，网上申报就是数据电文申报方式的一种。随着网络的发展，数据电文申报方式发展迅速。

纳税人采用数据电文申报方式办理纳税申报的，应当按照税务机关规定的期限和要求保存有关资料，并定期书面报送主管税务机关。

除上述方式外，实行定期定额缴纳税款的纳税人，可以实行简易申报、合并征期等纳税申报方式。

二、纳税申报的流程

无论采用哪种申报方式，纳税人申报和缴纳税款的流程都包括以下内容：

（1）到主管税务机关办税服务厅确定纳税申报方式、时间、内容，领取申报表等有关资料。

（2）如实填写纳税申报表或代扣代缴、代收代缴税款报告表，并在主管机关确定的申报期限内办理纳税申报。享受减免税和当期无应纳税额的纳税人，也需要按规定期限分别办理免税申报和零申报。

（3）纳税申报时，纳税人、扣缴义务人持纳税申报表及相关资料申报纳税，税务机关审核无误后予以开票，并在纳税申报表存根联上加盖纳税申报受理专用章。纳税人应在规定的缴款期限内凭税收缴款书办理税款解缴事宜。纳税人和扣缴义务人应在规定入库期限前将应纳税款解缴到纳税专户。

（4）纳税人、扣缴义务人在申报纳税时应同时报送相关资料。

对于直接申报、邮寄申报和数据电文申报等不同的申报方式，具体的纳税申报流程如图4-1所示。

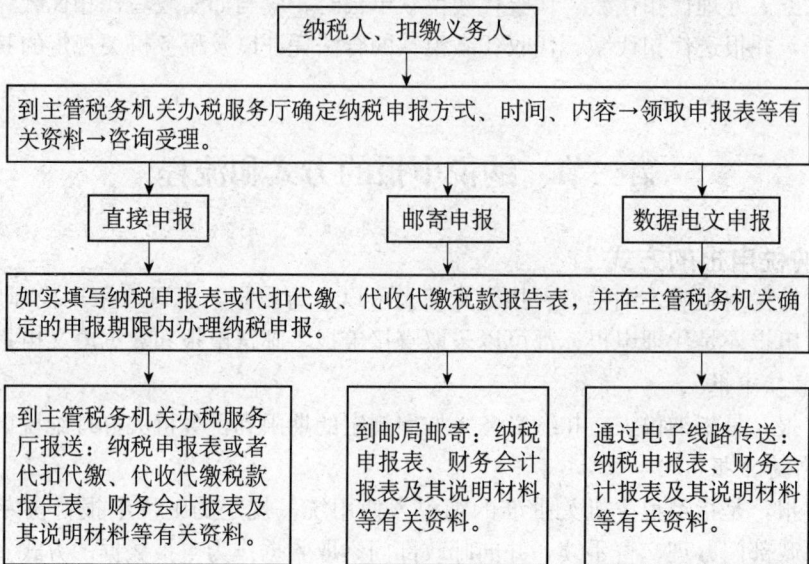

图4-1　纳税申报流程

第三节　正常申报与延期申报

根据纳税申报的时间，可以将纳税申报分为正常申报和延期申报两种情况。

一、正常申报

正常申报是指纳税人在规定的申报期限内办理纳税申报，向主管税务机关报送纳税申报表、财务会计报表以及需要报送的其他有关纳税资料；扣缴义务人在规定的申报期限内提交扣缴税款报告表以及相关资料。

二、延期申报

纳税人、扣缴义务人不能按期办理纳税申报或者报送代扣代缴、代收代缴税款报告表的，经税务机关核准，可以延期申报。

（一）可办理延期申报的情况

（1）纳税人、扣缴义务人按照规定的期限办理纳税申报或者报送代扣代缴、代收代缴税款报告表确有困难，需要延期的，应当在规定的期限内向税务机关提出书面延期申请，经税务机关核准，在核准的期限内办理。

（2）纳税人、扣缴义务人因不可抗力，不能按期办理纳税申报或者报送代扣代缴、代收代缴税款报告表的，可以延期办理。

在法律上，不可抗力是一个特定的概念，指不能预见、不能避免并不能克服的客观情况，包括自然灾害（如地震、水灾）和社会事件（如战争、社会动乱）等。

（二）办理延期申报的程序

纳税人、扣缴义务人按规定的期限办理纳税申报确有困难的，应当按照下列程序办理延期申报：

（1）纳税人应当在规定的期限内领取并填写《税务行政许可申请表》《延期申报申请核准表》，办税服务厅接收资料，核对资料是否齐全、是否符合法定形式、填写内容是否完整，符合的即时接收；不符合的当场一次性告知应补正资料或不予接收的原因。

（2）办税服务厅在1个工作日内将相关资料信息转入下一环节并按规定程序处理。

（3）办税服务厅收到反馈后1个工作日内通知纳税人领取办理结果。

（4）告知纳税人在结算过程中，预缴税额大于实际应纳税额的，税务机关结算退税但不向纳税人计退利息，预缴税额小于应纳税额的，在结算补税时不加收滞纳金。

（5）纳税人在法定纳税期内按照上期实际缴纳的税额或者税务机关核定的数额预缴税款，在核准的延期内办理税款结算。

纳税人、扣缴义务人因不可抗力延期申报的，应当在不可抗力情形消除后立即向税务机关报告。税务机关应当查明事实，予以核准。

延期申报办理程序如图4-2所示。

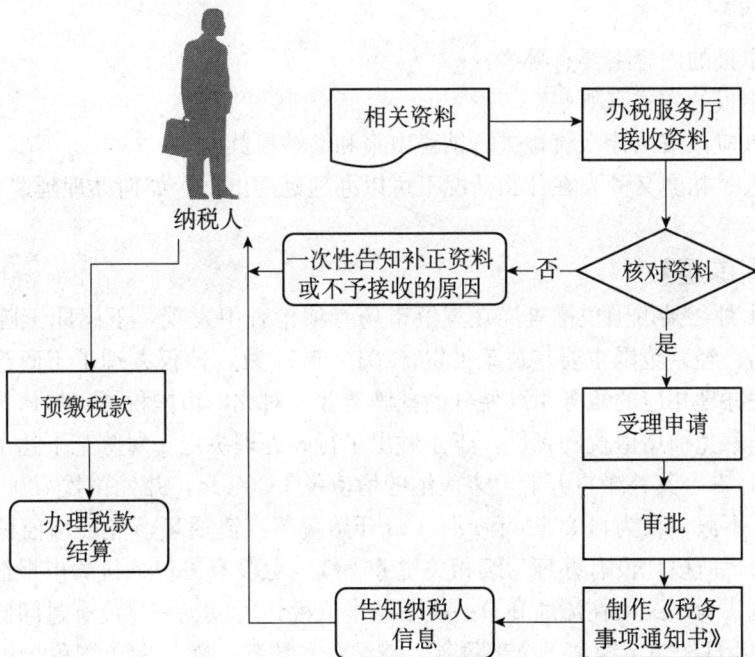

图4-2 延期申报办理程序

（三）办理延期申报的注意事项

1. 预缴税款

延期申报不等于延期纳税，经核准延期办理申报、报送事项的纳税人，应当在纳税期内按照上期实际缴纳的税额或者税务机关核定的税额预缴税款，在核准的延期内办理税款结算。

2. 延期申报届满后的处理

经批准可延期申报的纳税人，在税务机关批准其延期后应按照规定申报纳税，具体内容包括延期税种、延期税额，并递交有关批准延期申报文号和提供有关财务会计资料。

3. 相关责任

延期到期后仍未缴纳税款的，从延期缴纳税款期满之日起开始计收滞纳金。虽提出申请，但税务机关未予批准的，从缴纳税款期限届满之日起开始加收滞纳金。

【本章小结】

1. 纳税申报的对象为纳税人和扣缴义务人。

2. 纳税申报的主要内容包括：税种、税目，应纳税项目或者应代扣代缴、代收代缴税款项目，计税依据，扣除项目及标准，适用税率或者单位税额，应减免税项目及税额、应纳税额或者应代扣代缴、代收代缴税额，税款所属期限，延期缴纳税款，欠税、滞纳金等。

3. 纳税申报的方式主要有直接申报、邮寄申报和数据电文申报等。虽然纳税申报方式不同，但纳税申报流程基本相同。

4. 根据纳税申报的时间，可以将纳税申报分为正常申报和延期申报两种情况。

【思考题】

1. 纳税申报的内容主要有哪些？

2. 纳税申报的方式有哪些？

3. 纳税人应该按照什么流程进行纳税申报和缴纳税款？

4. 纳税人、扣缴义务人在什么情况下可以办理延期申报？如何办理延期申报？

【实务训练题】

2017年1月，某市国税稽查局在集贸市场专项检查中发现，下岗职工陈某开办了一个蔬菜批发店，经营范围主要是蔬菜批发，2016年11月，他仅办理了工商营业执照，没有到税务机关办理相应的税务手续便开始挂牌营业。对此，市国税稽查局认为，该纳税人不符合享受国家免征增值税的条件，于是做出了行政处理决定，对陈某下达了《核定应纳税款通知书》，责令其补缴自开业以来应纳的增值税1 300元，并处罚款700元。

陈某对此不服，认为自2012年1月1日开始蔬菜在流通环节免征增值税，可以享受国家免税照顾，所以他没有办理后续相关税务手续，更没有去税务机关申报纳税。当地主管国税分局也认为，蔬菜在流通环节一概不纳增值税，所以也一直没有过问此事。陈某于2017年2月18日按规定缴清了全部税款、滞纳金和罚款，随后向市国税局申请复议，要求市国税局撤销稽查局做出的补缴税款、滞纳金以及行政处罚的处理决定。

问题：你认为市国税局会做出何种复议决定？为什么？

第五章　代理增值税纳税审查与纳税申报

【学习目的】

通过本章的学习，应当掌握增值税纳税审查的重点内容和纳税审查的技巧；掌握增值税纳税申报需要报送的资料，尤其是如何填写《增值税纳税申报表》及其附列资料。

【导入案例】

北京市某粮站为市粮食局下设国有企业，主要经营范围为粮油购销、面粉加工。2003年1月被北京市朝阳区国家税务局认定为增值税一般纳税人。该粮站现有职工65人，注册资金为200万元，固定资产为1 000万元。2016年6月取得销售收入875万元，销项税额113.75万元，进项税额105.85万元，实现增值税7.9万元。为避免因不熟悉税法或财务会计制度而出现多缴或少缴税款的情况，该粮站委托蓝天税务师事务所为其进行纳税审查。蓝天税务师事务所应重点审查哪些方面的内容？

如果蓝天税务师事务所在审查时发现该粮站存在以下问题，请说明应如何处理：

（1）销售小麦取得价外收入未计提增值税。该粮站6月销售小麦，向购买方收取利息、包装费等价外收入12.43万元（含增值税价），未按规定并入销售额计提增值税，而是直接冲销了费用。

（2）购进货物未取得合法的扣税凭证，但抵扣了进项税额。6月，该粮站从大兴区某公司（一般纳税人）购进玉米，未取得合法的扣税凭证，自行填开农副产品收购发票抵扣进项税额2.5万元。

（3）销售豆油取得收入未计提增值税。经查往来账户，该粮站6月20日销售豆油6 400千克，取得收入9.65万元（含增值税价），未记销售，而是直接冲减了费用。

（4）将外购价值5 000元的食用油分发给粮站职工，所含的650元进项税额未予转出。

第一节　代理增值税一般纳税人纳税审查

根据税法的规定，对一般纳税人和小规模纳税人采用不同的征税方法。因此，增值税一般纳税人和小规模纳税人的纳税审查方法有所不同。

增值税一般纳税人实行凭增值税专用发票以及其他扣税凭证抵扣进项税额的办法，其应纳税额的计算公式为：

$$当期应纳税额＝当期销项税额－当期进项税额$$

在对一般纳税人进行纳税审查时，应重点从征税范围、计税方法、销项税额、进项税额、预缴税款、应纳税额缴纳等环节进行审查。

一、征税范围的审查

自 2016 年 5 月 1 日全面进行营业税改征增值税（以下简称"营改增"）的改革后，销售货物、服务、劳务、不动产、无形资产，均属于增值税征税范围。在对增值税征税范围进行审查时，需要注意以下几个方面。

（一）审查征税范围的基本条件

全面推开"营改增"后，纳税人所有的经营活动都应该缴纳增值税。一般情况下，属于增值税征税范围的应税行为应同时具备三个条件：发生在中华人民共和国境内、经营性的业务活动、有偿。所以在进行征税范围的审查时，主要围绕这三个方面展开。

1. 是否发生在中华人民共和国境内

在中华人民共和国境内销售货物，提供加工、修理修配劳务，进口货物，销售服务、无形资产、不动产属于增值税征税范围。其中，境内是指：

（1）销售货物的起运地或者所在地在境内。

（2）提供的加工、修理修配劳务发生在境内。

（3）在境内销售服务、无形资产或者不动产，是指：

1）服务（租赁不动产除外）或者无形资产（自然资源使用权除外）的销售方或者购买方在境内；

2）所销售或者租赁的不动产在境内；

3）所销售自然资源使用权的自然资源在境内；

4）财政部和国家税务总局规定的其他情形。

下列情形不属于在境内销售服务或者无形资产：

1）境外单位或者个人向境内单位或者个人销售完全在境外发生的服务；

2）境外单位或者个人向境内单位或者个人销售完全在境外使用的无形资产；

3）境外单位或者个人向境内单位或者个人出租完全在境外使用的有形动产；

4）财政部和国家税务总局规定的其他情形。

在进行审查时，税务代理人应根据纳税人取得的收入类型，结合合同、财务核算、款项结算等情况，判定取得的收入是否符合增值税政策规定的境内标准，是否需要缴纳我国的增值税。例如，德国公民约瑟夫将自己在北京的一套住房销售，由于所销售的不动产位于中国境内，所以需要缴纳中国的增值税；又如，法国某珠宝公司将其商标权让渡给中国某公司使用，收取 100 万欧元的使用费，由于商标权属于无形资产，而无形资产的购买方在中国境内，所以需要缴纳中国的增值税。

2. 审查是否属于经营性的业务活动

纳税人发生经营活动需要缴纳增值税，对下列非经营活动不征收增值税：

（1）行政单位收取的同时满足以下条件的政府性基金或者行政事业性收费：

1）由国务院或者财政部批准设立的政府性基金，由国务院或者省级人民政府及其财政、价格主管部门批准设立的行政事业性收费；

2）收取时开具省级以上（含省级）财政部门监（印）制的财政票据；

3）所收款项全额上缴财政。

（2）单位或者个体工商户聘用的员工为本单位或者雇主提供取得工资的服务或加工、修理修配劳务。

（3）单位或者个体工商户为聘用的员工提供服务。

（4）财政部和国家税务总局规定的其他情形。

例如，餐厅对外提供餐饮服务需要缴纳增值税，而单位食堂为职工提供午餐属于单位或个体工商户为聘用的员工提供服务，属于非经营活动，无须计算缴纳增值税。

3. 审查应税行为是否有偿

增值税的征税范围限于有偿行为。有偿是指取得货币、货物或者其他经济利益。此处需要注意，有偿并不是以取得货币为唯一标志。税务师在审查时需要注意那些虽然没有货币资金流入，但取得货物或其他经济利益的行为，比如以物易物、以资产抵债、以资产投资入股等，均属于有偿行为，需要计算缴纳增值税。

（二）审查视同销售行为

按照增值税政策的规定，有些提供货物、服务的行为虽然没有同时符合上述征税范围的条件，但仍视同销售征收增值税。这类行为由于往往未实现货币流入或经济利益流入，经常为纳税人忽略，因此是税务代理人审查的重点。

1. 视同销售货物的审查

根据《增值税暂行条例实施细则》的规定，单位或个体工商户的下列行为，视同销售货物征收增值税：

（1）将货物交付其他单位或者个人代销。

（2）销售代销货物。

（3）设有两个以上机构并实行统一核算的纳税人，将货物从一个机构移送其他机构用于销售，但相关机构设在同一县（市）的除外。

（4）将自产、委托加工的货物用于非增值税应税项目①（以下简称非应税项目）。

（5）将自产、委托加工的货物用于集体福利或个人消费。

（6）将自产、委托加工或购进的货物作为投资，提供给其他单位或个体工商户。

（7）将自产、委托加工或购进的货物分配给股东或投资者。

（8）将自产、委托加工或购进的货物无偿赠送其他单位或者个人。

2. 视同销售服务、无形资产或者不动产的审查

下列情形视同销售服务、无形资产或者不动产：

（1）单位或者个体工商户向其他单位或者个人无偿提供服务，但用于公益事业或者以社会公众为对象的除外。

（2）单位或者个人向其他单位或者个人无偿转让无形资产或者不动产，但用于公益事

---

① 随着"营改增"的全面推广，非增值税应税项目的范围已经越来越窄，读者在阅读相应文章时一定要注意在增值税改革的不同时间点，非增值税应税项目的含义不同。比如在 2016 年 4 月 30 日之前，不动产、不动产在建工程、土地使用权等均属于非增值税应税项目，而目前这些项目已经纳入增值税征税范围，属于增值税的应税项目。

业或者以社会公众为对象的除外。

(3)财政部和国家税务总局规定的其他情形。

例如,A公司与B公司同为甲公司的全资子公司,A公司将1 000万元资金无偿让渡给B公司使用半年,按照财税〔2016〕36号文的规定,应视同销售服务,按照贷款服务征收增值税。

税务代理人应该结合纳税人的货物及资金转移方向、财务核算资料、签订的合同或其他资料,审查纳税人是否发生上述视同销售行为,对视同销售行为是否按规定计算纳税。

(三)审查混合销售行为和兼营行为的税务处理是否正确

"营改增"后,区分混合销售行为和兼营行为是一个难点。一项销售行为如果既涉及货物又涉及服务,为混合销售行为。混合销售行为的税务处理是:从事货物的生产、批发或者零售的单位和个体工商户的混合销售行为,按照销售货物缴纳增值税;其他单位和个体工商户的混合销售行为,按照销售服务缴纳增值税。

兼营行为是指增值税纳税人兼营销售货物、劳务、服务、无形资产或者不动产,而且各项行为之间没有关联关系或从属关系。兼营行为的税务处理是:纳税人销售货物、加工和修理修配劳务、服务、无形资产或者不动产适用不同税率或者征收率的,应当分别核算适用不同税率或者征收率的销售额,未分别核算销售额的,从高适用税率或者征收率。

在实践中区分混合销售行为和兼营行为时,关键点是:(1)是否在一项销售行为中产生;(2)货物和服务之间是否存在关联关系和从属关系。如果是在一项销售行为中产生,而且货物和服务之间存在关联关系和从属关系,则属于混合销售行为;否则为兼营行为。对于混合销售行为,还需要判断其主业是销售货物还是销售服务,以对增值税做出准确的处理。例如,百盛商场既从事货物的销售,又提供餐饮服务、停车服务等,属于兼营行为,如果能够分开核算货物、餐厅、停车服务的销售额,则分别按各自适用的税率征收增值税;否则,从高适用货物17%的税率征税。

二、计税方法的审查

一般纳税人的基本计税方法为一般计税方法,即以"销项税额-进项税额"计算缴纳增值税,但对于一般纳税人发生财政部和国家税务总局规定的特定应税行为,可以选择简易计税方法计税,但一经选择,36个月内不得变更。在对计税方法进行审查时,税务代理人需要从以下方面展开。

(一)审查选择使用简易计税方法的应税行为是否符合财政部和国家税务总局的规定

一般纳税人发生的一些应税行为,比如销售寄售商品、销售使用过的不得抵扣且未抵扣进项税额的固定资产等,适用简易计税方法,此时纳税人是没有选择权的。

此外,还有一些应税行为,一般纳税人可以选择简易计税方法计算纳税。对于可以选择简易计税的情形,选择权归纳税人所有,纳税人可以选择简易计税方法计税,也可以选择按照一般计税办法计税。

一般纳税人可以选择简易计税方法计算纳税的有以下几种情况。

1. 一般纳税人销售自产的下列货物,可以选择按照简易计税方法依照3%征收率计算缴纳增值税

(1)县级及县级以下小型水力发电单位生产的电力。小型水力发电单位是指各类投资

主体的装机容量为 5 万千瓦以下（含 5 万千瓦）的水力发电单位。

（2）建筑用和生产建筑材料所用的砂、土、石料。

（3）以自己采掘的砂、土、石料或其他矿物连续生产的砖、瓦、石灰（不含黏土实心砖、瓦）。

（4）用微生物、微生物代谢产物、动物毒素、人或动物的血液或组织制成的生物制品。

（5）自来水。

（6）商品混凝土（仅限于以水泥为原料生产的水泥混凝土）。

（7）属于增值税一般纳税人的单采血浆站销售非临床用人体血液，可依 3％征收率计算应纳税额，但不得对外开具增值税专用发票；也可以按照销项税额抵扣进项税额的办法依照增值税适用税率计算应纳税额。

（8）属于增值税一般纳税人的药品经营企业销售生物制品，可以选择简易办法计税。

2.“营改增”过程中，一般纳税人可以选择适用简易计税方法的有关规定

2016 年 5 月 1 日，我国为了顺利推进“营改增”，规定一般纳税人发生财政部和国家税务总局规定的特定应税行为，可以选择使用简易计税方法计税，但一经选择，36 个月内不得变更。

（1）一般纳税人发生下列应税行为，可以选择使用简易计税方法计税，征收率为 3％：

1）公共交通运输服务。

2）经认定的动漫企业为开发动漫产品提供的动漫脚本编撰、形象设计、背景设计、动画设计、分镜、动画制作、摄制、描线、上色、画面合成、配音、配乐、音效合成、剪辑、字幕制作、压缩转码（面向网络动漫、手机动漫格式适配）服务，以及在境内转让动漫版权（包括动漫品牌、形象或者内容的授权及再授权）。

3）电影放映服务、仓储服务、装卸搬运服务、收派服务和文化体育服务。

4）以纳入“营改增”试点之日前取得的有形动产为标的物提供的经营租赁服务。

5）在纳入“营改增”试点之日前签订的尚未执行完毕的有形动产租赁合同。

（2）一般纳税人提供建筑服务，可以选择适用简易计税方法的规定。

1）一般纳税人以清包工方式提供的建筑服务，可以选择使用简易计税方法计税。

以清包工方式提供建筑服务，是指施工方不采购建筑工程所需的材料或只采购辅助材料，并收取人工费、管理费或者其他费用的建筑服务。

2）一般纳税人为甲供工程提供的建筑服务，可以选择使用简易计税方法计税。

甲供工程，是指全部或部分设备、材料、动力由工程发包方自行采购的建筑工程。

3）一般纳税人为建筑工程老项目提供的建筑服务，可以选择使用简易计税方法计税。

建筑工程老项目是指：

第一，建筑工程施工许可证注明的合同开工日期在 2016 年 4 月 30 日前的建筑工程项目；

第二，未取得建筑工程施工许可证的，建筑工程承包合同注明的开工日期在 2016 年 4 月 30 日前的建筑工程项目。

一般纳税人提供建筑服务，选择使用简易计税方法的，征收率为 3％。

（3）一般纳税人销售不动产，可以选择适用简易计税方法的规定。

1）一般纳税人销售其 2016 年 4 月 30 日前取得或自建的不动产，可以选择使用简易

计税方法，按照5%的征收率计算应纳税额。

2）房地产开发企业中的一般纳税人，销售自行开发的房地产老项目，可以选择使用简易计税方法，按照5%的征收率计税。

（4）一般纳税人提供不动产经营租赁服务，可以选择适用简易计税方法的规定。

1）一般纳税人出租其2016年4月30日前取得的不动产，可以选择使用简易计税方法，按照5%的征收率计算应纳税额。

2）一般纳税人收取试点前开工的一级公路、二级公路、桥、闸通行费，可以选择使用简易计税方法，按照5%的征收率计算缴纳增值税。

公路经营企业中的一般纳税人收取试点前开工的高速公路的车辆通行费，可以选择使用简易计税方法，减按3%的征收率计算应纳税额。

试点前开工，是指相关施工许可证注明的合同开工日期在2016年4月30日前。

对于简易计税方法，税务代理人需要结合纳税人发生应税行为的实际情况，结合财务核算、相关纳税资料和信息，准确判定纳税人选择使用简易计税方法的应税行为是否符合相关增值税政策规定的要求，有无按规定进行独立核算。

（二）审查是否按规定办理计税方法的备案手续

对于一般纳税人可以选择使用简易计税方法的情形，选择权在纳税人手中，但是纳税人选择简易计税方法时需要按规定向主管税务机关办理相应备案。税务代理人在进行纳税审查时，需要审查纳税人的备案手续是否齐全，是否有未备案就擅自选择使用简易计税方法的情况。

三、销项税额的审查

一般纳税人的应纳税额＝销项税额－进项税额。因此在本章导入案例中，蓝天税务师事务所代理粮站纳税审查时，主要应审查销项税额、进项税额和应纳税额。

销项税额是一般纳税人发生应税行为时，按照销售额和税法规定的税率计算并向购买方收取的增值税税额。其计算公式为：

销项税额＝销售额×税率

因此，销项税额计算的准确与否，主要取决于两个因素：一是销售额；二是适用税率。而在审查的过程中，重点在于审查纳税人的销售额。销售额是纳税人发生应税行为时向购买方收取的全部价款和价外费用，但不包括收取的销项税额、受托加工应税消费品所代收代缴的消费税，以及承运方将运费发票开具给购买方、纳税人将发票转给购买方的运费。此外，任何价外费用，无论在会计上如何核算，都要并入销售额，计算销项税额。因此，在审查销项税额时要重点审查以下内容。

（一）销售额的审查

1. 审查销售收入是否全额入账，有无隐瞒收入、少计销售额的情况

有些企业在销售货物或提供劳务时，其收入没有通过"主营业务收入""其他业务收入"等账户核算，而是将"库存商品""自制半成品""原材料""库存商品"等账户直接与"银行存款""库存现金"或"应收账款""其他应收款""其他应付款"等账户对应作账，隐瞒销售收入。

对于这类情况，税务代理人可以审查各存货类账户，如"自制半成品""原材料""库

存商品"等账户，看其摘要栏记载，核实对外销售情况，之后再根据各类存货的同期销售价格，测算销售额，并与销售收入的账面数额相比较，若相差过大，则说明存在隐瞒收入的可能。

【案例 5－1】 某国有大型矿山系增值税一般纳税人，各纳税期按规定申报缴纳增值税，无留抵税额。2016 年 12 月，县国家税务局派员对该矿山 2014 年 1 月—2016 年 12 月增值税纳税情况进行检查，发现该矿山 2016 年 5 月有一笔销售铜矿石业务，和对方签订的销售合同表明该批矿石的不含增值税价款为 500 万元，增值税款为 85 万元，该矿山按照合同签订的价款和税款向购买方开具了增值税专用发票，价税合计数为 585 万元。由于对方资金紧张，不能支付现款，以承兑期为 6 个月的银行承兑汇票支付。该矿山以对方占用本企业资金为由，要求对方支付延期付款利息 15 万元，并于当月收到购买方出具的银行承兑汇票 600 万元。收到汇票后，该矿山直接向银行承兑，获得款项 585 万元。该矿山根据该笔业务申报的销项税额为 85 万元。请问：该矿山计算的销项税额是否正确？

解析：

该矿山计算的销项税额是错误的。

增值税的计税依据是销售额。销售额为纳税人发生应税行为向购买方收取的全部价款和价外费用。该矿山收到的银行承兑汇票中超过发票金额的 15 万元是延期付款利息，应作为价外费用计征增值税。该矿山应当补缴增值税＝150 000÷（1＋17％）×17％＝21 794.87（元）。

2. 审查纳税人的结算方式，有无多计或少计销售额的情况

在不同的销售结算方式下，纳税义务发生时间不同。为此，税务代理人应注意审查企业的销售合同以及销售收入账户，以确定纳税人用于计税的销售额是否符合税法的规定，避免出现多计或少计销售额的情况。

【案例 5－2】 武汉华芳化妆品公司为私营企业，系增值税一般纳税人，利尔税务师事务所在代理其纳税审查时发现该公司有一笔账务处理为：

借：银行存款   100 000

    贷：预收账款   100 000

该企业经营的化妆品属于非紧俏商品，购货单位先付款后提货的可能性很小。此时，利尔税务师事务所将检查的重点放到"预收账款"账户。经详细检查其业务日报表和销售部门的发货记录并询问经办人员，发现付款单位已将货提走，并支付了 80％的款项，但发票未开，20％的余款（即 25 000 元）未结。请问：利尔税务师事务所应如何做？

解析：

根据《中华人民共和国增值税暂行条例实施细则》的规定，纳税人采取直接收款方式销售货物，其纳税义务的发生时间为收到销售款或取得索取销售款凭据的当天。华芳化妆品公司并未与购买方约定采用分期付款或赊销方式，因此，应认定其采用的是直接收款方式销售货物。该公司已经取得 80％的销货款，并已发出货物，即负有纳税义务。此时利尔税务师事务所应告知华芳公司将此项销售额并入本期销售额申报纳税，并进行账务调整。

$$应交增值税＝\frac{100\ 000＋25\ 000}{1＋17\%}×17\%＝18\ 162.39（元）$$

调账分录如下：

借：预收账款 100 000

应收账款 25 000

贷：主营业务收入 106 837.61

应交税费——应交增值税（销项税额） 18 162.39

结转销售成本的分录从略。

3. 审查纳税人的特殊销售形式，有无漏记应税销售额的情况

税法上对纳税人采用折扣方式、以旧换新方式、还本方式销售货物的，或者发生以物易物等情况应该如何计算销售额都做了明确的规定。但在实际生活中，由于种种原因，纳税人往往会发生漏记应税销售额的问题。审查时，税务代理人应注意审查以下方面：

（1）纳税人采取折扣方式销售货物时，是否将折扣额与销售额在同一张发票上分别注明，如果纳税人将折扣额另开了发票，是否从应税销售额中扣减了折扣额，造成少计销售额的情况。对此，在审查时要应注意"主营业务收入"或"其他业务收入"账户的借方记载或贷方红字发生额，检查相应会计凭证，看有无冲减销售额的情况。

（2）纳税人采取以旧换新方式销售货物时（金银首饰以旧换新除外），是否按新货物的同期销售价格确认了应税销售额。此时，税务代理人应将新货物的同期销售价格与销售收入账户记载的以旧换新业务金额相核对，看有无扣减旧货物收购价格的情况。

【案例 5-3】 深圳腾飞电动自行车厂为增值税一般纳税人，主营各种型号电动自行车的生产和销售。2016 年五一劳动节前夕，该厂采取以旧换新的节日促销方式，规定在 4 月 25 日至 5 月 10 日之间，消费者在该厂任何一个专卖店购买其生产的任何一款电动自行车，均可以用原来旧的腾飞牌电动自行车折抵现金 200 元。活动结束之后，该厂实际共取得含税销售收入 50 万元，旧货折抵价款 10 万元。该厂财务人员以实际取得的 50 万元为基础，确认销售额并予以计税。相关计算及账务处理如下：

$$销售收入 = \frac{500\ 000}{1+17\%} = 427\ 350.43（元）$$

$$销项税额 = 427\ 350.43 \times 17\% = 72\ 649.57（元）$$

借：银行存款 500 000

贷：主营业务收入——××自行车 427 350.43

应交税费——应交增值税（销项税额） 72 649.57

请问：该厂的做法是否正确？如果不正确，应如何调整？

解析：

根据税法的规定，纳税人采用以旧换新方式销售货物的，应该按照新货物的同期销售价格确定销售额，不得扣减旧货的收购价格（金银首饰以旧换新除外）。由于腾飞电动自行车厂的财务人员对特殊销售方式下计税销售额的相关法规缺乏了解，从而导致计税销售收入计算错误，少缴增值税税款。

腾飞电动自行车厂应当以 60 万元为基础确认销售收入，计算缴纳增值税。相关计算如下：

$$销售收入 = \frac{600\ 000}{1+17\%} = 512\ 820.51（元）$$

销项税额＝512 820.51×17％＝87 179.49（元）

调账分录为：

借：销售费用	100 000
贷：主营业务收入	85 470.08
应交税费——应交增值税（销项税额）	14 529.92

（3）纳税人采取还本方式销售货物时，是否从应税销售额中减除了还本支出，造成少计销售额的情况。在审查时，应重点看销售收入账户借方发生额或贷方红字冲销额，看有无将还本支出冲减销售额的情况。

（4）纳税人发生以物易物的行为或用应税货物抵偿债务的行为时，是否并入了应税销售额。为此，税务代理人要注意审查纳税人的"库存商品""自制半成品"等账户，首先查看其摘要栏记载，再核实其对应科目，若对应科目是"原材料""应付账款""应收账款"等，则说明有可能是以物易物未做进销货处理；同时要审查"原材料"等账户，核实其借方来源，若借方的对应科目是"库存商品""应收账款""应付账款"，则说明也可能是以物易物未做进销货处理。

【案例5-4】 青岛云仙酒业集团有限公司系白酒生产企业，主要生产粮食白酒，为增值税一般纳税人，2016年12月用自产A牌大曲酒2 850箱（每箱12斤白酒，共计14.25万元）兑换高粱150吨，对方向云仙酒业集团有限公司开具了普通发票。云仙酒业集团有限公司的账务处理如下：

借：原材料——高粱	142 500
贷：库存商品——A牌大曲酒	142 500

请问：该公司的做法是否正确？如果不正确，应如何调整？

解析：

云仙酒业集团有限公司2016年12月发生的以物易物交易应视同销售处理，应计提增值税和消费税，假设A牌大曲酒平均销售价格为每箱80元，最高销售价格为每箱90元，则：

应补缴增值税＝80×2 850×17％＝38 760（元）

应补缴消费税＝90×2 850×20％＋12×2 850×0.5＝68 400（元）

正确的分录为：

借：原材料——高粱	266 760
贷：主营业务收入	228 000
应交税费——应交增值税（销项税额）	38 760
借：税金及附加	68 400
贷：应交税费——应交消费税	68 400

结转主营业务成本：

借：主营业务成本	142 500
贷：库存商品	142 500

因此，调账分录为：

借：原材料——高粱	124 260
主营业务成本	142 500
贷：主营业务收入	228 000

           应交税费——应交增值税（销项税额）   38 760

  借：税金及附加   68 400

    贷：应交税费——应交消费税   68 400

4. 审查属于征税范围的特殊行为，有无未按规定计税的情况

属于增值税征税范围的特殊行为主要有三种情况：视同销售行为、混合销售行为和兼营行为。

《中华人民共和国增值税暂行条例》及其实施细则列举了 8 种视同销售行为，《财政部、国家税务总局关于全面推开营业税改征增值税试点的通知》（财税〔2016〕36 号文）列举了 3 种视同销售行为，其中有的视同销售行为不构成会计销售，此时极易发生未计销售额，进而未计销项税额的情况。为此，税务代理人应审查"库存商品""自制半成品""原材料""库存商品"等账户，看其贷方去向，若对应账户为"长期股权投资""营业外支出""销售费用"等，说明纳税人发生了不构成会计销售的视同销售行为，此时，税务代理人应分类汇总各存货账户中记载的不构成会计销售的业务，计算应税产品数量，再按同类货物的平均销售价格或组成计税价格计算应税销售额，据此计算相应的销项税额，并与《增值税纳税申报表》相关数字核对，看有无出入。

【案例 5－5】 沈阳长兴食品有限公司 2016 年 12 月 30 日将自产的长兴牌烤肉分给本厂职工，该批烤肉的成本为 32 000 元，不含增值税销售价格为 40 000 元。假定 200 名职工中有 160 人为直接参加生产的职工，40 人为总部管理人员。其账务处理如下：

  借：生产成本   25 600

    管理费用   6 400

    贷：库存商品——长兴牌烤肉   32 000

请问：该公司的做法是否正确？如果不正确，应如何调整？

解析：

按照现行会计准则的规定，企业以自产产品分发给本厂职工，应当按照该产品的公允价值和相关税费计量应计入成本费用的职工薪酬金额，并确认为主营业务收入，其销售成本的结转和相关税费的处理与正常商品销售相同。

因此，调账分录为：

  借：生产成本   11 840

    管理费用   2 960

    主营业务成本   32 000

    贷：应付职工薪酬——非货币性福利   46 800

  借：应付职工薪酬——非货币性福利   46 800

    贷：主营业务收入   40 000

    应交税费——应交增值税（销项税额）   6 800

5. 审查价外费用和包装物押金是否并入销售额一并计税

纳税人发生应税行为时，向购买方收取的全部价款和价外费用，除销项税额、受托加工应税消费品所代收代缴的消费税，以及承运方将运费发票开具给购买方、纳税人将发票转给购买方的运费外，其他任何价外费用，无论在会计上如何核算，都要并入销售额，计算销项税额。此外，税法规定纳税人为销售货物而出租、出借包装物所收取的押金，单独

设账核算的，不并入销售额征税，但对因逾期未收回包装物不再退还的押金，应按所包装货物的适用税率计算销项税额。"逾期"是以 1 年为期限。另外，从 1995 年 6 月 1 日起，对销售除啤酒、黄酒外其他酒类产品而收取的包装物押金，无论是否返还以及会计上如何处理，均应并入当期销售额征税。

由于价外费用和包装物押金，一般都不在"主营业务收入"账户中核算，而在"其他应付款""其他业务收入""营业外收入"等账户核算，而且有的开具发票，有的不开具发票，只开具收款收据，因此极易出现未纳税款的情况。审查时，应按下列办法进行：

（1）审查纳税人开具的发票、收据的存根联，将应予以计税的票据所记载的价外费用和包装物押金，换算为不含增值税的销售额，据以计算销项税额。

（2）审查"其他应付款""其他业务收入""营业外收入"等明细账，若有发生应税行为而从购买方收取的价外费用和包装物押金，应进一步审查其会计凭证，并对照"应交税费——应交税费（销项税额）"明细账进行核查，看其计税是否正确。

（3）审查"管理费用""制造费用""销售费用"等明细账，若有贷方发生额或借方红字发生额，应对照记账凭证，逐笔进行检查，看有无价外费用隐匿其中且未计算销项税额的情况。

【案例 5－6】 天津金门石油制品销售公司（以下简称金门公司）主要从事汽油、柴油、机油等油品的批发、零售业务，经天津市国税局认定为增值税一般纳税人。该公司委托众志税务师事务所代为进行纳税审查。众志税务师事务所的税务师王斌在审查时发现，该公司仓库里存放着大量油桶，经询问后得知是为附近客户采取的便民措施。在售油时向客户提供出借油桶的服务，每只油桶收取租金 100 元，回收期限为 1 年。为此，王斌进一步检查"其他应付款——应付包装物押金"明细账，发现贷方余额为 60 万元。结合"包装物——油桶"库存情况，经查实，发现该公司共购入油桶 1.2 万只，全新未用油桶 5 000 只，周转使用已收回的旧油桶 1 000 只，周转使用尚未收回的油桶 6 000 只，收取押金 60 万元，经与购销合同等有关资料相核对，发现其中有 320 只油桶已达到 1 年的回收期限，而金门公司一直将所有的包装物押金挂在"其他应付款——应付包装物押金"账户上。请问：王斌应该如何做？

解析：

针对这种情况，王斌应该告知金门公司将 320 只油桶的押金 32 000（320×100）万元转作其他业务收入，并计提销项税额 4 649.57（32 000÷1.17×0.17）元。结转逾期未收回包装物押金收入应做的账务处理为：

借：其他应付款——应付包装物押金　　　　　　　　　　　　　　32 000
　　贷：其他业务收入　　　　　　　　　　　　　　　　　　　　27 350.43
　　　　应交税费——应交增值税（销项税额）　　　　　　　　　　4 649.57

在本章导入案例中，该粮站就存在隐瞒收入、少计销售额的情况。如该粮站向购买方收取利息、包装费等价外收入 12.43 万元（含增值税价），未按规定并入销售额计提增值税，而是直接冲销费用；同时，该粮站销售豆油取得收入 9.65 万元（含增值税价），未记销售，而是直接冲减了费用，造成少计销售额、少纳增值税的情况。此时，蓝天税务师事务所应告知纳税人调账，首先应用红字冲销原错误的会计分录，再用蓝字重新编制正确的会计分录，重新登记账簿。

6. 审查纳税人在销售过程中有无售价明显偏低且无正当理由的情况

如果纳税人在销售时售价明显偏低且无正当理由，税法规定要按照一定的顺序进行调整。为此，税务代理人在审查时要根据"主营业务收入"账户以及销售合同等，确定纳税人是否出现了这种情况，如果出现这种情况，税务代理人应提醒纳税人进行相应调整。

【案例5-7】 深圳莱雅家具厂（一般纳税人）将本厂生产的200张办公桌销售给另一家企业（小规模纳税人），不含增值税价为500元/张，共收取价款10万元，销项税额1.7万元。务实税务师事务所在代理纳税审查过程中发现，这种类型的办公桌售价明显偏低，因此告知纳税人应按同类产品的平均销售价格申报纳税。经查实，该企业同类办公桌的平均售价为800元，则：

销项税额＝800×200×17%＝27 200（元）

家具厂应补增值税税款＝2.72－1.7＝1.02（万元）

7. 审查销售折让或销货退回情况，是否存在虚列不实的问题

企业在生产经营过程中可能会发生销售折让或销货退回的情况，对此，税法规定销售方应取得原来已经开出的发票联和税款抵扣联，或者取得购买方主管税务机关出具的带有编码的《开具红字增值税专用发票信息表》，开具红字专用发票后，才能将因销货退回或折让而退还给购买方的增值税额从发生销货退回或折让当期的销项税额中扣减。而一些企业为了达到少纳税或推迟纳税的目的，虚列销售折让或销货退回，减少计税收入额。为此，税务代理人应审查企业有无销售折让或销货退回情况。如果在纳税期内出现销售折让或销货退回，审查纳税人在开具红字发票时是否取得了购买方主管税务机关出具的带有编码的《开具红字增值税专用发票信息表》，如果没有相应的信息表，应及时告诉纳税人纠正。

8. 审查含税销售额的换算是否准确，有无误按含税销售额计税而多纳税款的情况

由于增值税是价外税，因此用于计算销项税额的销售额为不含税销售额。如果纳税人在销售过程中收取的价款和价外费用中含有增值税，那么在计算时一定要注意将含税销售额换算为不含税销售额。

通过上述审查，核实纳税人的应税销售额，并与《增值税纳税申报表》中有关数据核对相符。

（二）应税销售额扣除的审查

全面"营改增"后，可能出现纳税人由于无法获得扣税凭证而无法抵扣进项税额的问题。比如房地产开发企业支付给政府部门的土地价款，经纪代理公司向委托方收取并代为支付的政府性基金或者行政事业性收费等。一旦纳税人无法抵扣进项税额，就会增加其税收负担，从而在一定程度上影响"营改增"的顺利进行。为了降低纳税人的税收负担，顺利推进"营改增"，国家做出了差额纳税的有关规定，即允许纳税人以其全部价款和价外费用减除一定费用后的余额作为计税销售额计算缴纳增值税。这些扣除项目有规定范围，应取得规定的扣税凭证，在纳税申报时应按规定填报《增值税纳税申报表附列资料（一）》和《增值税纳税申报表附列资料（三）》相关栏目，在会计核算时，应通过"应交税费——应交增值税（销项税额抵减）"（一般纳税人采用一般计税方法时）、"应交税费——简易计税"（一般纳税人采用简易计税方法时）、"应交税费——应交增值税"（小规模纳税人）核算。税务代理人在审查应税销售额的扣除时，应根据纳税人所发生的应税行为，根据纳税申报资料和会计核算，审查纳税人是否存在应税销售额扣除的情形；若有扣除情

形，应进一步审查是否符合条件、有无有效凭证、申报扣除金额是否准确和发票开具是否符合规定等事项。对不同的应税销售扣除项目，审查侧重点有所不同。

1. 建筑服务

纳税人提供建筑服务使用简易计税方法的，以取得的全部价款和价外费用扣除支付的分包款后的余额为销售额。

此处需要注意，只有使用简易计税方法的建筑业纳税人，才适用差额纳税的规定；在差额计税时，只允许扣除支付的建筑工程分包款，而外购的材料、设备款及支付的水电费、劳务分包款等不允许扣除。

【案例 5－8】 泰丰建筑公司为增值税一般纳税人。2016 年 10 月，泰丰建筑公司为 A 公司的甲供工程提供建筑服务，含增值税总承包金额为 10 800 万元，并将其中的装修工程分包给 B 公司，含增值税分包工程款为 3 000 万元。泰丰建筑公司对该项工程选择了简易计税方法计税，请计算其应纳增值税。

解析：

应纳增值税＝（10 800－3 000）÷（1＋3%）×3%＝227.18（万元）

2. 房地产开发企业销售开发产品

房地产开发企业中的一般纳税人销售其开发的房地产项目（选择使用简易计税方法的房地产老项目除外），以取得的全部价款和价外费用，扣除受让土地时向政府部门支付的土地价款后的余额为销售额。

税务代理人在审查时需要注意以下问题：

（1）房地产开发企业在销售其开发产品时，只有采用了一般计税方法，才能适用差额纳税的规定，如果选择简易计税方法，不得差额计税。

（2）扣除的款项限于向政府、土地管理部门或受政府委托收取土地价款的单位直接支付的土地价款，包括土地受让人向政府部门支付的征地和拆迁补偿费用、土地前期开发费用和土地出让收益等；此外，在取得土地时向其他单位或个人支付的拆迁补偿费用也允许在计算销售额时扣除。其他款项，比如契税、印花税及取得土地过程中发生的其他支出，不得扣除。

（3）是否取得省级以上（含省级）财政部门监（印）制的财政票据。

（4）在计算扣除土地价款时是否按销售的建筑面积为依据、计算当期扣除项目金额是否准确。

【案例 5－9】 安居房地产开发公司（以下简称安居公司）为增值税一般纳税人。2016 年 10 月，安居公司销售其开发的房地产项目，获得含增值税销售额 16 000 万元，为开发该房地产项目，向政府部门支付土地价款 8 000 万元，本月该公司允许抵扣的进项税额为 320 万元。请计算安居公司当月应纳增值税。

解析：

安居公司销售自行开发产品，采用一般计税方法，税率为 11%，可以差额纳税。

安居公司销项税额＝（16 000－8 000）÷（1＋11%）×11%＝792.79（万元）

安居公司应纳增值税＝792.79－320＝472.79（万元）

3. 销售不动产

一般纳税人销售其 2016 年 4 月 30 日前取得（不含自建）的不动产，可以选择使用简易计税方法，以取得的全部价款和价外费用减去该项不动产购置原价或者取得不动产时的作价后的余额为销售额，按照5％的征收率计算应纳税额。

4. 客运场站服务

试点纳税人中的一般纳税人提供客运场站服务，以其取得的全部价款和价外费用，扣除支付给承运方运费后的余额为销售额。

5. 旅游服务

试点纳税人提供旅游服务，可以选择以取得的全部价款和价外费用，扣除向旅游服务购买方收取并支付给其他单位或者个人的住宿费、餐饮费、交通费、签证费、门票费和支付给其他接团旅游企业的旅游费用后的余额为销售额。

此处需要注意，试点纳税人提供旅游服务，可以选择差额纳税，也可以选择全额纳税，选择权归纳税人所有。

6. 物业服务

提供物业服务的纳税人，向服务接受方收取的自来水水费，以扣除其对外支付的自来水水费后的余额为销售额，按照简易计税方法依3％的征收率计算缴纳增值税。

【案例5-10】 方舟物业公司（以下简称方舟公司）为增值税一般纳税人。2016年10月，方舟公司收取含增值税物业服务费6万元，收取业主含增值税自来水水费3万元，含增值税电费9万元。支付给供水公司含增值税自来水水费2.8万元，取得普通发票；支付给供电公司不含增值税电费7.5万，增值税1.275万元，取得供电公司开具的增值税专用发票。此外，方舟公司购买清洁用品、办公用品等取得的增值税专用发票上注明的增值税额为0.3万元。请计算方舟公司本月应纳增值税。

解析：

物业服务的销项税额＝$60\,000 \div (1+6\%) \times 6\% = 3\,396.23$（元）

收取水费的应纳税额＝$(30\,000-28\,000) \div (1+3\%) \times 3\% = 58.25$（元）

收取电费的销项税额＝$90\,000 \div (1+17\%) \times 17\% = 13\,076.92$（元）

允许抵扣的进项税额＝$12\,750 + 3\,000 = 15\,750$（元）

10月份应纳增值税＝$3\,396.23 + 58.25 + 13\,076.92 - 15\,750 = 781.4$（元）

7. 经纪代理服务

经纪代理服务，以取得的全部价款和价外费用，扣除向委托方收取并代为支付的政府性基金或者行政事业性收费后的余额为销售额。向委托方收取政府性基金或者行政事业性收费，不得开具增值税专用发票。

在对经纪代理服务进行审查时，需要注意：（1）是否为向委托方收取并代为支付的政府性基金或者行政事业性收费；（2）有无取得规定的抵扣票据；（3）有无将未取得规定的进项税额扣除凭证的支付也作为扣除项目扣除销售额；（4）是否对差额部分错误地开具了增值税专用发票。

8. 劳务派遣服务

一般纳税人提供劳务派遣服务，可以取得的全部价款和价外费用为销售额，按照一般计税方法依照6％的税率计算缴纳增值税；也可以选择差额纳税，以取得的全部价款和价外费用，扣除代用工单位支付给劳务派遣员工的工资、福利和为劳务派遣员工办理社会保险及住房公积金后的余额为销售额，按照简易计税方法依5％的征收率计算缴纳增值税。

小规模纳税人提供劳务派遣服务，可以取得的全部价款和价外费用为销售额，按照简易计税方法依 3% 的征收率计算缴纳增值税；也可以选择差额纳税，以取得的全部价款和价外费用，扣除代用工单位支付给劳务派遣员工的工资、福利和为劳务派遣员工办理社会保险及住房公积金后的余额为销售额，按照简易计税方法依 5% 的征收率计算缴纳增值税。

在对劳务派遣企业进行审查时，一定要注意只允许扣除代用工单位支付给劳务派遣员工的工资、福利和为劳务派遣员工办理的社会保险及住房公积金，而不允许扣除本单位员工的工资、福利及社会保险等支出。

【案例 5-11】 恒达公司为一家劳务派遣公司，具有一般纳税人资格。2016 年 10 月，恒达公司获得含增值税劳务派遣收入 380 万元，支付给派遣员工的工资、福利和为派遣员工办理的社会保险及住房公积金 350 万元，支付给本单位员工的工资、福利和为本单位员工办理的社会保险及住房公积金 18 万元。恒达公司对于劳务派遣服务选择差额纳税。请问：恒达公司 10 月应纳增值税是多少？

解析：

劳务派遣公司选择差额纳税时，只允许扣除支付给派遣员工的工资、福利和为派遣员工办理的社会保险及住房公积金，而不允许扣除本单位员工的相关费用，因此恒达公司应纳税额＝$(380-350)\div(1+5\%)\times 5\%=1.43$（万元）。

9. 金融商品转让

金融商品转让，按照卖出价扣除买入价后的余额为销售额。

转让金融商品出现的正负差，按盈亏相抵后的余额为销售额。若相抵后出现负差，可结转下一纳税期与下期转让金融商品销售额相抵，但年末时仍出现负差的，不得转入下一个会计年度。

金融商品的买入价，可以选择按照加权平均法或者移动加权平均法进行核算，选择后 36 个月内不得变更。

对于金融商品转让，重点审查以下方面：

（1）有无将买入或销售过程中的税费计入买入价中。

（2）对于多次购买的金融商品选择按照加权平均法或者移动加权平均法进行买入价核算，是否在 36 个月内发生变动。

（3）转让金融商品出现正负差时，有无在年度内结转至下期抵减，有无出现跨年度结转正负差相抵的情况。

（4）转让金融商品时，有无违反规定开具增值税专用发票的情况。

增值税纳税人转让金融商品发生的增值税额，通过"应交税费——转让金融商品应交增值税"明细账户核算。金融商品实际转让月末，如产生转让收益，则按应纳税额借记"投资收益"等账户，贷记"应交税费——转让金融商品应交增值税"账户；如产生转让损失，则按可结转下月的抵扣税额，借记"应交税费——转让金融商品应交增值税"账户，贷记"投资收益"等账户。缴纳增值税时，应借记"应交税费——转让金融商品应交增值税"账户，贷记"银行存款"账户。年末，本账户如有借方余额，则借记"投资收益"等账户，贷记"应交税费——转让金融商品应交增值税"账户。

10. 融资租赁和融资性售后回租业务

（1）经人民银行、银监会或者商务部批准从事融资租赁业务的试点纳税人，提供融资租赁服务，以取得的全部价款和价外费用，扣除支付的借款利息（包括外汇借款和人民币借款利息)、发行债券利息和车辆购置税后的余额为销售额。

（2）经人民银行、银监会或者商务部批准从事融资租赁业务的试点纳税人，提供融资性售后回租服务，以取得的全部价款和价外费用（不含本金），扣除对外支付的借款利息（包括外汇借款和人民币借款利息）、发行债券利息后的余额作为销售额。

对于融资租赁和融资性售后回租，应审查以下方面：

（1）从事融资租赁和融资性售后回租业务的纳税人是否具备资质，是否经过规定的部门批准并取得批文或者经营许可证书。

（2）扣除的项目是否与"营改增"时点进程相吻合，特别要注意安装费和保险费在2016年4月30日之前可以差额纳税，而在2016年5月1日以后不得差额纳税，而是抵扣进项税额。

（3）扣除的利息支出计算是否准确，有无将经营性租赁与融资性租赁相混淆而扣除利息支出的问题。

（三）适用税率或征收率的审查

（1）审查增值税税率或征收率的运用是否正确，是否扩大了低税率或征收率货物、劳务或服务的适用范围。

审查时，税务代理人应深入企业了解情况，从投入产出和产品的性能、用途、生产工艺，到企业提供劳务及服务所签订合同、服务条款和提供劳务或服务的程序、过程、结果等方面，严格对照税法规定的征税范围及注释，准确审查确定纳税人某项应税行为适用税率是否正确。对于适用简易计税方法的情况，要审查是否符合适用简易计税方法的条件，征收率的使用是否正确。

（2）增值税税率或征收率已经发生变动的应税行为，是否从税率或征收率变动的规定执行日起计算缴纳增值税。

（3）对于兼营行为和混合销售行为，要根据是否为一项行为、货物及服务之间是否存在关联关系和从属关系判断到底属于混合销售行为还是兼营行为，之后再进行税务处理。

在确定了应税销售额和适用税率后，即可计算出销项税额。此时应将此数据与"应交税费——应交增值税"账户的销项税额以及《增值税纳税申报表》中的销项税额核对相符。

（四）销售自己使用过的固定资产的审查

（1）一般纳税人销售自己使用过的固定资产，按下列政策征收增值税：

一般纳税人销售自己使用过的、不得抵扣且未抵扣进项税额的固定资产，按简易办法依3%的征收率减按2%征收增值税，但不得开具增值税专用发票。计算公式为：

$$应纳税额 = 含税售价 \div (1 + 3\%) \times 2\%$$

纳税人销售自己使用过的固定资产，适用简易办法依3%征收率减按2%征收增值税政策的，可以放弃减税，按照简易办法依照3%征收率缴纳增值税，可以开具增值税专用发票。

一般纳税人销售自己使用过的、已经抵扣过进项税额的固定资产，应当按照适用税率征收增值税。一般纳税人销售自己使用过的除固定资产以外的物品，应当按照适用税率征收增值税。

对于一般纳税人销售使用过的固定资产，是按照税率计算纳税，还是按照征收率计算纳税，取决于该固定资产购入时是否抵扣过进项税额，在判断时注意以下情况：第一，如果纳税人购入固定资产时为增值税小规模纳税人或者营业税纳税人，则未抵扣过进项税额；第二，如果纳税人是在 2008 年 12 月 31 日之前购入固定资产，由于当时我国采用的是生产型增值税，所以除少数地区外，都未抵扣过进项税额；第三，如果纳税人是在 2013 年 7 月 31 日之前购入的自用的应征消费税的小汽车、摩托车、游艇，则未抵扣过进项税额；第四，如果纳税人购入的固定资产是专用于免税项目、简易计税项目、集体福利或个人消费，则其进项税额未抵扣过。

【案例 5 - 12】 盛鑫公司为增值税一般纳税人，主要从事路桥建设，于 2016 年 5 月 1 日纳入增值税征税范围。2016 年 10 月 15 日，盛鑫公司销售自己使用过的建筑设备，含税销售价格为 354 000 元，该设备系盛鑫公司于 2013 年 3 月购入。请问：应如何进行税务处理？

解析：

盛鑫公司在购入建筑设备时为营业税纳税人，因此购入的设备未抵扣过进项税额，销售时应该按照 3% 的征收率减按 2% 计算缴纳增值税。

应纳增值税＝354 000÷(1＋3%)×2%＝6 873.79（元）

盛鑫公司也可以放弃减税，按照 3% 的征收率计算缴纳增值税。

税务师的审查要点为：审查"固定资产"明细账，审查固定资产的购置时间，看其是否根据固定资产购置时间的差别足额缴纳了增值税。

(2) 小规模纳税人（除其他个人外）销售自己使用过的固定资产，减按 2% 的征收率征收增值税，但不得由税务机关代开增值税专用发票。计算公式为：

应纳税额＝含税销售额÷(1＋3%)×2%

小规模纳税人销售自己使用过的固定资产，可以放弃减税，按照简易办法依照 3% 征收率缴纳增值税，并可以由税务机关代开增值税专用发票。

【案例 5 - 13】 利达小卖部为增值税小规模纳税人，主要销售日用百货。2016 年 10 月 18 日，利达小卖部销售自己使用过的货架，含税销售价格为 16 300 元。请问：应如何进行税务处理？

解析：

小规模纳税人销售使用过的固定资产应该按照 3% 的征收率减按 2% 计算缴纳增值税。

应纳增值税＝16 300÷(1＋3%)×2%＝316.50（元）

利达小卖部也可以放弃减税，按照 3% 的征收率计算缴纳增值税。

四、进项税额的审查

进项税额是指纳税人购进货物、加工和修理修配劳务、服务、无形资产或者不动产，支付或者负担的增值税额。进项税额分为准予抵扣的进项税额、不准抵扣的进项税额，以及纳税人将已经抵扣进项税额的购进货物、劳务、服务、不动产、无形资产用于不得抵扣进项税额的项目时应转出的进项税额等。对进项税额的审查，应该从下述几个方面着手。

(一) 准予抵扣的进项税额的审查

按照规定，准予抵扣的进项税额，仅限于税法所列举的以下四种情况。

1. 从销售方取得的增值税专用发票上注明的增值税额

在审查这类进项税额时，主要审查取得的增值税专用发票的税款抵扣联和发票联是否相符，增值税专用发票是否合法、真实、有效。要注意审查纳税人取得的增值税专用发票是否为防伪税控系统开具的增值税专用发票，是否通过了税务机关的认证或进行了相应的查询，通过税务机关认证（或查询）的防伪税控系统开具的增值税专用发票应该在通过认证（或查询）的当期抵扣其进项税额。对于运费，要注意从 2016 年 7 月 1 日起，货物运输业增值税专用发票彻底退出历史舞台，纳税人支付运费时应该取得运费的增值税专用发票或者普通发票，并且在发票的备注栏注明起运地、到达地、车种车号、运输货物信息等。如果未注明上述信息，则该发票为不合格票据，不得作为记账依据和抵扣凭证。

2. 从海关取得的海关进口增值税专用缴款书上注明的增值税额

在审查此类进项税额时，主要审查从海关取得的进口增值税专用缴款书是否合法、真实、有效。

3. 农产品进项税额的抵扣情况

一般纳税人购进农产品，除取得增值税专用发票或者海关进口增值税专用缴款书外，按照农产品收购发票或者销售发票上注明的农产品买价和 13% 的扣除率计算进项税额。在审查时，税务代理人应注意审查以下问题：

（1）审查"材料采购"或"原材料"账户记录的农产品购进情况，查阅相关的收购凭证，看农产品的采购情况是否真实。

（2）详细核查纳税人使用的收购发票或销售发票是否符合要求，只有从农业生产者手中购进的、农业生产者自产自销的农产品才可以使用农产品销售发票或者收购发票计算抵扣进项税额，其他情形必须取得增值税专用发票或者海关进口增值税专用缴款书才可以抵扣进项税额。

（3）购进的农产品是否属于财政部、国家税务总局印发的《农业产品征税范围注释》规定的范围，购买农业产品的买价是否真实，扣除率的使用是否正确。

在本章导入案例中，该粮站是从大兴区某公司（一般纳税人）购进的玉米，而大兴区某公司不属于农业生产者，因此其销售的粮食不属于免税农产品，粮站必须取得对方开具的增值税专用发票才能抵扣进项税额，依据自行填开的农副产品收购凭证不得抵扣进项税额。

【案例 5-14】 某县食品生产企业经常从农民、集贸市场的小商贩处购进农产品，在收购农产品时开具了农产品收购发票，抵扣了进项税额。请问：该食品生产企业的处理是否正确？

解析：

该食品生产企业存在多抵扣进项税额的问题：农产品收购发票只能是收购企业向农业生产者开具，该食品生产企业可以向农民开具农产品收购发票，但不能向集贸市场的小商贩开具农产品收购发票，由于向小商贩开具了农产品收购发票，故导致多抵扣了进项税额。

4. 从境外单位或者个人购进服务、无形资产或者不动产，自税务机关或者扣缴义务人取得的解缴税款的完税凭证上注明的增值税额

接受境外单位或个人提供的应税行为，通常情况下，纳税人一方面应扣缴境外纳税人的增值税；另一方面，这部分扣缴增值税的完税凭证又是其进项税额抵扣的扣税凭证。税务代理人应重点审查纳税人是否取得境外纳税人的完税凭证以及是否有相关资料证明完税凭证记载的增值税由纳税人支付或负担。

（二）不准抵扣进项税额的审查

不准从当期销项税额中抵扣的进项税额主要有：

（1）用于简易计税方法计税项目、免征增值税项目、集体福利或者个人消费的购进货物、加工和修理修配劳务、服务、无形资产和不动产。其中涉及的固定资产、无形资产、不动产，仅指专用于上述项目的固定资产、无形资产（不包括其他权益性无形资产）、不动产。纳税人的交际应酬消费属于个人消费。

对于此项不得抵扣的进项税额，需要注意：

第一，纳税人购进的固定资产、无形资产、不动产，如果专用于简易计税方法计税项目、免征增值税项目、集体福利或者个人消费，其进项税额不得抵扣；如果既用于一般计税项目，又用于简易计税方法计税项目、免征增值税项目、集体福利或者个人消费，其进项税额可以抵扣。

第二，纳税人购进的除固定资产、无形资产、不动产以外的货物、劳务、服务，如果专用于简易计税方法计税项目、免征增值税项目、集体福利或者个人消费，其进项税额不得抵扣；如果既用于一般计税项目，又用于简易计税方法计税项目、免征增值税项目、集体福利或者个人消费，应该按比例计算不得抵扣的进项税额。相关计算公式如表5-1所示。

表5-1　　　　　　　　　　　不得抵扣的进项税额

一般企业	不得抵扣的进项税额＝当期无法划分的全部进项税额×（当期简易计税方法计税项目销售额＋免征增值税项目销售额）÷当期全部销售额 主管税务机关可以按照上述公式依据年度数据对不得抵扣的进项税额进行清算。
房地产开发企业	不得抵扣的进项税额＝当期无法划分的全部进项税额×（简易计税、免税房地产项目建设规模÷房地产项目总建设规模）

在审查时，要注意用于简易计税方法计税项目、免税项目和用于集体福利或个人消费的购进货物、加工和修理修配劳务、服务、无形资产和不动产，首先应了解清楚其种类、本期购进情况以及核算情况。如果这些货物、加工和修理修配劳务、服务、无形资产和不动产是在购进时就明确了其用途——用于不得抵扣进项税额方面的，在审查时应根据"材料采购"或"原材料"等账户借方的记载，查阅与之相关的记账凭证、原始凭证，看其账务处理是否正确，有无将上述业务所支付的进项税额不按规定计入购进货物的成本，而错误地计入当期进项税额的情况。对于在货物、加工和修理修配劳务、服务、无形资产和不动产购进时未明确其用途，而是中间改变用途并用于简易计税方法计税项目、免税项目、集体福利或个人消费的，审查纳税人是否将进项税额做转出处理。在本章导入案例中，粮站购入的食用油就属于在购进时未明确其用途，中间改变用途，将食用油用于集体福利的情况，此时应将650元进项税额做转出处理。

（2）非正常损失的购进货物，以及相关的加工和修理修配劳务及交通运输服务。

（3）非正常损失的在产品、产成品所耗用的购进货物（不包括固定资产）、加工和修理修配劳务及交通运输服务。

（4）非正常损失的不动产，以及该不动产所耗用的购进货物、设计服务和建筑服务。

（5）非正常损失的不动产在建工程所耗用的购进货物、设计服务和建筑服务。

纳税人新建、改建、扩建、修缮、装饰不动产，均属于不动产在建工程。

对于非正常损失的进项税额，在审查时需要注意以下问题：

第一，是否属于非正常损失范围。非正常损失，是指因管理不善造成货物被盗、丢失、霉烂变质，以及因违反法律法规造成货物或者不动产被依法没收、销毁、拆除的情形。除此之外的其他情形，均不属于非正常损失。

第二，一旦发生非正常损失，纳税人是否已经做进项税额转出处理，进项税额转出的数额计算是否正确。

【案例 5-15】 某食品厂 2016 年 9 月发生如下损失：

(1) 由于管理不善，购进的 100 万元面粉被盗。

(2) 遭遇台风，导致仓库进水，购进的 20 万元面粉发生损失，无法使用。

(3) 由于产品销路不畅，价值 20 万元的食品超过保质期尚未售出，该厂进行了销毁。

(4) 对超过保质期的食品人为更改了生产日期，继续上架销售，被食品药品监督管理局发现后，依法没收。

请问：上述业务哪项属于非正常损失，其进项税额不得抵扣？

解析：

非正常损失是指因管理不善造成货物被盗、丢失、霉烂变质，以及因违反法律法规造成货物或者不动产被依法没收、销毁、拆除的情形。

(1) 由于管理不善，购进的 100 万元面粉被盗，属于非正常损失，进项税额不得抵扣。

(2) 遭遇台风所发生的损失，属于自然灾害损失，不属于非正常损失，进项税额允许抵扣。

(3) 由于销路不畅自行销毁的食品不属于非正常损失，所用材料的进项税额可以抵扣，无须进行进项税额转出处理。

(4) 被食品药品监督管理局依法没收的食品属于非正常损失，所用材料的进项税额不得抵扣，需要做进项税额转出处理。

【案例 5-16】 北京华夏制造厂为增值税一般纳税人，是一个生产钢材、水泥的国有企业。经兰税务师事务所在代理该企业纳税审查时发现，该企业"待处理财产净损失"的期末数比期初数增加了 5 万元，于是对该厂流动资产的毁损和相应转出的进项税额进行了进一步的检查。调阅"待处理财产损溢"账户借方发生额的记账凭证，发现其账务处理为：

借：待处理财产损溢——待处理流动资产损溢　　　　　　　　　　50 000

　　贷：库存商品　　　　　　　　　　　　　　　　　　　　　　50 000

通过审查原始凭证和询问相关人员，发现该企业因保管不善造成钢材被盗，损失为 5 万元。税务师按照该厂"生产成本"明细账中的有关数据，测算出生产成本中已抵扣的外购项目金额占生产成本的比例为 70%，其中，适用 17% 与 13% 税率的外购项目金额占生产成本中外购项目金额的比重分别为 80% 和 20%。请问：经兰税务师事务所应如何处理？

解析：

按照税法的规定，非正常损失的产成品所耗用的购进货物、劳务等的进项税额不得从销项税额中抵扣。该厂没有将应予以转出的进项税额转出，此时经兰税务师事务所应告知该厂将进项税额转出。

应转出的进项税额 = 50 000 × 70% × (80% × 17% + 20% × 13%) = 5 670 (元)

调账分录为：

借：待处理财产损溢——待处理流动资产损溢　　　　　　　　　　5 670

　　贷：应交税费——应交增值税（进项税额转出）　　　　　　　　5 670

（6）购进的旅客运输服务、贷款服务、餐饮服务、居民日常服务和娱乐服务。

在此项不得抵扣的进项税额中，需要注意以下问题：

第一，纳税人接受贷款服务向贷款方支付的与该笔贷款直接相关的投融资顾问费、手续费、咨询费等费用，其进项税额不得从销项税额中抵扣。此处需要注意，只有与贷款服务直接相关的投融资顾问费、手续费、咨询费等费用，其进项税额才不得抵扣。

第二，购进的餐饮服务不得抵扣进项税额，但购进的住宿服务可以抵扣进项税额。

第三，居民日常服务是指主要为满足居民个人及其家庭日常生活需求提供的服务，包括市容市政管理、家政、婚庆、养老、殡葬、照料和护理、救助救济、美容美发、按摩、桑拿、氧吧、足疗、沐浴、洗染、摄影扩印等服务。

第四，娱乐服务，是指为娱乐活动同时提供场所和服务的业务。具体包括歌厅、舞厅、夜总会、酒吧、台球、高尔夫球、保龄球、游艺（包括射击、狩猎、骑马、游戏机、蹦极、卡丁车、热气球、动力伞、射箭、飞镖）。

（7）财政部和国家税务总局规定的其他情形。

纳税人购进货物、劳务、服务、不动产、无形资产等，未按照规定取得并保存增值税扣税凭证，或者取得的扣税凭证上未按照规定注明增值税额及其他有关事项的，其进项税额不得从当期销项税额中抵扣。为此，税务代理人应审查纳税人增值税专用发票的取得和保管情况。审查时应注意下列问题：是否按规定取得专用发票，有无未从销售方取得专用发票和只取得记账联或只取得抵扣联的情况；是否按规定保管专用发票，有无未按照税务机关的要求建立专用发票管理制度、未按照税务机关的要求设专人保管专用发票、未按照税务机关的要求设置专门存放专用发票的场所、税款抵扣联未按税务机关的要求装订成册、未经税务机关查验擅自销毁专用发票的基本联次、丢失专用发票、损（撕）毁专用发票、未执行国家税务总局及其直属省级国家税务局提出的其他有关保管专用发票要求等情况；销售方开具的专用发票是否符合规定的开具要求。

（三）不动产进项税额抵扣的审查

自 2016 年 5 月 1 日起，建筑服务、销售不动产纳入增值税征税范围后，企业取得的不动产、发生的不动产在建工程，相应的进项税额允许抵扣。对于不动产进项税额的抵扣，具体规定如下：

（1）增值税一般纳税人于 2016 年 5 月 1 日之后取得并在会计制度上按固定资产核算的不动产，以及 2016 年 5 月 1 日后发生的不动产在建工程，其进项税额应按照规定分两年从销项税额中抵扣，第一年抵扣比例为 60%，第二年抵扣比例为 40%。

取得的不动产，包括以直接购买、接受捐赠、接受投资入股以及抵债等各种形式取得的不动产。

纳税人新建、改建、扩建、修缮、装饰不动产，属于不动产在建工程。

（2）房地产开发企业自行开发的房地产项目，融资租入的不动产，以及在施工现场修建的临时建筑物、构筑物，其进项税额允许一次性抵扣，不适用分两年抵扣的规定。

（3）纳税人于 2016 年 5 月 1 日之后购进货物和设计服务、建筑服务，用于新建不动产，或者用于改建、扩建、修缮、装饰不动产并增加不动产原值超过 50% 的，其进项税额依照有关规定分两年从销项税额中抵扣。

不动产原值，是指取得不动产时的购置原价或作价。

上述分两年从销项税额中抵扣的购进货物，是指构成不动产实体的材料和设备，包括建筑装饰材料和给排水、采暖、卫生、通风、照明、通信、煤气、消防、中央空调、电梯、电气、智能化楼宇设备及配套设施。

（4）纳税人按规定从销项税额中抵扣进项税额，应取得 2016 年 5 月 1 日后开具的合法有效的增值税扣税凭证。

上述进项税额中，60％的部分于取得扣税凭证的当期从销项税额中抵扣；40％的部分为待抵扣进项税额，于取得扣税凭证的当月起第 13 个月从销项税额中抵扣。

不动产进项税额的抵扣如表 5-2 所示。

表 5-2　　　　　　　　　　　　不动产进项税额抵扣

分期抵扣	一次性抵扣
按固定资产核算的不动产	其他不动产
不动产在建工程	房地产开发企业自行开发的房地产项目 融资租入的不动产 在施工现场修建的临时建筑物、构筑物
改建、扩建、修缮、装饰不动产并增加不动产原值超过 50％的	改建、扩建、修缮、装饰不动产并增加不动产原值不足 50％的

【案例 5-17】 某设备厂于 2016 年 8 月开工新建一个车间，为建造这个车间，本月购进一批建材，取得的增值税专用发票上注明价款为 100 万元，增值税税款为 17 万元；支付给建筑公司一批工程款，取得的增值税专用发票上注明价款为 200 万元，增值税税款为 22 万元。此外，该设备厂对原有厂房进行修缮，取得的增值税专用发票上注明价款为 25 万元，增值税税款为 4.25 万元，该厂房原值为 360 万元。请问：该设备厂本月可以抵扣多少进项税额？

解析：

（1）新建车间的进项税额应分期抵扣，2016 年 8 月可以抵扣的进项税额＝(17＋22)×60％＝23.4（万元）。

（2）由于修缮厂房的支出未超过厂房原值的 50％，所以无须分期抵扣，4.25 万元的进项税额一次抵扣即可。

因此该设备厂本月可以抵扣的进项税额为 27.65（23.4＋4.25）万元。

【案例 5-18】 某建材公司于 2016 年 11 月购进钢材支出 3 000 000 元，购进水泥支出 1 000 000 元，并取得增值税专用发票。

该公司编制的会计分录为：

借：原材料——钢材　　　　　　　　　　　　　　　　　　　　　　3 000 000

　　　　——水泥　　　　　　　　　　　　　　　　　　　　　　1 000 000

　　应交税费——应交增值税（进项税额）　　　　　　　　　　　　680 000

　　贷：银行存款　　　　　　　　　　　　　　　　　　　　　　4 680 000

2016 年 12 月，经公司办公会议决定，将部分钢材和水泥用于新建厂房。新建厂房领用钢材 200 000 元，领用水泥 100 000 元。编制的会计分录为：

借：在建工程　　　　　　　　　　　　　　　　　　　　　　　　300 000

　　贷：原材料——木材　　　　　　　　　　　　　　　　　　　　200 000

　　　　——水泥　　　　　　　　　　　　　　　　　　　　　　100 000

请问：该公司的做法是否正确？如果不正确，应如何调整？

解析：

用于新建不动产的进项税额应该分期抵扣，但以前月份已经抵扣过，所以应该将40%的进项税额转入"待抵扣进项税额"中。

应转出的进项税额＝（200 000＋100 000）×17%×40%＝20 400（元）

调账分录为：

借：应交税费——待抵扣进项税额　　　　　　　　　　　　　　　　　　　20 400

　　贷：应交税费——应交增值税（进项税额转出）　　　　　　　　　　　20 400

（四）进项税额转出的审查

纳税人将已经抵扣进项税额的购进货物、劳务、服务、不动产、无形资产等改变用途，用于不得抵扣进项税额的方面时，应将该进项税额从当期发生的进项税额中扣减。此时，在会计上要将已抵扣的进项税额从当期进项税额中转出，记入"应交税费——应交增值税"明细账贷方"进项税额转出"项下，减少当期进项税额。在审查进项税额转出情况时，税务代理人应从以下几个方面着手：

（1）审查纳税人是否存在将已经抵扣进项税额的购进货物、劳务、服务、不动产、无形资产用于简易计税方法计税项目、免税项目，而未转出进项税额的现象。

此时税务代理人应首先确定纳税人当期是否有简易计税方法计税项目、免税项目，如果有，需要查明这些项目所用的购进货物、劳务、服务、不动产、无形资产是否在购进时已经单独设账核算。如果未单独设账核算，而是与应税项目所用购进货物、劳务、服务、不动产、无形资产一并核算的，就需要审查"原材料""低值易耗品""包装物"等明细账，核实各类材料的去向。如果发生将已经抵扣进项税额的购进货物或应税劳务用于简易计税方法计税项目、免税项目的情况，而没有转出或少转出进项税额，应告诉纳税人及时办理调账和补税手续。

在实际工作中，很多企业购进用于免税项目、简易计税项目的货物、劳务、服务、不动产、无形资产时，一般未单独核算，而是将其支付或承担的增值税额作为购进月份的进项税额抵扣。月末，将当月全部进项税额按照当月免税项目销售额、简易计税方法计税项目销售额合计占当月全部销售额合计的比重，计算当期不得抵扣的进项税额，并从当期进项税额中扣减，转入免税项目或简易计税项目成本中，即借记"主营业务成本""其他业务成本"等账户，贷记"应交税费——应交增值税（进项税额转出）"账户。针对这一情况，税务代理人应该首先通过审查"应交税费——应交增值税"明细账并结合有关会计凭证，核实月初结存的进项税额和本期发生的进项税额，确定当月全部进项税额；然后核实当月应税项目、免税项目、简易计税项目的销售额，并确定当月免税项目和简易计税项目销售额占当月全部销售额的比重，在此基础上计算出不得抵扣的进项税额，并与"应交税费——应交增值税（进项税额转出）"账户有关数额相核对，如果出现偏差，应找出原因，告诉纳税人办理调账和补税手续。

（2）审查纳税人有无将购进货物、劳务、服务、不动产、无形资产用于集体福利或个人消费而未按规定扣减当期进项税额的情况。

审查时，应弄清楚这部分货物、劳务、服务、不动产、无形资产是否在购进时就已明确其用途，并单独核算。若未明确用途且未单独核算，应审查"在建工程""应付职工薪酬——非货币性福利"等账户，并详细审查"原材料""低值易耗品""包装物"等明细账，核实各类材料的去向。核实用于集体福利或个人消费的购进货物、劳务、服务、不动产、无形资产的数量，计算进项税额转出数，并与"应交税费——应交增值税（进项税额转出）"账户及相关会计凭证核对，如果没有转出或少转出进项税额，应告诉纳税人及时办理调账和补税手续。

（3）审查非正常损失的购进货物、在产品、产成品、不动产等是否按规定扣减了当期进项税额。

税务代理人应通过审查"待处理财产损溢——待处理流动资产损溢"明细账，确定本期是否发生了购进货物、在产品、产成品、不动产等的非正常损失，如果发生了非正常损失，其会计处理是否符合规定，是否按规定转出了相应的进项税额。

（五）进货退出或折让进项税额的审查

纳税人在货物购销活动中，因货物质量、规格等原因常会发生进货退出或折让的情况。按照税法的规定，因进货退出或折让而收回的增值税额，应从发生进货退出或折让当期的进项税额中扣减。纳税人进货退出或折让而不扣减当期进项税额，造成不纳税或少纳税的，都将被认定为偷税行为，并按偷税予以处罚。

【案例 5－19】 某供销公司为增值税一般纳税人。某税务师事务所在代理其纳税审查时，发现 2016 年 12 月该公司的记账凭证上记载了这样一项分录：

借：应付账款——××单位　　　　　　　　　　　　　　　　40 500

　　贷：营业外收入　　　　　　　　　　　　　　　　　　　　　　　40 500

税务代理人按照"营业外收入"账户贷方发生额的凭证号逐笔审查"营业外收入"所记载内容，发现摘要栏记有"返利"字样，其原始凭证是从销货方取得的红字增值税专用发票。至此，税务代理人确认"营业外收入"所记载的前述内容为企业从销货方取得的折让，该公司直接冲减欠付货款，没有按照规定相应地扣减当期进项税额。请问：应如何进行账务调整？

解析：

国家税务总局颁布的《增值税专用发票使用规定》中规定，发生退货或销售折让，购买方收到红字专用发票后，应将红字专用发票所注明的增值税额从当期进项税额中扣减。相关计算及调账分录为：

$$应冲减的进项税额 = \frac{40\ 500}{1+17\%} \times 17\% = 5\ 884.62（元）$$

借：营业外收入　　　　　　　　　　　　　　　　　　　　　　40 500

　　应交税费——应交增值税（进项税额）　　　　　　　　　 5 884.62

　　贷：原材料　　　　　　　　　　　　　　　　　　　　　 34 615.38[①]

通过审查核对准予抵扣的进项税额、不准抵扣的进项税额、不动产进项税额以及进项税额的转出情况，税务代理人可以确定本期实际允许扣除的进项税额，再与已确定的销项税额相匹配，就可以计算出纳税人当期应纳增值税额。

---

① 只进行金额核算，数量不变。

五、预缴税款的审查

"营改增"后，为确保税款及时入库，对于一些特殊行为，税法做出了预缴税款的相关规定。

（一）预缴税款的情形

1. 纳税人（不含其他个人）跨县（市、区）提供建筑服务

纳税人跨县（市、区）提供建筑服务，应按规定的纳税义务发生时间和计税方法，向建筑服务发生地主管国税机关预缴税款，向机构所在地主管国税机关申报纳税。

（1）一般纳税人跨县（市、区）提供建筑服务，适用一般计税方法计税的，以取得的全部价款和价外费用扣除支付的分包款后的余额，按照 2％的预征率计算应预缴税款。计算公式为：

$$应预缴税款＝（全部价款和价外费用－支付的分包款）÷（1＋11％）×2％$$

（2）一般纳税人跨县（市、区）提供建筑服务，选择使用简易计税方法计税的，以取得的全部价款和价外费用扣除支付的分包款后的余额，按照 3％的征收率计算应预缴税款。计算公式为：

$$应预缴税款＝（全部价款和价外费用－支付的分包款）÷（1＋3％）×3％$$

（3）小规模纳税人跨县（市、区）提供建筑服务，以取得的全部价款和价外费用扣除支付的分包款后的余额，按照 3％的征收率计算应预缴税款。计算公式为：

$$应预缴税款＝（全部价款和价外费用－支付的分包款）÷（1＋3％）×3％$$

纳税人取得的全部价款和价外费用扣除支付的分包款后的余额为负数的，可结转至下次预缴税款时继续扣除。

纳税人应按照工程项目分别计算应预缴税款，分别预缴。

2. 房地产开发企业预售自行开发的房地产项目

（1）一般纳税人采取预收款方式销售自行开发的房地产项目，应在收到预收款时按照 3％的预征率预缴增值税。计算公式为：

$$应预缴税款＝预收款÷（1＋适用税率或征收率）×3％$$

适用一般计税方法计税的，按照 11％的适用税率计算；适用简易计税方法计税的，按照 5％的征收率计算。

一般纳税人应在取得预收款的次月纳税申报期向主管国税机关预缴税款。

（2）房地产开发企业中的小规模纳税人。采取预收款方式销售自行开发的房地产项目，应在收到预收款时按照 3％的预征率预缴增值税。计算公式为：

$$应预缴税款＝预收款÷（1＋5％）×3％$$

小规模纳税人应在取得预收款的次月纳税申报期或主管国税机关核定的纳税期限内向主管国税机关预缴税款。

3. 纳税人（不含其他个人）出租与机构所在地不在同一县（市、区）的不动产

（1）一般纳税人出租其 2016 年 4 月 30 日前取得的不动产，可以选择使用简易计税方法，按照 5％的征收率计算应纳税额。

不动产所在地与机构所在地不在同一县（市、区）的，纳税人应按照上述计税方法向不动产所在地主管国税机关预缴税款，向机构所在地主管国税机关申报纳税。

不动产所在地与机构所在地在同一县（市、区）的，纳税人向机构所在地主管国税机关申报纳税，无须预缴税款。

（2）一般纳税人出租其 2016 年 5 月 1 日后取得的不动产，适用一般计税方法计税。

不动产所在地与机构所在地不在同一县（市、区）的，纳税人应按照 3% 的预征率向不动产所在地主管国税机关预缴税款，向机构所在地主管国税机关申报纳税。

不动产所在地与机构所在地在同一县（市、区）的，纳税人应向机构所在地主管国税机关申报纳税，无须预缴税款。

一般纳税人出租其 2016 年 4 月 30 日前取得的不动产使用一般计税方法计税的，按照上述规定执行。

（3）小规模纳税人中的单位和个体工商户出租不动产（不含个体工商户出租住房），按照 5% 的征收率计算应纳税额。个体工商户出租住房，按照 5% 的征收率减按 1.5% 计算应纳税额。

不动产所在地与机构所在地不在同一县（市、区）的，纳税人应按照上述计税方法向不动产所在地主管国税机关预缴税款，向机构所在地主管国税机关申报纳税。

不动产所在地与机构所在地在同一县（市、区）的，纳税人应向机构所在地主管国税机关申报纳税，无须预缴税款。

（4）其他个人出租不动产（不含住房），按照 5% 的征收率计算应纳税额，向不动产所在地主管地税机关申报纳税。其他个人出租住房，按照 5% 的征收率减按 1.5% 计算应纳税额，向不动产所在地主管地税机关申报纳税。

4. 纳税人转让不动产

（1）纳税人转让其取得（不含自建）的不动产。

1）一般纳税人转让其 2016 年 4 月 30 日前取得（不含自建）的不动产，可以选择使用简易计税方法计税，以取得的全部价款和价外费用扣除不动产购置原价或者取得不动产时的作价后的余额为销售额，按照 5% 的征收率计算应纳税额。纳税人应按照上述计税方法向不动产所在地主管地税机关预缴税款，向机构所在地主管国税机关申报纳税。

2）一般纳税人转让其 2016 年 4 月 30 日前取得（不含自建）的不动产，选择使用一般计税方法计税的，以取得的全部价款和价外费用为销售额计算应纳税额。纳税人应以取得的全部价款和价外费用扣除不动产购置原价或者取得不动产时的作价后的余额，按照 5% 的预征率向不动产所在地主管地税机关预缴税款，向机构所在地主管国税机关申报纳税。

3）一般纳税人转让其 2016 年 5 月 1 日后取得（不含自建）的不动产，适用一般计税方法，以取得的全部价款和价外费用为销售额计算应纳税额。纳税人应以取得的全部价款和价外费用扣除不动产购置原价或者取得不动产时的作价后的余额，按照 5% 的预征率向不动产所在地主管地税机关预缴税款，向机构所在地主管国税机关申报纳税。

4）小规模纳税人转让其取得（不含自建）的不动产，以取得的全部价款和价外费用扣除不动产购置原价或者取得不动产时的作价后的余额为销售额，按照 5% 的征收率计算应纳税额。

除其他个人之外的小规模纳税人，应按上述计税方法向不动产所在地主管地税机关预缴税款，向机构所在地主管国税机关申报纳税；其他个人按照上述计税方法向不动产所在地主管地税机关申报纳税。

也就是说，只要是纳税人转让其取得（不含自建）的不动产，无论是"营改增"前取得还是"营改增"后取得，无论是一般纳税人还是小规模纳税人，都是以卖出价扣除买入价或作价后的余额为依据计算需要预缴的增值税。

（2）纳税人转让其自建的不动产。

1）一般纳税人转让其2016年4月30日前自建的不动产，可以选择使用简易计税方法计税，以取得的全部价款和价外费用为销售额，按照5％的征收率计算应纳税额。纳税人应按照上述计税方法向不动产所在地主管地税机关预缴税款，向机构所在地主管国税机关申报纳税。

2）一般纳税人转让其2016年4月30日前自建的不动产，选择使用一般计税方法计税的，以取得的全部价款和价外费用为销售额计算应纳税额。纳税人应以取得的全部价款和价外费用，按照5％的预征率向不动产所在地主管地税机关预缴税款，向机构所在地主管国税机关申报纳税。

3）一般纳税人转让其2016年5月1日后自建的不动产，适用一般计税方法，以取得的全部价款和价外费用为销售额计算应纳税额。纳税人应以取得的全部价款和价外费用，按照5％的预征率向不动产所在地主管地税机关预缴税款，向机构所在地主管国税机关申报纳税。

4）小规模纳税人转让其自建的不动产，以取得的全部价款和价外费用为销售额，按照5％的征收率计算应纳税额。

除其他个人之外的小规模纳税人，应按上述计税方法向不动产所在地主管地税机关预缴税款，向机构所在地主管国税机关申报纳税；其他个人按照上述计税方法向不动产所在地主管地税机关申报纳税。

也就是说，只要是纳税人转让自建的不动产，无论是"营改增"前还是"营改增"后自建，无论是一般纳税人还是小规模纳税人，都是以取得的全部价款和价外费用为依据计算需要预缴的增值税。

这里我们需要强调的是，上述规定是针对预缴增值税而言的，而非针对应纳税额计算而言。

（二）预缴税款的账务处理

一般纳税人采用一般计税方法计税需要预缴税款的，应通过"应交税费——预交增值税"账户核算；一般纳税人采用简易计税方法计税需要预缴税款的，应通过"应交税费——简易计税"账户核算。预缴的税款在纳税人申报纳税时可以从应纳税额中扣减。

对于税务代理人而言，需要审查纳税人发生上述情形时是否按规定预缴增值税；预缴税款的数字是否正确；账务处理是否正确；申报表填写是否正确。

六、应纳税额缴纳的审查

增值税应纳税额是否正确，重点是对当期销项税额和当期进项税额两个部分进行审查。由于这两部分内容前面已经介绍，故此处不再赘述。这里重点介绍对"应交税费——应交增值税"明细账的审查，纳税申报表的填写我们将在下一节加以介绍。

"应交税费——应交增值税"明细账，是为了全面核算和反映增值税的应缴、已缴情况而设置的。在审查"应交税费——应交增值税"明细账时，应注意以下问题：

(1)"应交税费——应交增值税"明细账中各项核算内容及账务处理方法是否符合有关增值税会计处理的规定。

(2)是否按照规定的纳税期限计算增值税应纳税额，有无将本期欠税用下期进项税额抵顶、滞纳税款的问题。

(3)有无多记进项税额，少记销项税额、进项税额转出，造成当期应缴税金不实的问题。

(4)按简易计税方法计算纳税的企业，其不得抵扣进项税额的计算是否正确。

(5)增值税税控系统专用设备和技术服务费抵减增值税税款是否记入"应交税费——应交增值税（减免税款）"账户。因为自2011年12月1日起，增值税纳税人购买增值税税控系统专用设备支付的费用以及缴纳的技术维护费可在增值税应纳税额中全额抵减，不足抵减的，可结转至下期继续抵减。增值税纳税人非初次购买增值税税控系统专用设备支付的费用，由其自行负担，不得在增值税应纳税额中抵减。

通过上述各个方面的审查，正确确定纳税人当期应纳税额，为纳税申报准备相应资料。

第二节　代理增值税一般纳税人纳税申报

一、代理增值税预缴税款申报

在本章第一节中，我们介绍了增值税预缴税款的情形。纳税人发生以下情形，按规定在国税机关预缴增值税时需要填写《增值税预缴税款表》：

(1)纳税人（不含其他个人）跨县（市）提供建筑服务。

(2)房地产开发企业预售自行开发的房地产项目。

(3)纳税人（不含其他个人）出租与机构所在地不在同一县（市）的不动产。

【案例5-20】 A房地产开发公司（以下简称A公司）位于北京，开发的甲楼盘位于河北廊坊，该项目系2015年10月开工建设，A公司对其选择使用简易计税方法。2016年6月开始收取客户的诚意金，收到诚意金2 000万元；2016年8月房屋取得预售许可证，预售房屋，原有的诚意金2 000万元转作业主购房的首付款，另外收取了12 000万元的首付款。预计房屋可于2016年12月交付业主。请为A公司填写《增值税预缴税款表》。

解析：

A公司收取诚意金时无须预缴税款，应该在收到首付款时预缴税款。A公司应该在2016年9月预缴税款，因为一般纳税人应在取得预收款的次月纳税申报期向主管国税机关预缴税款。

填写的《增值税预缴税款表》如表5-3所示。

填写时需要注意以下事项：

(1)第1列"销售额"为含增值税的销售额，为14 000万元。

(2)第2列"扣除金额"：房地产开发企业不用填写。

(3)第3列"预征率"：房地产开发企业预征率为3%。

(4)当房地产开发企业采用简易计税方法时，应预缴税款＝14 000÷(1＋5%)×3%＝400（万元）。

（5）在纳税申报时，将预缴税款的信息填入《增值税纳税申报表附列资料（四）》（税额抵减情况表）。

表 5 - 3　　　　　　　　　　　增值税预缴税款表

税款所属时间：2016 年 8 月 1 日 至 2016 年 8 月 31 日

纳税人识别号：□□□□□□□□□□□□□□□□□□□□　　　是否适用一般计税方法　是□
　　　　　　　　　　　　　　　　　　　　　　　　　　　　　　　　　　　否☑

纳税人名称：（公章）	A 房地产开发公司			金额单位：元（列至角分）	
项目编号			项目名称		
项目地址					
预征项目和栏次		销售额	扣除金额	预征率	预征税额
		1	2	3	4
建筑服务	1				
销售不动产	2	140 000 000.00	0.00	3％	4 000 000.00
出租不动产	3				
	4				
	5				
合计	6	140 000 000.00	0.00	3％	4 000 000.00
授权声明	如果你已委托代理人填报，请填写下列资料：为代理一切税务事宜，现授权＿＿＿＿＿＿＿＿＿（地址）为本次纳税人的代理填报人，任何与本表有关的往来文件，都可寄予此人。授权人签字：		填表人申明	以上内容是真实的、可靠的、完整的。纳税人签字：	

二、代理一般纳税人纳税申报所需资料

根据国税发〔2003〕53 号文件的规定，自 2003 年 7 月 1 日起，增值税一般纳税人进行纳税申报必须实行电子信息采集。使用防伪税控系统开具增值税专用发票的纳税人必须在抄报税成功后，方可进行纳税申报。自 2016 年 6 月 1 日起，启用修订后的《增值税纳税申报表》及其附列资料。

代理一般纳税人纳税申报所需资料包括：

（1）增值税一般纳税人纳税申报表及其附列资料。增值税一般纳税人纳税申报表及其附列资料具体包括：

1）《增值税纳税申报表》（一般纳税人适用）。

2）《增值税纳税申报表附列资料（一）》（本期销售情况明细）。

3）《增值税纳税申报表附列资料（二）》（本期进项税额明细）。

4）《增值税纳税申报表附列资料（三）》（服务、不动产和无形资产扣除项目明细）。

一般纳税人销售服务、不动产和无形资产，在确定服务、不动产和无形资产销售额时，按照有关规定可以从取得的全部价款和价外费用中扣除价款的，需要填报《增值税纳税申报表附列资料（三）》。对于其他情况，不填写该附列资料。

5)《增值税纳税申报表附列资料(四)》(税额抵减情况表)。

6)《增值税纳税申报表附列资料(五)》(不动产分期抵扣计算表)。

7)《固定资产(不含不动产)进项税额抵扣情况表》。

8)《本期抵扣进项税额结构明细表》。

9)《增值税减免税申报明细表》。

(2) 资产负债表和损益表。

(3)《成品油购销存情况明细表》(发生成品油零售业务的纳税人填报)。

(4) 主管税务机关规定的其他必报资料。

三、增值税纳税申报资料的管理

(一) 对增值税纳税申报必报资料的管理

纳税人在纳税申报期内,应及时将全部必报资料的电子数据报送主管税务机关。

(二) 对增值税纳税申报备查资料的管理

纳税人在月度终了后,应将备查资料认真整理并装订成册。

(1) 对属于扣税凭证的单证,根据取得的时间顺序,按单证种类每 25 份装订一册,不足 25 份的,按实际份数装订。

(2) 装订时,必须使用税务机关统一规定的《征税/扣税单证汇总簿封面》(以下简称《封面》),并按规定填写《封面》内容,由办税人员和财务人员审查签章。

(3)《封面》的内容包括纳税人单位名称、本册单证份数、金额、税额、本月此种单证总册数及本册单证编号、税款所属时间等,具体格式由各省级国家税务局制定。

四、代理纳税申报的流程

由于"增值税一般纳税人的应纳增值税额＝当期销项税额－当期进项税额",因此税务代理人在代理纳税申报时应首先核实销项税额和进项税额的情况,然后计算应纳增值税额,并据以填报适用于一般纳税人的《增值税纳税申报表》。

(一) 核实销项税额,填写与之相关的附列资料

核实纳税人的货物、劳务、服务、无形资产、不动产的销售行为和视同销售行为,确定当期的销售额,然后根据适用税率计算当期的销项税额,并与纳税人的"应交税费——应交增值税"账户中的"销项税额"专栏进行核对,在核实销项税额的过程中,税务代理人一定要注意税法规定的纳税义务发生时间。

纳税人发生应税行为,纳税义务发生时间为收讫销售款项或者取得索取销售款项凭据的当天,先开具发票的,为开具发票的当天。进口货物,为报关进口的当天。

1. 销售货物、提供加工和修理修配劳务的纳税义务发生时间

按结算方式的不同,具体规定如下:

(1) 纳税人采取直接收款方式销售货物的,不论货物是否发出,其纳税义务发生时间为收到销售款或取得索取销售款凭证的当天。

根据国家税务总局公告 2011 年第 40 号《国家税务总局关于增值税纳税义务发生时间有关问题的公告》的规定,纳税人生产经营活动中采取直接收款方式销售货物,已将货物移送对方并暂估销售收入入账,但既未取得销售款或索取销售款凭据也未开具销售发票

的，其增值税纳税义务发生时间为取得销售款或取得索取销售款凭据的当天；先开具发票的，为开具发票的当天。

（2）采取托收承付和委托银行收款方式销售货物的，其纳税义务发生时间为发出货物并办妥托收手续的当天。

（3）采取赊销和分期收款方式销售货物的，为书面合同约定的收款日期的当天。无书面合同的或者书面合同没有约定收款日期的，为货物发出的当天。

（4）采取预收货款方式销售货物的，为货物发出的当天，但生产、销售生产工期超过12个月的大型机械设备、船舶、飞机等货物，为收到预收款或者书面合同约定的收款日期的当天。

（5）委托其他纳税人代销货物的，为收到代销单位的代销清单或者收到全部或者部分货款的当天。未收到代销清单及货款的，为发出代销货物满180天的当天。

（6）纳税人有视同销售货物行为的，除销售代销货物外，其纳税义务发生时间均为货物移送的当天。

（7）纳税人销售应税劳务的，其纳税义务发生时间为提供劳务同时收讫销售款或者取得索取销售款凭据的当天。

2. 销售服务、无形资产、不动产的纳税义务发生时间

（1）纳税人发生应税行为并收讫销售款项或者取得索取销售款项凭据的当天；先开具发票的，为开具发票的当天。

收讫销售款项，是指纳税人销售服务、无形资产、不动产过程中或者完成后收到款项。

取得索取销售款项凭据的当天，是指书面合同确定的付款日期；未签订书面合同或者书面合同未确定付款日期的，为服务、无形资产转让完成的当天或者不动产权属变更的当天。

（2）纳税人提供建筑服务、租赁服务采取预收款方式的，其纳税义务发生时间为收到预收款的当天。

（3）纳税人从事金融商品转让的，为金融商品所有权转移的当天。

（4）纳税人发生视同销售情形的，其纳税义务发生时间为服务、无形资产转让完成的当天或者不动产权属变更的当天。

（5）增值税扣缴义务发生时间为纳税人增值税纳税义务发生的当天。

凡是在一个纳税期限内发生了增值税的纳税义务并采用一般计税方法计税的，都应计入当期销项税额；采用简易计税方法计税的，都应计入当期应纳税额。

在核实当期销项税额的过程中，如实填写《增值税纳税申报表附列资料（一）》（本期销售情况明细），涉及差额纳税的，需要填写《增值税纳税申报表附列资料（三）》（服务、不动产和无形资产扣除项目明细）。

（二）核实进项税额，填写与之相应的附列资料

核实纳税人的货物或服务购进情况及购进后的使用保管等情况，确定允许抵扣的进项税额和不允许抵扣的进项税额，审查纳税人的不允许抵扣的进项税额是否已经从进项税额中转出，并与"应交税费——应交增值税"明细账和附报的抵扣明细表中相关数字核对。

1. 增值税扣税凭证认证（或查询）的有关规定

根据国税函〔2009〕617号《国家税务总局关于调整增值税扣税凭证抵扣期限有关问

题的通知》的规定，增值税扣税凭证的认证①期限规定如下：

（1）增值税一般纳税人取得 2010 年 1 月 1 日以后开具的增值税专用发票和机动车销售统一发票，应在开具之日起 180 日内到税务机关办理认证（或查询），并在认证（或查询）通过的次月申报期内，向主管税务机关申报抵扣进项税额。

（2）海关进口增值税专用缴款书（以下简称海关缴款书）实行"先比对后抵扣"管理办法，一般纳税人取得海关缴款书，应在开具之日起 180 日内向主管税务机关报送《海关进口增值税专用缴款书抵扣清单》并申请稽核比对，通过稽核比对后，抵扣进项税额。

（3）增值税一般纳税人取得 2010 年 1 月 1 日以后开具的增值税专用发票、机动车销售统一发票以及海关缴款书，未在规定期限内到税务机关办理认证（或查询）、申报抵扣或者申请稽核比对的，不得作为合法的增值税扣税凭证，不得计算进项税额抵扣。

由于增值税实行购进扣税法，有些纳税人集中购货，逐步使用，可以抵扣的进项税额数额比较大，在计算应纳税额时很可能出现当期销项税额不足抵扣的情况。税法规定，因当期销项税额小于当期进项税额不足抵扣的部分可以结转至下期继续抵扣。

2. 逾期增值税扣税凭证抵扣的有关规定

根据国家税务总局 2011 年第 50 号公告《国家税务总局关于逾期增值税扣税凭证抵扣问题的公告》的规定，从 2011 年 10 月 1 日起，对增值税一般纳税人发生真实交易但由于客观原因造成增值税扣税凭证逾期的，经主管税务机关审查、逐级上报，由国家税务总局认证、稽核比对后，对比对相符的增值税扣税凭证，允许纳税人继续抵扣其进项税额。

客观原因包括如下类型：

（1）因自然灾害、社会突发事件等不可抗力因素造成增值税扣税凭证逾期。

（2）增值税扣税凭证被盗、被抢，或者因邮寄丢失、误递导致逾期。

（3）有关司法、行政机关在办理业务或者检查中，扣押增值税扣税凭证，纳税人不能正常履行申报义务，或者税务机关信息系统、网络故障，未能及时处理纳税人网上认证数据等导致增值税扣税凭证逾期。

（4）买卖双方因经济纠纷，未能及时传递增值税扣税凭证，或者纳税人变更纳税地点，注销旧户和重新办理税务登记的时间过长，导致增值税扣税凭证逾期。

（5）由于企业办税人员伤亡、突发危重疾病或者擅自离职，未能办理交接手续，导致增值税扣税凭证逾期。

（6）国家税务总局规定的其他情形。

除此之外的其他原因造成增值税扣税凭证逾期的，仍应按照增值税扣税凭证抵扣期限的有关规定执行。

在核实当期进项税额的过程中，应如实填写《增值税纳税申报表附列资料（二）》（本期进项税额明细）、《增值税纳税申报表附列资料（五）》（不动产分期抵扣计算表）、《固定资产（不含不动产）进项税额抵扣情况表》和《本期抵扣进项税额结构明细表》。

---

① 自 2016 年 3 月 1 日起，纳税信用等级为 A 级的纳税人，取消增值税专用发票认证，而代以查询方式；自 2016 年 5 月 1 日起，纳税信用等级为 B 级的纳税人，取消增值税专用发票认证，而代以查询方式。从 2016 年 12 月 1 日起，将取消增值税发票认证的纳税人范围由纳税信用等级为 A 级、B 级的增值税一般纳税人扩大到纳税信用等级为 C 级的增值税一般纳税人。换言之，到目前为止，只有纳税信用等级为 D 级的纳税人才需要进行增值税专用发票认证。

（三）计算应纳税额，填写《增值税纳税申报表》

1. 纳税期限

增值税的纳税期限分为 1 日、3 日、5 日、10 日、15 日、1 个月或者 1 个季度。以 1 个季度为纳税期限的规定仅适用于小规模纳税人。纳税人的具体纳税期限，由主管税务机关根据纳税人应纳税额的大小分别核定；不能按照固定期限纳税的，可以按次纳税。

纳税人以 1 个月或者 1 个季度为 1 个纳税期限的，自期满之日起 15 日内申报纳税；以 1 日、3 日、5 日、10 日或者 15 日为 1 个纳税期的，自期满之日起 5 日内预缴税款，于次月 1 日起 15 日内申报纳税并结清上月应纳税款。

2. 纳税地点

（1）固定业户应当向其机构所在地或者居住地的主管税务机关申报纳税。总机构和分支机构不在同一县（市）的，应当分别向各自所在地的主管税务机关申报纳税；经财政部和国家税务总局或者其授权的财政和税务机关批准，可以由总机构汇总向总机构所在地的主管税务机关申报纳税。

（2）固定业户到外县（市）销售货物或者应税劳务，应当向其机构所在地的主管税务机关申请开具外出经营活动税收管理证明，并向其机构所在地的主管税务机关申报纳税；未开具证明的，应当向销售地或者劳务发生地的主管税务机关申报纳税；未向销售地或者劳务发生地的主管税务机关申报纳税的，由其机构所在地的主管税务机关补征税款。

（3）非固定业户应当向应税行为发生地主管税务机关申报纳税；未申报纳税的，由其机构所在地或者居住地主管税务机关补征税款。

（4）其他个人提供建筑服务，销售或者租赁不动产，转让自然资源使用权，应向建筑服务发生地、不动产所在地、自然资源所在地主管税务机关申报纳税。

（5）进口货物，应当向报关地海关申报纳税。

（6）扣缴义务人应当向其机构所在地或者居住地的主管税务机关申报缴纳其扣缴的税款。

3. 计算应纳税额，填写《增值税纳税申报表》

根据核实的当期销项税额和当期进项税额的情况以及填报的增值税纳税申报表附列资料，填报适用于一般纳税人的《增值税纳税申报表》，并将《增值税纳税申报表》及其附表和相关资料在法定的期限或主管税务机关确定的期限内报送到主管税务机关。

五、《增值税纳税申报表》（适用于一般纳税人）及其附列资料的填写

在代理纳税申报中，最主要的工作是代理填报《增值税纳税申报表》及其附列资料。因此，在下面的案例中，我们主要介绍税务代理人应该如何代理填报纳税申报表及其附列资料。在编制会计分录时，我们只编制与增值税有关的分录。

【案例 5－21】 山西省某煤气化公司系增值税一般纳税人，主要生产居民用煤气、焦炭和焦油。税务机关为其核定的纳税期限为 1 个月。该公司 2016 年 9 月有关资料及纳税申报资料的填写如下：

（1）"应交税费——应交增值税"明细账期初借方余额为 20 000 元。

解析：

在填写《增值税纳税申报表》时，我们应将该项信息直接填入主表的第 13 行"上期留抵税额"。我们既可以从"应交税费——应交增值税"明细账获得该留抵税额的信息，

也可以从上期《增值税纳税申报表》的第20行"期末留抵税额"中获得该信息。

（2）9月8日，从一煤矿购进原料煤2 000吨，取得防伪税控系统开具的增值税专用发票，该发票已经通过税务机关的认证，发票上注明价款为600 000元，增值税税款为102 000元；取得铁路运输部门开具的运费增值税专用发票一张，注明运费为20 000元，增值税税款为2 200元。原料煤已经验收入库，货款及运费已付讫。该批原料煤计划成本为600 000元。

解析：

进项税额＝102 000＋20 000×11％＝104 200（元）

采购时的会计分录为：

借：材料采购——原料煤	620 000
应交税费——应交增值税（进项税额）	104 200
贷：银行存款	724 200

材料入库时的会计分录为：

借：原材料——原料煤	600 000
贷：材料采购——原料煤	600 000

结转材料采购成本差异时的会计分录为：

借：材料成本差异	20 000
贷：材料采购——原料煤	20 000

与该项业务有关的增值税信息的填写方法为：将取得的两张防伪税控系统开具的增值税专用发票信息（金额620 000元，税额104 200元），填入《增值税纳税申报表附列资料（二）》的第2栏"本期认证相符且本期申报抵扣"处，同时将防伪税控系统开具的增值税专用发票抵扣联分类整理，按时间顺序排列，作为纳税申报的备查资料管理。

（3）9月10日，从一煤矿（小规模纳税人）购入原料煤50吨，取得税务机关代开的防伪税控系统的增值税专用发票，注明价款为14 000元，增值税税款为420元；取得公路运输部门开具的运费普通发票一张，金额为500元。原料煤已经验收入库，货款及运费已付讫。该批原料煤计划成本为15 000元。

解析：

采购时的会计分录为：

借：材料采购——原料煤	14 500
应交税费——应交增值税（进项税额）	420
贷：银行存款	14 920

材料入库时的会计分录为：

借：原材料——原料煤	15 000
贷：材料采购——原料煤	15 000

结转材料采购成本差异时的会计分录为：

借：材料采购——原料煤	500
贷：材料成本差异	500

与该项业务有关的增值税信息的填写方法为：将取得的税务机关代开的防伪税控系统的增值税专用发票信息（金额14 000元，税额420元）填入《增值税纳税申报表附列资料（二）》的第2栏"本期认证相符且本期申报抵扣"处，同时将防伪税控系统开具的增

值税专用发票抵扣联分类整理，按时间顺序排列，作为纳税申报的备查资料管理。

（4）9月11日，购进一台机器设备，取得一张增值税专用发票，上面注明价款为100 000元，增值税税款为17 000元。货款已转账付讫，物资已入库。

解析：

编制的会计分录为：

  借：固定资产   100 000

    应交税费——应交增值税（进项税额）   17 000

    贷：银行存款   117 000

与该项业务有关的增值税信息的填写方法为：将取得的防伪税控系统开具的增值税专用发票信息（金额100 000元，税额17 000元）填入《固定资产（不含不动产）进项税额抵扣情况表》，同时将其信息填入《增值税纳税申报表附列资料（二）》的第2栏"本期认证相符且本期申报抵扣"处，并将防伪税控系统开具的增值税专用发票抵扣联分类整理，按时间顺序排列，作为纳税申报的备查资料管理。

（5）9月13日，以预收货款的方式销售焦炭500吨，不含增值税售价为700元/吨，价款合计350 000元，增值税税款为59 500元。9月20日发出货物，并通过防伪税控系统向对方开具了增值税专用发票。

解析：

  销项税额＝350 000×17％＝59 500（元）

收到款项合计：409 500元。

收到款项时的会计分录为：

  借：银行存款   409 500

    贷：预收账款   409 500

发出货物时的会计分录为：

  借：预收账款   409 500

    贷：主营业务收入——焦炭   350 000

      应交税费——应交增值税（销项税额）   59 500

结转销售成本的会计分录略。

根据税法的规定，采取预收货款方式销售货物的，其纳税义务发生时间为货物发出的当天。因此该公司在9月20日发出货物时，通过防伪税控系统向对方开具增值税专用发票的做法是正确的。与该项业务有关的增值税信息的填写方法为：在9月20日发出货物并开出增值税专用发票时，将防伪税控系统增值税专用发票的信息（金额350 000元，税额59 500元）等填入《增值税纳税申报表附列资料（一）》的"一、一般计税方法计税"的第1栏"17％税率的货物及加工修理修配劳务"的"开具增值税专用发票"处。

（6）9月15日，购买办公用品一批，取得商场开具的普通发票，金额为1 000元，款项已支付。

解析：

编制的会计分录为：

  借：管理费用——办公费   1 000

    贷：银行存款   1 000

由于购进办公用品时未取得增值税专用发票，因此不准抵扣其进项税额，无须填写增值税纳税申报表。

（7）9月18日，购进配件一批，并取得防伪税控系统开具的增值税专用发票，该发票已经通过税务机关的认证，上面注明价款为10 000元，增值税税款为1 700元。货款已付，货物已验收入库。该批配件的计划成本为9 600元。

解析：

采购配件时的会计分录为：

借：材料采购——配件　　　　　　　　　　　　　　　　10 000

　　应交税费——应交增值税（进项税额）　　　　　　　1 700

　　贷：银行存款　　　　　　　　　　　　　　　　　　　　　11 700

配件入库时的会计分录为：

借：原材料——配件　　　　　　　　　　　　　　　　　9 600

　　贷：材料采购——配件　　　　　　　　　　　　　　　　　　9 600

结转材料成本差异时的会计分录为：

借：材料成本差异　　　　　　　　　　　　　　　　　　400

　　贷：材料采购——配件　　　　　　　　　　　　　　　　　　400

与该项业务有关的增值税信息的填写方法为：将取得的防伪税控系统开具的增值税专用发票信息（金额10 000元，税额1 700元）填入《增值税纳税申报表附列资料（二）》的第2栏"本期认证相符且本期申报抵扣"处，同时将防伪税控系统开具的增值税专用发票抵扣联分类整理，按时间顺序排列，作为纳税申报的备查资料管理。

（8）9月20日，销售使用过的小汽车1辆，含增值税销售收入为10 300元。该汽车是2012年2月购入的，购入时未抵扣进项税额，账面原值为270 000元，已计提折旧265 000元，账面净值为5 000元。该汽车现已办妥过户手续。

解析：

由于该公司销售的是2013年7月31日以前购入的自用的应征消费税的小汽车，当时其进项税额不得抵扣。纳税人销售自己使用过的未抵扣进项税额的固定资产，应按照3%征收率减按2%征收增值税；由于该项行为采用简易计税办法，因此其应纳税额应通过"应交税费——简易计税"账户核算，而不通过"应交税费——应交增值税（销项税额）"账户核算，因为"销项税额"专栏只核算按照适用税率计算的销项税额。

$$应纳增值税 = \frac{10\ 300}{1+3\%} \times 2\% = 200（元）$$

编制的会计分录为：

借：固定资产清理　　　　　　　　　　　　　　　　　　5 000

　　累计折旧　　　　　　　　　　　　　　　　　　　265 000

　　贷：固定资产——××汽车　　　　　　　　　　　　　　　270 000

借：银行存款　　　　　　　　　　　　　　　　　　　10 300

　　贷：固定资产清理　　　　　　　　　　　　　　　　　　　10 100

　　　　应交税费——简易计税　　　　　　　　　　　　　　　　200

借：固定资产清理　　　　　　　　　　　　　　　　　　5 100

　　　　贷：营业外收入　　　　　　　　　　　　　　　　　　　　　　　　　5 100

与该项业务有关的增值税信息的填写方法为：将不含增值税的销售额 10 000 元 [10 300/（1＋3％）]、应纳税额 300 元填入《增值税纳税申报表附列资料（一）》的"二、简易计税方法计税"中的第 11 行"3％征收率的货物及加工修理修配劳务"的"开具其他发票"处；将减征的 100（300－200）元先填入《增值税减免税申报明细表》，之后转入《增值税纳税申报表》的第 23 栏"应纳税额减征额"中。

（9）9 月 28 日，因管理不善，在一场火灾中损失原料煤一批（该批原料煤是从一般纳税人处购进的）。计划成本为 100 000 元，成本差异率为－3.1％，该公司作为待处理财产损失处理。

解析：

在火灾中损失的原料煤为非正常损失，进项税额不得抵扣，但是由于该原料煤在购入时已经抵扣了进项税额，所以应该做进项税额转出处理。

　　　　进项税额转出额＝100 000×（1－3.1％）×17％＝16 473（元）

编制的会计分录为：

　　　　借：待处理财产损溢——待处理流动资产损溢　　　　　　　113 373
　　　　　　材料成本差异　　　　　　　　　　　　　　　　　　　　3 100
　　　　　　贷：原材料——原料煤　　　　　　　　　　　　　　　　100 000
　　　　　　　　应交税费——应交增值税（进项税额转出）　　　　　16 473

与该项业务有关的增值税信息的填写方法为：将进项税额转出额 16 473 元填入《增值税纳税申报表附列资料（二）》的"二、进项税额转出额"中的第 16 行"非正常损失"处。

（10）9 月 10 日，以分期收款方式销售焦油 250 吨，每吨的单价为 800 元，在合同中双方约定分四次支付价款及增值税税款，每次支付 58 500 元，合同中约定的收款日期为 9 月、10 月、11 月、12 月的 28 日，并在每次付款后开出该笔款项的增值税专用发票。9 月 28 日，购买方按照约定付款，该煤气化公司开出增值税专用发票。

解析：

发出商品时的会计分录为：

　　　　借：发出商品　　　　　　　　　　　　　　　　　　　　　　200 000
　　　　　　贷：库存商品——焦油　　　　　　　　　　　　　　　　200 000

9 月 28 日，收到对方付款时：

　　　　借：银行存款　　　　　　　　　　　　　　　　　　　　　　58 500
　　　　　　贷：主营业务收入——焦油　　　　　　　　　　　　　　50 000
　　　　　　　　应交税费——应交增值税（销项税额）　　　　　　　8 500

结转成本的分录略。

与该项业务有关的增值税信息的填写方法为：在 9 月 28 日开出增值税专用发票时，将防伪税控系统增值税专用发票的信息（金额 50 000 元，税额 8 500 元）等填入《增值税纳税申报表附列资料（一）》的"一、一般计税方法计税"的第 1 栏"17％税率的货物及加工修理修配劳务"的"开具增值税专用发票"处。

（11）9 月 29 日，购进原料煤一批，取得防伪税控系统开具的专用发票，该发票已经通过税务机关的认证。发票上注明价款为 600 000 元，增值税税款为 102 000 元；取得运输公司开具的增值税专用发票一张，上面注明运费为 20 000 元，增值税税款为 2 200，款项已付。原料煤已经入库。

解析：

进项税额＝102 000＋2 200＝104 200（元）

借：材料采购——原料煤 620 000

应交税费——应交增值税（进项税额） 104 200

贷：银行存款 724 200

与该项业务有关的增值税信息的填写方法为：取得的增值税专用发票信息的填写方法同第（2）笔业务。

（12）本月生产用电350 000度，每度电的价格为0.55元，9月29日付款时取得了由防伪税控系统开具的增值税专用发票。

解析：

不含税电费＝0.55×350 000＝192 500（元）

进项税额＝192 500×17％＝32 725（元）

借：制造费用 192 500

应交税费——应交增值税（进项税额） 32 725

贷：银行存款 225 225

与该项业务有关的增值税信息的填写方法为：取得的增值税专用发票信息的填写方法同第（2）笔业务，金额为192 500元，税额为32 725元。

（13）该公司本月采用现款方式销售煤气，合计为1 800 000立方米，煤气的不含增值税价为0.75元/立方米，共开具了1 500份普通发票。

解析：

煤气适用的增值税税率为13％。

销售煤气的销项税款＝1 800 000×0.75×13％＝175 500（元）

借：银行存款 1 525 500

贷：主营业务收入——煤气 1 350 000

应交税费——应交增值税（销项税额） 175 500

与该项业务有关的增值税信息的填写方法为：将与该业务有关的信息填入《增值税纳税申报表附列资料（一）》的"一、一般计税方法计税"的第3行"13％税率"的"开具其他发票"处，销售额填写1 350 000元，销项税额填写175 500元。

（14）9月30日，汇总本月公司职工家庭用煤气5 000立方米。煤气的成本为1.01元/立方米，售价为0.75元/立方米（该售价为当地政府部门限定的价格）。假定其中有80％的煤气为直接参加生产的职工家庭使用，另外20％的煤气为总部管理人员的家庭使用。

解析：

增值税销项税额＝5 000×0.75×13％＝487.5（元）

公司决定发放非货币性福利时，应编制如下会计分录：

借：生产成本 3 390

管理费用 847.5

贷：应付职工薪酬——非货币性福利 4 237.5

借：应付职工薪酬——非货币性福利 4 237.5

　　　　贷：主营业务收入　　　　　　　　　　　　　　　　　　3 750

　　　　　　应交税费——应交增值税（销项税额）　　　　　　487.5

　　实际使用煤气时，应做如下账务处理：

　　　借：主营业务成本　　　　　　　　　　　　　　　　　　　5 050

　　　　贷：库存商品——煤气　　　　　　　　　　　　　　　　　5 050

　　与该项业务有关的增值税信息的填写方法为：将与该业务有关的信息填入《增值税纳税申报表附列资料（一）》的"一、一般计税方法计税"的第 3 行"13％税率"的"未开具发票"处，销售额填写 3 750 元，销项税额填写 487.50 元。

　　（15）9 月 30 日，以直接收款方式销售焦油 1 000 吨，不含增值税售价为 800 元/吨，价款合计 800 000 元，增值税税款为 136 000 元。9 月 30 日发出货物，并通过防伪税控系统向对方开具了增值税专用发票，款项尚未收到。

　　解析：

　　编制的会计分录为：

　　　借：应收账款　　　　　　　　　　　　　　　　　　　　936 000

　　　　贷：主营业务收入——焦油　　　　　　　　　　　　　800 000

　　　　　　应交税费——应交增值税（销项税额）　　　　　　136 000

　　结转销售成本的会计分录略。

　　与该项业务有关的增值税信息的填写方法为：在 9 月 30 日发出货物并开出增值税专用发票时，将防伪税控系统增值税专用发票的信息（金额 800 000 元，税额 136 000 元）填入《增值税纳税申报表附列资料（一）》的第 1 行"17％税率的货物及加工修理修配劳务"的"开具增值税专用发票"处。

　　该公司本月"应交税费——应交增值税"明细账见表 5 - 4。

　　月终，将本月应交未交的增值税税额转入"应交税费——未交增值税"明细账。

　　　借：应交税费——应交增值税（转出未交增值税）　　　116 215.5

　　　　贷：应交税费——未交增值税　　　　　　　　　　　116 215.5

　　即本月按适用税率计算的应交增值税税额为 116 215.5 元[①]。结转后，"应交税费——应交增值税"明细账中无余额。

　　税务代理人在代理纳税申报业务时，应对煤气化公司的账证资料进行核实，并收集整理有关资料。经核实，该公司的上述业务是真实的，账务处理也是正确的。下面分析其应纳税额的具体计算过程。

　　解析：

　　（1）本期销项税额：

　　1）以预收货款的方式销售焦炭的应税销售额为 350 000 元，适用税率 17％，销项税额 59 500 元；

　　2）以现款方式销售煤气的应税销售额为 1 350 000 元，适用税率 13％，销项税额 175 500元；

---

　　① 本月实际应交增值税税额＝116 215.5＋300－100＝116 415.5（元）。其中"300－100"为第（8）项业务中按简易计税方法计算的应纳税额。

3)本月以分期收款方式销售焦油的应税销售额为 50 000 元，适用税率 17%，销项税额 8 500 元；

4)向本单位职工提供的煤气视同销售，应税销售额为 3 750 元，适用税率 13%，销项税额 487.5 元；

5)以直接收款方式销售焦油，应税销售额 800 000 元，销项税额 136 000 元；

6)本月应税销售额合计 2 553 750 元，税额 379 987.5 元。

(2)本期进项税额。

1)本期发生额。本期认证相符且本期申报抵扣的防伪税控增值税专用发票：9 月 8 日购进原料煤 600 000 元，增值税税款 102 000 元；运费金额 20 000 元，税额 2 200 元；9 月 10 日从煤矿（小规模纳税人）购进原料煤 14 000 元，增值税税款 420 元；9 月 11 日购进固定资产 100 000 元，增值税税款 17 000 元；9 月 18 日购进配件 10 000 元，增值税税款 1 700 元；生产用电 192 500 元，增值税税款 32 725 元；9 月 29 日购进原料煤 600 000 元，增值税税款 102 000 元，运费金额 20 000 元，税额 2 200 元。上述进项税额可以抵扣。

本期认证相符且本期申报抵扣的防伪税控增值税专用发票份数为 8 份，金额合计数字为 1 556 500 元，税额合计数字为 260 245 元。填入《增值税纳税申报表附列资料（二）》的第 2 栏"本期认证相符且本期申报抵扣"处。

表 5 - 4　　　　　　　　　　　　　应交税费（应交增值税）明细账

2016 年		凭证号（略）	摘要	借方						贷方					核对号	借或贷	余额
月	日			进项税额	已交税金	减免税款	出口抵免内销产品应纳税额	转出未交增值税	合计	销项税额	出口退税	进项税额转出	转出多交增值税	合计			
9	1		上月留抵进项税额	20 000.00													
	8		购进原料煤	104 200.00													
	10		购进原料煤	420.00													
	11		购进机器设备	17 000.00													
	13		销售焦炭							59 500.00							
	18		购进配件	1 700.00													
	28		损失原料煤转出									16 473.00					
	28		分期收款销售焦油							8 500.00							
	29		购进原料煤	104 200.00													
	29		生产用电	32 725.00													
	30		销售煤气							175 500.00							
	30		公司职工用煤气							487.50							
	31		直接收款销售焦油							136 000.00							
			转出未交增值税					116 215.50									
			月计	280 245.00				116 215.50	396 460.50	379 987.50		16 473.00		396 460.50			

此外，9月15日所购买的办公用品由于没有取得增值税专用发票，因此不能抵扣。

本期进项税额＝104 200＋420＋17 000＋1 700＋104 200＋32 725＝260 245（元）

2）9月28日因火灾损失的原料煤属于非正常损失，其进项税额不准抵扣，因此转出进项税款16 473元（税率17%）。

3）本期准予抵扣的进项税额＝260 245－16 473＝243 772（元）。

（3）税款计算。

1）销项税额合计为379 987.5元。

2）抵扣税额合计为243 772元。

上期留抵税额20 000元。

应抵扣税额合计：243 772＋20 000＝263 772（元）。

实际抵扣税额263 772元。

3）简易征收办法计算应纳税额200元。

4）应纳税额＝379 987.5－263 772＋200＝116 415.5（元）。

根据上述信息，通过核实、整理有关资料，填写纳税申报表如下（见表5-5～表5-13）。

表5-5　　　　　　　　　　　　增值税纳税申报表
（一般纳税人适用）

根据国家税收法律法规及增值税相关规定制定本表。纳税人不论有无销售额，均应按税务机关核定的纳税期限填写本表，并向当地税务机关申报。

税款所属时间：2016年9月1日至2016年9月30日

填表日期：2016年10月15日　　　　　　　　　　　　　　　　金额单位：元至角分

纳税人识别号											所属行业：		
纳税人名称（公章）				法定代表人姓名				注册地址			生产经营地址		
开户银行及账号				登记注册类型							电话号码		
项目		栏次	一般项目		即征即退项目	
			本月数	本年累计	本月数	本年累计
销售额	（一）按适用税率计税销售额	1	2 553 750.00			
	其中：应税货物销售额	2	2 553 750.00			
	应税劳务销售额	3				
	纳税检查调整的销售额	4				
	（二）按简易办法计税销售额	5	10 000.00			
	其中：纳税检查调整的销售额	6				
	（三）免、抵、退办法出口销售额	7			—	—
	（四）免税销售额	8			—	—
	其中：免税货物销售额	9			—	—
	免税劳务销售额	10			—	—
税款计算	销项税额	11	379 987.50			
	进项税额	12	260 245.00			
	上期留抵税额	13	20 000.00			
	进项税额转出	14	16 473.00			
	免、抵、退应退税额	15			—	—
	按适用税率计算的纳税检查应补缴税额	16				
	应抵扣税额合计	17＝12＋13－14－15＋16	263 772.00	—		—

	实际抵扣税额	18(如17 <11,则 为17，否 则为11)	263 772.00		
税款 计算	应纳税额	19＝ 11－18	116 215.50		
	期末留抵税额	20＝ 17－18	0.00		—
	简易计税方法计算的应纳税额	21	300.00		
	按简易计税方法计算的纳税检查应补 缴税额	22		—	—
	应纳税额减征额	23	100.00		
	应纳税额合计	24＝19＋ 21－23	116 415.50		
税款 缴纳	期初未缴税额（多缴为负数）	25			
	实收出口开具专用缴款书退税额	26	—		
	本期已缴税额	27＝ 28＋29＋ 30＋31			
	①分次预缴税额	28		—	—
	②出口开具专用缴款书预缴税额	29	—	—	—
	③本期缴纳上期应纳税额	30			
	④本期缴纳欠缴税额	31			
	期末未缴税额（多缴为负数）	32＝ 24＋25＋ 26－27			
	其中：欠缴税额（≥0）	33＝25＋ 26－27		—	
	本期应补（退）税额	34＝24－ 28－29			
	即征即退实际退税额	35	—		
	期初未缴查补税额	36		—	—
	本期入库查补税额	37			
	期末未缴查补税额	38＝ 16＋22＋ 36－37		—	—
授权 声明	如果你已委托代理人申报，请填写下列资料： 为代理一切税务事宜，现授权＿＿＿＿ （地址）为本纳税人的代理申报人，任何与本 申报表有关的往来文件，都可寄予此人。 授权人签字：	申报人声明	本纳税申报表是根据国家税收法律法规及相 关规定填报的，我确定它是真实的、可靠的、 完整的。 声明人签字：		

表 5－6

增值税纳税申报表附列资料（一）
（本期销售情况明细）

税款所属时间：2017 年 9 月 1 日至 2017 年 9 月 30 日

纳税人名称：（公章）

金额单位：元至角分

项目及栏次	开具增值税专用发票 销售额	销项（应纳）税额	开具其他发票 销售额	销项（应纳）税额	未开具发票 销售额	销项（应纳）税额	纳税检查调整 销售额	销项（应纳）税额	合计 销售额	销项（应纳）税额	价税合计	服务、不动产和无形资产扣除项目本期实际扣除金额	扣除后 含税（免税）销售额	销项（应纳）税额
	1	2	3	4	5	6	7	8	9＝1＋3＋5＋7	10＝2＋4＋6＋8	11＝9＋10	12	13＝11－12	14＝13÷（100%＋税率或征收率）×税率或征收率
一、一般计税方法计税														
全部征税项目														
17%税率的货物及加工修理修配劳务 1	1 200 000.00	204 000.00		0.00		0.00			1 200 000.00	204 000.00	—	—	—	—
17%税率的服务、不动产和无形资产 2														
13%税率 3			1 350 000.00	175 500.00	3 750.00	487.50			1 353 750.00	175 987.50				
11%税率 4														
6%税率 5														
其中：即征即退项目														
即征即退货物及加工修理修配劳务 6											—	—	—	—
即征即退服务、不动产和无形资产 7											—	—	—	—

续前表

项目及栏次		开具增值税专用发票		开具其他发票		未开具发票		纳税检查调整		合计			服务、不动产和无形资产扣除项目本期实际扣除金额	扣除后	
		销售额	销项(应纳)税额	销售额	销项(应纳)税额	销售额	销项(应纳)税额	销售额	销项(应纳)税额	销售额	销项(应纳)税额	价税合计		含税(免税)销售额	销项(应纳)税额
		1	2	3	4	5	6	7	8	9=1+3+5+7	10=2+4+6+8	11=9+10	12	13=11-12	14=13÷(100%+税率或征收率)×税率或征收率
二、简易计税方法计税 全部征税项目	6%征收率	8														
	5%征收率的货物及加工修理修配劳务	9a														
	5%征收率的服务、不动产和无形资产	9b														
	4%征收率	10														
	3%征收率的货物及加工修理修配劳务	11			10 000.00	300.00					10 000.00	300.00	—	—	—	—
	3%征收率的服务、不动产和无形资产	12							—	—			—	12	—	—
	预征率 %	13a							—							—
	预征率 %	13b							—							—
	预征率 %	13c							—							—
其中：即征即退项目	即征即退货物及加工修理修配劳务	14							—	—	—	—	—	—	—	—
	即征即退服务、不动产和无形资产	15							—	—	—	—	—	—	—	—

续前表

项目及栏次		开具增值税专用发票		开具其他发票		未开具发票		纳税检查调整		合计			服务、不动产扣除项目本期实际扣除金额	扣除后	
		销售额	销项(应纳)税额	销售额	销项(应纳)税额	销售额	销项(应纳)税额	销售额	销项(应纳)税额	销售额	销项(应纳)税额	价税合计		含税(免税)销售额	销项(应纳)税额
	栏次	1	2	3	4	5	6	7	8	9=1+3+5+7	10=2+4+6+8	11=9+10	12	13=11-12	14=13÷(100%+税率或征收率)×税率或征收率
三、免抵退税	货物及加工修理修配劳务 16	—	—	—	—	—	—	—	—	—	—	—	—	—	—
	服务、不动产和无形资产 17	—	—	—	—	—	—	—	—	—	—	—	—	—	—
四、免税	货物及加工修理修配劳务 18	—	—	—	—	—	—	—	—	—	—	—	—	—	—
	服务、不动产和无形资产 19	—	—	—	—	—	—	—	—	—	—	—	—	—	—

表 5-7   增值税纳税申报表附列资料（二）

（本期进项税额明细）

税款所属时间：2016 年 9 月 1 日至 2016 年 9 月 30 日

纳税人名称：（公章）   金额单位：元至角分

一、申报抵扣的进项税额

项目	栏次	份数	金额	税额
（一）认证相符的增值税专用发票	1=2+3	8	1 556 500.00	260 245.00
其中：本期认证相符且本期申报抵扣	2	8	1 556 500.00	260 245.00
前期认证相符且本期申报抵扣	3	0	0.00	0.00
（二）其他扣税凭证	4=5+6+7+8	0	0.00	0.00
其中：海关进口增值税专用缴款书	5			
农产品收购发票或者销售发票	6	0	0.00	0.00
代扣代缴税收缴款凭证	7		—	
其他	8			
（三）本期用于购建不动产的扣税凭证	9	0	0.00	0.00
（四）本期不动产允许抵扣进项税额	10	—	—	0.00
（五）外贸企业进项税额抵扣证明	11			
当期申报抵扣进项税额合计	12=1+4−9+10+11	8	1 556 500.00	260 245.00

二、进项税额转出额

项目	栏次	税额
本期进项税额转出额	13=14 至 23 之和	16 473.00
其中：免税项目用	14	
集体福利、个人消费	15	
非正常损失	16	16 473.00
简易计税方法征税项目用	17	
免抵退税办法不得抵扣的进项税额	18	
纳税检查调减进项税额	19	
红字专用发票信息表注明的进项税额	20	
上期留抵税额抵减欠税	21	
上期留抵税额退税	22	
其他应作进项税额转出的情形	23	

三、待抵扣进项税额

项目	栏次	份数	金额	税额
（一）认证相符的增值税专用发票	24	—	—	—
期初已认证相符但未申报抵扣	25			
本期认证相符且本期未申报抵扣	26			
期末已认证相符但未申报抵扣	27			
其中：按照税法规定不允许抵扣	28			
（二）其他扣税凭证	29=30 至 33 之和			
其中：海关进口增值税专用缴款书	30			
农产品收购发票或者销售发票	31			
代扣代缴税收缴款凭证	32	—		
其他	33			
	34			

四、其他

项目	栏次	份数	金额	税额
本期认证相符的增值税专用发票	35	8	1 556 500.00	260 245.00
代扣代缴税额	36	—	—	

表 5－8　　　　　　　　　　　**增值税纳税申报表附列资料（三）**
（服务、不动产和无形资产扣除项目明细）

税款所属时间：2016 年 9 月 1 日至 2016 年 9 月 30 日

纳税人名称：（公章）　　　　　　　　　　　　　　　　　　　　金额单位：元至角分

项目及栏次		本期服务、不动产和无形资产价税合计额（免税销售额）	服务、不动产和无形资产扣除项目				
			期初余额	本期发生额	本期应扣除金额	本期实际扣除金额	期末余额
		1	2	3	4＝2＋3	5（5≤1 且 5≤4）	6＝4－5
17%税率的项目	1						
11%税率的项目	2						
6%税率的项目（不含金融商品转让）	3						
6%税率的金融商品转让项目	4						
5%征收率的项目	5						
3%征收率的项目	6						
免抵退税的项目	7						
免税的项目	8						

表 5－9　　　　　　　　　　　**增值税纳税申报表附列资料（四）**
（税额抵减情况表）

税款所属时间：2016 年 9 月 1 日至 2016 年 9 月 30 日

纳税人名称：（公章）　　　　　　　　　　　　　　　　　　　　金额单位：元至角分

序号	抵减项目	期初余额	本期发生额	本期应抵减税额	本期实际抵减税额	期末余额
		1	2	3＝1＋2	4≤3	5＝3－4
1	增值税税控系统专用设备费及技术维护费					
2	分支机构预征缴纳税款					
3	建筑服务预征缴纳税款					
4	销售不动产预征缴纳税款					
5	出租不动产预征缴纳税款					

表 5－10　　　　　　　　　　**增值税纳税申报表附列资料（五）**
（不动产分期抵扣计算表）

税款所属时间：2016 年 9 月 1 日至 2016 年 9 月 30 日

纳税人名称：（公章）　　　　　　　　　　　　　　　　　　　　金额单位：元至角分

期初待抵扣不动产进项税额	本期不动产进项税额增加额	本期可抵扣不动产进项税额	本期转入的待抵扣不动产进项税额	本期转出的待抵扣不动产进项税额	期末待抵扣不动产进项税额
1	2	3≤1＋2＋4	4	5≤1＋4	6＝1＋2－3－4－5

表 5 - 11　　　　　　　　**固定资产（不含不动产）进项税额抵扣情况表**

纳税人名称（公章）：　　　　　填表日期：2016 年 10 月 15 日　　　　　金额单位：元至角分

项目	当期申报抵扣的固定资产进项税额	申报抵扣的固定资产进项税额累计
增值税专用发票	17 000.00	17 000.00
海关进口增值税专用缴款书		
合计	17 000.00	17 000.00

表 5 - 12　　　　　　　　**本期抵扣进项税额结构明细表**

税款所属时间：2016 年 9 月 1 日至 2016 年 9 月 30 日

纳税人名称：（公章）　　　　　　　　　　　　　　金额单位：元至角分

项目	栏次	金额	税额
合计	1＝2＋4＋5＋11＋16＋18＋27＋29＋30	1 556 500.00	260 245.00
一、按税率或征收率归集（不包括购建不动产、通行费）的进项			
17%税率的进项	2	1 502 500.00	255 425.00
其中：有形动产租赁的进项	3		
13%税率的进项	4	0.00	0.00
11%税率的进项	5	40 000.00	4 400.00
其中：运输服务的进项	6	40 000.00	4 400.00
电信服务的进项	7		
建筑安装服务的进项	8		
不动产租赁服务的进项	9		
受让土地使用权的进项	10		
6%税率的进项	11	0.00	0.00
其中：电信服务的进项	12		
金融保险服务的进项	13		
生活服务的进项	14		
取得无形资产的进项	15		
5%征收率的进项	16	0.00	0.00
其中：不动产租赁服务的进项	17		
3%征收率的进项	18	14 000.00	420.00
其中：货物及加工、修理修配劳务的进项	19	14 000.00	420.00
运输服务的进项	20		
电信服务的进项	21		
建筑安装服务的进项	22		
金融保险服务的进项	23		
有形动产租赁服务的进项	24		
生活服务的进项	25		
取得无形资产的进项	26		
减按 1.5%征收率的进项	27		
	28		
二、按抵扣项目归集的进项			
用于购建不动产并一次性抵扣的进项	29	0.00	0.00
通行费的进项	30	0.00	0.00
	31		
	32		

表 5 - 13 　　　　　　　　　　　增值税减免税申报明细表

税款所属时间：2016 年 9 月 1 日至 2016 年 9 月 30 日

纳税人名称（公章）：　　　　　　　　　　　　　　　　　　　金额单位：元至角分

一、减税项目

减税性质代码及名称	栏次	期初余额	本期发生额	本期应抵减税额	本期实际抵减税额	期末余额
		1	2	3＝1＋2	4≤3	5＝3－4
合计	1	0.00	100.00	100.00	100.00	0.00
销售使用过的不得抵扣且未抵扣进项税额的固定资产	2	0.00	100.00	100.00	100.00	0.00
	3					
	4					
	5					
	6					

二、免税项目

免税性质代码及名称	栏次	免征增值税项目销售额	免税销售额扣除项目本期实际扣除金额	扣除后免税销售额	免税销售额对应的进项税额	免税额
		1	2	3＝1－2	4	5
合计	7					
出口免税	8	—	—	—	—	—
其中：跨境服务	9	—	—	—	—	—
	10					
	11					
	12					
	13					
	14					
	15					
	16					

【案例 5 - 22】 星美家具公司为增值税一般纳税人，主要生产床、沙发、餐桌椅三种系列家具，每套不含税售价分别为 6 000 元、4 000 元、1 500 元，其生产成本分别为 4 800元、3 200元、1 200 元；该公司同时承接加工定制业务。

要求：根据下列资料，做出与增值税有关的账务处理，计算该企业应该缴纳的增值税，并填写《增值税纳税申报表》及其附列资料。

2017 年 3 月的经营情况如下（外购项目取得的专用发票均按要求进行了认证）：

（1）3 月 1 日，从木材公司购进原木一批，取得的增值税专用发票上注明价款为 800 000元，增值税税款为 104 000 元；另支付运费 9 990 元，取得的运输公司开具的增值税专用发票注明运费 9 000 元，增值税税款为 990 元。

解析：

允许抵扣的进项税额＝104 000＋990＝104 990（元）

账务处理为：

借：原材料——原木　　　　　　　　　　　　　　　　　　　809 000

　　应交税费——应交增值税（进项税额）　　　　　　　　　104 990

　　贷：银行存款　　　　　　　　　　　　　　　　　　　　　　913 990

（2）3月2日，采用直接收款方式销售给发达家具商场（一般纳税人）床、沙发、餐桌椅分别为20套、50套、50套，开出了增值税专用发票，注明价款为395 000元，增值税税款为67 150元。货物已发出并送货上门，货款已收，同时收取3 400元运输费。

解析：

销项税额＝67 150＋3 400÷(1＋17％)×17％＝67 644.02（元）

账务处理为：

借：银行存款		465 550
贷：主营业务收入		395 000
其他业务收入		2 905.98
应交税费——应交增值税（销项税额）		67 644.02

结转货物的成本：

借：主营业务成本		316 000
贷：库存商品		316 000

（3）3月3日，直接从某国有林场购进原木一批，支付买价100 000元，取得对方开具的农产品销售发票。另支付运费1 000元，取得货运普通发票。

解析：

允许抵扣的进项税额＝100 000×13％＝13 000（元）

账务处理为：

借：原材料——原木		88 000
应交税费——应交增值税（进项税额）		13 000
贷：银行存款		101 000

（4）3月5日，从木材交易市场购进锯材一批，取得的增值税专用发票上注明价款为200 000元，增值税税款为34 000元。

解析：

允许抵扣的进项税额为34 000元。

账务处理为：

借：原材料——锯材		200 000
应交税费——应交增值税（进项税额）		34 000
贷：银行存款		234 000

（5）3月6日，采取分期收款方式为一家新开张的公司定制办公家具一批，不含税价款为120 000元，成本为90 000元。货已发出，合同约定本月25日收取50％的货款及相应的增值税税款，但本月尚未收到货款，未开出增值税专用发票。

解析：

3月6日发出货物时，账务处理为：

借：分期收款发出商品（或发出商品）		90 000
贷：库存商品		90 000

根据税法的规定，纳税人采用分期收款方式销售货物的，纳税义务发生时间为合同约定的收款日期的当天。所以，在3月25日这天，即使没有收到货款，也要确认收入，发生增值税的纳税义务。

销项税额＝120 000×50％×17％＝10 200（元）

账务处理为：

借：应收账款	70 200
贷：主营业务收入	60 000
应交税费——应交增值税（销项税额）	10 200

结转成本：

借：主营业务成本	45 000
贷：分期收款发出商品（或发出商品）	45 000

（6）3月7日，从某五金经营部（小规模纳税人）购进门锁一批，取得普通发票，价税合计2 850元。

解析：

由于该项购进行为未取得增值税专用发票，所以不得抵扣进项税额。

账务处理为：

借：原材料——门锁	2 850
贷：银行存款	2 850

（7）委托某家具商场代销家具，3月8日发出床、沙发、餐桌椅各100套。3月25日收到代销清单，注明已售床、沙发、餐桌椅分别为30套、80套、50套，货款为575 000元，增值税税款为97 750元，星美家具公司开出增值税专用发票，但尚未收到款项。

解析：

3月8日发出家具时，账务处理为：

借：委托代销商品	920 000
贷：库存商品	920 000

3月25日收到代销清单时，账务处理为：

借：应收账款	672 750
贷：主营业务收入	575 000
应交税费——应交增值税（销项税额）	97 750

结转成本分录略。

（8）3月10日，从装潢材料商店购进油漆一批，取得的增值税专用发票上注明价款为6 000元，增值税税款为1 020元。

解析：

允许抵扣的进项税额为1 020元。

账务处理为：

借：原材料——油漆	6 000
应交税费——应交增值税（进项税额）	1 020
贷：银行存款	7 020

（9）3月11日，从某机械厂购进木料加工机械2台，增值税专用发票上注明价款为25 000元，增值税税款为4 250元。另支付运费400元，取得普通发票。

解析：

运费取得普通发票不得抵扣进项税额，因此允许抵扣的进项税额为4 250元。

账务处理为：

借：固定资产——木料加工机械 25 400

应交税费——应交增值税（进项税额） 4 250

贷：银行存款 29 650

（10）3月12日，从商场购进非劳保用品一批，发放给职工个人，取得普通发票，价税合计23 400元。在所有职工中，管理人员占20％，生产工人占80％。

解析：

3月12日，从商场购进的非劳保用品的进项税额不得抵扣，原因有两个：一是取得的是普通发票；二是用于职工福利的购进货物的进项税额不得抵扣。

公司决定发放非货币性福利时，账务处理为：

借：生产成本 18 720

管理费用 4 680

贷：应付职工薪酬——非货币性福利 23 400

购买非劳保用品时，账务处理为：

借：应付职工薪酬——非货币性福利 23 400

贷：银行存款 23 400

（11）3月13日，发出5 000元的木材，委托某雕刻厂加工成家具装饰附件；3月26日，收回该批家具装饰附件，并支付加工费，取得的增值税专用发票上注明加工费为4 000元，增值税税款为680元。

解析：

3月13日发出木材时，账务处理为：

借：委托加工物资 5 000

贷：原材料——木材 5 000

3月26日支付加工费时，账务处理为：

借：委托加工物资 4 000

应交税费——应交增值税（进项税额） 680

贷：银行存款 4 680

加工完成后，收回委托加工物资的账务处理为：

借：原材料——家具装饰附件 9 000

贷：委托加工物资 9 000

（12）3月15日，因质量问题，某家具商场上月所购的沙发、餐桌椅各2套要求退货。经协商星美家具公司给予5％的折让，按规定开具红字增值税专用发票，退还价款700元、增值税税款119元。

解析：

账务处理为：

借：银行存款 819

贷：主营业务收入 700

应交税费——应交增值税（销项税额） 119

即所退还的 119 元增值税税款应从本月的销项税额中扣除。

(13) 3 月 15 日，采用以旧换新方式销售餐桌椅 8 套，收购旧家具折抵价款共 1 200 元，未开具发票。

解析：

根据税法的规定，纳税人采用以旧换新方式销售货物的，不得扣减收购旧货物的价款支出，因此其销项税额＝1 500×8×17％＝2 040（元）。

账务处理为：

借：银行存款   12 840

 原材料——旧家具   1 200

 贷：主营业务收入   12 000

  应交税费——应交增值税（销项税额） 2 040

(14) 3 月 18 日，提供原料为某学校加工课桌椅 20 套，每套价税合计 351 元，货已发出，款项已收，并开出普通发票。每套生产成本为 248 元，同类产品每套加工费为 50 元。

解析：

委托加工是委托方提供原料和主要材料，受托方代垫部分辅助材料和收取手续费的行为。因此，该厂提供原料生产的货物不属于加工业务，应按销售业务征税。

销项税额＝351÷(1＋17％)×17％×20＝1 020（元）

账务处理为：

借：银行存款   7 020

 贷：主营业务收入   6 000

  应交税费——应交增值税（销项税额） 1 020

结转成本：

借：主营业务成本   4 960

 贷：库存商品   4 960

(15) 3 月 19 日，为某公司加工制作办公桌椅 40 套，原料由委托方提供，每套不含增值税加工费为 80 元，货已发出，款项已收，开出一张增值税专用发票。同类产品每套不含税售价为 400 元。

解析：

销项税额＝80×40×17％＝544（元）

账务处理为：

借：银行存款   3 744

 贷：其他业务收入   3 200

  应交税费——应交增值税（销项税额） 544

(16) 前期采用还本销售的方式销售家具，本月 20 日支付已到期的还本支出 3 000 元。

解析：

根据税法的规定，还本销售方式不得扣减还本支出。其账务处理为：

借：财务费用   3 000

 贷：银行存款   3 000

(17) 3 月 22 日，支付生产用电费 40 000 元，取得的增值税专用发票注明增值税税款为 6 800 元。

解析：

账务处理为：

借：生产成本   40 000

  应交税费——应交增值税（进项税额）   6 800

   贷：银行存款   46 800

（18）3月24日，发生火灾，损失上月从林场购入的原木一批，账面价值为9 000元；损失餐桌椅5套，生产成本为每套1 200元，外购项目（系上月外购锯材）占产品成本的比重为80%。

  解析：

  根据税法的规定，发生火灾所造成的损失属于非正常损失，所以在火灾中损失的木材的进项税额和损失的餐桌椅所用购进货物的进项税额不允许抵扣。由于进项税额在木材购进时已经进行了抵扣，所以需要做进项税额转出处理。

$$需要转出的进项税额 = 9\,000 \div (1-13\%) \times 13\% + 5 \times 1\,200 \times 80\% \times 17\%$$
$$= 2\,160.83（元）$$

  账务处理为：

借：待处理财产损溢——待处理流动资产损溢   17 160.83

  贷：原材料——原木   9 000

   库存商品——餐桌椅   6 000

   应交税费——应交增值税（进项税额转出） 2 160.83

（19）3月26日，参加外省举办的一场大型家具展销会，现场销售床80张，货已发出，款项已收并开出普通发票；另收取18张床的预收款，货物尚未发出。

  解析：

$$销项税额 = 80 \times 6\,000 \times 17\% = 81\,600（元）$$

销售80张床的账务处理为：

借：银行存款   561 600

  贷：主营业务收入   480 000

   应交税费——应交增值税（销项税额）   81 600

预收18张床的款项的账务处理为：

借：银行存款   126 360

  贷：预收账款   126 360

（20）3月28日，为某筹建中的敬老院加工制作并通过民政局无偿捐赠家具一批，实际生产成本为20 000元，该批产品无同类产品售价。

  解析：

  根据税法的规定，无偿捐赠视同销售征收增值税。其组成计税价格 = 20 000 ×（1+10%）= 22 000（元），销项税额 = 22 000 × 17% = 3 740（元）。

  账务处理为：

借：营业外支出——捐赠支出   23 740

  贷：库存商品   20 000

   应交税费——应交增值税（销项税额）   3 740

（21）3月28日，报销职工出差期间的住宿费，取得增值税专用发票10张，金额合计为12 000元，增值税税额合计为720元；报销招待客户的餐费发票，金额为8 000元。

解析：

住宿费可以抵扣进项税额，餐费不得抵扣进项税额。因此，可以抵扣的进项税额为720元。

账务处理为：

借：管理费用　　　　　　　　　　　　　　　　　　　　　　　　　20 000

　　应交税费——应交增值税（进项税额）　　　　　　　　　　　　720

　　贷：银行存款　　　　　　　　　　　　　　　　　　　　　　　20 720

（22）为新建生产车间，3月29日购进一批建材，取得的增值税专用发票上注明价款为10万元，增值税税款为1.7万元；支付给建筑公司一批工程款，取得的增值税专用发票上注明价款为20万元，增值税税款为2.2万元。上述款项均尚未支付。

解析：

为新建生产车间购进的建材和支付的工程款需要分2年抵扣。

2017年3月份可以抵扣的进项税额＝(17 000＋22 000)×60％＝23 400（元）

待抵扣进项税额＝(17 000＋22 000)×40％＝15 600（元）

账务处理为：

借：在建工程　　　　　　　　　　　　　　　　　　　　　　　　300 000

　　应交税费——应交增值税（进项税额）　　　　　　　　　　　　23 400

　　应交税费——待抵扣进项税额　　　　　　　　　　　　　　　　15 600

　　贷：应付账款　　　　　　　　　　　　　　　　　　　　　　　339 000

（23）对原有厂房进行修缮，3月30日购买装修材料取得的增值税专用发票上注明价款为25万元，增值税税款为4.25万元；该厂房原值为360万元。上述款项已经支付。

解析：

由于修缮支出未达到不动产原值50％以上，因此无须分期抵扣进项税额，一次性抵扣进项税额即可。

账务处理为：

借：在建工程（或工程物资）　　　　　　　　　　　　　　　　　250 000

　　应交税费——应交增值税（进项税额）　　　　　　　　　　　　42 500

　　贷：银行存款　　　　　　　　　　　　　　　　　　　　　　　292 500

（24）为提高企业的经营管理水平，聘请了一家管理咨询公司为企业提供咨询服务，3月31日支付含增值税咨询费31.8万元，取得对方开具的增值税专用发票，注明咨询费为30万元，增值税税款为1.8万元。

解析：

支付的咨询费的进项税额可以抵扣。

账务处理为：

借：管理费用　　　　　　　　　　　　　　　　　　　　　　　　300 000

　　应交税费——应交增值税（进项税额）　　　　　　　　　　　　18 000

　　贷：银行存款　　　　　　　　　　　　　　　　　　　　　　　318 000

（25）月末，结转账务。

账务处理如下：

1）将"应交税费——应交增值税"的贷方余额转入"应交税费——未交增值税"。

　　借：应交税费——应交增值税（转出未交增值税）　　　　　17 219.85

　　　　贷：应交税费——未交增值税　　　　　　　　　　　　　　17 219.85

2）下月月初缴纳增值税的账务处理为：

　　借：应交税费——未交增值税　　　　　　　　　　　　　　17 219.85

　　　　贷：银行存款　　　　　　　　　　　　　　　　　　　　17 219.85

该企业的应交税费（增值税）明细账如表5-14所示。

表5-14　　　　　　　　　　　　应交税费（增值税）明细账

| 2017年 | | 摘要 | 借方 | | | | | | 贷方 | | | | | 核对号 | 借或贷 | 余额 |
月	日		进项税额	已交税费	减免税款	出口抵免内销产品应纳税额	转出未交增值税	合计	销项税额	出口退税	进项税额转出	转出多交增值税	合计			
3	1	购进木材	104 990.00													
	2	销售床、沙发、餐桌椅等							67 644.02							
	3	购进原木	13 000.00													
	5	购进锯材	34 000.00													
	10	购进油漆	1 020.00													
	11	购进加工机械2台	4 250.00													
	15	沙发、餐桌椅退货							−119.00							
	15	以旧换新方式销售餐桌椅							2 040.00							
	18	为学校加工课桌椅20套							1 020.00							
	19	收取办公桌椅加工费							544.00							
	22	支付电费	6 800.00													
	24	火灾损失木材和餐桌椅									2 160.83					
	25	分期收款方式销售定制家具							10 200.00							
	25	委托代销方式销售床、沙发、餐桌椅							97 750.00							

续前表

2017年		摘要	借方						贷方					核对号	借或贷	余额
月	日		进项税额	已交税费	减免税款	出口抵免内销产品应纳税额	转出未交增值税	合计	销项税额	出口退税	进项税额转出	转出多交增值税	合计			
	26	销售床							81 600.00							
	26	支付加工费	680.00													
	28	向敬老院捐赠家具							3 740.00							
	28	报销住宿费	720.00													
	29	新建车间购进建材	23 400.00													
	30	修缮厂房购进建材	42 500.00													
	31	支付咨询费	18 000.00													
	31	转出未交增值税					17 219.85									
		合计	249 360.00	0.00	0.00	0.00	17 219.85	266 579.85	264 419.02	0.00	2 160.83	0.00	266 579.85			

根据企业的实际业务情况及账务处理，填写《增值税纳税申报表》及其附列资料。在填写纳税申报表的过程中，应该先填写以下附列资料：

第一，《增值税纳税申报表附列资料（一）》（见表5-16）。

（1）开具增值税专用发票。

1）税率为17%的应税货物：

销售额＝395 000＋575 000－700＝969 300（元）

销项税额＝67 150＋97 750－119＝164 781（元）

2）应税劳务：

销售额＝3 200（元）

销项税额＝544（元）

因此，开具增值税专用发票的、税率为17%的货物及加工修理修配劳务的销售额＝969 300＋3 200＝972 500（元），相应的销项税额＝164 781＋544＝165 325（元）。

（2）开具普通发票。

税率为17%的应税货物：

销售额＝6 000＋480 000＋3 400÷1.17＝488 905.98（元）

销项税额＝1 020＋81 600＋3 400÷1.17×17%＝83 114.02（元）

（3）未开具发票。

税率为17%的应税货物：

销售额＝60 000＋12 000＋20 000×（1＋10%）＝94 000（元）

销项税额＝10 200＋2 040＋3 740＝15 980（元）

根据上述计算结果，完整填写《增值税纳税申报表附列资料（一）》（见表5-16）。

第二，《增值税纳税申报表附列资料（二）》（见表5-17）、《增值税纳税申报表附列资料（五）》（见表5-20）、《固定资产（不含不动产）进项税额抵扣情况表》（见表5-21）和《本期抵扣进项税额结构明细表》（见表5-22）。

（1）购进2台机器设备取得的增值税专用发票上注明的税款4 250元填入《固定资产（不含不动产）进项税额抵扣情况表》（见表5-21），并将该数字转入《增值税纳税申报表附列资料（二）》（见表5-17）第2行的"税额"中。

（2）第（22）项业务新建生产车间的进项税额填入《增值税纳税申报表附列资料（五）》（见表5-20），之后相应的数字转入《增值税纳税申报表附列资料（二）》（见表5-17）第9行和第10行。

（3）《本期抵扣进项税额结构明细表》（见表5-22）的有关信息如下：

第一部分：按税率或征收率归集（不包括购建不动产、通行费）的进项。

1）17%税率的进项：

金额＝200 000＋6 000＋25 000＋4 000＋40 000＝275 000（元）

税额＝275 000×17%＝46 750（元）

2）13%税率的进项：

金额＝100 000＋800 000＝900 000（元）

税额＝900 000×13%＝117 000（元）

3）11%税率的进项：

金额＝9 000（元）

税额＝9 000×11%＝990（元）

4）6%税率的进项：

金额＝12 000＋300 000＝312 000（元）

税额＝312 000×6%＝18 720（元）

第二部分：按抵扣项目归集的进项。

用于购建不动产并一次性抵扣的进项：金额250 000元，税额42 500元。

（4）《增值税纳税申报表附列资料（二）》（见表5-17）的有关信息如下：

本期认证相符且本期申报
抵扣的防伪税控系统增值税＝800 000＋9 000＋200 000＋6 000＋25 000
专用发票上注明的金额　　＋4 000＋40 000＋100 000＋200 000＋250 000
　　　　　　　　　　　　＋12 000＋300 000＝1 946 000（元）

本期认证相符且本期申报
抵扣的防伪税控系统增值税＝104 000＋990＋34 000＋1 020＋4 250＋680＋
专用发票上注明的税额　　6 800＋17 000＋22 000＋42 500＋720＋
　　　　　　　　　　　　18 000＝251 960（元）

农产品销售发票上注明的金额为100 000元，税额为13 000元。

非正常损失转出的进项税额为2 160.83元。

根据以上数字，完整填写《增值税纳税申报表附列资料（二）》（见表5-17）。

根据《增值税纳税申报表附列资料（一）》和《增值税纳税申报表附列资料（二）》填写《增值税纳税申报表》（见表5-15）。增值税纳税申报表及其附列资料的填写如表5-15至表5-23所示。

表 5 - 15　　　　　　　　　　　**增值税纳税申报表**
（一般纳税人适用）

根据国家税收法律法规及增值税相关规定制定本表。纳税人不论有无销售额，均应按税务机关核定的纳税期限填写本表，并向当地税务机关申报。

税款所属时间：2017 年 3 月 1 日至 2017 年 3 月 31 日

填表日期：2017 年 4 月 10 日　　　　　　　　　　　　　　金额单位：元至角分

纳税人识别号□□□□□□□□□□□□□□□□□□□□　　所属行业：

纳税人名称	（公章）	法定代表人姓名		注册地址		生产经营地址	
开户银行及账号		登记注册类型				电话号码	

	项目	栏次	一般项目		即征即退项目	
			本月数	本年累计	本月数	本年累计
销售额	（一）按适用税率计税销售额	1	1 555 405.98			
	其中：应税货物销售额	2	1 552 205.98			
	应税劳务销售额	3	3 200.00			
	纳税检查调整的销售额	4				
	（二）按简易办法计税销售额	5				
	其中：纳税检查调整的销售额	6				
	（三）免、抵、退办法出口销售额	7			—	—
	（四）免税销售额	8			—	—
	其中：免税货物销售额	9			—	—
	免税劳务销售额	10			—	—
税款计算	销项税额	11	264 419.02			
	进项税额	12	249 360.00			
	上期留抵税额	13				
	进项税额转出	14	2 160.83			
	免、抵、退应退税额	15			—	—
	按适用税率计算的纳税检查应补缴税额	16			—	—
	应抵扣税额合计	17＝12＋13－14－15＋16	247 199.17	—		
	实际抵扣税额	18（如17<11,则为17,否则为11）	247 199.17			
	应纳税额	19＝11－18	17 219.85			
	期末留抵税额	20＝17－18	0.00		—	

税款计算	简易计税方法计算的应纳税额	21	0.00		
	按简易计税方法计算的纳税检查应补缴税额	22		—	—
	应纳税额减征额	23	0.00		
	应纳税额合计	24＝19＋21－23	17 219.85		
税款缴纳	期初未缴税额（多缴为负数）	25			
	实收出口开具专用缴款书退税额	26		—	—
	本期已缴税额	27＝28＋29＋30＋31			
	①分次预缴税额	28		—	—
	②出口开具专用缴款书预缴税额	29		—	—
	③本期缴纳上期应纳税额	30			
	④本期缴纳欠缴税额	31			
	期末未缴税额（多缴为负数）	32＝24＋25＋26－27			
	其中：欠缴税额（≥0）	33＝25＋26－27			
	本期应补（退）税额	34＝24－28－29		—	—
	即征即退实际退税额	35	—	—	
	期初未缴查补税额	36		—	—
	本期入库查补税额	37			
	期末未缴查补税额	38＝16＋22＋36－37		—	—

授权声明	如果你已委托代理人申报，请填写下列资料： 为代理一切税务事宜，现授权_____ _____（地址）为本纳税人的代理申报人，任何与本申报表有关的往来文件，都可寄予此人。 授权人签字：	申报人声明	本纳税申报表是根据国家税收法律法规及相关规定填报的，我确定它是真实的、可靠的、完整的。 声明人签字：

表5-16

增值税纳税申报表附列资料（一）

(本期销售情况明细)

税款所属时间：2017年3月1日至2017年3月31日

纳税人名称：(公章)

金额单位：元至角分

项目及栏次		开具增值税专用发票		开具其他发票		未开具发票		纳税检查调整		合计		价税合计	服务、不动产和无形资产项目本期实际扣除金额	扣除后	
		销售额	销项(应纳)税额	销售额	销项(应纳)税额	销售额	销项(应纳)税额	销售额	销项(应纳)税额	销售额	销项(应纳)税额			含税(免税)销售额	销项(应纳)税额
		1	2	3	4	5	6	7	8	9=1+3+5+7	10=2+4+6+8	11=9+10	12	13=11-12	14=13÷(100%+税率或征收率)×税率或征收率
一、一般计税方法计税	全部征税项目	17%税率的货物及加工修理修配劳务 1	972 500.00	165 325.00	488 905.98	83 114.02	94 000.00	15 980.00			1 555 405.98	264 419.02				
		17%税率的服务、不动产和无形资产 2														
		13%税率 3											—	—	—	
		11%税率 4											—	—	—	
		6%税率 5	—										—	—	—	
	其中即征即退项目	即征即退货物及加工修理修配劳务 6	—										—	—	—	
		即征即退服务、不动产和无形资产 7	—										—	—	—	

续前表

类别	项目及栏次	栏次	开具增值税专用发票		开具其他发票		未开具发票		纳税检查调整		合计			服务、不动产和无形资产扣除项目本期实际扣除金额	扣除后	
			销售额	销项(应纳)税额	销售额	销项(应纳)税额	销售额	销项(应纳)税额	销售额	销项(应纳)税额	销售额	销项(应纳)税额	价税合计		含税(免税)销售额	销项(应纳)税额
			1	2	3	4	5	6	7	8	9=1+3+5+7	10=2+4+6+8	11=9+10	12	13=11-12	14=13÷(100%+税率或征收率)×税率或征收率
二、简易计税方法计税	6%征收率	8												—	—	—
全部征税项目	5%征收率的货物及加工修理修配劳务	9a												—	—	—
	5%征收率的服务、不动产和无形资产	9b														
	4%征收率	10												—	—	—
	3%征收率的货物及加工修理修配劳务	11												—	—	—
	3%征收率的服务、不动产和无形资产	12														
	预征率 %	13a							—	—				—	—	—
	预征率 %	13b							—	—				—	—	—
	预征率 %	13c							—	—				—	—	—
其中：即征即退项目	即征即退货物及加工修理修配劳务	14							—	—				—	—	—
	即征即退服务、不动产和无形资产	15							—	—				—	—	—

续前表

项目及栏次	开具增值税专用发票		开具其他发票		未开具发票		纳税检查调整		合计			服务、不动产和无形资产扣除项目本期实际扣除金额	扣除后	
	销售额	销项(应纳)税额	销售额	销项(应纳)税额	销售额	销项(应纳)税额	销售额	销项(应纳)税额	销售额	销项(应纳)税额	价税合计		含税(免税)销售额	销项(应纳)税额
	1	2	3	4	5	6	7	8	9=1+3+5+7	10=2+4+6+8	11=9+10	12	13=11−12	14=13÷(100%+税率或征收率)×税率或征收率
三、免抵退税　　16　货物及加工修理修配劳务	—	—	—	—	—	—	—	—	—	—	—	—	—	—
17　服务、不动产和无形资产	—	—	—	—	—	—	—	—	—	—	—	—	—	—
四、免税　　18　货物及加工修理修配劳务	—	—	—	—	—	—	—	—	—	—	—	—	—	—
19　服务、不动产和无形资产	—	—	—	—	—	—	—	—	—	—	—	—	—	—

表 5-17 增值税纳税申报表附列资料（二）
（本期进项税额明细）

税款所属时间：2017 年 3 月 1 日至 2017 年 3 月 31 日

纳税人名称：（公章） 金额单位：元至角分

一、申报抵扣的进项税额				
项目	栏次	份数	金额	税额
（一）认证相符的增值税专用发票	1=2+3	21	1 946 000.00	251 960.00
其中：本期认证相符且本期申报抵扣	2	21	1 946 000.00	251 960.00
前期认证相符且本期申报抵扣	3	0	0.00	0.00
（二）其他扣税凭证	4=5+6+7+8	1	100 000.00	13 000.00
其中：海关进口增值税专用缴款书	5			
农产品收购发票或者销售发票	6	1	100 000.00	13 000.00
代扣代缴税收缴款凭证	7	—		
其他	8			
（三）本期用于购建不动产的扣税凭证	9	2	300 000.00	39 000.00
（四）本期不动产允许抵扣进项税额	10	—	—	23 400.00
（五）外贸企业进项税额抵扣证明	11	—	—	
当期申报抵扣进项税额合计	12=1+4-9+10+11	15	1 746 000.00	249 360.00
二、进项税额转出额				
项目	栏次		税额	
本期进项税额转出额	13=14 至 23 之和		2 160.83	
其中：免税项目用	14			
集体福利、个人消费	15			
非正常损失	16		2 160.83	
简易计税方法征税项目用	17			
免抵退税办法不得抵扣的进项税额	18			
纳税检查调减进项税额	19			
红字专用发票信息表注明的进项税额	20			
上期留抵税额抵减欠税	21			
上期留抵税额退税	22			
其他应作进项税额转出的情形	23			
三、待抵扣进项税额				
项目	栏次	份数	金额	税额
（一）认证相符的增值税专用发票	24	—	—	—
期初已认证相符但未申报抵扣	25			
本期认证相符且本期未申报抵扣	26			
期末已认证相符但未申报抵扣	27			
其中：按照税法规定不允许抵扣	28			
（二）其他扣税凭证	29=30 至 33 之和			
其中：海关进口增值税专用缴款书	30			
农产品收购发票或者销售发票	31			
代扣代缴税收缴款凭证	32	—		

其他	33			
	34			

四、其他

项目	栏次	份数	金额	税额
本期认证相符的增值税专用发票	35			
代扣代缴税额	36	—	—	

表 5 - 18　　　　　　　　**增值税纳税申报表附列资料（三）**

（服务、不动产和无形资产扣除项目明细）

税款所属时间：2017 年 3 月 1 日至 2017 年 3 月 31 日

纳税人名称：（公章）　　　　　　　　　　　　　　　　　　　　金额单位：元至角分

项目	本期服务、不动产和无形资产价税合计额（免税销售额）	服务、不动产和无形资产扣除项目				
		期初余额	本期发生额	本期应扣除金额	本期实际扣除金额	期末余额
	1	2	3	4＝2＋3	5(5≤1 且 5≤4)	6＝4－5
17％税率的项目						
11％税率的项目						
6％税率的项目（不含金融商品转让）						
6％税率的金融商品转让项目						
5％征收率的项目						
3％征收率的项目						
免抵退税的项目						
免税的项目						

表 5 - 19　　　　　　　　**增值税纳税申报表附列资料（四）**

（税额抵减情况表）

税款所属时间：2017 年 3 月 1 日至 2017 年 3 月 31 日

纳税人名称：（公章）　　　　　　　　　　　　　　　　　　　　金额单位：元至角分

序号	抵减项目	期初余额	本期发生额	本期应抵减税额	本期实际抵减税额	期末余额
		1	2	3＝1＋2	4≤3	5＝3－4
1	增值税税控系统专用设备费及技术维护费					
2	分支机构预征缴纳税款					
3	建筑服务预征缴纳税款					
4	销售不动产预征缴纳税款					
5	出租不动产预征缴纳税款					

表 5-20　　　　　　　　增值税纳税申报表附列资料（五）

（不动产分期抵扣计算表）

税款所属时间：2017 年 3 月 1 日至 2017 年 3 月 31 日

纳税人名称：（公章）　　　　　　　　　　　　　　　　　　金额单位：元至角分

期初待抵扣不动产进项税额	本期不动产进项税额增加额	本期可抵扣不动产进项税额	本期转入的待抵扣不动产进项税额	本期转出的待抵扣不动产进项税额	期末待抵扣不动产进项税额
1	2	3≤1+2+4	4	5≤1+4	6=1+2-3+4-5
0.00	39 000.00	23 400.00	0.00	0.00	15 600.00

表 5-21　　　　　　　固定资产（不含不动产）进项税额抵扣情况表

纳税人名称（公章）：　　　　　　填表日期：2017 年 4 月 10 日　　　　金额单位：元至角分

项目	当期申报抵扣的固定资产进项税额	申报抵扣的固定资产进项税额累计
增值税专用发票	4 250.00	4 250.00
海关进口增值税专用缴款书	0.00	0.00
合计	4 250.00	4 250.00

表 5-22　　　　　　　　本期抵扣进项税额结构明细表

税款所属时间：2017 年 3 月 1 日至 2017 年 3 月 31 日

纳税人名称：（公章）　　　　　　　　　　　　　　　　　　金额单位：元至角分

项目	栏次	金额	税额
合计	1=2+4+5+11+16+18+27+29+30	1 746 000.00	225 960.00
一、按税率或征收率归集（不包括购建不动产、通行费）的进项			
17%税率的进项	2	275 000.00	46 750.00
其中：有形动产租赁的进项	3		
13%税率的进项	4	900 000.00	117 000.00
11%税率的进项	5	9 000.00	990.00
其中：运输服务的进项	6	9 000.00	990.00
电信服务的进项	7		
建筑安装服务的进项	8		
不动产租赁服务的进项	9		
受让土地使用权的进项	10		
6%税率的进项	11	312 000.00	18 720.00
其中：电信服务的进项	12		
金融保险服务的进项	13		
生活服务的进项	14	12 000.00	720.00
取得无形资产的进项	15		
5%征收率的进项	16	0.00	0.00
其中：不动产租赁服务的进项	17		
3%征收率的进项	18	0.00	0.00
其中：货物及加工、修理修配劳务的进项	19		
运输服务的进项	20		
电信服务的进项	21		

续前表

项目	栏次	金额	税额
建筑安装服务的进项	22		
金融保险服务的进项	23		
有形动产租赁服务的进项	24		
生活服务的进项	25		
取得无形资产的进项	26		
减按1.5%征收率的进项	27		
	28		
二、按抵扣项目归集的进项			
用于购建不动产并一次性抵扣的进项	29	250 000.00	42 500.00
通行费的进项	30	0.00	0.00
	31		
	32		

表 5－23   **增值税减免税申报明细表**

税款所属时间：2017年3月1日至2017年3月31日

纳税人名称（公章）：   金额单位：元至角分

一、减税项目						
减税性质代码及名称	栏次	期初余额	本期发生额	本期应抵减税额	本期实际抵减税额	期末余额
		1	2	3＝1＋2	4≤3	5＝3－4
合计	1					
	2					
	3					
	4					
	5					
	6					

二、免税项目						
免税性质代码及名称	栏次	免征增值税项目销售额	免税销售额扣除项目本期实际扣除金额	扣除后免税销售额	免税销售额对应的进项税额	免税额
		1	2	3＝1－2	4	5
合计	7					
出口免税	8	—	—	—	—
其中：跨境服务	9	—	—	—	—
	10					
	11					
	12					
	13					
	14					
	15					
	16					

第三节 代理增值税小规模纳税人纳税审查与纳税申报

一、代理小规模纳税人的纳税审查

增值税小规模纳税人销售货物、劳务、服务、无形资产、不动产时按照销售额和适用的征收率计算纳税。对小规模纳税人的审查关键在于销售额的核算是否正确,应纳税额的计算是否正确。

(一)销售额的审查

由于小规模纳税人经营规模小,会计核算不健全,因此审查难度较大。在审查应税销售额的过程中,要注意以下问题:

(1)审查纳税人有无收入不入账或少入账、隐瞒应税销售额的情况。

税务代理人应通过审查纳税人期初存货、本期进货及期末库存的情况,以及纳税人的资金运转情况和购销存情况,判断纳税人是否存在隐瞒应税销售额的情况。

(2)审查纳税人的特殊销售方式,有无漏记应税销售额的情况。

在审查过程中,重点审查纳税人是否采取了折扣方式、以旧换新方式、还本方式销售货物,以及是否发生以物易物等情况。如果纳税人采取了特殊的销售方式,审查其销售额的核算是否符合税法的规定。

(3)审查属于征税范围的特殊行为,有无未按规定计税的情况。

审查纳税人是否有视同销售行为、混合销售行为和兼营行为,是否按规定计算了应税销售额。

(4)审查含税销售额的换算是否准确,有无误按含税销售额计税而多纳税款的情况。

除住宿业小规模纳税人发生应税行为可以自开增值税专用发票外,小规模纳税人无权自行开具增值税专用发票,因此在销售的过程中往往是价税合计收取。而增值税是价外税,应该以不含税的销售额作为计税依据,所以小规模纳税人在计算应纳税额时一定要将含税销售额转换为不含税销售额。

(5)审查差额纳税情形下销售额的确定是否正确。

小规模纳税人在下列情形下可以差额纳税:

1)建筑服务。

试点纳税人提供建筑服务适用简易计税方法的,以取得的全部价款和价外费用扣除支付的分包款后的余额为销售额。

2)销售不动产。

小规模纳税人转让其取得(不含自建)的不动产,以取得的全部价款和价外费用扣除不动产购置原价或者取得不动产时的作价后的余额为销售额,按照5%的征收率计算应纳税额。

3)旅游服务。

试点纳税人提供旅游服务,可以选择以取得的全部价款和价外费用,扣除向旅游服务购买方收取并支付给其他单位或者个人的住宿费、餐饮费、交通费、签证费、门票费和支付给其他接团旅游企业的旅游费用后的余额为销售额。

4)物业服务。

提供物业管理服务的纳税人,向服务接受方收取的自来水水费,以扣除其对外支付的自来水水费后的余额为销售额，按照简易计税方法依3%的征收率计算缴纳增值税。

5）经纪代理服务。

经纪代理服务，以取得的全部价款和价外费用，扣除向委托方收取并代为支付的政府性基金或者行政事业性收费后的余额为销售额。向委托方收取的政府性基金或者行政事业性收费，不得开具增值税专用发票。

6）劳务派遣服务。

小规模纳税人提供劳务派遣服务，可以取得的全部价款和价外费用为销售额，按照简易计税方法依3%的征收率计算缴纳增值税；也可以选择差额纳税，以取得的全部价款和价外费用，扣除代用工单位支付给劳务派遣员工的工资、福利和为其办理社会保险及住房公积金后的余额为销售额，按照简易计税方法依5%的征收率计算缴纳增值税。

7）金融商品转让。

金融商品转让，按照卖出价扣除买入价后的余额为销售额。

对小规模纳税人销售额的审查与对一般纳税人销售额的审查类似，此处不再赘述。

（二）适用征收率的审查

审查完应税销售额，税务代理人要注意审查纳税人适用的征收率是否正确，进而确定其应纳税额的计算是否正确。小规模纳税人运用的征收率有以下几种：

（1）小规模纳税人主要适用的征收率是3%。

（2）小规模纳税人转让取得的不动产、出租不动产，适用5%的征收率。

（3）个体工商户出租住房，适用5%的征收率减按1.5%计算应纳税额。

（三）销售使用过的固定资产的审查

小规模纳税人（除其他个人外）销售自己使用过的固定资产，减按2%的征收率征收增值税，但不得由税务机关代开增值税专用发票。计算公式为：

$$应纳税额＝含税销售额/(1+3\%)\times 2\%$$

小规模纳税人销售自己使用过的固定资产，可以放弃减税，按照简易办法依照3%征收率缴纳增值税，并可以由税务机关代开增值税专用发票。

（四）小微企业税收优惠的审查

在2017年12月31日前，对月销售额不超过3万元或季度销售额不超过9万元的增值税小规模纳税人，免征增值税。对于免征增值税的小微企业，免税销售额部分不得开具增值税专用发票；一旦由税务机关开具了增值税专用发票，则不享受免税待遇。

此外，税务代理人还要审查纳税人是否按规定的期限缴纳了税款，避免纳税人因滞纳受到处罚。

二、代理小规模纳税人的纳税申报

（一）代理小规模纳税人纳税申报所需资料

由于小规模纳税人按照简易方法纳税，以不含增值税的销售额按照3%或5%的征收率计算缴纳增值税，不得抵扣任何进项税额，因此代理小规模纳税人的纳税申报相对简单。在代理小规模纳税人的纳税申报时，需要向主管税务机关提交《增值税纳税申报表》（小规模纳税人适用）及其附列资料、企业的财务会计报表（如资产负债表、利润表）等。

(二)代理纳税申报的流程

由于小规模纳税人的应纳增值税额＝销售额×征收率，因此税务代理人在代理纳税申报时应首先确定适用的征收率和核实销售额，然后计算应纳税额，并据以填报适用于小规模纳税人的《增值税纳税申报表》及其附列资料。具体流程如下：

(1)确定纳税人适用的征收率，目前小规模纳税人适用的征收率为3％、5％以及减按2％、1.5％四种。

(2)核实纳税人的销售行为和视同销售行为，确定当期的销售额。在核实销售额的过程中，要正确区分免税销售额和应税销售额。此外，要注意纳税义务发生的时间，在税法中对小规模纳税人纳税义务发生时间的规定与一般纳税人的规定相同。

(3)核查"应交税费——应交增值税"，将含税销售额转换成不含税销售额，并以不含税销售额乘以征收率计算当期应纳增值税额，同时填写《增值税纳税申报表》及其附列资料。

(三)《增值税纳税申报表》(小规模纳税人适用)及其填写

适用于小规模纳税人的《增值税纳税申报表》如表5－24所示。

【案例5－23】 A企业为商业企业，系小规模纳税人，按季计算缴纳增值税。

2016年10月至12月A企业取得不含税销售额88 000元，其中：

(1)货物不含税销售额50 000元(含税务机关代开的增值税专用发票不含税销售额20 000元、税控器具开具的普通发票不含税销售额10 000元、未开发票销售额20 000元)；

(2)将闲置的商铺出租，取得不含税租金收入18 000元，由税务机关代开增值税专用发票；

(3)将使用过的货架出售，取得含税销售收入20 600元，开具普通发票。

上述代开票税款已上缴入库。请根据以上信息，填写《增值税纳税申报表》(小规模纳税人适用)(见表5－24)及其附列资料。

解析：

由于该纳税人季度销售额未超过9万元，因此享受免征增值税待遇，但是税务机关代开增值税专用发票部分不享受免税待遇。

(1)销售货物由税务机关代开的增值税专用发票不含税销售额20 000元、出租商铺由税务机关代开的增值税专用发票不含税销售额18 000元分别填入第2栏"税务机关代开的增值税专用发票不含税销售额"的"货物及劳务""服务、不动产和无形资产"处，之后相应数字转入第1栏"应征增值税不含税销售额"。

(2)将闲置的商铺出租，取得不含税租金收入18 000元，填入"(二)销售、出租不动产不含税销售额"之下的第5栏"税务机关代开的增值税专用发票不含税销售额"处。

(3)将使用过的货架出售，取得的含税销售收入20 600元转换为不含税收入20 000元后填入"(三)销售使用过的固定资产不含税销售额"下面的第8栏"税控器具开具的普通发票不含税销售额"。

(4)由于该纳税人季度销售额未超过90 000元，因此除税务机关代开增值税专用发票的销售额38 000元外，其他销售额50 000元均填入第10栏"其中：小微企业免税销售额"。

(5)第15栏"本期应纳税额"中："货物及劳务"对应处填写2 100元，因为货物及劳务销售额合计为70 000元(包括货物不含税销售额50 000元及销售使用过的固定资产不含税销售额 20 000 元），应纳税额＝70 000×3％＝2 100（元）；"服务、不动产和无形资产"对应处填写 900 元，因为出租不动产的征收率为 5％，应纳税额＝18 000×5％＝900（元）。

（6）"本期免税额"下面的第 18 栏"其中：小微企业免税额"的"货物及劳务"填写 1 500 元。因为该企业季度销售额未超过 9 万元，而且其中有 50 000 元的货物销售额并未由税务机关代开增值税专用发票；"服务、不动产和无形资产"对应处填写 0，因为出租商铺由税务机关代开了增值税专用发票。

（7）第 20 栏"应纳税额合计"："货物及劳务"对应处填写 600（元），即 2 100－1 500＝600（元）；"服务、不动产和无形资产"对应处填写 900 元。

（8）第 21 栏"本期预缴税额"："货物及劳务"对应处填写 600 元；"服务、不动产和无形资产"对应处填写 900 元。

（9）第 22 栏"本期应补（退）税额"："货物及劳务""服务、不动产和无形资产"对应处均为 0 元。

表 5－24
增值税纳税申报表
（小规模纳税人适用）

纳税人识别号：□□□□□□□□□□□□□□□□□□□□

纳税人名称（公章）： 金额单位：元至角分

税款所属期：2016 年 10 月 1 日至 2016 年 12 月 31 日 填表日期：2017 年 1 月 12 日

| 项目 | 栏次 | 本期数 | | 本年累计 | |
		货物及劳务	服务、不动产和无形资产	货物及劳务	服务、不动产和无形资产
一、计税依据 |（一）应征增值税不含税销售额	1	20 000.00	18 000.00		
	税务机关代开的增值税专用发票不含税销售额	2	20 000.00	18 000.00		
	税控器具开具的普通发票不含税销售额	3				
|（二）销售、出租不动产不含税销售额	4	—	18 000.00		
	税务机关代开的增值税专用发票不含税销售额	5	—	18 000.00		—
	税控器具开具的普通发票不含税销售额	6	—			
|（三）销售使用过的固定资产不含税销售额	7（7≥8）	20 000.00			—
	其中：税控器具开具的普通发票不含税销售额	8	20 000.00			
|（四）免税销售额	9＝10＋11＋12	50 000.00	0.00		
	其中：小微企业免税销售额	10	50 000.00	0.00		
	未达起征点销售额	11				
	其他免税销售额	12				
|（五）出口免税销售额	13（13≥14）	0.00			
	其中：税控器具开具的普通发票销售额	14	0.00			

续前表

项目		栏次	本期数		本年累计	
			货物及劳务	服务、不动产和无形资产	货物及劳务	服务、不动产和无形资产
二、税款计算	本期应纳税额	15	2 100.00	900.00		
	本期应纳税额减征额	16				
	本期免税额	17	1 500.00			
	其中：小微企业免税额	18	1 500.00			
	未达起征点免税额	19				
	应纳税额合计	20＝15－16－17	600.00	900.00		
	本期预缴税额	21	600.00	900.00	—	—
	本期应补（退）税额	22＝20－21	0.00	0.00	—	—

纳税人或代理人声明：	如纳税人填报，由纳税人填写以下各栏：
	办税人员： 财务负责人：
本纳税申报表是根据国家税收法律法规及相关规定填报的，我确定它是真实的、可靠的、完整的。	法定代表人： 联系电话：
	如委托代理人填报，由代理人填写以下各栏：
	代理人名称（公章）：经办人：
	联系电话：

主管税务机关： 接收人： 接收日期：

表 5 - 25 　　　　增值税纳税申报表（小规模纳税人适用）附列资料

税款所属期：2016 年 10 月 1 日至 2016 年 12 月 31 日 　　　　填表日期：2017 年 1 月 12 日

纳税人名称（公章）： 　　　　金额单位：元至角分

应税服务扣除额计算			
期初余额	本期发生额	本期扣除额	期末余额
1	2	3（3≤1＋2 之和，且 3≤5）	4＝1＋2－3

应税服务计税销售额计算			
全部含税收入	本期扣除额	含税销售额	不含税销售额
5	6＝3	7＝5－6	8＝7÷1.03

第四节　代理出口货物免退税纳税审查与纳税申报

出口货物退（免）税是国际贸易中通常采用的、为世界各国普遍接受的、目的在于鼓励各国出口货物公平竞争的一种退还或免征间接税的税收措施。我国的出口货物退（免）税是指在国际贸易业务中，对我国报关出口的货物退还或免征其在国内各生产和流转环节按税法规定缴纳的增值税和消费税，即对增值税出口货物实行零税率，对消费税出口货物免税。增值税出口货物的零税率，从税法上理解有两层含义：一是对本环节生产或销售货物的增值部分免征增值税；二是对出口货物前道环节所含的进项税额进行退还。当然，由于各种货物出口前涉及征免税的情况有所不同，且国家对少数货物有限制出口政策，因此针对货物出口的不同情况，我国在遵循"征多少、退多少""未征不退和彻底退税"基本原则的基础上，制定了不同的税务处理办法。

一、出口货物退（免）税的基本政策

根据出口企业的不同形式和出口货物的不同种类，我国出口货物退（免）税的基本政策分为三类。

（一）出口免税并退税

出口免税是指对货物在出口环节不征收增值税、消费税；出口退税是指对货物在出口前实际承担的税收负担，按规定的退税率计算后予以退还。

（二）出口免税但不退税

出口免税与上述第（一）项含义相同。出口不退税是指适用这个政策的出口货物因前一道生产、销售或进口环节是免税的，因此，出口时该货物的价格中本身就不含税，也就无须退税。

（三）出口不免税也不退税

出口不免税是指对国家限制或禁止出口的某些货物的出口环节视同内销环节，照常征税；出口不退税是指对这些货物出口不退还出口前其所负担的税款。适用这个政策的主要是税法列举限制或禁止出口的货物，如天然牛黄、麝香、白银等。

二、出口货物退（免）税的适用范围

根据《出口货物退（免）税管理办法》的规定，对出口的凡属于已征或应征增值税、消费税的货物，除国家明确规定不予退（免）税的货物和出口企业从小规模纳税人处购进并持普通发票的部分货物外，都是出口货物退（免）税的适用范围，均应予以退还已征增值税和消费税。但可以退（免）税的出口货物一般应具备以下四个条件：

（1）必须是属于增值税、消费税征税范围的货物。

（2）必须是报关离境的货物。所谓报关离境，即出口，就是货物输出海关，这是区别货物是否应退（免）税的主要标准之一。凡是报关不离境的货物，不论出口企业是以外汇结算还是以人民币结算，也不论企业在财务上和其他管理上做何处理，均不能视为出口货物予以退（免）税。2015年5月1日（含5月1日，以海关出口报关单电子信息注明的出口日期为准）以后出口的货物，出口企业申报出口退（免）税及相关业务时，免予提供纸质报关单，而是通过电子口岸进行核查；但申报适用启运港退税政策的货物，仍需要提供纸质报关单。

（3）必须是在财务上做销售处理的货物。出口货物只有在财务上做销售处理后，才能办理退税。

（4）必须是出口收汇并已核销的货物。将出口退税与出口收汇核销挂钩可以有效地防止出口企业高报出口价格骗取退税，有助于提高出口收汇率，有助于强化出口收汇核销制度。2012年8月1日起，取消出口收汇核销单，企业不再办理出口收汇核销手续。外汇局对企业的贸易外汇管理方式由现场逐笔核销改变为非现场总量核查。

税务代理人在进行审查时，需要从上述四个条件角度及具体政策适用角度进行审查。

三、出口货物、劳务、服务增值税退（免）税政策

（一）适用增值税退（免）税政策的范围

1. 出口企业出口货物

（1）出口企业，是指依法办理工商登记、税务登记、对外贸易经营者备案登记，自营或委托出口货物的单位或个体工商户，以及依法办理工商登记、税务登记但未办理对外贸易经营者备案登记，委托出口货物的生产企业。

（2）出口货物，是指向海关报关后实际离境并销售给境外单位或个人的货物，分为自营出口货物和委托出口货物两类。

2. 出口企业或其他单位视同出口货物

具体是指：

（1）出口企业对外援助、对外承包、境外投资的出口货物。

（2）出口企业经海关报关进入国家批准的出口加工区、保税物流园区、保税港区、综合保税区、珠澳跨境工业区（珠海园区）、中哈霍尔果斯国际边境合作中心（中方配套区域）、保税物流中心（B型）（以下统称特殊区域）并销售给特殊区域内单位或境外单位、个人的货物。

（3）免税品经营企业销售的货物（国家规定不允许经营和限制出口的货物、卷烟及超出免税品经营企业《企业法人营业执照》规定经营范围的货物除外）。

（4）出口企业或其他单位销售给用于国际金融组织或外国政府贷款国际招标建设项目的中标机电产品。

（5）生产企业向海上石油天然气开采企业销售的自产的海洋工程结构物。

（6）出口企业或其他单位销售给国际运输企业用于国际运输工具上的货物。上述规定暂仅适用于外轮供应公司、远洋运输供应公司销售给外轮、远洋国轮的货物，国内航空供应公司生产销售给国内和国外航空公司国际航班的航空食品。

（7）出口企业或其他单位销售给特殊区域内生产企业生产耗用且不向海关报关而输入特殊区域的水（包括蒸汽）、电力、燃气（以下简称输入特殊区域的水电气）。

3. 出口企业对外提供加工修理修配劳务

对外提供加工修理修配劳务，是指对进境复出口货物或从事国际运输的运输工具进行的加工修理修配。

4. 境内单位和个人提供适用增值税零税率的服务和无形资产

中华人民共和国境内（以下简称境内）的单位和个人销售的下列服务和无形资产，适用增值税零税率：

（1）国际运输服务。

国际运输服务，是指：

1）在境内载运旅客或者货物出境。

2）在境外载运旅客或者货物入境。

3）在境外载运旅客或者货物。

（2）航天运输服务。

（3）向境外单位提供的完全在境外消费的下列服务：

1）研发服务。

2）合同能源管理服务。

3）设计服务。

4）广播影视节目（作品）的制作和发行服务。

5）软件服务。

6）电路设计及测试服务。

7）信息系统服务。

8）业务流程管理服务。

9）离岸服务外包业务。离岸服务外包业务，包括信息技术外包服务（ITO）、技术性业务流程外包服务（BPO）、技术性知识流程外包服务（KPO）。

10）转让技术。

（二）增值税退（免）税办法

适用增值税退（免）税政策的出口货物、劳务，按照下列规定实行增值税免抵退税或免退税办法。

（1）免抵退税办法。生产企业出口自产货物和视同自产货物及对外提供加工修理修配劳务，以及列名生产企业出口非自产货物，免征增值税，相应的进项税额抵减应纳增值税额（不包括适用增值税即征即退、先征后退政策的应纳增值税额），未抵减完的部分予以退还。

（2）免退税办法。不具有生产能力的出口企业（以下称外贸企业）或其他单位出口货物、劳务，免征增值税，相应的进项税额予以退还。

（3）境内的单位和个人提供适用增值税零税率的服务或者无形资产，如果属于适用简易计税方法的，实行免征增值税办法。如果属于适用增值税一般计税方法的，生产企业实行免抵退税办法；外贸企业外购服务或者无形资产出口实行免退税办法；外贸企业直接将服务或自行研发的无形资产出口，视同生产企业连同其出口货物统一实行免抵退税办法。

四、出口货物、劳务、服务增值税免税政策

增值税免税政策的含义是免税但是不退税。

（一）出口货物、劳务、服务增值税免税政策的适用范围

1. 出口企业或其他单位出口规定的货物

规定的货物具体是指：

（1）增值税小规模纳税人出口的货物。

（2）避孕药品和用具，古旧图书。

（3）软件产品。

（4）含黄金、铂金成分的货物，钻石及其饰品。

（5）国家计划内出口的卷烟。

（6）已使用过的设备。其具体范围是指购进时未取得增值税专用发票、海关进口增值税专用缴款书但其他相关单证齐全的已使用过的设备。

（7）非出口企业委托出口的货物。

（8）非列名生产企业出口的非视同自产货物。

（9）农业生产者自产农产品。

（10）油画、花生果仁、黑大豆等财政部和国家税务总局规定的出口免税的货物。

（11）外贸企业取得普通发票、废旧物资收购凭证、农产品收购发票、政府非税收入票据的货物。

（12）来料加工复出口的货物。

（13）特殊区域内的企业出口的特殊区域内的货物。

（14）以人民币现金作为结算方式的边境地区出口企业从所在省（自治区）的边境口岸出口到接壤国家的一般贸易和边境小额贸易出口货物。

（15）以旅游购物贸易方式报关出口的货物。

2. 出口企业或其他单位视同出口的下列货物、劳务

（1）国家批准设立的免税店销售的免税货物。

（2）特殊区域内的企业为境外的单位或个人提供加工修理修配劳务。

（3）同一特殊区域、不同特殊区域内的企业之间销售特殊区域内的货物。

3. 出口企业或其他单位未按规定申报或未补齐增值税退（免）税凭证的出口货物、劳务

具体是指：

（1）未在国家税务总局规定的期限内申报增值税退（免）税的出口货物、劳务。

（2）未在规定期限内申报开具《代理出口货物证明》的出口货物、劳务。

（3）已申报增值税退（免）税，却未在国家税务总局规定的期限内向税务机关补齐增值税退（免）税凭证的出口货物、劳务。

对于适用增值税免税政策的出口货物、劳务，出口企业或其他单位可以依照现行增值税的有关规定放弃免税，并依照规定缴纳增值税。

4. 境内的单位和个人销售的某些服务和无形资产免征增值税

境内的单位和个人销售的下列服务和无形资产免征增值税，但财政部和国家税务总局规定适用增值税零税率的除外：

（1）下列服务：

1）工程项目在境外的建筑服务。

2）工程项目在境外的工程监理服务。

3）工程、矿产资源在境外的工程勘察勘探服务。

4）会议展览地点在境外的会议展览服务。

5）存储地点在境外的仓储服务。

6）标的物在境外使用的有形动产租赁服务。

7）在境外提供的广播影视节目（作品）的播映服务。

8）在境外提供的文化体育服务、教育医疗服务、旅游服务。

（2）为出口货物提供的邮政服务、收派服务、保险服务。

为出口货物提供的保险服务，包括出口货物保险和出口信用保险。

（3）向境外单位提供的完全在境外消费的下列服务和无形资产：

1）电信服务。

2）知识产权服务。

3）物流辅助服务（仓储服务、收派服务除外）。

4）鉴证咨询服务。

5）专业技术服务。

6）商务辅助服务。

7）广告投放地在境外的广告服务。

8）无形资产。

（4）以无运输工具承运方式提供的国际运输服务。

（5）为境外单位之间的货币资金融通及其他金融业务提供的直接收费金融服务，且该服务与境内的货物、无形资产和不动产无关。

（二）进项税额的处理与计算

（1）适用增值税免税政策的出口货物、劳务、服务，其进项税额不得抵扣和退税，应当转入成本。

（2）出口卷烟不得抵扣的进项税额，依下列公式计算：

$$不得抵扣的进项税额＝出口卷烟含消费税金额÷（出口卷烟含消费税金额$$
$$＋内销卷烟销售额）×当期全部进项税额$$

（3）除出口卷烟外，适用增值税免税政策的其他出口货物、劳务、服务的计算，按照增值税免税政策的统一规定执行。其中，如果涉及销售额，除来料加工复出口货物为其加工费收入外，其他均为出口离岸价或销售额。

五、出口货物和劳务增值税征税政策

下列出口货物劳务，不适用增值税退（免）税和免税政策，按以下规定及视同内销货物征税的其他规定征收增值税。

（一）出口货物和劳务增值税征税政策的适用范围

适用增值税征税政策的出口货物、劳务，是指：

（1）出口企业出口或视同出口财政部和国家税务总局根据国务院决定明确的取消出口退（免）税的货物（不包括来料加工复出口货物、中标机电产品、列名原材料、输入特殊区域的水电气、海洋工程结构物）。

（2）出口企业或其他单位销售给特殊区域的生活消费用品和交通运输工具。

（3）出口企业或其他单位在因骗取出口退税被税务机关停止办理增值税退（免）税期间出口的货物。

（4）出口企业或其他单位提供虚假备案单证的货物。

（5）出口企业或其他单位增值税退（免）税凭证有伪造或内容不实的货物。

（6）出口企业或其他单位未在国家税务总局规定期限内申报免税核销及经主管税务机关审查不予免税核销的出口卷烟。

（7）出口企业或其他单位具有以下情形之一的出口货物劳务：

1）将空白的出口货物报关单、出口收汇核销单等退（免）税凭证交由除签有委托合同的货代公司、报关行，或由境外进口方指定的货代公司（提供合同约定或者其他相关证明）以外的其他单位或个人使用的。

2）以自营名义出口，其出口业务实质上是由本企业及其投资的企业以外的单位或个人借该出口企业名义操作完成的。

3）出口货物在海关验放后，自己或委托货代承运人对该笔货物的海运提单或其他运输单据上的品名、规格等进行修改，造成出口货物报关单与海运提单或其他运输单据有关内容不符的。

4) 以自营名义出口，但不承担出口货物的质量、收款或退税风险之一的，即：出口货物发生质量问题不承担购买方的索赔责任（合同中有约定质量责任承担者除外）；不承担未按期收款导致不能核销的责任（合同中有约定收款责任承担者除外）；不承担因申报出口退（免）税的资料、单证等出现问题造成不退税责任的。

5) 未实质参与出口经营活动、接受并从事由中间人介绍的其他出口业务，但仍以自营名义出口的。

（二）应纳增值税的计算

适用增值税征税政策的出口货物、劳务，其应纳增值税按下列办法计算。

1. 一般纳税人出口货物

销项税额的计算公式为：

$$销项税额 = (出口货物离岸价 - 出口货物耗用的进料加工保税进口料件金额)$$
$$\div (1 + 适用税率) \times 适用税率$$

出口货物若已按征退税率之差计算不得免征和抵扣税额并已经转入成本的，相应的税额应转回进项税额。

2. 小规模纳税人出口货物

应纳税额的计算公式为：

$$应纳税额 = 出口货物离岸价 \div (1 + 征收率) \times 征收率$$

六、生产企业出口货物退税操作

生产企业自营或委托外贸企业代理出口自产货物和视同自产货物，除另有规定外，增值税一律实行免、抵、退税管理办法。生产企业是指独立核算，经主管国税机关认定为增值税一般纳税人，并且具有实际生产能力的企业和企业集团。增值税小规模纳税人出口自产货物继续实行免征增值税办法。

（一）生产企业免抵退税的计税依据

出口货物、劳务、服务的增值税退（免）税的计税依据，按出口发票（外销发票）、其他普通发票或购进出口货物劳务的增值税专用发票、海关进口增值税专用缴款书确定。

（1）生产企业出口货物、劳务、服务（进料加工复出口货物除外）增值税退（免）税的计税依据，为出口货物、劳务、服务的实际离岸价（FOB）。实际离岸价应以出口发票上的离岸价为准，但如果出口发票不能反映实际离岸价，主管税务机关有权予以核定。

（2）生产企业进料加工复出口货物增值税退（免）税的计税依据，按出口货物的离岸价（FOB）扣除出口货物所含的海关保税进口料件的金额后确定。

海关保税进口料件，是指海关以进料加工贸易方式监管的出口企业从境外和特殊区域等进口的料件。包括出口企业从境外单位或个人购买并从海关保税仓库提取且办理海关进料加工手续的料件，以及保税区外的出口企业从保税区内的企业购进并办理海关进料加工手续的进口料件。

（3）生产企业国内购进无进项税额且不计提进项税额的免税原材料加工后出口的货物的计税依据，按出口货物的离岸价（FOB）扣除出口货物所含的国内购进免税原材料的金额后确定。

（二）生产企业免抵退税的计算

1. 当期应纳税额的计算

当期应纳税额＝当期销项税额－（当期进项税额－当期不得免征和抵扣税额）

$$\begin{array}{l}当期不得免征\\和抵扣税额\end{array}=\begin{array}{l}当期出口货物\\离岸价\end{array}\times\begin{array}{l}外汇人民币\\折合率\end{array}\times\left(\begin{array}{l}出口货物\\适用税率\end{array}-\begin{array}{l}出口货物\\退税率\end{array}\right)$$

$$-\begin{array}{l}当期不得免征\\和抵扣税额抵减额\end{array}$$

$$\begin{array}{l}当期不得免征\\和抵扣税额抵减额\end{array}=\begin{array}{l}当期免税购进\\原材料价格\end{array}\times\left(\begin{array}{l}出口货物\\适用税率\end{array}-\begin{array}{l}出口货物\\退税率\end{array}\right)$$

综合上述公式，我们可以得到：

$$\begin{array}{l}当期免抵退税不得\\免征和抵扣税额\end{array}=\left(\begin{array}{l}出口货物\\离岸价\end{array}\times\begin{array}{l}外汇人民币\\牌价\end{array}-\begin{array}{l}免税购进\\原材料价格\end{array}\right)\times\left(\begin{array}{l}出口货物\\征税率\end{array}-\begin{array}{l}出口货物\\退税率\end{array}\right)$$

从上述公式可以看出，在免抵退税的计算过程中，之所以会出现免抵退税不得免征和抵扣税额，根源在于出口货物的征税税率和退税税率是不一致的。

2. 当期免抵退税额的计算

免抵退税额是退税的最高限额，其计算公式为：

$$当期免抵退税额=\begin{array}{l}当期出口\\货物离岸价\end{array}\times\begin{array}{l}外汇人民币\\折合率\end{array}\times\begin{array}{l}出口货物\\退税率\end{array}-\begin{array}{l}当期免抵退\\税额抵减额\end{array}$$

当期免抵退税额抵减额＝当期免税购进原材料价格×出口货物退税率

所以，免抵退税额也可用以下公式计算：

$$当期免抵退税额=\left(\begin{array}{l}当期出口\\货物离岸价\end{array}\times\begin{array}{l}外汇人民币\\折合率\end{array}-\begin{array}{l}当期免税购进\\原材料价格\end{array}\right)\times\begin{array}{l}出口货物\\退税率\end{array}$$

3. 当期应退税额和免抵税额的计算

（1）若当期期末留抵税额≤当期免抵退税额，则

当期应退税额＝当期期末留抵税额

当期免抵税额＝当期免抵退税额－当期应退税额

（2）若当期期末留抵税额＞当期免抵退税额，则

当期应退税额＝当期免抵退税额

当期免抵税额＝0

当期期末留抵税额为当期增值税纳税申报表中的"期末留抵税额"。

4. 当期免税购进原材料价格的计算

当期免税购进原材料价格包括当期国内购进的无进项税额且不计提进项税额的免税原材料的价格和当期进料加工保税进口料件的价格。其中当期进料加工保税进口料件的价格为组成计税价格，其计算公式如下：

$$\begin{array}{l}当期进料加工保税进口\\料件的组成计税价格\end{array}=\begin{array}{l}当期进口料件\\到岸价格\end{array}+\begin{array}{l}海关实征\\关税\end{array}+\begin{array}{l}海关实征\\消费税\end{array}$$

从 2013 年 7 月 1 日起，采用"实耗法"计算当期进料加工保税进口料件的组成计税价格，该组成计税价格为当期进料加工出口货物耗用的进口料件组成计税价格。其计算公式为：

$$\begin{array}{l}当期进料加工保税进口\\料件的组成计税价格\end{array}=\begin{array}{l}当期进料加工\\出口货物离岸价\end{array}\times\begin{array}{l}外汇人民币\\折合率\end{array}\times计划分配率$$

计划分配率＝计划进口总值÷计划出口总值×100%

（三）免抵退税的账务处理

（1）出口货物"免"税，是指对生产企业出口的自产货物，免征本企业生产、销售环节增值税。在账务处理上表现为确定出口货物的销售收入时，无须计算销售收入应缴纳的增值税，即无须贷记"应交税费——应交增值税（销项税额）"。其账务处理为：

借：应收外汇账款（银行存款）

贷：主营业务收入

（2）出口货物的"抵"税，是指生产企业出口自产货物所耗用的原材料、零部件、燃料、动力等所含应予退还的进项税额，抵顶内销货物的应纳税额。在账务处理上表现为企业购进原材料时，无论是用于生产出口货物，还是用于生产内销货物，其进项税额都允许抵扣。

但是由于出口货物的征税税率与退税税率不一致，因而存在免抵退税不得免征和抵扣税额。按照税法的规定，对出口货物免抵退税不得免征和抵扣税额的部分，在企业核算出口货物免税收入的同时，对出口货物免税收入按征退税率之差计算出的"免抵退税不得免征和抵扣税额"，借记"主营业务成本"，贷记"进项税额转出"。对于与免税购进原材料有关的"免抵退税不得免征和抵扣税额抵减额"用红字贷记"进项税额转出"，同时用红字借记"主营业务成本"科目。生产企业发生国外运费、保险、佣金费用支付时，按出口货物征退税率之差分摊计算，并冲减"不得免征和抵扣税额"，用红字贷记"进项税额转出"，同时用红字借记"主营业务成本"科目。

（3）出口货物"退"税是指生产企业出口的自产货物在当月内应抵顶的进项税额大于应纳税额时，对未抵顶完的部分予以退税。

在账务处理上表现为：1）按照期末留抵税额与免抵退税额较小一方确定应退税额，借记"其他应收款——应收出口退税款（增值税）"；2）按计算的免抵税额，借记"应交税费——应交增值税（出口抵减内销产品应纳税额）"科目；3）按计算的免抵退税额（即退税的最高限额），贷记"应交税费——应交增值税（出口退税）"。其账务处理为：

借：其他应收款——应收出口退税款（增值税）

应交税费——应交增值税（出口抵减内销产品应纳税额）①

贷：应交税费——应交增值税（出口退税）②

如上所述，"应交税费——应交增值税（出口抵减内销产品应纳税额）"科目，反映出口企业销售出口货物后向税务机关办理免抵退税申报，按规定计算的应免抵税额，借记本科目，贷记"应交税费——应交增值税（出口退税）"。

（4）纳税人向税务机关申报办理出口退税而收到退回的税款，应借记"银行存款"科目，贷记"其他应收款——应收出口退税款（增值税）"科目。其账务处理为：

借：银行存款

贷：其他应收款——应收出口退税款（增值税）

（四）免抵退税的退税申报

1. 出口货物免抵退税申报应提供的资料

在进行出口货物免抵退税申报时，应先向主管征税机关的征税部门或岗位（以下简称

---

① 按免抵税额确定。

② 按免抵退税额确定。

征税部门）办理增值税纳税和免、抵税申报，并向主管征税机关的退税部门或岗位（以下简称退税部门）办理退税申报。

（1）向征税部门办理增值税纳税及免、抵税申报时，应提供下列资料：《增值税纳税申报表》及其规定的附表、退税部门确认的上期《免抵退税申报汇总表》以及税务机关要求的其他资料。

（2）向退税部门办理免抵退税申报时，应提供下列凭证资料：《免抵退税申报汇总表》（见表5-26），《生产企业出口货物免、抵、退税申报明细表》（见表5-27），经征税部门审查签章的当期《增值税纳税申报表》及《免抵退税申报资料情况表》（见表5-28）等。

2.《免抵退税申报汇总表》及其明细表的填写

表5-26 免抵退税申报汇总表

海关企业代码：

纳税人名称：（公章）　　　　　　　　　　　　所属期：2017年1月

纳税人识别号：　　　　　　　　　　　　　　　金额单位：元至角分

项目	栏次	当期 (a)	本年累计 (b)	与增值税纳税申报表差额 (c)
免抵退出口货物劳务销售额（美元）	1=2+3	869 565.22		—
其中：免抵退出口货物销售额（美元）	2	869 565.22		—
应税服务免抵退税营业额（美元）	3	0.00		—
免抵退出口货物劳务销售额	4	6 000 000.00		
支付给非试点纳税人营业价款	5	0.00		
免抵退出口货物劳务计税金额	6=4-5=7+8+9+10	6 000 000.00		
其中：单证不齐或信息不齐出口货物销售额	7	0.00		—
单证信息齐全出口货物销售额	8	6 000 000.00		—
当期单证齐全应税服务免抵退税计税金额	9	0.00		—
当期单证不齐应税服务免抵退税计税金额	10	0.00		—
前期出口货物单证信息齐全销售额	11	0.00	—	—
前期应税服务单证齐全免抵退税计税金额	12	0.00	—	—
全部单证信息齐全出口货物销售额	13=8+11	6 000 000.00		—
全部单证齐全应税服务免抵退税计税金额	14=9+12	0.00		—
免税出口货物劳务销售额（美元）	15	0.00		—
免税出口货物劳务销售额	16	0.00		—
全部退（免）税出口货物劳务销售额（美元）	17=1+15	869 565.22		—
全部退（免）税出口货物劳务销售额	18	0.00		—
不予退（免）税出口货物劳务销售额	19	0.00		—

（左侧竖排：一、出口额）

续前表

	项目	栏次	当期	本年累计	与增值税纳税申报表差额
			(a)	(b)	(c)
二、不得免征和抵扣税额	出口销售额乘征退税率之差	20=21+22	120 000.00		—
	其中：出口货物销售额乘征退税率之差	21	120 000.00		—
	应税服务免抵退税计税金额乘征退税率之差	22	0.00		—
	上期结转免抵退税不得免征和抵扣税额抵减额	23	0.00	—	—
	免抵退税不得免征和抵扣税额抵减额	24	80 000.00		—
	免抵退税不得免征和抵扣税额	25（如 20>23+24 则为 20-23-24，否则为 0)	40 000.00		—
	结转下期免抵退税不得免征和抵扣税额抵减额	26=23+24-20+25	0.00	—	—
三、应退税额和免抵税额	免抵退税计税金额乘退税率	27=28+29	900 000.00		
	其中：出口货物销售额乘退税率	28	900 000.00		
	应税服务免抵退税计税金额乘退税率	29	0.00		
	上期结转免抵退税额抵减额	30	0.00	—	—
	免抵退税额抵减额	31	600 000.00		—
	免抵退税额	32（如 27>30+31 则为 27-30-31，否则为 0)	300 000.00		
	结转下期免抵退税额抵减额	33=30+31-27+32	0.00	—	—
	增值税纳税申报表期末留抵税额	34	1 420 000.00	—	—
	计算退税的期末留抵税额	35=34-25 (c)	1 420 000.00	—	—
	当期应退税额	36=（如 32>35 则为 35，否则为 32)	300 000.00		—
	当期免抵税额	37=32-36	0.00		—

出口企业申明：	授权人申明：	主管税务机关：
此表各栏填报内容是真实、合法的，与实际出口业务情况相符。此次申报的出口业务不属于"四自三不见"等违背正常出口经营程序的出口业务。否则，本企业愿意承担由此产生的相关责任。 办税人： 财务负责人： 法定代表人（负责人）： 年 月 日	（如果你已委托代理申报人，请填写下列资料） 为代理出口货物退税申报事宜，现授权_____为本纳税人的代理申报人，任何与本申报表有关的往来文件都可寄与此人。 授权人签字 （盖章） 年 月 日	 经办人： 复核人： 负责人： 年 月 日

注：1. 本表一式三联，税务机关审查签章后返给企业二联，其中一联作为下期《增值税纳税申报表》附表，税务机关留存一联，报上级退税机关一联。

2. (c) 列"与增值税纳税申报表差额"为税务机关审查确认的 (b) 列"本年累计"申报数减《增值税纳税申报表》及其附表对应项目的累计数的差额，企业应做相应账务调整并在下期增值税纳税申报时对《增值税纳税申报表》进行调整。

表 5 - 27 　　　　　　　　**生产企业出口货物免、抵、退税申报明细表**

海关企业代码：

纳税人名称：（公章）

纳税人识别号：

（　）当期出口　　（　）前期出口　　　所属期：　年　月　　　　　　　金额单位：元至角分

序号	出口发票号	出口货物报关单号	出口日期	代理出口货物证明号	出口收汇核销单号	出口商品代码	出口商品名称	计量单位	出口数量	出口销售额		申报商品代码	征税率	退税率	出口销售额乘征退税率之差	出口销售额乘退税率	进料加工手（账）册号	原申报年月序号	单证不齐标志	业务类型	备注
										美元	人民币										
1	2	3	4	5	6	7	8	9	10	11	12	13	14	15	16=12×(14−15)	17=12×15	18	19	20	21	22
小计																					

单证信息齐全出口货物人民币销售额：	
出口企业	主管税务机关
兹声明以上申报无讹并愿意承担一切法律责任。 经办人： 财务负责人： 法定代表人（负责人）：　　年　月　日	经办人：　　　　　　　　　　（公章） 复核人： 负责人：　　　　　　　　年　月　日

表 5 - 28 　　　　　　　　**免抵退税申报资料情况表**

纳税人识别号：

纳税人名称：（公章）

海关企业代码：　　　　　　　　所属期：　年　月　　　　　　　金额单位：元至角分

免抵退税出口申报情况
一、申报报表：
企业出口货物免、抵、退税申报明细表（当期出口　　份，记录　　条）
企业出口货物免、抵、退税申报明细表（前期出口　　份，记录　　条）
零税率应税服务（国际运输）免抵退税申报明细表（　　份，记录　　条）
零税率应税服务（研发、设计服务）免抵退税申报明细表（　　份，记录　　条）
向境外单位提供研发、设计服务收讫营业款明细清单（　　份，记录　　条）
免抵退税申报汇总表（　　份）
二、凭证资料：
1. 出口货物：
出口发票　　张，出口额　　美元
出口货物报关单　　张
代理出口货物证明　　张
出口收汇核销单　　张，远期收汇证明　　张
其他凭证　　张
2. 零税率应税服务：

技术出口合同登记证		张，研发（设计）合同	份
研发（设计）服务发票	份，研发（设计）服务收款凭证		份
出口企业进料加工申报情况			
生产企业进料加工进口料件申报明细表	份，记录	条	
生产企业进料加工登记申报表	份，记录	条	
生产企业进料加工手册登记核销申请表	份，记录	条	
生产企业进料加工复出口货物扣除保税进口料件申请表	份，记录	条	
生产企业出口货物扣除国内免税原材料申请表	份，记录	条	
进料加工进口额	美元		
进口货物报关单	张		
代理进口货物报关单	张		
实收已退税额情况			
本月实收已退税额	元，本年累计实收已退税额	元	
兹声明以上申报无讹并愿意承担一切法律责任。			
经办人：	财务负责人：	法定代表人（负责人）： 年 月 日	

【案例 5-24】 信诚有限责任公司（以下简称信诚公司）系自营出口的生产企业，出口货物全部为加工贸易出口，出口货物征税税率和退税率分别为 17% 和 15%，该公司按预审通过的《免抵退税申报汇总表》核算免抵退税，该公司备案的人民币外汇牌价为 1 美元＝6.9 元人民币。2017 年 1 月的有关财务资料和发生的业务如下：

（1）外购原材料、辅料 1 000 万元，已经验收入库，取得的增值税专用发票上注明增值税税额为 170 万元；进料加工免税进口料件折合人民币 500 万元，已经验收入库，上述款项均未支付。2016 年 12 月份留抵进项税额为 10 万元。

（2）2017 年 1 月内销货物实现不含税销售额 200 万元；进料加工复出口货物出口销售收入折合人民币 600 万元（FOB，忽略佣金，下同），按照计划分配率计算的进口料件组成计税价格为 400 万元，上述款项均已收到。

要求：根据上述资料，计算该企业 2017 年 1 月免抵退税及应纳增值税税额，做出相关会计核算分录，并填写 1 月份的《免抵退税申报汇总表》。

解析：

对信诚公司应退税款的计算和账务处理如下：

（1）采购原材料。

1）外购原材料、辅料 1 000 万元：

借：原材料　　　　　　　　　　　　　　　　　　　10 000 000
　　应交税费——应交增值税（进项税额）　　　　　 1 700 000
　　贷：应付账款　　　　　　　　　　　　　　　　　　　11 700 000

2）进料加工免税进口料件折合人民币 400 万元：

借：原材料——进口某材料　　　　　　　　　　　　 4 000 000
　　贷：应付账款　　　　　　　　　　　　　　　　　　　 4 000 000

（2）销售。

1）内销货物的处理：

借：银行存款　　　　　　　　　　　　　　　　　　 2 340 000

贷：主营业务收入——内销　　　　　　　　　　　　　　2 000 000

应交税费——应交增值税（销项税额）　　　　　　340 000

2）进料加工出口货物免税销售的处理：

借：银行存款　　　　　　　　　　　　　　　　　　　6 000 000

贷：主营业务收入——进料加工贸易出口　　　　　　6 000 000

同时，按出口销售额乘以征退税率之差计算当期免抵退税不得免征和抵扣税额＝600×（17％－15％）＝12（万元），做如下账务处理：

借：主营业务成本——进料加工贸易出口　　　　　　　120 000

贷：应交税费——应交增值税（进项税额转出）　　　120 000

（3）对于按照计划分配率计算的进口料件组成计税价格400万元相应的免抵退税不得免征和抵扣税额抵减额，应红字冲减进项税额转出额。

免抵退税不得免征和抵扣税额抵减额＝400×（17％－15％）＝8（万元）

做如下账务处理：

借：主营业务成本　　　　　　　　　　　　　　　　　　80 000

贷：应交税费——应交增值税（进项税额转出）　　　　80 000

$$\begin{aligned}\text{免抵退税不得} \\ \text{免征和抵扣税额}\end{aligned} = \begin{aligned}\text{当期出口} \\ \text{货物离岸价}\end{aligned} \times \begin{aligned}\text{外汇人民币} \\ \text{牌价}\end{aligned} \times \left(\begin{aligned}\text{出口货物} \\ \text{征税税率}\end{aligned} - \begin{aligned}\text{出口货物} \\ \text{退税率}\end{aligned}\right)$$

$$- \begin{aligned}\text{免、抵、退税不得免征} \\ \text{和抵扣税额抵减额}\end{aligned} = 12 - 8 = 4（\text{万元}）$$

（4）内销货物应纳税额的计算。

1月份应纳税额＝34－（170－4）＝－132（万元）

1月份"应交税费——应交增值税"科目借方余额＝10＋132＝142（万元），即期末留抵税额为142万元。

（5）外销货物应退税额的计算。

$$\text{免抵退税额} = \begin{aligned}\text{出口货物} \\ \text{离岸价}\end{aligned} \times \begin{aligned}\text{外汇人民币} \\ \text{牌价}\end{aligned} \times \begin{aligned}\text{出口货物} \\ \text{退税率}\end{aligned} - \begin{aligned}\text{免抵退税额} \\ \text{抵减额}\end{aligned}$$

$$= 600 \times 15\% - 400 \times 15\% = 30（\text{万元}）$$

由于免抵退税额30万元＜期末留抵税额142万元，因此应按照免抵退税额30万元进行退税，即应退税额＝30（万元）。

免抵税额＝30－30＝0（万元）

剩余的112万元留抵税额留待下期继续抵扣。

账务处理如下：

借：其他应收款——应收出口退税款（增值税）　　　　300 000

贷：应交税费——应交增值税（出口退税）　　　　　300 000

根据上述应退税额的计算过程和账务处理，填写信诚公司2017年1月份的《免抵退税申报汇总表》，如表5-26所示。

（1）第1栏"免抵退出口货物劳务销售额（美元）"＝6 000 000÷6.9＝869 565.22（美元）；

（2）第2栏"免抵退出口货物销售额（美元）"为869 565.22美元；

（3）第 4 栏"免抵退出口货物劳务销售额"为 6 000 000 元；

（4）第 6 栏"免抵退出口货物劳务计税金额"为 6 000 000 元，由于单证均齐全，因此将该数字填入第 8 栏"单证信息齐全出口货物销售额"；

（5）第 13 栏"全部单证信息齐全出口货物销售额"为 6 000 000 元；

（6）第 17 栏"全部退（免）税出口货物劳务销售额（美元）"填写 869 565.22（美元）；

（7）第 20 栏"出口销售额乘征退税率之差"＝ 6 000 000 ×（17％－15％）＝ 120 000（元），同时将该数字填入第 21 栏"出口货物销售额乘征退税率之差"；

（8）第 24 栏"免抵退税不得免征和抵扣税额抵减额"＝ 4 000 000 ×（17％－15％）＝ 80 000（元）；

（9）第 25 栏"免抵退税不得免征和抵扣税额"＝ 120 000－80 000＝40 000（元）；

（10）第 27 栏"免抵退税计税金额乘退税率"＝ 6 000 000 × 15％＝900 000（元），同时将此数字填入第 28 栏"出口货物销售额乘退税率"；

（11）第 31 栏"免抵退税额抵减额"＝ 4 000 000 × 15％＝600 000（元）；

（12）第 32 栏"免抵退税额"＝ 900 000－600 000＝300 000（元）；

（13）1 月份期末留抵税额为 1 420 000 元，填入第 34 栏"增值税纳税申报表期末留抵税额"和第 35 栏"计算退税的期末留抵税额"；

（14）第 36 栏"当期应退税额"＝ 300 000（元）；

（15）第 37 栏"当期免抵税额"＝ 300 000－300 000＝0（元）；

（16）其他行次按各行之间的关系填写即可。

七、外贸企业出口货物免退税操作

外贸企业及实行外贸企业财务制度的工贸企业收购货物出口，其出口销售环节免征增值税。外贸企业收购一般纳税人货物中所含的增值税，在货物出口后按收购成本与退税率计算退税退还给外贸企业，征、退税之差计入企业成本。

（一）外贸企业免退税的计税依据

（1）外贸企业出口货物（委托加工、修理修配货物除外）增值税退（免）税的计税依据，为购进出口货物的增值税专用发票注明的金额或海关进口增值税专用缴款书注明的完税价格。

（2）外贸企业出口委托加工修理修配货物增值税退（免）税的计税依据，为加工修理修配费用增值税专用发票注明的金额。外贸企业应将加工修理修配使用的原材料（进料加工海关保税进口料件除外）作价销售给受托加工修理修配的生产企业，受托加工修理修配的生产企业应将原材料成本并入加工修理修配费用开具发票。

（二）外贸企业免退税的计算

外贸企业出口货物、劳务增值税免退税，依下列公式计算：

（1）外贸企业出口委托加工修理修配货物以外的货物：

增值税应退税额＝增值税退（免）税计税依据×出口货物退税率

即：　外贸企业增值税应退税额＝外贸收购不含增值税购进金额×退税率

（2）外贸企业出口委托加工修理修配货物：

$$出口委托加工修理修配货物的增值税应退税额 = 委托加工修理修配的增值税退（免）税计税依据 \times 出口货物退税率$$

退税率低于适用税率的，应将相应计算出的差额部分的税款计入出口货物劳务成本。

（三）外（工）贸企业出口货物免退税申报

对有进出口经营权的外贸企业收购货物直接出口或委托其他外贸企业代理出口货物的，采取"免退税"的计算方法。出口货物"免退税"申报时应提供下列材料：

（1）《外贸企业出口退税汇总申报表》（见表5-29）：该表反映外贸企业当期应退税额的整体情况。

（2）《外贸企业出口退税出口明细申报表》（见表5-30）：该表反映外贸企业当期应退税额的计算。

（3）《外贸企业出口退税进货明细申报表》（见表5-31）：该表主要根据销货方在征税机关开具的出口货物《税收专用缴款书》来计算外贸企业收购环节已负担的进项税额。

表5-29　　　　　　　　　　外贸企业出口退税汇总申报表
（适用于增值税一般纳税人）

海关企业代码：

纳税人名称：　　　　（公章）

纳税人识别号：　　　　申报年月：　年　月　　　申报批次：　　　金额单位：元至角分

出口企业申报				
出口退税出口明细申报表		份	记录	条
			出口额	美元
出口货物报关单	张			
代理出口货物证明	张			
出口收汇核销单	张		收汇额	美元
远期收汇证明	张		其他凭证	张
出口退税进货明细申报表		份	记录	条
增值税专用发票	张		消费税专用税票	张
海关进口增值税专用缴款书	张		海关进口消费税专用缴款书	张
外贸企业出口退税进货分批申报单	张		总进货金额	元
总进货税额	元			
其中：增值税	元		消费税	元
本月申报退税额	元			
其中：增值税	元		消费税	元
本月实收已退税额	元		本年累计实收已退税额	元
本月实收已退增值税退税额	元		本年累计实收已退增值税退税额	元
本月实收已退消费税退税额	元		本年累计实收已退消费税退税额	元
申请开具单证				
代理出口货物证明	份		记录	条
代理进口货物证明	份		记录	条

来料加工出口货物免税证明	份	记录		条
来料加工出口货物免税核销证明	份	记录		条
出口货物转内销证明	份	记录		条
退运已补税证明	份	记录		条
补办报关单证明	份	记录		条
补办收汇核销单证明	份	记录		条
补办代理出口证明	份	记录		条
出口企业出口含金产品免税证明	份	记录		条
申报人申明		授权人申明		
此表各栏填报内容是真实、合法的，与实际出口货物情况相符。此次申报的出口业务不属于"四自三不见"等违背正常出口经营程序的出口业务。否则，本企业愿意承担由此产生的相关责任。 经办人： 财务负责人： 法定代表人（负责人）：　　　年 月 日		（如果你已委托代理申报人，请填写下列资料） 　　为代理出口货物退税申报事宜，现授权＿＿＿ ＿＿＿＿＿为本纳税人的代理申报人，任何与本申报表有关的往来文件都可寄与此人。 财务负责人： 授权人签字　　　　　　　　　　（盖章） 　　　　　　　　　　　　　　　年 月 日		

表 5－30　　　　　　　　　外贸企业出口退税出口明细申报表

海关企业代码：

纳税人名称：（公章）

纳税人识别号：　　　　　　　　　　　　　　　　　　　　　　　申报年月：　　年　　月

申报批次：　　　　　　　　　　　　　　　　　　　　　　　金额单位：元至角分

序号	关联号	出口发票号	出口货物报关单号	代理出口货物证明号	出口日期	出口收汇核销单号	出口商品代码	出口商品名称	计量单位	出口数量	美元离岸价	出口进货金额	申报商品代码	退税率	申报增值税退税额	申报消费税退税额	单证不齐标志	退（免）税业务类型	备注
1	2	3	4	5	6	7	8	9	10	11	12	13	14	15	16	17	18	19	20

兹声明以上申报无讹并愿意承担一切法律责任。

经办人：	财务负责人：	法定代表人（负责人）：

表 5 - 31　　　　　　　　　外贸企业出口退税进货明细申报表

海关企业代码：

纳税人名称：　　　　（公章）　　　申报年月：　　年　　月　　　申报批次：

纳税人识别号：　　　　　　　　　　　　　　　　　　　　　　金额单位：元至角分

序号	关联号	税种	进货凭证号	开票日期	出口商品代码	商品名称	计量单位	数量	计税金额	征税率（%）	征税税额	退税率（%）	可退税额	业务类型	备注
1	2	3	4	5	6	7	8	9	10	11	12	13	14	15	16

经办人：　　　　财务负责人：　　　　　　　　法定代表人（负责人）：　　　　　第　　页

【本章小结】

1. 在代理增值税一般纳税人纳税审查时，主要应审查征税范围、计税方法、销项税额、进项税额、销售自己使用过的固定资产、预缴税款和应纳税额。在审查销项税额的过程中，重点在于审查纳税人的销售额；在审查进项税额时，关键在于审查准予抵扣的进项税额、不准抵扣的进项税额、不动产进项税额及进项税额的转出情况。

2. 代理增值税一般纳税人纳税申报时，要注意纳税申报表主表和附列资料的逻辑关系，根据附列资料的信息和会计核算资料，准确填写纳税申报主表。

3. 在代理增值税小规模纳税人纳税审查与纳税申报时，关键在于销售额的核算是否正确、征收率的运用是否准确、应纳税额的计算是否正确，特别要注意国家对小微企业的税收优惠。

4. 在增值税的出口退税中，自营和委托出口自产货物的生产企业实行"免抵退"办法，对收购货物出口的外（工）贸企业实行"免退税"的办法，对采用来料加工贸易方式出口的货物实行免税不退税政策。

【思考题】

1. 在审查增值税的销项税额时，应注意哪些方面？

2. 在审查增值税的进项税额时，应注意哪些方面？

3. 代理增值税纳税申报需要提供哪些资料？

4. 应该按什么程序代理增值税的纳税申报？

5. 在增值税纳税申报过程中，一般纳税人和小规模纳税人有哪些不同之处？有哪些相同之处？如何填写《增值税纳税申报表》及其附列资料？

6. 我国对出口货物实行退税制度，并在退税过程中对不同的企业采用不同的方法退税。请问我国对哪类企业实行"免抵退"办法？对哪类企业实行"免退税"办法？对什么样的货物实行免税不退税政策？

【实务训练题】

1. 华天日报社系国有单位，其上级主管部门为某市人民政府。报社办有《华天日报》和《华天周报》。2016年12月份发生如下经济业务：

(1) 本月通过发行单位销售《华天日报》300 000份，每份售价1元；销售《华天周报》60 000份，每份售价2元，款项已全部到账。报社根据有关协议，按售价的25%，以现金形式支付给发行单位经销手续费，财务人员以自制凭证作原始凭证，做会计分录如下：

  借：主营业务收入   92 920.35

    应交税费——应交增值税（销项税额）   12 079.65

    贷：现金   105 000

(2) 本月收到上月先征后退的增值税税款26 500元，报社做如下账务处理：

  借：银行存款   26 500

    贷：盈余公积——减免税款   26 500

(3) 本月利用《华天日报》与当地有关机构合作，评比出当地2016年度百强企业，以通告形式连续一个月予以报道，报社共收取了百强企业的赞助费人民币1 000 000元；本月《华天周报》为所在地区A企业做商品介绍，取得宣传费人民币60 000元。

报社的相关账务处理如下：

  借：银行存款   1 000 000

    贷：资本公积——接受赞助收入   1 000 000

  借：银行存款   60 000

    贷：销售费用——其他   60 000

假定上月无增值税留抵进项税额，本月已计算应纳增值税额于2017年1月15日缴纳。

要求：

(1) 指出上述业务中存在的纳税问题；

(2) 计算企业应补缴的流转税、城市维护建设税及教育费附加。

2. 丰华公司是一家拥有进出口经营权的生产企业（增值税一般纳税人），从事机械加工制造业务。2016年12月经济业务如下：

(1) 内销甲产品取得不含税收入3 000万元，另外收取装卸搬运费2.34万元。

(2) 出口乙产品一批，离岸价格为278万美元，相关单证已经收齐。

(3) 外购A材料一批，取得增值税专用发票，发票上注明的价款为980万元，该发票已经通过认证。

(4) 外购B材料一批，取得增值税专用发票，发票上注明的价款为598万元，该发票已经通过认证；支付B材料的运费33.3万元，取得的运费增值税专用发票上注明运费为30万元，增值税税额为3.3万元。

（5）进口 C 材料一批，到岸价格为 780 万元人民币，进口关税为 156 万元，已经缴纳了进口关税和增值税，并取得了海关完税凭证。

（6）免税进口 D 材料一批，专门用于生产本企业的出口产品乙，到岸价格为 600 万元人民币。

（7）支付本月销售甲产品不含增值税运费 25 万元，支付销售乙产品境内不含增值税运费 20 万元，取得了运输公司开具的增值税专用发票。

（8）将一辆使用了 3 年的轿车出售，含增值税售价为 6 万元，该轿车原值 21 万元，已经计提折旧 12.3 万元。

（9）由于产品质量问题，将上月购进的账面价值为 80 万元的 B 材料退回，取得了对方单位开具的红字增值税专用发票的抵扣联和发票联。

（10）当地主管国家税务局进行增值税定期纳税检查时发现，该企业 2016 年 11 月份将境内销售甲产品的收入计入了其他应付款中，金额为 320 万元，要求该企业调整账务处理，并在 12 月 31 日前补缴税款，该企业已经按照规定补缴了税款。

该企业上期留抵税额为 16 万元。该企业经营的产品增值税税率均为 17%；采购材料适用的增值税税率均为 17%，乙产品出口退税税率为 15%。人民币对美元的外汇牌价为 1：6.9。该企业当期取得的相关抵扣凭证，均已通过认证，并在当月抵扣。

要求：根据上述资料，填写《增值税纳税申报表》和《免抵退税申报汇总表》。

第六章

代理消费税纳税审查与纳税申报

【学习目的】

通过本章的学习，应当掌握消费税纳税审查的重点内容和纳税审查的技巧；掌握消费税纳税申报表的填报技巧。

【导入案例】

芳菲化妆品有限责任公司系化妆品生产企业。2016年10月，芳菲公司销售A品牌面膜获得销售收入180万元，A品牌面膜的不含增值税售价为120元/盒，每盒6片；销售B品牌面膜获得销售收入120万元，B品牌面膜的不含增值税售价为60元/盒，每盒6片。

请问：芳菲公司需要就全部销售收入缴纳消费税吗？为什么？

第一节 代理消费税纳税审查

消费税是一个特殊的税种，在征税范围等方面有着特殊规定，它是对在我国境内生产、委托加工和进口应税消费品的单位和个人征收的一种税。因此，在审查消费税纳税情况时，应按照消费税的纳税环节，分别从征税范围、计税依据、适用税率或单位税额、税款计算缴纳等方面进行审查核实。

一、征税范围的审查

消费税仅对特定消费品计算征收。因此，税务代理人员在进行纳税审查时，首先要确定某项消费品、某项行为是否属于消费税的征收范围。例如，从2016年10月1日起，我国仅对高档化妆品征收消费税，对普通化妆品不再征收消费税。高档化妆品征收范围包括高档美容、修饰类化妆品，以及高档护肤类化妆品和成套化妆品。高档美容、修饰类化妆品和高档护肤类化妆品是指生产（进口）环节不含增值税销售（完税）价格在10元/毫升（克）或15元/片（张）及以上的美容、修饰类化妆品和护肤类化妆品。因此，税务代理人要注意从产品的类型、价格等方面确定其是否属于消费税的征税范围。在本章的导入案例中，由于芳菲公司A品牌面膜的不含增值税售价为20元/片，超过15元/片的价格，因此需要缴纳消费税；B品牌面膜的不含增值税售价为10元/片，低于15元/片的价格，因此自2016年10月1日起无须缴纳消费税。

此外，如体育活动中用的发令纸、鞭炮药引线、电动汽车、沙滩车、雪地车、卡丁车、高尔夫车不征收消费税；气缸容量250ml（不含）以下的小排量摩托车免征消费税。税务代理人在审查时需要准确确定消费税的征税范围。

二、生产应税消费品应纳税额的审查

纳税人生产的应税消费品，无论是用于销售还是自用（除自用于连续生产应税消费品外），都需要在移送使用环节计算缴纳消费税。纳税人应纳消费税税款＝计税依据×消费税税率，而且税法规定，对于纳税人用某些外购或委托加工的应税消费品连续生产同类应税消费品的，可以按当期生产领用数量扣除外购或委托加工的应税消费品的已纳税款。因此，在进行生产应税消费品纳税审查时，主要应该从计税依据、适用税率以及外购或委托加工应税消费品已纳税款的扣除等角度进行审查。

（一）计税依据的审查

消费税的计征方法有三种：（1）从价定率征收；（2）从量定额征收；（3）从价定率和从量定额相结合的复合征税方法。总体而言，有两种计税依据：销售额和销售数量。税务代理人应分别对这两种情况进行审查。

1. 销售额的审查

在消费税的15类应税消费品中，除黄酒、啤酒、成品油实行从量定额的征收方法外，其他应税消费品或实行从价定率的征收方法，或实行复合征税方法。实行从价定率或复合征税方法的应税消费品在计算应纳消费税时，其计税依据都要用到销售额。对于纳税人生产的应税消费品，无论是用于销售还是自用（除自用于连续生产应税消费品外），都需缴纳消费税。对于纳税人的同一项销售应税消费品的行为，既需要缴纳增值税，也需要缴纳消费税，此时消费税和增值税的计税销售额是相同的。因此，税务代理人在审查应税消费品的销售额时，可以参照增值税销售额的审查方法。

【案例6-1】 路途汽车制造厂是一家专门从事小客车生产、销售的中型企业，1994年被认定为增值税一般纳税人。诚信税务师事务所在受托对其进行的纳税审查中，发现有下列两笔会计分录：

(1) 借：固定资产——设备　　　　　　　　　　　　　　　200 000
　　　　贷：应付账款——德光设备厂　　　　　　　　　　　　　　200 000
(2) 借：应付账款——德光设备厂　　　　　　　　　　　　　200 000
　　　　贷：库存商品——小客车（2辆）　　　　　　　　　　　　200 000

经审查，减少的库存商品200 000元是本企业2辆中轻型商用客车的制造成本（100 000元/辆），该批产品当月不含增值税的平均单位售价为180 000元，最高单位售价200 000元。已知中轻型商用客车的消费税税率为5%，假设该项交易不具有商业实质。

请问：上述会计分录对企业缴纳增值税、消费税有无影响，应如何处理？

解析：

从这两笔分录可知，该企业是以本厂生产的中轻型商用客车向德光设备厂换取设备，是以货易货的业务，按照规定，应按该批产品当月不含增值税的平均单位售价计算增值税的销项税额，按当月小客车的最高售价计算消费税。

增值税销项税额＝2×180 000×17％＝61 200（元）

应纳消费税税额＝2×200 000×5％＝20 000（元）

调整分录如下：

借：固定资产——设备　　　　　　　　　　　　　　　　81 200

贷：应交税费——应交增值税（销项税额）　　　　　　　　　61 200

应交税费——应交消费税　　　　　　　　　　　　　　20 000

2. 销售数量的审查

按照规定，对黄酒、啤酒、成品油等应税消费品实行从量定额的征税办法；同时对白酒和卷烟采用复合征税方法，其计税依据中包括销售数量。按照《消费税暂行条例》的规定，纳税人销售应税消费品的，按照销售数量征收消费税；纳税人自产自用应税消费品的，按移送使用数量征收消费税。

审查时，应通过审查"主营业务收入""税金及附加""库存商品"等科目，检查销货发票等原始凭证，同时从出厂销售和自产自用两个环节，查实计税数量。在审查过程中要注意纳税人有无隐瞒销售数量、偷逃消费税的问题；同时，要注意纳税人计量单位折算标准的使用是否正确。

(二) 适用税目、税率或固定税额的审查

由于消费税只是对部分消费品征收，其征税范围具有选择性而且实行多档税率，不同应税消费品适用不同的税率；即使是同类应税消费品，等级、功能不同，适用的税率也各不相同。因此，在审查中，税务代理人应掌握消费税的征税范围、每个税目下面的子税目及在子税目下有关征税范围的说明，审查纳税人生产的产品是否应征收消费税，是否按税法的规定使用了税目、税率。应从以下几个方面进行审查：

(1) 审查《消费税纳税申报表》，看其填列的产品名称、适用税目、税率或税额，是否符合条例的规定，有无错用税目、税率或税额的情况；已经调整的税率，是否按规定的时间执行。在审查时，对于那些容易错用税率的应税产品应着重审查，如性能、规格不同的小汽车，税率容易混淆的卷烟类产品、酒类产品等。

(2) 审查纳税人兼营不同税率的应税消费品是否分别核算不同税率应税消费品的销售额、销售数量；未分别核算销售额、销售数量，或者将不同税率的应税消费品组成成套消费品销售的，是否从高适用税率；纳税人将自产的应税消费品与外购或自产的非应税消费品组成套装销售的，是否以套装产品的销售额作为计税依据。在审查时，可通过查阅《消费税纳税申报表》中填列的产品名称、税目、税率或税额，以低税率的项目为线索，进而核实应税消费品的构成及其核算情况。在基本了解纳税人总体生产、销售情况的基础上，通过审查"主营业务收入"明细账及相关凭证、"库存商品"明细账及相关凭证，查看企业兼营不同税率的应税消费品的名称、种类及其核算情况，确定纳税人将不同税率的应税消费品组成成套消费品出售的情况。如果在审查中发现纳税人兼营不同税率的应税消费品未分别核算，或将不同税率的应税消费品组成成套消费品出售，在计税时采用从低适用税率的，应及时告知纳税人做补税处理。

【案例 6-2】 某化妆品公司是增值税一般纳税人，主要生产高、中、低档化妆品及护肤护发品，并组成套装礼盒销售。2016 年 12 月，华信税务师事务所受托对该公司本月的纳税情况进行审查，发现该公司本月实现成套礼品销售收入 1 100 000 元，其中高档化妆品销售收入 500 000 元，普通化妆品和护肤护发品销售收入 600 000 元，分别开出增值税专用发票，货款为 1 100 000 元，增值税税率为 17%，增值税税额为 187 000 元。账务处理为：

借：银行存款　　　　　　　　　　　　　　　　　　　　　　1 287 000
　　贷：主营业务收入　　　　　　　　　　　　　　　　　　　　　1 100 000
　　　　应交税费——应交增值税（销项税额）　　　　　　　　　　　187 000
借：税金及附加　　　　　　　　　　　　　　　　　　　　　　75 000
　　贷：应交税费——应交消费税　　　　　　　　　　　　　　　　　75 000

请问：上述会计分录是否正确？如果不正确，应如何调整？

解析：

虽然从 2006 年 4 月 1 日起普通护肤护发品不再征收消费税，从 2016 年 10 月 1 日起，普通美容、修饰类化妆品不再征收消费税，但是由于该企业将高档化妆品和普通化妆品、护肤护发品组成成套消费品销售，根据税法的规定，应以套装产品的销售额作为计税依据，按照高档化妆品的税率计算缴纳消费税。

应纳消费税=1 100 000×15%=165 000（元）

企业应该补缴消费税 90 000 元，调整分录如下：

借：税金及附加　　　　　　　　　　　　　　　　　　　　　90 000
　　贷：应交税费——应交消费税　　　　　　　　　　　　　　　　　90 000

（三）应纳消费税税额的审查

一般情况下，纳税人销售应税消费品及应当缴纳消费税的自产自用消费品的计税公式为：

应纳税额=销售额或数量×适用税率或税额

税务代理人审查确定消费税的计税依据、适用税目、税率或税额后，可以根据上述公式计算出应纳消费税税额。此外，税法规定对于纳税人用某些外购或委托加工的应税消费品连续生产同类应税消费品的，可以按当期生产领用数量扣除外购或委托加工的应税消费品的已纳税款。因此，对于纳税人用外购或委托加工的应税消费品连续生产同类应税消费品的，应按税法规定的计税办法采用适当的方法进行审查核实。

1. 以外购已税消费品为原材料连续生产应税消费品的

按照规定，对于纳税人以外购的已税烟丝为原料生产的卷烟，以外购的已税高档化妆品为原料生产的高档化妆品，以外购的已税珠宝玉石为原料生产的贵重首饰及珠宝玉石，以外购的已税鞭炮、焰火为原料生产的鞭炮、焰火，以外购的已税杆头、杆身和握把为原料生产的高尔夫球杆，以外购的已税木制一次性筷子为原料生产的木制一次性筷子，以外购的已税实木地板为原料生产的实木地板，以外购已税汽油、柴油、石脑油、燃料油、润滑油用于连续生产应税成品油，以外购已税摩托车连续生产应税摩托车（如用外购两轮摩托车改装三轮摩托车），准予在计税时按当期生产领用数量计算扣除外购的应税消费品已纳的消费税税款。

在审查时，对准予扣除的已纳税款可通过向企业有关部门了解应税消费品的材料构成情况，确定纳税人有无用外购的已税消费品为原料连续生产应税消费品的情况，若有，则可以通过以下步骤确定准予扣除的已纳消费税税款。

（1）审查"原材料"明细账及相关凭证，根据"原材料"明细账的记录，查阅外购应税消费品的购货发票，核实期初库存、当期购进、期末库存外购应税消费品的原进价，计算当期生产领用的外购应税消费品的买价、数量，并与《消费税纳税申报表》中"当期准予扣除外购应税消费品买价（数量）"栏目的买价、数量相核对。

（2）以核实后的当期生产领用的外购应税消费品的买价（数量）为基础计算当期准予扣除的外购应税消费品已纳税款。

$$\text{当期准予扣除外购应税消费品已纳税款} = \text{当期准予扣除外购应税消费品买价（数量）} \times \text{外购应税消费品适用税率（数量）} \times \left(1 - \text{减征幅度}\right)$$

计算当期准予扣除的外购应税消费品已纳税款后，与《消费税纳税申报表》中"当期准予扣除外购应税消费品已纳税款"栏目的金额相核对，便可查明有无问题。

在审查时需要注意的是，我国从 2001 年 5 月 1 日起，停止执行生产领用外购酒和酒精已纳消费税税款准予扣除的政策。2001 年 5 月 1 日前购进的已税酒及酒精，已纳消费税税款没有抵扣完的一律停止抵扣。

2. 用委托加工收回的应税消费品连续生产应税消费品的

按照规定，纳税人委托个体经营者加工的应税消费品，由委托方收回后在委托方所在地缴纳消费税；纳税人委托其他企业（或单位）加工的应税消费品应在委托方提货时，由受托方代收代缴消费税。纳税人将委托加工收回的已税消费品连续生产应税消费品的，准予从消费税应纳税额中按当期生产领用数量计算扣除委托加工收回的应税消费品已纳消费税税款。

在审查时，税务代理人可以通过向企业有关部门了解应税消费品的所用材料情况，弄清企业有无以委托加工收回的应税消费品为原料连续生产应税消费品的情况，若有，则可以通过以下步骤确定准予扣除的已纳消费税税款：

（1）审查"应交税费——应交消费税"明细账及有关凭证，根据其借方有关记录，查找受托方开具的"代收代缴税款凭证"，核实期初结存和本期发生的已由受托方代收代缴的消费税税款。

（2）审查"原材料"等明细账及相关凭证，核实委托加工应税消费品的期初库存、本期收回、本期生产领用和期末库存数量，据以确定当期准予扣除的委托加工应税消费品已纳税款和期末库存的委托加工应税消费品已纳税款。

（3）以核实后的当期准予扣除的委托加工应税消费品已纳税款，与《消费税纳税申报表》中"当期准予扣除委托加工应税消费品已纳税款"相核对，便可查明纳税人有无多计扣除或少计扣除的问题。

在以上工作的基础上，税务代理人根据应纳税额与审查核实的准予抵扣的已纳税额之差计算纳税人本期实际应缴纳的消费税税款，并与《消费税纳税申报表》进行核对，以此确定纳税人应纳税额的计算是否准确。

三、委托加工应税消费品应纳税额的审查

委托加工应税消费品是指由委托方提供原料和主要材料，受托方只收取加工费和代垫部分辅助材料加工的应税消费品。对于由受托方提供原材料生产的应税消费品，或者受托方将原材料卖给委托方，然后再接受加工的应税消费品，以及由受托方以委托方名义购进原材料

生产的应税消费品,不论纳税人在财务上是否作销售处理,都不得作为委托加工应税消费品,而应该按照销售自制应税消费品缴纳消费税。

纳税人收回的委托加工应税消费品的用途不同,税收政策不同,会计处理也有所差别。纳税人收回委托加工应税消费品后,以不高于受托方的计税价格出售的,为直接出售,不再缴纳消费税,应将受托方代收代缴的消费税计入委托加工应税消费品的成本,借记"委托加工物资"等科目,贷记"应付账款""银行存款"等科目。委托方以高于受托方的计税价格出售的,不属于直接出售,需按照规定申报缴纳消费税,在计税时准予扣除受托方已代收代缴的消费税,应将受托方代收代缴的消费税记入"应交税费——应交消费税",即借记"应交税费——应交消费税"科目,贷记"应付账款""银行存款"等科目。如果纳税人收回委托加工的应税消费品后用于连续生产应税消费品,且按规定准予扣除已纳消费税税款的,应按受托方代收代缴的消费税税款,借记"应交税费——应交消费税"科目,贷记"应付账款""银行存款"等科目;不允许抵扣消费税的,则应将受托方代收代缴的消费税计入委托加工应税消费品的成本,借记"委托加工物资"等科目,贷记"应付账款""银行存款"等科目。换言之,允许抵扣的消费税记入"应交税费——应交消费税"的借方;不得抵扣的消费税记入"委托加工物资"的借方。

在审查委托加工应税消费品的纳税情况时,要注意以下几点:

(1) 应通过查阅委托加工合同及相关的会计记录,如"委托加工物资""应交税费——应交消费税"等科目,判断纳税人的委托加工行为是否符合税法中规定的委托加工方式。如果不符合委托加工方式的规定,应核实受托方是否按销售自制应税消费品缴纳了消费税。

(2) 应通过查阅委托加工合同及相关的会计记录,如"委托加工物资""应交税费——应交消费税"等科目,审查纳税人委托加工的应税消费品是否按照受托方同类消费品的销售价格计算纳税;受托方没有同类消费品的销售价格的,是否按照组成计税价格纳税。

(3) 审查"委托加工物资"或"生产成本"等明细账和有关凭证,查找受托方开具的"代收代缴税款凭证",核实当期委托加工收回的应税消费品是否已经由受托方代扣代缴了消费税税款。如果受托方没有代扣代缴消费税,则应通过审查"应交税费——应交消费税"科目,确定委托方是否在其所在地缴纳了消费税。

(4) 对于纳税人收回委托加工的消费品,需要注意审查销售的价格和用途,以判断是否需要补交消费税、是否允许抵扣已纳消费税、账务处理是否正确。

四、进口应税消费品应纳税额的审查

根据规定,纳税人进口应税消费品,应于报关进口时向报关地海关缴纳消费税。在会计处理上,其缴纳的消费税计入进口消费品的成本,借记"固定资产""材料采购""在途物资"等科目,贷记"银行存款"等科目。

审查时,应根据"固定资产""材料采购""在途物资"等账户及相关凭证,查明进口应税消费品的名称、规格、数量及金额;并结合报关单、海关填发的税款缴纳证、完税凭证,核实税款的缴纳情况。

值得注意的是,纳税人进口应税消费品,应在海关填发税款缴纳证的次日起 15 日内缴纳税款。审查时,应注意纳税人有无拖欠税款的情况。

第二节 代理消费税纳税申报

一、代理消费税纳税申报的基本分类

代理消费税纳税申报主要包括:代理自产应税消费品纳税申报、代理委托加工应税消费品纳税申报、代理进口应税消费品纳税申报。同时,根据我国税法的规定,对纳税人出口应税消费品的,国家给予免退税的税收优惠。因此,在代理消费税的纳税申报中还包括代为办理出口应税消费品的免退税问题。

(一)代理自产应税消费品的纳税申报

在代理纳税人自产应税消费品的纳税申报时,要分不同情况确定纳税义务的发生时间。

1. 销售应税消费品

纳税人销售应税消费品,根据其货款结算方式确定纳税义务发生时间,具体如下:

(1)纳税人采取赊销和分期收款结算方式的,其纳税义务发生时间为销售合同规定的收款日期的当天;

(2)纳税人采取预收货款结算方式的,其纳税义务发生时间为发出应税消费品的当天;

(3)纳税人采取托收承付、委托银行收款方式销售应税消费品的,其纳税义务发生时间为发出应税消费品并办妥托收手续的当天;

(4)纳税人采用其他结算方式的,其纳税义务发生时间为收讫销售额或取得索取销售额的凭据的当天。

2. 自用应税消费品

纳税人自产自用应税消费品(除自用于连续生产应税消费品外)的,其纳税义务发生时间为移送使用的当天。

在代理自产应税消费品的纳税申报时,应提交相应的《消费税纳税申报表》。这里需要注意的是:金银首饰、钻石及钻石饰品由生产、委托加工、进口环节改为零售环节征税;卷烟不仅要在生产、委托加工、进口环节缴纳消费税,而且在批发环节还要加征一道复合税。

(二)代理委托加工应税消费品的纳税申报

委托加工应税消费品的纳税人是委托方,但按照我国现行税法的规定,应由受托方(除个体经营者外)办理代收代缴消费税的纳税申报工作。如果纳税人委托个体经营者加工应税消费品,一律由委托方收回后在委托方所在地缴纳消费税。

纳税人委托加工的应税消费品,其纳税义务发生时间为纳税人提货的当天。委托方收回委托加工的应税消费品后直接用于销售的,不再征收消费税;用于连续生产应税消费品的,其已纳税款准予按照规定从连续生产的应税消费品应纳税款中扣除。

根据以上规定,我们可以看到代理委托加工应税消费品的纳税申报包括以下两种情况:

(1)为受托方代理其应向主管税务机关报送的代收代缴消费税纳税申报表;

(2)为委托方代理申报,分为两种:其一,为委托个体经营者加工应税消费品的委托方代理纳税申报;其二,为已经由受托方代收代缴税款的委托方代理纳税申报,此时应向主管税务机关提供已经由受托方代收代缴税款的完税证明。

(三)代理进口应税消费品的纳税申报

纳税人进口应税消费品的,应向报关地海关申报纳税,其纳税义务发生时间为报关进口的当天。

（四）代理出口应税消费品的免退税

有两类企业出口应税消费品后能够办理免退税，即生产企业和外贸企业。除此之外的其他企业出口应税消费品既不免税也不退税。

1. 生产企业

税务代理人在代理有进出口经营权的生产企业自营或委托出口的应税消费品的申报时，应该向主管税务机关提供"一单一票"办理免退税手续。已经办理免退税的应税消费品发生退关或国外退货，出口时已经予以免税的，经所在地主管税务机关批准，可以暂时不办理补税，待其转为国内销售时，再办理补缴消费税的申报手续。

2. 外贸企业

有出口经营权的外贸企业购进应税消费品直接出口，以及外贸企业受其他外贸企业委托代理出口应税消费品时，实行专用税票管理制度，其纳税申报程序为：

（1）生产企业将应税消费品销售给外贸企业出口，应该到主管税务机关开具消费税专用税票，并将其交给外贸企业。

（2）外贸企业将应税消费品出口后，凭"一单两票"及消费税专用税票向主管税务机关办理退税手续，报送《出口退税货物进货凭证申报明细表》和《出口货物退税申报明细表》。

（3）如果出口的应税消费品办理退税后出现退关或退货，外贸企业应于当期向主管税务机关申报补缴已退税款，填制"出口商品退运已补税证明"。

二、代理消费税纳税申报的流程

消费税实行差别税率，对不同的应税消费品采用不同的税率，而且对不同的应税消费品采用不同的征税方法——从价定率、从量定额和复合征税方法。

对于实行从价定率的应税消费品，其应纳消费税税额的计算公式为：

纳税人应纳消费税税额＝应税消费品的销售额×消费税税率

对于实行从量定额的应税消费品，其应纳消费税税额的计算公式为：

纳税人应纳消费税税额＝应税消费品的销售数量×单位税额

对于实行复合征税办法的应税消费品，其应纳消费税税额的计算公式为：

纳税人应纳消费税税额＝销售额×消费税税率＋销售数量×单位税额

因此，税务代理人应按下列流程代理消费税的纳税申报：

（1）深入企业了解企业的生产经营情况，核实企业应税消费品的种类、名称，并根据税法的规定，确定其适用税目、税率或税额。

（2）核实应税消费品的生产销售情况。税务代理人通过核查"库存商品""自制半成品"等存货账户，核实应税消费品的去向——是用于销售还是自用。如果是对外销售，税务代理人应结合收入账户，核实销售数量或销售额；如果是自用，税务代理人应该首先确定该应税消费品是用于连续生产应税消费品还是用于其他用途，如果用于连续生产应税消费品，则在此环节无须纳税，如用于其他用途，税务代理人应核实应税数量或应税销售额。通过核实应税消费品的生产销售情况确定各种应税消费品的计税数量或金额。

（3）根据已核实的计税数量或金额，依照规定的税目、税率（税额），计算应纳消费税税额，并与"应交税费——应交消费税"账户资料核实是否相符。如果不符，应建议纳税人调账。

（4）根据正确无误的计税资料，填报相应的《消费税纳税申报表》及其附表。

三、《消费税纳税申报表》及其填写

目前我国的《消费税纳税申报表》包括：《烟类应税消费品消费税纳税申报表》《成品油消费税纳税申报表》《酒类消费税纳税申报表》《小汽车消费税纳税申报表》《电池消费税纳税申报表》《涂料消费税纳税申报表》及《其他应税消费品消费税纳税申报表》。

此外，还应提供下列资料：

（1）生产石脑油、溶剂油、航空煤油、润滑油、燃料油的纳税人在办理纳税申报时还应提供《生产企业生产经营情况表》和《生产企业产品销售明细表（油品）》。

（2）外购应税消费品连续生产应税消费品的，提供外购应税消费品增值税专用发票（抵扣联）的原件和复印件。如果外购应税消费品的增值税专用发票属于汇总填开的，除提供增值税专用发票（抵扣联）的原件和复印件外，还应提供随同增值税专用发票取得的由销售方开具并加盖财务专用章或发票专用章的销货清单的原件和复印件。

（3）委托加工收回应税消费品连续生产应税消费品的，提供"代扣代收税款凭证"的原件和复印件。

（4）进口应税消费品连续生产应税消费品的，提供"海关进口消费税专用缴款书"的原件和复印件。

（5）扣缴义务人必须报送《消费税代扣代缴税款报告表》。

（6）汽油、柴油消费税纳税人还需报送：1）《生产企业生产经营情况表（油品）》；2）《生产企业产品销售明细表（油品）》；3）主管部门下达的月度生产计划；4）企业根据生产计划制订的月度排产计划。

（7）抵减进口葡萄酒消费税退税纳税人还需报送《海关进口消费税专用缴款书》复印件。

下面我们以烟类应税消费品为例加以介绍。

【案例 6-3】 某卷烟厂系增值税一般纳税人，主要生产卷烟，其不含增值税的调拨价格为 80 元/标准条，适用的消费税比例税率为 56%，从量定额税率为 0.003 元/支。税务机关为其核定的纳税期限为 1 个月。该厂 2016 年 12 月有关资料如下：

（1）月初库存外购烟丝的买价为 300 万元。

（2）12 月 8 日购入烟丝，不含增值税价款为 500 万元，取得了增值税专用发票。发票账单和烟丝同时到达企业，该批烟丝已经验收入库。

该批烟丝中所含的消费税＝500×30%＝150（万元）

会计处理为：

借：原材料——烟丝	3 500 000
应交税费——应交消费税	1 500 000
——应交增值税（进项税额）	850 000
贷：银行存款	5 850 000

（3）12 月 9 日委托 B 企业加工烟丝一批，原材料成本为 10 000 元，支付的加工费为 8 000 元（不含增值税）。B 企业无同类消费品的销售价格。12 月 20 日烟丝加工完成验收入库，加工费用等已经支付。收回烟丝后用于生产卷烟。

1）发出委托加工材料时：

借：委托加工物资　　　　　　　　　　　　　　　　　　　　　　　　　　10 000

　　贷：原材料　　　　　　　　　　　　　　　　　　　　　　　　　　　　10 000

2）支付加工费用时：

$$消费税的组成计税价格 = \frac{10\,000 + 8\,000}{1 - 30\%} = 25\,714.29（元）$$

B 企业应代收代缴的消费税 $= 25\,714.29 \times 30\% = 7\,714.29$（元）

应纳增值税 $= 8\,000 \times 17\% = 1\,360$（元）

借：委托加工物资　　　　　　　　　　　　　　　　　　　　　　　　　　8 000

　　应交税费——应交增值税（进项税额）　　　　　　　　　　　　　　　1 360

　　　　　　——应交消费税　　　　　　　　　　　　　　　　　　　　　7 714.29

　　贷：银行存款　　　　　　　　　　　　　　　　　　　　　　　　　　17 074.29

3）加工完成收回委托加工材料时：

借：原材料　　　　　　　　　　　　　　　　　　　　　　　　　　　　　18 000

　　贷：委托加工物资　　　　　　　　　　　　　　　　　　　　　　　　18 000

4）用于生产卷烟时：

借：生产成本　　　　　　　　　　　　　　　　　　　　　　　　　　　　18 000

　　贷：原材料　　　　　　　　　　　　　　　　　　　　　　　　　　　18 000

（4）12 月 15 日以直接收款方式销售卷烟 1 000 标准箱（5 000 万支），取得不含增值税销售额 2 000 万元。

1）该项销售业务的增值税销项税额 $= 20\,000\,000 \times 17\% = 3\,400\,000$（元）。

借：银行存款　　　　　　　　　　　　　　　　　　　　　　　　　　　　23 400 000

　　贷：主营业务收入——卷烟　　　　　　　　　　　　　　　　　　　　20 000 000

　　　　应交税费——应交增值税（销项税额）　　　　　　　　　　　　　3 400 000

2）该项销售业务应纳的消费税 $= 20\,000\,000 \times 56\% + 50\,000\,000 \times 0.003 = 11\,350\,000$（元）。

借：税金及附加　　　　　　　　　　　　　　　　　　　　　　　　　　　11 350 000

　　贷：应交税费——应交消费税　　　　　　　　　　　　　　　　　　　11 350 000

结转销售成本的会计分录略。

（5）月末烟丝存货为 200 万元。

（6）2016 年 11 月应纳消费税为 8 220 376.88 元，已于 12 月缴入国库。

税务代理人在代理纳税申报时，对该卷烟厂的账证资料进行了核实，并收集整理了有关资料。经核实，企业上述业务是真实的，账务处理也是正确的。在此基础上，计算该企业应纳的消费税税款。

本期该企业销售卷烟应纳的消费税税款 $= 11\,350\,000$（元）

本期生产领用外购烟丝的买价 $= 3\,000\,000 + 5\,000\,000 - 2\,000\,000$

$\qquad\qquad\qquad\qquad\qquad\qquad = 6\,000\,000$（元）

当期准予扣除的外购应税消费品已纳税款 $= 6\,000\,000 \times 30\% = 1\,800\,000$（元）

当期准予扣除的委托加工应税消费品已纳税款 $= 7\,714.29$（元）

本月应纳消费税税款 $= 11\,350\,000 - 1\,800\,000 - 7\,714.29$

＝9 542 285.71（元）

根据通过核实、整理的有关资料，填写《烟类应税消费品消费税纳税申报表》（见表 6-1）及其附表（见表 6-2、表 6-3、表 6-4），办理签章手续。

表 6-1　　　　　　　　　**烟类应税消费品消费税纳税申报表**

税款所属期：2016 年 12 月 1 日至 2016 年 12 月 31 日

纳税人名称（公章）：　　　纳税人识别号：□□□□□□□□□□□□□□□□□□□□

填表日期：2017 年 1 月 10 日　　单位：卷烟万支、雪茄烟支、烟丝千克　　金额单位：元（列至角分）

应税消费品名称	适用税率		销售数量	销售额	应纳税额
	定额税率	比例税率			
卷烟	30 元/万支	56%	5 000	20 000 000.00	11 350 000.00
卷烟	30 元/万支	36%	0	0.00	0.00
雪茄烟	—	36%	0	0.00	0.00
烟丝	—	30%	0	0.00	0.00
合　计					11 350 000.00

本期准予扣除税额：1 807 714.29	**声明** 此纳税申报表是根据国家税收法律的规定填报的，我确定它是真实的、可靠的、完整的。 经办人（签章）： 财务负责人（签章）： 联系电话：
本期减（免）税额：0.00	
期初未缴税额：8 220 376.88	
本期缴纳前期应纳税额：8 220 376.88	（如果你已委托代理人申报，请填写） 　　　　　　　　授权声明 为代理一切税务事宜，现授权＿＿＿＿＿＿（地址）为本纳税人的代理申报人，任何与本申报表有关的往来文件，都可寄予此人。 授权人签章：
本期预缴税额：0.00	
本期应补（退）税额：9 542 285.71	
期末未缴税额：9 542 285.71	
以下由税务机关填写	
受理人（签章）：　　受理日期：　　年　月　日　受理税务机关（章）：	

表 6-2　　　　　　　　　**本期准予扣除税额计算表**

税款所属期：2016 年 12 月 1 日至 2016 年 12 月 31 日

纳税人名称（公章）：　　　纳税人识别号：□□□□□□□□□□□□□□□□□□□□

填表日期：2017 年 1 月 10 日　　　　　　　　　　　　金额单位：元（列至角分）

一、当期准予扣除的委托加工烟丝已纳税款计算	金额
1. 期初库存委托加工烟丝已纳税款	0.00
2. 当期收回委托加工烟丝已纳税款	7 714.29
3. 期末库存委托加工烟丝已纳税款	0.00
4. 当期准予扣除的委托加工烟丝已纳税款	7 714.29
二、当期准予扣除的外购烟丝已纳税款计算	
1. 期初库存外购烟丝买价	3 000 000.00
2. 当期购进烟丝买价	5 000 000.00
3. 期末库存外购烟丝买价	2 000 000.00
4. 当期准予扣除的外购烟丝已纳税款	1 800 000.00
三、本期准予扣除税款合计	1 807 714.29

表 6-3 　　　　　　　　　　　**本期代收代缴税额计算表**

税款所属期：2016 年 12 月 1 日至 2016 年 12 月 31 日

纳税人名称（公章）：　　　　纳税人识别号：□□□□□□□□□□□□□□□

填表日期：2017 年 1 月 10 日　　　　　　　　　　　金额单位：元（列至角分）

项目 ＼ 应税消费品名称		卷烟	卷烟	雪茄烟	烟丝	合计
适用税率	定额税率	30 元/万支	30 元/万支	—	—	—
	比例税率	36%	36%	36%	30%	—
受托加工数量						—
同类产品销售价格						
材料成本						
加工费						
组成计税价格						—
本期代收代缴税款						

表 6-4 　　　　　　　　　　　　**卷烟销售明细表**

税款所属期：　　年　月　日至　　年　月　日

纳税人名称（公章）：　　　　纳税人识别号：□□□□□□□□□□□□□□□

填表日期：　　年　月　日　　　　　　　　单位：万支、元、元/条（200 支）

卷烟牌号	烟支包装规格	产量	销量	消费税计税价格	销售额	备注
合计	—			—		—

　　年度终了，烟类生产企业还需要报送《卷烟生产企业年度销售明细表》（见表 6-5）和《卷烟生产企业年度销售明细汇总表》（见表 6-6）。

表 6-5 　　　　　　　　　　　**卷烟生产企业年度销售明细表**

所属期：　　　　年度

企业名称：　　　　　　　　　　　　　　　计量单位：万支、元、元/条（200 支）

卷烟条包装商品条码	卷烟牌号规格	产量	销量	销售价格	调拨价格	消费税计税价格	销售额	备注
1	2	3	4	5	6	7	8	9

表 6-6 卷烟生产企业年度销售明细汇总表

所属期： 年度

填报单位： 计量单位：万支、元、元/条（200 支）

企业名称	卷烟条包装商品条码	卷烟牌号规格	产量	销量	销售价格	调拨价格	消费税计税价格	销售额	备注
1	2	3	4	5	6	7	8	9	10

【本章小结】

1. 在审查消费税纳税情况时，应按照消费税的纳税环节，分别从征税范围、计税依据、适用税率或单位税额、税款计算缴纳等方面进行审查核实。

2. 消费税有两种计税依据：销售额和销售数量。

3. 在审查应纳消费税税额时，应注意以外购已税消费品为原材料连续生产应税消费品和用委托加工收回的应税消费品连续生产应税消费品在计税时的特殊规定。

4. 注意委托加工应税消费品中关于纳税人和扣缴义务人的规定。

5. 代理消费税纳税申报分为四种情况：代理自产应税消费品的纳税申报、代理委托加工应税消费品的纳税申报、代理进口应税消费品的纳税申报和代理出口应税消费品的免退税。

6. 在代理消费税纳税申报时，注意委托加工收回的应税消费品用于连续生产应税消费品和直接销售的会计处理的不同之处。

【思考题】

1. 如何代理委托加工应税消费品的纳税审查？

2. 如何填写消费税的纳税申报表？

【实务训练题】

1. 某日化厂为增值税一般纳税人，主要生产、销售化妆品和护肤护发品。税务师事务所接受企业委托于 2016 年 12 月 8 日对该企业 11 月份应纳的增值税、消费税、城市维护建设税和教育费附加进行审查。

审查的资料如下：

（1）11 月 5 日，外购一批原材料，增值税专用发票注明的金额为 20 000 元，增值税税额为 3 400 元；运费增值税专用发票上注明的运费为 1 000 元，增值税税额为 110 元。企业的账务处理为：

借：材料采购 21 000

应交税费——应交增值税（进项税额） 3 510

　　贷：银行存款　　　　　　　　　　　　　　　　　　　　　　　24 510

（2）11月12日，外购一批材料用于建造职工食堂，增值税专用发票注明的金额为30 000元，增值税税额为5 100元。企业的账务处理为：

　　借：工程物资　　　　　　　　　　　　　　　　　　　　　　　30 000

　　　　应交税费——应交增值税（进项税额）　　　　　　　　　　 5 100

　　　　贷：银行存款　　　　　　　　　　　　　　　　　　　　　35 100

（3）11月14日，由于保管员擅离职守，造成库存化妆品被盗，经查账面价值为30 000元，耗用外购原材料15 000元。经经理办公会研究决定，由保管员赔60%，另外40%计入营业外支出，企业的账务处理为：

　　借：营业外支出　　　　　　　　　　　　　　　　　　　　　　12 000

　　　　其他应收款　　　　　　　　　　　　　　　　　　　　　　18 000

　　　　贷：库存商品　　　　　　　　　　　　　　　　　　　　　30 000

（4）11月25日，将高档化妆品和普通化妆品组成套装销售，不含增值税销售额为200 000元，其中高档化妆品销售额占30%，普通化妆品销售额占70%，款项已经收到。企业的账务处理为：

　　借：银行存款　　　　　　　　　　　　　　　　　　　　　　　234 000

　　　　贷：主营业务收入　　　　　　　　　　　　　　　　　　　200 000

　　　　　　应交税费——应交增值税（销项税额）　　　　　　　　 34 000

　　借：税金及附加　　　　　　　　　　　　　　　　　　　　　　19 800

　　　　贷：应交税费——应交消费税　　　　　　　　　　　　　　18 000

　　　　　　　　　　——应交城建税　　　　　　　　　　　　　　 1 260

　　　　　　　　　　——应交教育费附加　　　　　　　　　　　　　 540

要求：

（1）根据所给资料，指出存在的纳税问题。

（2）做出相关调账分录。

（3）正确计算该企业2016年11月应补缴的增值税、消费税、城市维护建设税和教育费附加，并做出相关计提和补缴税款的会计处理。

2.玉龙泉酒厂系某市国有企业，被主管税务机关认定为增值税一般纳税人。该企业主要生产白酒及滋补药酒。2016年9月份的业务资料如下：

（1）从A农场收购薯干一批，开具主管税务机关核准使用的收购凭证上注明收购金额为200 000元，数量为200吨，取得承运部门开具的运费增值税专用发票上注明运费为16 000元，增值税税额为1 760元。

（2）从A农场收购的40吨薯干发往本市甲酒厂，委托加工成薯类白酒，双方签署委托加工合同一份，载明由玉龙泉酒厂提供主要原料薯干40吨，成本价为38 576元；由甲酒厂代垫部分辅料，收取加工费（含辅料款）30 000元，增值税5 100元，并开具增值税专用发票。已知甲酒厂无同类产品价格可供参考。

（3）将委托甲酒厂加工完的5吨薯类白酒全部收回，已全部支付加工费及相关税费。薯类白酒期初无库存，收回后60%用于勾兑生产药酒；10%销售给某个体餐厅，取得含税收入12 500元已送存银行；其余30%待以后生产药酒。

（4）当月制成的 4 吨药酒生产成本为 160 000 元，已验收入库，其中 70% 对外销售，取得含税收入 198 900 元，已送存银行。

（5）当月生产的薯类白酒 5 吨，生产成本为 220 000 元，已验收入库，其中 90% 对外销售，取得含税收入 425 600 元，已送存银行。

（6）本月将 300 千克生产成本为 12 000 元的药酒分别赠送给本市各药店。

（7）本月外购包装物，取得增值税专用发票上注明价款为 100 000 元，增值税税额为 17 000 元，包装物已验收入库，但款项尚未支付。

（8）2016 年 8 月 31 日，"应交税费——未交增值税"科目贷方余额为 20 000 元，企业已经于 2016 年 9 月 8 日通过银行划账方式将税款缴入国库。

要求：

（1）根据上述资料的先后顺序做相关的账务处理。

（2）计算当期应纳的各流转税及附加，并填写《增值税纳税申报表》《酒类应税消费品消费税纳税申报表》及其附表。

第七章 代理企业所得税纳税审核与纳税申报

【学习目的】

通过本章的学习，应当掌握企业所得税的基本规定，掌握企业所得税纳税审查的重点和方法，并能够根据错账发生的时间和错账的类型进行调账；掌握预缴、年度汇算清缴申报表的填写。

【导入案例】

华芳化妆品有限责任公司 2016 年度销售收入为 3 000 万元，税前会计利润总额为 500 万元，企业已按会计利润总额提取并预缴 125 万元的企业所得税。2017 年 1 月 15 日，华夏税务师事务所受托代理华芳化妆品有限责任公司的所得税纳税申报。

华夏税务师事务所经过审查华芳化妆品有限责任公司的有关账户和凭证资料，发现下列问题：

（1）"管理费用"中列支业务招待费 58 万元，审查"预提费用"账户，发现企业本年度提取业务招待费 8 万元，账务处理为：

借：管理费用——业务招待费	80 000
贷：预提费用——业务招待费	80 000

（2）两笔应付账款合计金额为 30 万元，因债权人放弃债权，于期末结转至资本公积，账务处理为：

借：应付账款	300 000
贷：资本公积	300 000

请问：

（1）华芳化妆品有限责任公司的会计分录是否正确？如果不正确，请做出跨年度的账务调整。

（2）计算华芳化妆品有限责任公司应补缴的所得税税额，并做出补税的相关账务处理。

第一节 代理企业所得税纳税审查

由于企业应纳所得税税额＝应纳税所得额×适用税率，其中应纳税所得额＝收入总额－不征税收入－免税收入－扣除额－允许弥补的以前年度亏损，因此在代理企业所得税纳税审查时，主要应从年度收入总额、税前准予扣除项目、适用税率、减免税、应纳税所得额及应纳所得税额等方面进行审查。

一、年度收入总额的审查

收入总额的审查包括：主营业务收入的审查、其他业务收入的审查、投资收益的审查和营业外收入的审查。

（一）主营业务收入的审查

对主营业务收入的审查内容及方法，已在第五章增值税的有关内容中加以介绍，此处从略。

在进行企业所得税纳税审查时，应注意审查应税收入、不征税收入和免税收入的划分是否正确。

1. 不征税收入

按照《中华人民共和国企业所得税法》的规定，收入总额中下列收入属于不征税收入：

（1）财政拨款。财政拨款，是指各级政府对纳入预算管理的事业单位、社会团体等组织拨付的财政资金，但国务院以及国务院财政、税务主管部门另有规定的除外。对企业减免及返还的流转税（含即征即退、先征后退），除国务院、财政部、国家税务总局有指定用途的项目外，都应并入企业利润，征收所得税。对直接减免或即征即退的，应并入当年利润；对先征后退或先征后返还的，应并入实际收到退税或返还税款年度的利润。企业取得的国家财政性补贴和其他补贴收入，除国务院、财政部和国家税务总局规定不计入损益者外，应一律并入实际收到该补贴收入年度的应纳税所得额。

（2）依法收取并纳入财政管理的行政事业性收费、政府性基金。

（3）国务院规定的其他不征税收入。国务院规定的其他不征税收入，是指企业取得的，经国务院批准的国务院财政、税务主管部门规定专项用途的财政性资金。专项用途财政性资金，是指企业从县级以上各级人民政府财政部门及其他部门取得，并且同时符合以下条件的财政性资金：1）企业能够提供规定资金专项用途的资金拨付文件；2）财政部门或其他拨付资金的政府部门对该资金有专门的资金管理办法或具体管理要求；3）企业对该资金及以该资金发生的支出单独进行核算。

2. 免税收入

在企业收入总额中，下列收入为免税收入：

（1）国债利息收入。国债利息收入，是指企业持有国务院财政部门发行的国债取得的利息收入。

（2）地方债利息收入。对企业取得的 2012 年及以后年度发行的地方政府债券利息收入，免征企业所得税。

（3）符合条件的居民企业之间的股息、红利等权益性投资收益。符合条件的居民企业之间的股息、红利等权益性投资收益，是指居民企业直接投资于其他居民企业取得的投资收益。

（4）在中国境内设立机构、场所的非居民企业从居民企业取得的与该机构、场所有实际联系的股息、红利等权益性投资收益。

其中第（3）项和第（4）项所称股息、红利等权益性投资收益，不包括连续持有居民企业公开发行并上市流通的股票不足12个月取得的投资收益。换言之，居民企业及在中国境内设立机构、场所的非居民企业，连续持有居民企业公开发行并上市流通的股票超过12个月的，取得的权益性投资收益为免税收入；未达到12个月的，取得的权益性投资收益则为应税收入。该规定实际上是鼓励企业长期持有上市公司的股票。

（5）符合条件的非营利组织的收入。

在审查的过程中，税务代理人员要注意企业有无误将应税收入当作不征税收入或免税收入从收入总额中扣除的现象。

（二）其他业务收入的审查

其他业务收入包括材料销售、固定资产出租、包装物出租、无形资产转让等取得的收入。在审查时应侧重审查收入的入账时间、入账金额及账务处理是否正确，是否有漏记、少记其他业务收入等情况，具体审查方法与流转税相同。

（三）投资收益的审查

投资收益是利润总额的重要组成部分，是指对外投资分得的利润、股息、利息、投资收回收益，以及按照权益法核算的股权投资在被投资单位增加的净资产中所拥有的数额等，扣除发生的投资损失后的所得。在审查投资收益时，应首先了解企业对外投资的总体情况，核查投资账户及有关股权或债权证明以及有关协议、章程、批准文件，看企业有无对外投资，采用什么样的方式投资及投资金额。然后，按交易性金融资产、持有至到期投资和长期股权投资分类进行审查。

在审查交易性金融资产时，重点审查转让和兑付债券、股票、基金时是否及时记入"投资收益"账户，记入金额是否正确；短期股票投资本期已宣告发放的股利是否准确并及时入账，出售股票所得收入的核算是否及时、准确。

在审查长期股权投资和持有至到期投资收益时，应重点审查以下方面：

（1）根据"长期股权投资""银行存款""无形资产""固定资产""存货"等明细账与有关凭证及签订的投资合同、协议，核查纳税人对外投资的方式和金额，了解接受投资单位的情况，如企业对投资单位是否拥有控制权；投资收益的方法是否正确；有无应按权益法核算，而按成本法核算的问题。

（2）根据"长期股权投资""银行存款""无形资产""固定资产"等明细账及有关凭证，审查对外投资时资产的计价是否正确，评估确认价值与账面净值的差额是否计入收益。

（3）根据"持有至到期投资"明细账核查企业溢价或折价购入债券情况，债券投资全年应计利息的计算是否正确，是否及时转入收益；溢价或折价购入债券在债券存续期内溢价、折价金额的摊销是否严格按直线摊销法摊销，有无多摊或少摊、不摊的现象。

（4）按权益法核算股票投资或其他投资时，是否及时、准确地计算结转应分离或分担被投资企业净资产增加额或减少额；接受投资方发生资产变动时，是否及时按投资比例调整本企业的"长期股权投资"账户，及时转入本年投资收益。

（5）根据"长期股权投资""持有至到期投资""投资收益"等明细账及其他有关资料，核查纳税人转让投资所得或存续期内应分回的投资收益有无未及时或未记入"投资收益"账户，挪作他用或在往来账户核算，年末少转或不转"本年利润"的现象；有无利润分配分回实物直接记入存货类账户等，而未按同类商品市价或其销售收入计入投资收益的问题。

（四）营业外收入的审查

营业外收入是指企业发生的与生产经营没有直接联系的收入。营业外收入包括非流动资产处置利得、非货币性资产交换利得、债务重组利得、政府补助、盘盈利得、捐赠利得等。对营业外收入审查的主要内容和方法包括：

（1）审查应属于营业外收入的项目，有无不及时转账，长期挂"其他应付款""应付账款"账户的。有些企业将应反映在营业外收入中的各种收入通过各种方式反映在"应付账款""应付职工薪酬""其他应付款"等账户中，或作为账外"小金库"。

对上述问题的审查应从以下几个方面入手：

1）检查银行存款日记账及现金日记账的记录，从摘要记录及对方科目中发现线索。

2）有重点地检查"应付账款""应付职工薪酬""其他应付款"等明细账记录，必要时检查有关的记账凭证和原始凭证，了解其会计处理是否符合实际业务情况。

（2）审查有无将营业外收入直接转入企业税后利润，甚至做账外处理或直接抵付非法支出的现象。

在审查时应注意：从账户的对应关系中审查有无异常的转账凭证；从"生产费用"各账户贷方检查企业是否把营业外收入直接冲减费用额；从"盈余公积"贷方发生额检查有无将营业外收入列入税后利润；从"待处理财产损溢——待处理固定资产损溢"账户借方，审查固定资产盘盈是否转入"营业外收入"账户；从"固定资产清理"账户审查出售固定资产净收益是否作为"营业外收入"入账。若发现问题，应认真查阅有关会计凭证，进而追查，弄清问题真相，凡属于营业外收入的均应调增应纳税所得额。

在本章导入案例中，华芳化妆品有限责任公司对于债权人放弃债权的两笔应付账款的处理是错误的，按照现行会计准则的规定，债务重组利得应该记入"营业外收入"账户，而非"资本公积"账户。由于现在是进行跨年度账务调整，因此其调账分录为：

　　借：资本公积　　　　　　　　　　　　　　　　　　　　　　　　300 000

　　　　贷：以前年度损益调整　　　　　　　　　　　　　　　　　　　300 000

二、税前准予扣除项目的审查

（一）主营业务成本的审查

主营业务成本是企业在一定时期内（如一个纳税年度）已实现销售的产品制造成本。对主营业务成本的审查主要包括：材料费用的审查，职工工资及三项经费的审查，制造费用的审查，固定资产折旧费的审查，产品制造成本的审查，主营业务成本的审查。

1. 材料费用的审查

材料费用的审查分为三个方面：收入材料的审查、发出材料的审查和期末结存材料的审查。

（1）收入材料的审查。

企业收入的材料主要有：外购材料和自制或委托加工收回的材料及其他方式取得的材料。无论哪类材料，在审查时，关键要审查材料的入库数量和成本。

在审查入库材料的数量时，关键是审查入库数量是否准确。对于外购材料，应将材料明细账的借方记录与记账凭证所附的发票、材料入库单相核对，看三者之间的货物名称、计量单位、数量等是否一致。必要时，可采用盘点的办法倒挤计算出本期收入材料的数量。对于自制或委托加工收回材料入库数量的审查，可以按照发出实际耗用材料的数量和单位消耗定额测算应入库材料的数量，并与材料明细账进行核对，看二者是否相符。

在审查入库材料的成本时，对于外购材料和自制或委托加工收回的材料及其他方式取得的材料应采用不同的方法。

外购材料的实际成本包括买价、运杂费、运输途中的合理损耗、入库前挑选整理费用、购入材料负担的税金和进口货物的关税（不包括增值税、外汇差价和其他费用）等。按现行财务会计制度的规定，材料成本可以按实际成本核算也可以按计划成本核算。对采用实际成本核算的外购材料成本，应重点审查有无多计、不计或少计收入材料的实际成本情况。审查时，首先应通过"在途物资""原材料"账户的借方"收入"栏各项内容同记账凭证、原始凭证、收料凭证核对，看科目对应关系、记入的金额是否正确。然后调阅其他有关账簿，如"生产成本""制造费用""管理费用"等账户，核对原始凭证，看是否将收入材料成本直接记入上述账户。对采用计划成本核算的外购材料成本，仍需审查购进材料的实际成本内容，除此之外，还应审查材料成本差异部分，看企业有无只结转超支差异而不结转节约差异的情况。检查时，首先应按上述办法审查"材料采购"账户借方发生额中有无多记或少记购入材料的实际成本；其次，将核实后的"材料采购"账户的借方余额同"原材料"账户借方余额、"材料成本差异"账户余额相比较，看有无数字间逻辑关系不一致的现象，如有不一致，则详细检查"材料成本差异"账户核算内容的真实性，看有无少转收入材料的节约差异。

对自制、委托加工收回材料的成本，应重点审查发出材料的实际成本、自制或委托加工过程中发生的其他费用、完工或加工收回材料的结转情况。在审查时，首先应审查"生产成本——自制材料""委托加工物资"账户的借方发生额，逐笔核对记账凭证，看科目对应关系有无异常情况，调阅原始凭证，看核算金额是否正确；其次，审查"生产成本——自制材料""委托加工物资"账户的借方发生额，对照"原材料""材料成本差异"账户及入库单，看数量、金额是否相符，查证是否存在上述问题。

对于其他方式取得材料的成本，首先应审查投资或捐赠转入材料的真实性，有无以投资、捐赠为名取得，实为商品购销的行为；其次，审查转入材料的用途，看其是否为生产经营所需；最后，审查验收入库材料的计价是否为合同或协议价，作价是否公平、合理。审查时，应通过审查"原材料"账户借方发生额，对照原始凭证来了解材料的来源及作价方面的问题，同时了解材料的用途，确认收入材料核算的真实性和准确性。

（2）发出材料的审查。

在对发出材料进行审查时，应主要审查材料成本的计算和结转情况。对发出材料成本的审查，应重点审查发出材料的数量与计价。

在审查发出材料的数量时，可将"原材料"明细账贷方发生额中"数量合计数"与领料凭证汇总表、领料单及材料费用分配表进行核对，核实各领料部门实际领用材料的数量。另外，还可以根据企业的材料盘存制度，通过一定的测算方法求得本期应耗材料数量。

对发出材料计价的检查，应根据企业采取的材料计价核算形式来确定审查内容及方法。

1) 对按实际成本发料的审查。

对采用实际成本进行材料核算的企业,应根据企业在一个会计年度里所选用的计价方法来确定具体审查内容及方法。

采用先进先出法的,可以用倒挤法来检验发出材料的成本是否正确,即以库存材料成本倒挤发料成本。它有两种情况:当库存数量小于或者等于最后一批购入数量时,库存材料的单价应与最后一批购入的材料单价相等;当库存数量大于最后一批购入数量时,应把大于的数量依次向前推算,加计成本。

采用加权平均成本法的,主要审查其发出材料与结存材料的单价是否一致。如果不一致,就要计算出多转或少转成本数额;如果一致,就要看它是否使用正确的加权平均单价。多转或少转成本的计算公式为:

多转或少转发料成本＝结存数量×正确加权平均单价－账面结存余额

如果是正数,说明少计了库存材料成本,多转了发料成本;如果是负数,说明少转了发料成本。

采用移动加权平均成本法的,主要看结存材料的单价是否与本期最后一批购入材料计算的平均单价一致。

2) 对按计划成本发料的审查。

对于采取计划成本进行材料核算的企业,应重点审查材料成本差异的分配是否正确,有无多转或少转发出材料成本的情况。

所谓材料成本差异分配就是把材料采购的实际成本与计划成本的差异额按发出材料与结存材料的比例进行分摊,将发出材料的计划成本调整为实际成本。相关的计算公式如下:

$$材料成本差异率＝\frac{月初结存材料成本差异额＋本月收入材料成本差异额}{月初结存材料计划成本＋本月收入材料计划成本}×100\%$$

$$发出材料应负担的材料成本差异＝发出材料的计划成本×材料成本差异率$$

如果材料成本差异是正数,说明实际成本大于计划成本,材料成本差异反映在差异账户的借方,称为蓝字差异;如果材料成本差异是负数,说明实际成本小于计划成本,材料成本差异反映在差异账户的贷方,称为红字差异。

在审查时,税务代理人员应该注意企业同一时间发出材料和结存材料据以分配的成本差异率是否一致。企业提高蓝字或者压低红字材料发出差异,就是多转了发料成本,同时必然反映为库存蓝字差异偏低或者红字差异偏高,反之则相反。

【案例 7－1】 某企业某月份的材料成本差异明细账如表 7－1 所示。

表 7－1　　　　　　　　　　材料成本差异明细账

年		凭证号	摘要	收入材料	发出材料	差异率	借方金额	贷方金额
月	日	(略)		计划成本	计划成本		(超支)	(节约)
			月初余额	40 000			320	
			本月收入	260 000			2 680	
			本月发出		200 000	1.1%	2 200	
			本月合计	300 000	200 000		800	
			月末余额	100 000			800	

请问：发出材料的成本计算是否正确？

解析：

税务代理人员可以按照下列步骤进行检查。

第一步：比较材料发出和结存差异率。

$$发出材料差异率 = \frac{2\ 200}{200\ 000} \times 100\% = 1.1\%$$

$$结存材料差异率 = \frac{800}{100\ 000} \times 100\% = 0.8\%$$

从计算结果可以看到，材料发出差异率和材料结存差异率不一致，说明存在问题。

第二步：重新计算正确的材料成本差异率。

$$材料成本差异率 = \frac{320 + 2\ 680}{40\ 000 + 260\ 000} \times 100\% = 1\%$$

第三步：计算调整多转或少转的发料成本。

从上面的计算结果我们可以看到，该企业提高了蓝字材料发出差异，即多转了发料成本。

$$\begin{array}{l} 多转发出 \\ 材料成本 \end{array} = \begin{array}{l} 本期结转的 \\ 材料成本差异额 \end{array} - \begin{array}{l} 本期发出 \\ 材料计划成本 \end{array} \times \begin{array}{l} 材料成本 \\ 差异率 \end{array}$$

$$= 2\ 200 - 200\ 000 \times 1\% = 200\ （元）$$

第四步：调账。

借：材料成本差异 　　　　　　　　　　　　　　　　　　　　　　200

　　贷：生产成本（库存商品、本年利润等）　　　　　　　　　　　　　200

（3）期末结存材料的审查。

对企业期末结存材料的审查，通常与发出材料的审查同时进行，主要是通过材料明细账与材料盘点表审查账表的数量与金额是否一致。

首先，审查期末结存材料的数量。审查时主要应结合企业选用的盘存制度——实地盘存制或永续盘存制，对企业期末结存材料采用实地盘查或定期清查。对账实不符的，要计算出本期增加数或减少数。同时，审查企业对盘盈、盘亏材料的处理情况，看有无处理不当而影响当期所得的情况。

其次，审查期末结存材料的计价。可与发出材料成本计价的审查同时进行。

最后，审查期末结存材料成本有无异常情况，如数量或金额一方为零，另一方为蓝字或红字；数量或金额一方为红字，另一方为蓝字；数量或金额均为红字。出现这些异常情况的原因，通常是多（少）转发出材料成本造成的，审查时，若发现有上述异常情况，均应调整相关账户，调整所得额。

2. 职工工资及三项经费的审查

工资是企业根据职工的劳动数量和质量以货币形式支付给职工个人的劳动报酬。三项经费是指职工福利费[①]、职工工会经费和职工教育经费。职工工资及三项经费数量的多

---

① 2007年1月1日起实施的《企业财务通则》将原来应当由职工福利费开支的基本医疗保险、补充医疗保险、补充养老保险等内容，都规定为直接列入成本（费用），企业因此不再按照工资总额的14%计提职工福利费，但在税法中仍规定了职工福利费的限额。

少，直接影响产品成本的大小和企业经营成果，从而最终影响企业应纳税额，所以对工资及三项经费的审查非常必要。税务代理人应从以下方面审查工资及三项经费：

（1）审查人员的组成。

根据会计准则的规定，企业职工包括以下三类人员：1）与企业签订劳动合同的所有人员，含全职、兼职和临时职工；2）未与企业签订劳动合同，但由企业正式任命的人员，如董事会成员、监事会成员等；3）在企业的计划和控制之下，虽未与企业签订劳动合同或未由其正式任命，但为其提供与职工类似服务的人员，如劳务用工人员。审查时，应将"应付职工薪酬——工资"账户与工资结算单、有关人事统计报表、职工花名册、劳动部门批准的用工手册相核对，审查企业有无擅自扩大、虚列企业人数，加大职工薪酬支出、减少企业当期利润的情况。

（2）审查职工薪酬的范围。

职工薪酬主要包括：1）职工工资、奖金、津贴和补贴；2）职工福利费，主要是尚未实行分离社会职能或主辅分离、辅业改制的企业，内设医务室、职工浴室、理发室、托儿所等福利机构人员的工资、医务经费、职工因工负伤赴外地就医路费、职工生活困难补助、未实行医疗统筹企业职工医疗费用，以及按规定发生的其他职工福利支出；3）医疗保险费、养老保险费、失业保险费、工伤保险费和生育保险费等社会保险费；4）住房公积金；5）工会经费和职工教育经费；6）非货币性福利；7）因解除与职工的劳动关系给予的补偿；8）其他与获得职工提供的服务相关的支出。从职工薪酬的涵盖时间和支付形式来看，职工薪酬包括企业职工在职期间和离职后给予的所有货币性薪酬和非货币性福利，但企业向纳税人投资而分配的股息性所得不得作为职工薪酬支出。在审查时，应按照会计准则的规定，核实职工薪酬总额，看薪酬的计算是否正确。

（3）审查职工薪酬的分配。

审查时，应将"直接人工""管理费用""销售费用""应付职工薪酬——非货币性福利""在建工程"账户中的薪酬费用入账数与工资分配表进行核对，并审查薪酬费用的分配是否准确、合理。应重点审查企业有无将非生产经营人员的工资，如在建工程人员的工资，计入本期成本费用的情况。为此，审查时应首先了解企业有无在建工程；若有，再审查"在建工程"账户借方发生额，并对照工资结算单、工资分配表，核查在建工程人员的工资结算与分配情况。如果"在建工程"账户无工资列支或少分配工资的情况，则说明企业将此类人员的工资全部或部分地挤入成本、费用中，此时应进一步核对有关成本、费用账户，核实其影响当期所得的数额。

（4）审查工资费用及三项经费的列支是否符合税法规定的准予税前扣除的标准。

按照企业所得税法的规定，企业实际发生的、合理的职工工资薪金准予在税前扣除。对"合理"的判断，主要从职工实际提供的服务与报酬总额在数量上是否配比合理角度进行，凡是符合企业生产经营活动常规而发生的工资薪金支出都可以在税前据实扣除；企业发生的职工福利费支出，不超过工资薪金总额14%的部分，准予扣除；企业拨缴的职工工会经费支出，不超过工资薪金总额2%的部分，准予扣除；除国务院财政、税务主管部门另有规定外，企业发生的职工教育经费支出，不超过工资薪金总额2.5%的部分，准予扣除，超过部分，准予在以后纳税年度结转扣除；经认定的技术先进型服务企业、高新技术企业发生的职工教育经费支出，不超过工资薪金总额 8% 的部分，准予在计算企业所得税应纳税所得额时扣除，超过部分，准予在以后纳税年度结转扣除。因此，在计算企业所得税时，应按税法的规定如实列支工资及三项经费，看是否有超过标准列支三项费用的问题，若有，应进行纳税调整。

3. 制造费用的审查

制造费用是企业为生产产品和提供劳务所发生的无法直接计入生产成本及有关的成本计算对象而需按一定分配标准分配的各种间接费用。审查时，应重点审查制造费用的开支范围、开支标准和制造费用的分配情况。可以根据"制造费用"账户借方发生额、相关的记账凭证与原始凭证，分析费用列支范围与开支标准是否符合规定，有关手续是否齐备；之后将"制造费用"账户借方发生额及其记账凭证与制造费用分配计算表对照，了解制造费用在各成本计算对象间的分配是否正确。尤其要注意企业在分配制造费用时，是否有意识地向销路好的产品多转制造费用，而向积压、滞销产品少转或不转制造费用，以此调节利润。如果发现制造费用分配标准不合理，则应重新测算制造费用分配率，并对年末在产品与产成品成本进行调整。

4. 固定资产折旧费的审查

对于固定资产折旧费，应从以下几个方面进行审查：

(1) 审查折旧范围是否符合规定。

在审查时，应将"固定资产"明细账、"累计折旧"明细账对照固定资产卡片、固定资产折旧计算表，审查计提折旧的固定资产是否符合有关政策、制度的规定，有无扩大计提折旧的范围，将房屋建筑物以外未投入使用的固定资产、以融资租赁方式租出的固定资产、以经营租赁方式租入的固定资产、已足额提取折旧仍继续使用的固定资产、与经营活动无关的固定资产、单独估价作为固定资产入账的土地等提取了折旧。审查时，可根据实际情况深入企业各部门进行审查核实。

(2) 审查固定资产的原值。

在审查折旧的同时，还应审查应计提折旧的固定资产的计价是否正确。根据税法的规定，自行建造的固定资产，以竣工结算前发生的支出为计税基础；融资租入的固定资产，以租赁合同约定的付款总额和承租人在签订租赁合同过程中发生的相关费用为计税基础，租赁合同未约定付款总额的，以该资产的公允价值和承租人在签订租赁合同过程中发生的相关费用为计税基础；盘盈的固定资产，以同类固定资产的重置完全价值为计税基础；通过捐赠、投资、非货币性资产交换、债务重组取得的固定资产，按该资产的公允价值和应支付的相关税费作为计税基础；改建的固定资产，除已足额提取折旧固定资产的改建支出和租入固定资产的改建支出以外，以改建过程中发生的改建支出增加额为计税基础。

同时，要注意对固定资产增加和减少的审查。在增加的固定资产中，主要审查企业有无将投入、购入、融资租入的固定资产的保险费、安装费及使用前发生的有关费用，未增加固定资产原值，而挤入生产成本和其他有关费用的现象；自行建造的固定资产在建造过程中实际发生的支出有无挤入生产成本的现象；固定资产盘盈的处理是否符合规定，有无长期挂账不结转或转入税后利润的现象。在减少的固定资产中，主要审查固定资产因出售、报废、毁损进行清理时，有无未同时冲减累计折旧的现象；报废、毁损和盘亏的固定资产应由过失人和保险公司赔偿的损失，有无不做扣除的现象；应收回的残料价款或残料,有无不入账或转作他用的现象。

(3)审查折旧提取的依据和方法。

影响折旧的因素,除了固定资产原值以外,还有固定资产折旧年限、预计残值及折旧方法。固定资产折旧年限、预计残值及折旧方法一经确定,不得任意改变。审查时,应重点审查企业折旧年限、残值比例、折旧方法等是否符合税法的有关规定。首先,应以"累计折旧"账户、固定资产卡片及固定资产折旧计算表为主,对照税法的规定,查找相关资料,看企业有无错提折旧额的情况。其次,应审查企业有无擅自改变提取折旧的依据和方法的情况。税务代理人应根据"累计折旧"明细账贷方发生额,看各月提取的折旧金额是否均衡,对于折旧的突然增加或减少,应进一步审查当月购进和使用的固定资产情况。

(4)审查折旧费用的分配结转情况。

按照规定,固定资产的折旧费用,应按固定资产使用部门分别计入制造费用、管理费用和销售费用。在审查时,可从"累计折旧"账户贷方发生额入手,查阅记账凭证,审查科目对应关系。同时,调阅固定资产折旧计算汇总表、固定资产卡片,分析审查各部门应负担的折旧额是否正确,有无串记账户造成截留利润的现象。

5.产品制造成本的审查

审查产品制造成本的目的是核实本期完工产品成本与期末在产品成本。完工产品成本与期末在产品成本的计算与分配是否正确,不仅影响本期主营业务成本的正确性,而且将影响下期或以后各期主营业务成本的正确性。

在检查产品制造成本时,首先应确定在产品数量与完工产品数量是否正确。为此,可通过全面盘查在产品的数量加以核实。全面盘查有困难的,可选择数额较大的、主要产品的在产品进行抽盘,并验证完工程度。

在核实在产品数量和产成品数量后,应重点审查在产品成本与完工产品成本的计算与分配是否正确。

(1)审查在产品计价方法是否符合生产工艺特点,是否坚持一贯性原则。

在固定成本法下,审查各月在产品数量是否均衡,年终是否对产品实地盘点并重新计算调整。

在材料成本法下,应首先审查原材料费用是否在成本中占较大比重,以此确认其是否适合该种方法;其次,审查期末在产品成本与完工产品直接耗用材料费用的计算是否正确;最后,审查直接人工和制造费用有无全部计入完工产品成本当中,计入的金额是否正确。

在定额法下,应审查企业在产品数量是否相对稳定,在产品负担的料工费定额成本计算是否正确,并将定额成本与实际相比较,差异较大时应予调整。

在约当产量法下,审查的重点是完工率和投料率及约当产量的计量是否正确。审查时,首先应了解企业原材料的投料方式,是于投产时一次性投入还是分次投入,材料成本的分摊计算是否正确,在产品盘存量是否真实,完工程度是否准确,在产品约当量的计算是否正确;其次,审查制造费用其他项目分配率的计算;最后,审查完工产品成本与在产品成本的计算,验证账面数。

(2)完工产品成本的审查。

对完工产品成本的审查应与在产品成本的审查同时进行。主要应审查成本计算对象的选择和成本计算方法是否恰当且体现一贯性原则;成本项目的设置是否合理,各项费用的归集与分配是否体现收益性原则，确认完工产品计价是否正确；分析主要产品单位成本及构成项目有无异常变动，结合在产品的计价方法，审查完工产品计价是否正确。

在实际工作中，一般以审定的"在产品盘存表"为准，根据企业适用的计算方法，对照"生产成本"账户、成本计算单及其他有关资料，复核验算账面数额，对账面多转的完工产品成本进行账务调整。

6. 主营业务成本的审查

在审查主营业务成本时，应主要从产品销售数量、主营业务成本结转两个方面进行审查。

（1）产品销售数量的审查。

在审查产品销售数量时，首先应审查完工产品入库数量，再审查结转销售成本的产品数量。

在审查完工产品入库数量时，应将"库存商品"明细账借方记载的数量与产品验收入库单上实际入库数量相核对，核实完工产品入库数量。之后将"库存商品"明细账贷方、"主营业务收入"明细账贷方、"主营业务成本"明细账借方记载的已销产品数量与产品出库单、销售发票等资料上的数量相核对，核实已销产品数量。同时，还要特别注意企业有无将销货退回只冲减销售收入，而未冲减销售成本的问题。

（2）主营业务成本结转的审查。

对主营业务成本结转的审查方法与对发出材料成本结转的审查方法基本相同，在此不再重复。但对于那些采用计划成本核算的企业，一定要注意核对计算结转销售成本的同时是否计算并结转了产品成本差异。

（二）期间费用及支出的审查

期间费用包括管理费用、财务费用和销售费用。

1. 管理费用的审查

对管理费用的审查，应重点注意以下方面：

（1）开发新技术、新产品、新工艺发生的研究开发费用的审查。

按照税法的规定，企业为开发新技术、新产品、新工艺发生的研究开发费用，未形成无形资产计入当期损益的，在按规定实行100％扣除基础上，按研究开发费用的50％加计扣除；形成无形资产的，按无形资产成本的150％进行摊销。

根据财税〔2015〕119号文件《财政部 国家税务总局 科技部关于完善研究开发费用税前加计扣除政策的通知》的规定，研发费用的具体范围包括：1）人员人工费用。具体包括：直接从事研发活动人员的工资薪金、基本养老保险费、基本医疗保险费、失业保险费、工伤保险费、生育保险费和住房公积金，以及外聘研发人员的劳务费用。2）直接投入费用。具体包括研发活动直接消耗的材料、燃料和动力费用；用于中间试验和产品试制的模具、工艺装备开发及制造费，不构成固定资产的样品、样机及一般测试手段购置费，试制产品的检验费；用于研发活动的仪器、设备的运行维护、调整、检验、维修等费用，以及通过经营租赁方式租入的用于研发活动的仪器、设备租赁费。3）折旧费用。用于研发活动的仪器、设备的折旧费。4）无形资产摊销。用于研发活动的软件、专利权、非专利技术（包括许可证、专有技术、设计和计算方法等）的摊销费用。5）新产品设计费、新工艺规程制定费、新药研制的临床试验费、勘探开发技术的现场试验费。6）其他相关费用。与研发活动直接相关的其他费用，如技术图书资料费、资料翻译费、专家咨询费、高新科技研发保险费，研发成果的检索、分析、评议、论证、鉴定、评审、评估、验收费用，知识产权的申请费、注册费、代理费，以及差旅费、会议费等。此项费用总额不得超过可加计扣除研发费用总额的10%。7) 财政部和国家税务总局规定的其他费用。

下列活动不适用研发费用税前加计扣除政策：1) 企业产品（服务）的常规性升级。2) 对某项科研成果的直接应用，如直接采用公开的新工艺、材料、装置、产品、服务或知识等。3) 企业在商品化后为顾客提供的技术支持活动。4) 对现存产品、服务、技术、材料或工艺流程进行的重复或简单改变。5) 市场调查研究、效率调查或管理研究。6) 作为工业（服务）流程环节或常规的质量控制、测试分析、维修维护。7) 社会科学、艺术或人文学方面的研究。

企业委托外部机构或个人进行研发活动所发生的费用，按照费用实际发生额的80%计入委托方研发费用并计算加计扣除，受托方不得再进行加计扣除。委托外部研究开发费用实际发生额应按照独立交易原则确定。委托方与受托方存在关联关系的，受托方应向委托方提供研发项目费用支出明细情况。企业委托境外机构或个人进行研发活动所发生的费用，不得加计扣除。企业共同合作开发的项目，由合作各方就自身实际承担的研发费用分别计算加计扣除。

下列行业的企业不适用税前加计扣除政策：1) 烟草制造业；2) 住宿和餐饮业；3) 批发和零售业；4) 房地产业；5) 租赁和商务服务业；6) 娱乐业；7) 财政部和国家税务总局规定的其他行业。

审查时，税务代理人应通过"管理费用"明细账及有关凭证的审查，确定纳税人当年开发新技术、新产品、新工艺的研究开发费用支出情况，如纳税人存在研究开发费用，税务代理人应从纳税人所处行业、研发费用支出的具体情况角度分析是否符合加计扣除政策，如果符合，应及时通知纳税人办理加计扣除研究开发费用的相关手续。

（2）无形资产摊销的审查。

无形资产摊销的审查，重点是审查无形资产的计价和摊销额是否正确。

税法规定无形资产按照取得时的实际成本计价，具体规定为：

1) 外购的无形资产，以购买价款和支付的相关税费以及直接归属于使该资产达到预定用途发生的其他支出为计税基础。

2) 自行开发的无形资产，以开发过程中符合资本化条件后至达到预定用途前发生的实际支出作为计税基础。

3) 通过捐赠、投资、非货币性资产交换、债务重组等方式取得的无形资产，以该资产的公允价值和支付的相关税费为计税基础。在审查无形资产的计价时，应通过审查"无形资产"账户借方发生额，对照原始凭证及所有权证明，了解受让或自行开发的无形资产计价是否正确、无形资产是否真实存在，有无虚报、冒报的现象；已经作为技术转让费在费用中列支的使用非专利技术的支出，有无错按无形资产入账重复摊销的现象。

在计算应纳税所得额时，企业按照规定计算的无形资产摊销费用，准予扣除。下列无形资产不得计算摊销费用扣除：

1) 自行开发的支出已在计算应纳税所得额时扣除的无形资产。

2) 自创商誉。

3）与经营活动无关的无形资产。

4）其他不得计算摊销费用扣除的无形资产。

无形资产按照直线法计算的摊销费用，准予扣除。无形资产的摊销年限不得少于10年。在审查无形资产的摊销时，首先应收集无形资产的法规及其证书，如专利法、商标法、版权法和专利证书、商标证明书等，了解各项资产有无法定年限；其次，查阅企业的有关合同、协议和申请书，了解是否对无形资产的期限作出规定；最后，根据收集到的有关资料判断企业无形资产有效期限的确定是否正确、合规。根据上述资料计算正确的摊销额，然后与"无形资产"账户贷方发生额核对，看转出的摊销额是否正确，有无任意加大无形资产计价、缩短摊销期限，从而虚增摊销额的问题。

（3）长期待摊费用的摊销。

长期待摊费用是指不能全部计入当年损益，应当在以后年度内分期摊销的各项费用。在计算应纳税所得额时，企业发生的下列支出作为长期待摊费用，按照规定摊销的，准予扣除：

1）已足额提取折旧的固定资产的改建支出。

2）租入固定资产的改建支出。

3）固定资产的大修理支出。固定资产的大修理支出，是指同时符合下列条件的支出：修理支出达到取得固定资产时的计税基础50％以上；修理后固定资产的使用年限延长2年以上。

4）其他应当作为长期待摊费用的支出。如企业在筹建期发生的开办费，应作为长期待摊费用分期摊销。

在税法中明确规定了长期待摊费用的最短摊销年限：

1）已足额提取折旧的固定资产的改建支出，按照固定资产预计尚可使用年限分期摊销。

2）租入固定资产的改建支出，按照合同约定的剩余租赁期限分期摊销。

3）固定资产的大修理支出，按照固定资产尚可使用年限分期摊销。

4）其他应当作为长期待摊费用的支出，自支出发生月份的次月起，分期摊销，摊销年限不得低于3年。

在审查时，应首先审查"长期待摊费用——开办费""长期待摊费用——融资租入固定资产改良支出"等账户借方发生额，并结合原始凭证逐项审查其开支内容是否属实、合理；然后将"长期待摊费用——开办费""长期待摊费用——融资租入固定资产改良支出"账户贷方发生额与"管理费用——开办费摊销""制造费用——融资租入固定资产改良支出摊销"账户核对，看摊销期是否符合税法的规定，摊销额的计算是否正确。

（4）业务招待费的审查。

业务招待费审查的重点是其真实性，看企业有无将非业务招待费支出记入"管理费用——业务招待费"账户或将业务招待费挤入其他成本费用账户或"管理费用"账户的"差旅费""其他费用"等明细科目，以此达到少调整或不调整应纳税所得额的目的；有无将不属于业务经营的费用或不合理的支出列入管理费用的；对超限额列支的业务招待费在计算应纳税所得额时是否做纳税调增处理。

在审查时，首先应以"管理费用——业务招待费"账户核对原始凭证，确认业务招待费的真实性；其次，审查"销售费用""管理费用"账户的"差旅费""办公费""其他费用"等明细科目摘要,调阅原始凭证,审查是否将业务招待费性质的项目,列入其他费用账户以逃避列支限额限制。根据税法的规定,企业实际发生的与经营活动有关的业务招待费支出,按照发生额的60%扣除,但最高不得超过当年销售(营业)收入的5‰。

现在我们来分析导入案例,可以发现华芳化妆品有限责任公司的两笔会计分录都存在问题。

1)会计分录中存在的问题。

第一,企业发生的业务招待费应按实列支,不得提取。调账分录如下:

借:预提费用——业务招待费　　　　　　　　　　　　　　　　　80 000
　　贷:以前年度损益调整　　　　　　　　　　　　　　　　　　　　　80 000

华芳化妆品有限责任公司本期实际发生的业务招待费=58-8=50(万元)。

第二,因债权人放弃债权而少支付的30万元应付账款在账务处理中,会计科目有误。因债权人放弃债权而无法支付的款项应记入"营业外收入"科目。调账分录为:

借:资本公积　　　　　　　　　　　　　　　　　　　　　　　300 000
　　贷:以前年度损益调整　　　　　　　　　　　　　　　　　　　　300 000

因此,进行账务调整后,企业的会计利润=500+30+8=538(万元)。

2)根据税法的规定,计算应纳企业所得税税额。

根据税法的规定,业务招待费的60%为30万元,销售(营业)收入的5‰=3 000×5‰=15(万元)。因此在计算应纳税所得额时,按照15万元扣除业务招待费,实际支出的50万元业务招待费与税法中允许扣除的15万元业务招待费之间的差额35万元应做纳税调增处理。

应纳税所得额=538+35=573(万元)

应纳企业所得税税额=573×25%=143.25(万元)

3)计算华芳化妆品有限责任公司应补缴的所得税税额,并做出补税的相关账务处理。

华芳化妆品有限责任公司应补缴所得税税额=143.25-125=18.25(万元)

华芳化妆品有限责任公司公司补缴所得税的账务处理如下:

补提所得税:

借:以前年度损益调整　　　　　　　　　　　　　　　　　　　182 500
　　贷:应交税费——应交所得税　　　　　　　　　　　　　　　　　182 500

结转以前年度损益调整:

以前年度损益调整科目贷方余额=80 000+300 000-182 500=197 500(元)

借:以前年度损益调整　　　　　　　　　　　　　　　　　　　197 500
　　贷:利润分配——未分配利润　　　　　　　　　　　　　　　　　197 500

补缴所得税:

借:应交税费——应交所得税　　　　　　　　　　　　　　　　　182 500
　　贷:银行存款　　　　　　　　　　　　　　　　　　　　　　　182 500

(5)坏账损失的审查。

对坏账损失的审查,首先应了解企业选用的核算方法,是直接核销法还是备抵法。

对按直接核销法核算坏账损失的,应结合应收账款项目的审查,逐笔审查坏账损失的原因及有关证明材料,确认坏账发生的真实性及计算的准确性,并确认是否符合税法和财会制度规定的条件。对于属于债务人破产或死亡而致坏账发生的，应特别关注所获得财产或遗产清偿是否冲减管理费用，是否存在记入其他账户而私设"小金库"，减少应税所得的情况。

对按备抵法核算的，则应注意审查以下方面：一是审查"应收账款"账户，核实年末应收账款余额；二是审查计提坏账准备的比例与提取额，看坏账准备金的计提是否正确，有无多提坏账准备金的问题。无论采用哪种核算方法，在审查中都要注意坏账损失的转销，审查转销坏账损失的依据是否真实、合法并经有关部门批准。同时，要结合应收账款和货币资金项目的审查，审查收回的坏账损失是否按规定冲转有关成本费用，并相应增加应纳税所得额。

（6）计提资产减值准备的审查。

按照税法的规定，不符合国务院财政、税务主管部门规定的各项资产减值准备、风险准备等准备金支出，包括纳税人的存货跌价准备金、短期投资跌价准备金、长期投资减值准备金、风险准备基金（包括投资风险准备基金）及国家税法规定可提取的准备金之外的任何形式的准备金，不得在税前扣除。税务代理人应通过审查"营业外支出""管理费用""投资收益"等账户，审定上述金额，并调增应纳税所得额。

2. 财务费用的审查

对财务费用的审查应以"财务费用"账户借方发生额核对"预提费用""银行存款""短期借款""长期借款""其他应付款"等账户，结合对有关凭证的审查，分析各项费用是否属于本期财务费用列支，如有问题，将其剔除，并入利润。

（1）利息支出的审查。

根据"财务费用"账户明细账，审查利息费用，判断纳税人有无将资本性利息支出（如企业为购置、建造和生产固定资产、无形资产及经过 12 月以上的建造才能达到预定可销售状态的存货而发生的借款，在有关资产购建期间发生的借款费用，应作为资本性支出计入有关资产的成本）列入财务费用的情况；对于应列入财务费用的利息支出，要注意审查有无擅自提高计提标准、多列利息支出及只提不付的问题。对于纳税人支付的利息，如果是非金融企业在生产经营期间向金融企业借款的利息支出和经批准发行债券的利息支出，则准予扣除；金融企业的储蓄利息支出、同业拆借利息支出和经批准发行债券的利息支出，准予扣除。非金融企业向非金融企业借款的利息支出，不高于按照金融企业同期同类贷款利率计算的数额的部分，准予扣除；超过部分要纳税调增。

（2）汇兑损益的审查。

对汇兑损益的审查，应着重审查如下三点：一是应计入资产价值的汇兑损益有无列入财务费用；二是审查记账汇率的使用是否符合税法和会计制度的规定；三是抽样检查日常外汇业务，审查折合记账本位币事项的会计处理的准确性，应计入资本公积的汇兑损益有无列入"财务费用"或"汇兑损益"账户。

此外，在财务费用的审查中，还要注意对记入"财务费用"账户的手续费、筹资发生的其他财务费用的审查，看财务费用的列支额是否真实，有无多列或虚报支出的现象。

3. 销售费用的审查

根据"销售费用"账户的借方发生额，对照原始凭证，审查开支是否真实、合理，看有无扩大费用列支范围，将不属于产品销售费用的支出（如业务招待费支出、资本性支出、非法支出等）列入销售费用。此外，尤其要注意纳税人列入销售费用的业务佣金，根据税法的规定，只有具有合法真实凭证、支付对象必须是独立的有权从事中介服务的纳税人或个人（支付对象不含本企业职工）的业务佣金才允许列入销售费用。在审查"销售费用"账户的借方发生额的同时，还要根据"销售费用"贷方发生额审查销售费用在销售产品之间的分配是否合理，看有无人为压低免税产品应负担费用的情况。

此外，在审查销售费用时，还要注意企业的赞助支出。企业的赞助支出分为广告性质的赞助支出和非广告性质的赞助支出，税法不允许在税前扣除与生产经营活动无关的各种非广告性质的赞助支出。为此，税务代理人在审查时，可依据"营业外支出"或"销售费用"账户所列的赞助支出额，核对原始凭证，以判断企业的赞助支出是否属于广告性质的赞助支出。若有非广告性质的赞助支出，则应调增应纳税所得额，但无须做账务处理。

（三）营业外支出的审查

营业外支出是指企业所发生的与生产经营活动没有直接联系的各项支出，主要包括：非流动资产处置损失、非货币性资产交换损失、债务重组损失、公益性捐赠支出、非正常损失、盘亏损失等。在审查中，应重点审查企业有无多列、滥列支出或未经批准提前列支的问题。在审查营业外支出时，应获取营业外支出明细表，并与明细账、总账核对。同时，应注意以下方面：

（1）根据"营业外支出"账户的借方金额及有关凭证，审查营业外支出的真实性；会计处理是否正确；有无将营业外支出与资本支出相混淆的情况；有无将应列入"生产成本""制造费用"等账户的支出、应列入"在建工程""应付职工薪酬——非货币性福利"的支出、应由个人负担的支出、经批准方能列支的固定资产盘亏损失等，计入营业外支出。

（2）审查固定资产、流动资产盘亏、毁损、报废的净损失是否为减除了责任人赔偿、保险赔偿后的余额，是否已经主管税务机关审核。

（3）对一些有列支标准的项目，要审查是否符合规定的标准。如将营业外支出账上列支的公益性捐赠数额，与按规定的标准和计算办法计算出的法定限额对照，对超支部分应在计税时剔除，调增应纳税所得额。

按照税法的规定，企业当期发生的公益性捐赠支出在年度利润总额12%以内（含）的，准予扣除。在对捐赠进行审查时，首先要注意公益性捐赠的范围，税法中的公益性捐赠是指企业通过公益性社会团体或者县级以上人民政府及其部门，用于《中华人民共和国公益事业捐赠法》规定的公益事业的捐赠。所以，应首先审查捐赠的具体形式，确定哪些捐赠是通过公益性社会团体、县级以上人民政府及其部门进行的，哪些捐赠是纳税人直接向受赠人的捐赠，每种形式的具体捐赠数额是多少，哪种捐赠不允许扣除，哪种捐赠允许按限额扣除。其次，计算扣除限额，并将允许限额扣除的捐赠额与限额比较，确定可以在税前扣除的公益性捐赠数额。

（4）审查企业遭受自然灾害或意外事故损失的赔偿部分，是否从损失中扣除后作为税前扣除依据。

（5）审查营业外支出是否涉及将自产、委托加工、购买的货物赠送他人需计提增值税、消费税的情况。

（6）审查税收滞纳金、罚金、罚款和被没收财物损失等不得税前扣除的项目。按照企业财务会计制度的规定，税收滞纳金、罚金、罚款和被没收财物的损失可以记入"营业外支出"账户。而根据税法的规定，在计算应纳税所得额时，不得扣除税收滞纳金、罚金、罚款和被没收财物的损失。因此，税务代理人应审查"营业外支出"账户，如果有税收滞纳金、罚金、罚款和被没收财物的损失，应将这些支出金额在纳税调整增加额中反映，但无须做账务处理。

（四）其他业务成本的审查

（1）审查"其他业务成本"是否符合配比原则，有无少计、多计或不计成本费用的现象。

（2）审查其成本结转的计算方法是否正确。对于材料物资出售结转成本，可采用先进先出法、加权平均法等方法计算其支出成本。

（3）审查"其他业务成本"账户是否有余额。依据"其他业务成本"账户的借方发生额进行审查，对偏高的月份应进行重点审查，并注意审查"本年利润"账户，看其期末结转是否正确，"其他业务成本"账户有无余额。

（4）审查与收入无关的支出。与收入无关的支出是指与企业生产经营无关的支出部分。企业的任何费用支出，必须与应税收入有关。因此，税务代理人在对纳税人的成本、费用、损失进行审查时，对发现的与收入无关的支出，如企业为其他纳税人提供与本身应纳税收入无关的贷款担保，因被担保方无法偿还贷款而由纳税人承担的本息等，不得在税前扣除，此时应计入纳税调整增加额，并做相关账务处理。

三、适用税率及减免税的审查

（一）适用税率的审查

审查纳税人适用的企业所得税税率是否正确。对于小型微利企业，审查是否符合税法规定的小型微利企业条件，有无错用税率的情况；对于高新技术企业，审查认定手续是否齐全。

（二）减免税的审查

减免税的审查主要是审查符合减免税条件的企业是否充分运用了税收政策，是否存在应该享受的优惠由于企业的原因没有足额享受，而不应享受的优惠又超范围、超标准享受的情况。

现行税法的税收优惠政策包括：

（1）免税收入。免税收入包括：国债利息收入；地方债利息收入；符合条件的居民企业之间的股息、红利等权益性投资收益；在中国境内设立机构、场所的非居民企业从居民企业取得与该机构、场所有实际联系的股息、红利等权益性投资收益；符合条件的非营利组织的收入。

（2）免征、减征企业所得税。现行税法对农、林、牧、渔业，基础设施建设，环境保护、节能节水项目，技术转让所得，有减免税的税收优惠。

（3）优惠税率。小型微利企业按20%的优惠税率纳税，高新技术企业按15%的优惠税率纳税。

（4）民族自治区税收优惠。民族自治地方的自治机关对本民族自治地方的企业应缴纳的企业所得税中属于地方分享的部分，可以决定减征或者免征。

（5）加计扣除政策。企业的下列支出，可以在计算应纳税所得额时加计扣除：开发新技术、新产品、新工艺发生的研究开发费用；特定人员工资。

（6）创业投资的税收优惠。

（7）加速折旧的规定。

（8）综合利用资源的税收优惠。

（9）环境保护、节能节水、安全生产专用设备投资的税收优惠。同时，税法规定，企业同时从事适用不同企业所得税待遇的项目的，其优惠项目应当单独计算所得，并合理分摊企业的期间费用；没有单独计算的，不得享受企业所得税优惠。

税务代理人在审查时，对于企业申报的减免所得税额，首先应核实减免项目与企业的实际情况是否相符，减免范围、减免幅度、减免期限有无政策依据，减免手续是否齐备，有无报经有关机关批准，有无擅自减免或多计减免税的问题；其次，审查减免税额的计算是否正确，对于不符合规定的减免税额应予以剔除；最后，审查是否存在应该享受的优惠，由于企业的原因没有足额享受的情况。

四、应纳税所得额及应纳所得税额的审查

(一) 可弥补亏损的审查

税法规定，企业纳税年度发生的亏损，准予向以后年度结转，用以后年度的所得弥补，但结转年限最长不得超过 5 年。5 年内无论是盈利还是亏损，都作为实际弥补期限计算。审查时，税务代理人首先应对企业以前年度发生亏损的实际情况进行审查确认，审查企业的亏损是否为经过主管税务机关按税法规定核实调整的金额；其次，确定弥补亏损的期限；最后，根据本年度应纳税所得额的情况，按税法的规定，确定弥补亏损额。

(二) 境外投资收益的审查

按照税法的规定，企业来源于中国境外的所得已在境外缴纳的所得税税款，准予在汇总纳税时，从其应纳税额中扣除，但扣除额不得超过其境外所得依照我国税法规定计算的应纳税额。税务代理人应重点审查以下问题：

1. 审查企业的境外投资收益是否符合税收抵免的条件

根据税法的规定，企业取得的下列所得已在境外缴纳或负担的所得税税额，可以从其当期应纳税额中抵免：

（1）居民企业来源于中国境外的应税所得。

（2）非居民企业在中国境内设立机构、场所，取得发生在中国境外但与该机构、场所有实际联系的应税所得。

（3）居民企业从其直接或者间接控制的外国企业分得的来源于中国境外的股息、红利等权益性投资收益，外国企业在境外实际缴纳的所得税税额中属于该项所得负担的部分，可以作为该居民企业的可抵免境外所得税税额，在抵免限额内抵免。

由居民企业直接或间接控制的外国企业是指：1）直接控制，是指居民企业直接持有外国企业 20% 以上股份；2）间接控制，是指居民企业以间接持股方式持有外国企业 20% 以上股份，具体认定办法由国务院财政、税务主管部门另行制定。居民企业抵免境外所得税税额中由其负担的税额，应在符合规定持股比例的企业之间，从最低一层企业起逐层计算由上一层企业负担的税额。

审查境外投资收益的税收抵免问题时，税务代理人应注意审查企业的境外投资收益是否符合税收抵免的条件，对于居民企业从其直接或者间接控制的外国企业分得的来源于中国境外的股息、红利等权益性投资收益，要注意审查该外国企业是否符合直接控制或间接控制的条件——持股 20% 以上，对于间接控制的外国企业还要符合层数的要求。

2. 审查境外应纳税所得额

首先，应根据收入类账户或"投资收益——境外投资收益"账户及相关凭证，确定所得来源地及所得金额；其次，根据企业提供的由境外税务机关出具的完税证明，确定该所得是否已在境外缴纳企业所得税及缴纳的金额，并据此计算出应纳税所得额。

3. 审查境外税额扣除限额

按核实的境外应纳税所得额与境内应纳税所得额，根据税法规定的计算方法计算出境外税额扣除限额。

4. 审查本年度应扣除境外税额

将核实的本年度境外实际发生的税额加上上年度结转的未扣除的税款余额与计算出的扣除限额进行比较，若大于扣除限额，则以扣除限额作为本年度税额扣除额，在本年度实际应纳的企业所得税额中扣除；反之，则以本年在境外实际缴纳的税额与上年结转的未扣除的税额余额之和，在本年计入扣除。

【案例 7-2】 秦山股份有限公司于 2016 年 1 月份成立，股本总额 5 000 万元，系增值税一般纳税人，并实行防伪税控系统管理，主要从事铝产品的生产和销售业务，会计核算健全，生产经营良好。税务师于 2017 年 1 月 15 日受托审查该公司 2016 年全年的纳税情况。

1. 审查资料

(1) 7 月 8 日，第 10 号凭证：投入一条新生产线，在试运行阶段生产一种新的铝产品，发生成本 18 万元，销售后共收到货款 23.4 万元，账务处理为：

借：在建工程		180 000
贷：银行存款		180 000
借：银行存款		234 000
贷：在建工程		234 000

(2) 10 月 1 日，公司签订了一份房屋出租协议（贴印花税票 5 元），期限 2 年，月不含增值税租金为 2 万元，由于该房屋属于 2016 年 4 月 30 日之前的原有房屋，因此对其选择了简易征收。收到本年度 10—12 月份含增值税租金 6.3 万元（已按规定正确缴纳了房产税）。账务处理为：

借：银行存款		63 000
贷：其他应付款		63 000

(3) 审查"其他应付款——包装物押金"账户，有贷方余额 3.8 万元，经核实，其中含逾期包装物押金 2.34 万元。

(4) 审查"管理费用"账户，其中记载有如下事项：

1) 研究开发费用 100 万元；

2) 开办费摊销 80 万元（系公司开业时的全部开办费）。

(5) 审查"财务费用"账户，其中记载有如下事项：

1) 利息支出 20 万元（系生产经营过程中向其他企业借款的利息，借款本金为 100 万元），金融企业同期同类贷款利率为 7%；

2) 支付金融机构手续费 2 万元。

(6) 审查"投资收益"账户，其中记载有如下事项：投资收益 90 万元，系该公司对乙企业进行的股权投资（30%）。按权益法核算，乙企业 2016 年实现税后净利 300 万元，乙企业适用的企业所得税税率为15％。经查询乙企业尚未做出2016年度利润分配的决策。

（7）审查"营业外支出"账户，其中记载有如下事项：

1）税收罚款及滞纳金6万元；

2）经济纠纷的诉讼赔偿30万元。

2. 其他情况说明

（1）全年主营业务收入10 000万元，主营业务成本7 200万元，税金及附加60万元，其他业务收入2 000万元，其他业务成本900万元，管理费用800万元，销售费用600万元，财务费用160万元，投资收益90万元，营业外收入100万元，营业外支出60万元。

（2）企业所得税税率为25％，已经预缴510万元的企业所得税，城市维护建设税税率为7％，教育费附加征收率为3％，地方教育费附加征收率为2％，印花税财产租赁合同税率为1‰，同类同期银行贷款利率为7％。

（3）增值税按月缴纳，各月"应交税费——应交增值税"科目均为贷方余额，并按规定结转至"应交税费——未交增值税"科目。

（4）开办费一次性计入成本费用。

要求：

（1）指出存在的影响纳税的问题，做出跨年度的账务调整分录。

（2）正确计算2016年应补缴的增值税、城市维护建设税、教育费附加（含地方教育费附加）、印花税和企业所得税，并做出补税的相关分录。

解析：

（1）存在的影响纳税的问题及账务调整分录如下：

1）新生产线，在试运行阶段生产产品取得的销售收入。

《企业会计制度》规定，企业在建工程项目达到预定可使用状态前所取得的试运转过程中形成的能够对外销售的产品，发生的成本计入在建工程成本，销售或转为库存商品时，按实际销售收入或预计售价冲减工程成本。

而税法规定，在建工程试运行过程中产生的销售商品收入，应作为销售商品，计征增值税，试运行收入应并入总收入计征企业所得税，不能直接冲减在建工程成本。

因此，此业务应当补计增值税销项税额、相应的城市维护建设税及教育费附加，并调增应纳税所得额＝234 000÷（1＋17％）－180 000＝20 000（元）。

调账会计分录为：

借：在建工程　　　　　　　　　　　　　　　　　　　　　34 000

　　贷：应交税费——应交增值税（销项税额）　　　　　　　　　34 000

2）根据规定，收到本年房屋租赁收入，应当计入其他业务收入核算，并应补缴相应的增值税、城市维护建设税及教育费附加。《中华人民共和国印花税暂行条例》及其实施细则规定，财产租赁合同适用税率为1‰，计税依据为合同载明的租赁金额。企业应当补缴的印花税＝20 000×24×1‰－5＝475（元）。对于企业补缴的城市维护建设税及教育费附加、印花税相应地调减应纳税所得额。

调账会计分录为：

借：其他应付款　　　　　　　　　　　　　　　　　　　　63 000

　　贷：以前年度损益调整　　　　　　　　　　　　　　　　　60 000

应交税费——未交增值税		3 000
借：以前年度损益调整	475	
贷：银行存款		475

3）根据规定，包装物逾期押金应当转入其他业务收入，逾期押金应当补计增值税销项税额、城市维护建设税及教育费附加，并调增应纳税所得额。

调账会计分录为：

借：其他应付款——包装物押金	23 400	
贷：以前年度损益调整		20 000
应交税费——应交增值税（销项税额）		3 400

4）根据企业所得税法的规定，企业研究开发新产品、新技术、新工艺所发生的技术开发费，按规定予以税前扣除，在此基础上，允许再按当年实际发生额的 50％ 在企业所得税税前加计扣除。因此，企业可调减应纳税所得额 50 万元。

现行会计准则规定，开办费在发生时计入损益；而企业所得税法规定，企业在筹建期发生的开办费，可以一次性扣除，也可以作为长期待摊费用，从开始生产、经营月份的次月起，在不短于 3 年的期限内分期扣除。秦山公司选择了一次性扣除，是税法允许的。税法与会计无差异，无需纳税调整。秦山公司于 2016 年 1 月成立，开办费应当从 2 月开始摊销，当年可在税前扣除 11 个月的开办费摊销额。原会计处理不必调账，但应调增应纳税所得额＝800 000－800 000×11÷(12×3)＝555 555.56（元）。

5）财务费用账户。

企业所得税法规定，纳税人在生产、经营期间，向金融机构借款的利息支出，按照实际发生数扣除；向非金融机构借款的利息支出，不高于按照金融机构同类、同期贷款利率计算的数额以内的部分，准予扣除。

本案例中借款利率＝20÷100×100％＝20％，高于同期银行贷款利率。

利息应调增的应纳税所得额＝1 000 000×(20％－7％)＝130 000（元）

支付金融机构手续费可以计入财务费用。因此，财务费用共应调增应纳税所得额130 000元。

6）按照企业所得税法及其实施条例的规定，股息、红利等权益性投资收益，除国务院财政、税务主管部门另有规定外，应当以被投资方做出利润分配决策的时间确认收入的实现。

本案例中，被投资方乙企业未作出利润分配的决策，对于秦山公司按权益法核算确认的投资收益不计入应纳税所得额征税，应当调减应纳税所得额 90 万元。

7）企业因违反法律、行政法规而支付的罚款、罚金、滞纳金及与取得收入无关的其他各项支出不得在税前扣除。

因此，税收罚款及滞纳金 6 万元不得在税前扣除，应当调增应纳税所得额 6 万元。

（2）计算 2016 年应补缴的增值税、城市维护建设税、教育费附加（含地方教育费附加）、印花税和企业所得税，并做出补税的相关分录：

1）计算应补缴的增值税、城市维护建设税、教育费附加、印花税，并做出相应的补税分录。

应补缴的增值税＝34 000＋3 000＋3 400＝40 400（元）

应补缴的印花税＝475（元）

应补缴的城市维护建设税＝40 400×7％＝2 828（元）

应补缴的教育费附加=40 400×(3%+2%)=2 020（元）

借：以前年度损益调整　　　　　　　　　　　　　　　　　　4 848

　　贷：应交税费——应交城建税　　　　　　　　　　　　　2 828

　　　　　　——应交教育费附加　　　　　　　　　　　　　1 212

　　　　　　——应交地方教育费附加　　　　　　　　　　　　808

2）计算 2016 年应补缴的企业所得税，并做出补税的相关分录。

按照企业原账户记录计算的企业会计利润。

企业原会计利润=100 000 000－72 000 000－600 000＋20 000 000－9 000 000

－8 000 000－6 000 000－1 600 000＋900 000＋1 000 000

－600 000=24 100 000（元）

根据账务调整中"以前年度损益调整"的记录，计算对于不符合会计准则的会计记录进行账务调整后的会计利润。

账务调整后的会计利润=24 100 000＋60 000－475＋20 000－4 848

=24 174 677（元）

按照税法的规定，在会计利润的基础上进行纳税调整，并计算应纳税所得额。

应调整应纳税所得额=200 000－500 000＋130 000－900 000＋60 000

＋555 555.56=－454 444.44（元）

应纳税所得额=24 174 677－454 444.44=23 720 232.56（元）

应纳所得税=23 720 232.56×25%=5 930 058.14（元）

应补缴企业所得税=5 930 058.14－5 100 000=830 058.14（元）

调账会计分录：

借：以前年度损益调整　　　　　　　　　　　　　　　　830 058.14

　　贷：应交税费——应交所得税　　　　　　　　　　　830 058.14

第二节　代理企业所得税纳税申报

一、代理企业所得税纳税申报的流程

税务代理人一般应按照下列流程代理企业所得税纳税申报工作：

（1）深入企业了解其性质、经营范围、征免税范围。对享受税收优惠政策的企业，要核查企业减免税的政策依据和审批或备案文件，确定减税免税的具体经营项目、适用的减免幅度和减免期限，并核查企业不符合减免税条件的经营项目，或者减免税期限已满恢复全额征税的所得。

（2）按照财务会计制度，核查企业的收入核算账户和主要的原始凭证，计算当期生产经营收入、财产转让收入、股息收入等各项应税收入。

（3）核查成本核算账户和主要的原始凭证，根据现行的企业会计核算制度，确定当期产品销售成本或营业成本。

（4）核查主要的期间费用账户和原始凭证，确定当期实际支出的销售费用、管理费用和财务费用。

（5）核查税金核算账户，确定税前应扣除的税金总额。

（6）核查损失核算账户，计算资产损失、投资损失和其他损失。

（7）核查营业外收支账户及主要原始凭证，计算营业外收支净额。

（8）根据以上核查结果，填报相应的纳税申报表及其附表。

（9）根据附表填写纳税申报表。在填写的过程中，先计算出企业当期税前会计利润总额，再按税法的规定进行纳税项目调整，其中要重点检查借款利息支出、工资及附加费、业务招待费、公益性捐赠及不准在税前扣除的项目，并据以计算当期应税所得额。之后根据企业适用的所得税税率，计算应纳税额。如果企业有境外收益，还要核查计算其应补缴税额并汇总申报。

二、《企业所得税月（季）度预缴纳税申报表》及其填写

税务代理人在代理预缴所得税的纳税申报时，首先要分清纳税人的具体情况，如果纳税人属于实行查账征收方式申报企业所得税的居民纳税人或在中国境内设立机构的非居民纳税人，应报送《中华人民共和国企业所得税月（季）度预缴纳税申报表（A类）》（见表7-2）及其附表（见表7-3、表7-4、表7-5）；如果纳税人属于按照核定征收管理办法（包括核定应税所得率和核定税额）缴纳企业所得税的纳税人，则要报送《中华人民共和国企业所得税月（季）度预缴和年度纳税申报表（B类）》（见表7-6）；如果属于非居民企业，需要报送《非居民企业所得税纳税申报表》；代扣代缴预提所得税的扣缴义务人，应报送《中华人民共和国企业所得税扣缴报告表》；对于在中国境内跨省、自治区、直辖市设立不具有法人资格的营业机构，并实行"统一计算、分级管理、就地预缴、汇总清算、财政调节"汇总纳税办法的居民企业，总机构在预缴企业所得税时要报送《中华人民共和国企业所得税月（季）度预缴纳税申报表（A类）》和《企业所得税汇总纳税分支机构分配表》（见表7-7），具有主体生产经营职能的分支机构随同《中华人民共和国企业所得税月（季）度预缴纳税申报表（A类）》报送总机构申报后加盖有主管税务机关受理专用章的《企业所得税汇总纳税分支机构企业所得税分配表》（复印件）。

【案例7-3】 宏泰公司属于查账征收企业所得税的公司，采用据实预缴方式按季预缴所得税。2016年第1季度该企业的生产经营情况如下所示：

营业收入1 527 600元；

营业成本893 450元；

税金及附加13 250元；

期间费用225 655元；

投资收益100 000元（来自联营企业分配的股息红利）；

利润总额495 245元。

2015年宏泰公司尚未弥补的亏损为52 000元。

请根据以上资料，填写《中华人民共和国企业所得税月（季）度预缴纳税申报表》（A类）及其附表。

解析：

宏泰公司属于查账征收企业所得税的纳税人，并采用据实预缴方式预缴所得税，因此宏泰公司应该填写《中华人民共和国企业所得税月（季）度预缴纳税申报表（A类）》第1~17行及附表，见表7-2、表7-3、表7-4、表7-5。

表 7-2 中华人民共和国企业所得税月（季）度预缴纳税申报表（A类）

税款所属期间：2016 年 1 月 1 日至 2016 年 3 月 31 日

纳税人识别号：□□□□□□□□□□□□□□□□□

纳税人名称：宏泰公司   金额单位：人民币元（列至角分）

行次	项目		本期金额	累计金额
1	一、按照实际利润额预缴			
2	营业收入		1 527 600.00	1 527 600.00
3	营业成本		893 450.00	893 450.00
4	利润总额		495 245.00	495 245.00
5	加：特定业务计算的应纳税所得额		0.00	0.00
6	减：不征税收入和税基减免应纳税所得额（请填附表1）		100 000.00	100 000.00
7	固定资产加速折旧（扣除）调减额（请填附表2）		0.00	0.00
8	弥补以前年度亏损		52 000.00	52 000.00
9	实际利润额（4行＋5行－6行－7行－8行）		343 245.00	343 245.00
10	税率		25%	25%
11	应纳所得税额（9行×10行）		85 811.25	85 811.25
12	减：减免所得税额（请填附表3）		0.00	0.00
13	实际已预缴所得税额		—	0.00
14	特定业务预缴（征）所得税额		0.00	0.00
15	应补（退）所得税额（11行－12行－13行－14行）		85 811.25	85 811.25
16	减：以前年度多缴在本期抵缴所得税额			0.00
17	本月（季）实际应补（退）所得税额		85 811.25	85 811.25
18	二、按照上一纳税年度应纳税所得额平均额预缴			
19	上一纳税年度应纳税所得额		—	
20	本月（季）应纳税所得额（19行×1/4 或 1/12）			
21	税率			
22	本月（季）应纳所得税额（20行×21行）			
23	减：减免所得税额（请填附表3）			
24	本月（季）实际应纳所得税额（22行－23行）			
25	三、按照税务机关确定的其他方法预缴			
26	本月（季）税务机关确定的预缴所得税额			
27	总分机构纳税人			
28	总机构	总机构分摊所得税额（15行或24行或26行×总机构分摊预缴比例）		
29		财政集中分配所得税额		
30		分支机构分摊所得税额（15行或24行或26行×分支机构分摊比例）		
31		其中：总机构独立生产经营部门应分摊所得税额		
32	分支机构	分配比例		
33		分配所得税额		
是否属于小型微利企业：		是 □		否 □

谨声明：此纳税申报表是根据《中华人民共和国企业所得税法》《中华人民共和国企业所得税法实施条例》和国家有关税收规定填报的，是真实的、可靠的、完整的。

法定代表人（签字）：   年　月　日

纳税人公章：	代理申报中介机构公章：	主管税务机关受理专用章：
会计主管：	经办人：	受理人：
	经办人执业证件号码：	
填表日期： 年 月 日	代理申报日期： 年 月 日	受理日期： 年 月 日

表 7 - 3 　中华人民共和国企业所得税月（季）度预缴纳税申报表（A 类）附表 1

不征税收入和税基类减免应纳税所得额明细表

金额单位：人民币元（列至角分）

行次	项目	本期金额	累计金额
1	合计（2 行＋3 行＋14 行＋19 行＋30 行＋31 行＋32 行＋33 行＋34 行）	100 000.00	100 000.00
2	一、不征税收入		
3	二、免税收入（4 行＋5 行＋…＋13 行）	100 000.00	100 000.00
4	1. 国债利息收入		
5	2. 地方政府债券利息收入		
6	3. 符合条件的居民企业之间的股息、红利等权益性投资收益	100 000.00	100 000.00
7	4. 符合条件的非营利组织的收入		
8	5. 证券投资基金投资者取得的免税收入		
9	6. 证券投资基金管理人取得的免税收入		
10	7. 中国清洁发展机制基金取得的收入		
11	8. 受灾地区企业取得的救灾和灾后恢复重建款项等收入		
12	9. 其他1：		
13	10. 其他2：		
14	三、减计收入（15 行＋16 行＋17 行＋18 行）		
15	1. 综合利用资源生产产品取得的收入		
16	2. 金融、保险等机构取得的涉农利息、保费收入		
17	3. 取得的中国铁路建设债券利息收入		
18	4. 其他：　　（请填写或选择减免项目名称及减免性质代码）		
19	四、所得减免（20 行＋23 行＋24 行＋25 行＋26 行＋27 行＋28 行＋29 行）		
20	1. 农、林、牧、渔业项目		
21	其中：免税项目		
22	减半征收项目		
23	2. 国家重点扶持的公共基础设施项目		
24	3. 符合条件的环境保护、节能节水项目		
25	4. 符合条件的技术转让项目		
26	5. 实施清洁发展机制项目		
27	6. 节能服务公司实施合同能源管理项目		
28	7. 其他1：		
29	8. 其他2：		
30	五、新产品、新工艺、新技术研发费用加计扣除		
31	六、抵扣应纳税所得额		
32	七、其他1：		
33	其他2：		
34	其他3：		

表 7－4

固定资产加速折旧（扣除）明细表

金额单位：人民币元（列至角分）

行次	项目	房屋、建筑物 原值	房屋、建筑物 税收折旧（扣除）额 本期	房屋、建筑物 税收折旧（扣除）额 累计	机器设备和其他固定资产 原值	机器设备和其他固定资产 税收折旧（扣除）额 本期	机器设备和其他固定资产 税收折旧（扣除）额 累计	本期折旧（扣除）额 原值	本期折旧（扣除）额 合计折旧额	本期折旧（扣除）额 正常折旧额	本期折旧（扣除）额 税收折旧额	本期折旧（扣除）额 纳税调整额	本期折旧（扣除）额 加速折旧优惠统计额	累计折旧（扣除）额 合计折旧额	累计折旧（扣除）额 正常折旧额	累计折旧（扣除）额 税收折旧额	累计折旧（扣除）额 纳税调整额	累计折旧（扣除）额 加速折旧优惠统计额
		1	2	3	4	5	6	7	8	9	10	11	12	13	14	15	16	17
1	一、重要行业固定资产加速折旧																	
2	税会处理一致																	
3	税会处理不一致																	
4	二、其他行业研发设备加速折旧																	
5	单价 100 万元以上专用研发设备 税会处理一致																	
6	税会处理不一致																	
7	三、允许一次性扣除的固定资产																	
8	（一）单价不超过 100 万元研发设备																	
9	税会处理一致																	
10	税会处理不一致																	
11	（二）5 000 元以下固定资产																	
12	税会处理一致																	
13	税会处理不一致																	
14	合计																	

表 7-5 　　　　　　　　　　　　　　　　减免所得税额明细表

金额单位：人民币元（列至角分）

行次	项目	本期金额	累计金额
1	合计（2行＋4行＋5行＋6行）		
2	一、符合条件的小型微利企业		
3	其中：减半征税		
4	二、国家需要重点扶持的高新技术企业		
5	三、减免地方分享所得税的民族自治地方企业		
6	四、其他专项优惠（7行＋8行＋9行＋…＋30行）		
7	（一）经济特区和上海浦东新区新设立的高新技术企业		
8	（二）经营性文化事业单位转制企业		
9	（三）动漫企业		
10	（四）受灾地区损失严重的企业		
11	（五）受灾地区农村信用社		
12	（六）受灾地区的促进就业企业		
13	（七）技术先进型服务企业		
14	（八）新疆困难地区新办企业		
15	（九）新疆喀什、霍尔果斯特殊经济开发区新办企业		
16	（十）支持和促进重点群体创业就业企业		
17	（十一）集成电路线宽小于0.8微米（含）的集成电路生产企业		
18	（十二）集成电路线宽小于0.25微米的集成电路生产企业		
19	（十三）投资额超过80亿元人民币的集成电路生产企业		
20	（十四）新办集成电路设计企业		
21	（十五）国家规划布局内重点集成电路设计企业		
22	（十六）符合条件的软件企业		
23	（十七）国家规划布局内重点软件企业		
24	（十八）设在西部地区的鼓励类产业企业		
25	（十九）符合条件的生产和装配伤残人员专门用品企业		
26	（二十）中关村国家自主创新示范区从事文化产业支撑技术等领域的高新技术企业		
27	（二十一）享受过渡期税收优惠企业		
28	（二十二）横琴新区、平潭综合实验区和前海深港现代化服务业合作区企业		
29	（二十三）其他1：		
30	（二十四）其他2：		

【案例7-4】　天朗公司是一家工业企业，采用按成本费用核定应纳税所得额方式缴纳所得税，主管税务机关为其核定的应税所得率为10%。2016年第1季度该企业的成本费用总额为872 356元。该企业2015年第4季度符合小型微利企业条件。

请根据以上资料，填写《中华人民共和国企业所得税月（季）度预缴和年度纳税申报表（B类）》。

解析：

天朗公司按照核定应税所得率征收企业所得税，并采用按成本费用换算应纳税所得额缴纳所得税，因此，天朗公司应该填写《中华人民共和国企业所得税月（季）度预缴和年度纳税申报表（B类）》第12～20行。

成本费用总额为872 356元。

$$换算的收入额 = \frac{872\ 356}{1-10\%} = 969\ 284.44（元）$$

应纳税所得额 = 969 284.44×10% = 96 928.44（元）

未享受税收优惠情况下的应纳所得税额 = 96 928.44×25% = 24 232.11（元）

由于该企业2015年第4季度符合小型微利企业条件，因此在预缴2016年第1季度企业所得税时可以减按50%计入应纳税所得额，而且可以享受15%的优惠税率。

所以第17栏"减：符合条件的小型微利企业减免所得税额" = 96 928.44×15% = 14 539.27（元）。

第18栏"其中：减半征税" = 96 928.44×10% = 9 692.84（元）。

具体填写情况见表7-6。

表7-6　　中华人民共和国企业所得税月（季）度预缴和年度纳税申报表（B类）

税款所属期间：2016年1月1日至2016年3月31日

纳税人识别号：□□□□□□□□□□□□□□□

纳税人名称：天朗公司　　　　　　　　　　　　　金额单位：人民币元（列至角分）

项目			行次	累计金额
一、以下由按应税所得率计算应纳所得税额的企业填报				
应纳税所得额的计算	按收入总额核定应纳税所得额	收入总额	1	
		减：不征税收入	2	
		免税收入	3	
		其中：国债利息收入	4	
		地方政府债券利息收入	5	
		符合条件居民企业之间股息红利等权益性收益	6	
		符合条件的非营利组织收入	7	
		其他免税收入	8	
		应税收入额（1行－2行－3行）	9	
		税务机关核定的应税所得率	10	
		应纳税所得额（9行×10行）	11	
	按成本费用核定应纳税所得额	成本费用总额	12	872 356.00
		税务机关核定的应税所得率	13	10%
		应纳税所得额［12行÷（100%－13行）×13行］	14	96 928.44
应纳所得税额的计算	税率		15	25%
	应纳所得税额（11行×15行或14行×15行）		16	24 232.11
应补（退）所得税额的计算	减：符合条件的小型微利企业减免所得税额		17	14 539.27
	其中：减半征税		18	9 692.84
	已预缴所得税额		19	0.00
	应补（退）所得税额（16行－17行－19行）		20	9 692.84
二、以下由税务机关核定应纳所得税额的企业填报				
税务机关核定应纳所得税额			21	
预缴申报时填报	是否属于小型微利企业：　　　是□　　　否□			

年度申报时填报	所属行业：		从业人数：		
	资产总额：		国家限制和禁止行业：	是□	否□

谨声明：此纳税申报表是根据《中华人民共和国企业所得税法》《中华人民共和国企业所得税法实施条例》和国家有关税收规定填报的，是真实的、可靠的、完整的。

法定代表人（签字）： 年 月 日

纳税人公章：	代理申报中介机构公章：	主管税务机关受理专用章：
会计主管：	经办人：	受理人：
	经办人执业证件号码：	
填表日期： 年 月 日	代理申报日期： 年 月 日	受理日期： 年 月 日

国家税务总局监制

表 7-7 　　　　　　　　　企业所得税汇总纳税分支机构所得税分配表

税款所属期间： 年 月 日至 年 月 日

总机构名称： 　　　　　　　　　　　　　　　　　　金额单位：人民币元（列至角分）

总机构纳税人识别号		应纳所得税额	总机构分摊所得税额		总机构财政集中分配所得税额		分支机构分摊所得税额
分支机构情况	分支机构纳税人识别号	分支机构名称	三项因素			分配比例	分配所得税额
			营业收入	职工薪酬	资产总额		
	合计	—					

纳税人公章：	主管税务机关受理专用章：
会计主管：	受理人：
填表日期： 年 月 日	受理日期： 年 月 日

国家税务总局监制

三、《企业所得税年度纳税申报表》及其填写

税务代理人在代理企业所得税年度纳税申报时，首先要分清纳税人的具体情况——是居民纳税人还是非居民纳税人，再根据纳税人的具体情况，选择相应的纳税申报表。下面我们介绍实行查账征收方式申报纳税的居民纳税人填写的《中华人民共和国企业所得税年度纳税申报表（A类）》及其附表。

企业所得税纳税申报表由主表——《企业基础信息表》《中华人民共和国企业所得税年度纳税申报表（A类）》和 39 张附表组成。企业所得税纳税申报表虽然由 41 张表格构成，但并不是要求每个企业都填写所有的报表，除了《企业基础信息表》（A000000）和《中华人民共和国企业所得税年度纳税申报表（A类）》（A100000）两张表格要求纳税人

必填外，其他表格要求纳税人根据企业的涉税业务，选择"填报"或"不填报"相应的表格。为了方便纳税人进行选择，国家税务总局设计了《企业所得税年度纳税申报表填报表单》。纳税人在填写过程中，需要根据本企业实际，进行选择，选择"填报"的，需完成该表格相关内容的填报；选择"不填报"的，可以不填报该表格。

《中华人民共和国企业所得税年度纳税申报表（A类）》（A100000）共38行，包括利润总额计算（第1行至第13行）、应纳税所得额计算（第14行至第23行）、应纳税额计算（第24行至第36行）和附列资料（第37、38行）四部分。

【案例7-5】 北京星云公司（以下简称"星云公司"）是一家高新技术企业，其于2017年2月18日将2016年汇算清缴信息填入《企业所得税年度纳税申报表（A类）》。

星云公司填写的《中华人民共和国企业所得税年度纳税申报表（A类）》封面、《企业所得税年度纳税申报表填报表单》和《企业基础信息表》（A000000），如表7-8、表7-9、表7-10所示。

表7-8 **中华人民共和国企业所得税年度纳税申报表（A类）**

税款所属期间：2016年1月1日至2016年12月31日

纳税人识别号：$\boxed{1}\boxed{0}\boxed{1}\boxed{0}\boxed{7}\boxed{2}\boxed{6}\boxed{7}\boxed{4}\boxed{5}\boxed{8}\boxed{9}\boxed{1}\boxed{2}\boxed{3}\boxed{6}\boxed{7}$

纳税人名称：北京星云公司　　　　　　　　　　　　　金额单位：人民币元（列至角分）

谨声明：此纳税申报表是根据《中华人民共和国企业所得税法》《中华人民共和国企业所得税法实施条例》、有关税收政策以及国家统一会计制度的规定填报的，是真实的、可靠的、完整的。

法定代表人（签章）：李欣　2017年3月18日

纳税人公章： 会计主管：张芳 填表日期：2017年3月18日	代理申报中介机构公章： 经办人： 经办人执业证件号码： 代理申报日期：　年　月　日	主管税务机关受理专用章： 受理人： 受理日期：　年　月　日

国家税务总局监制

表7-9 **企业所得税年度纳税申报表填报表单**

表单编号	表单名称	选择填报情况	
		填报	不填报
A000000	企业基础信息表	✓	×
A100000	中华人民共和国企业所得税年度纳税申报表（A类）	✓	×
A101010	一般企业收入明细表	☑	☐
A101020	金融企业收入明细表	☐	☒
A102010	一般企业成本支出明细表	☑	☐
A102020	金融企业支出明细表	☐	☒
A103000	事业单位、民间非营利组织收入、支出明细表	☐	☒
A104000	期间费用明细表	☑	☐
A105000	纳税调整项目明细表	☑	☐
A105010	视同销售和房地产开发企业特定业务纳税调整明细表	☑	☐
A105020	未按权责发生制确认收入纳税调整明细表	☑	☐
A105030	投资收益纳税调整明细表	☑	☐

续前表

表单编号	表单名称	选择填报情况	
		填报	不填报
A105040	专项用途财政性资金纳税调整明细表	☑	☐
A105050	职工薪酬纳税调整明细表	☑	☐
A105060	广告费和业务宣传费跨年度纳税调整明细表	☑	☐
A10570	捐赠支出纳税调整明细表	☑	☐
A105080	资产折旧、摊销情况及纳税调整明细表	☑	☐
A105081	固定资产加速折旧、扣除明细表	☑	☐
A105090	资产损失税前扣除及纳税调整明细表	☑	☐
A105091	资产损失（专项申报）税前扣除及纳税调整明细表	☑	☐
A105100	企业重组纳税调整明细表	☐	☒
A105110	政策性搬迁纳税调整明细表	☐	☒
A105120	特殊行业准备金纳税调整明细表	☐	☒
A106000	企业所得税弥补亏损明细表	☑	☐
A107010	免税、减计收入及加计扣除优惠明细表	☑	☐
A107011	符合条件的居民企业之间的股息、红利等权益性投资收益优惠明细表	☑	☐
A107012	综合利用资源生产产品取得的收入优惠明细表	☐	☒
A107013	金融、保险等机构取得的涉农利息、保费收入优惠明细表	☐	☒
A107014	研发费用加计扣除优惠明细表	☑	☐
A107020	所得减免优惠明细表	☐	☒
A107030	抵扣应纳税所得额明细表	☐	☒
A107040	减免所得税优惠明细表	☑	☐
A107041	高新技术企业优惠情况及明细表	☑	☐
A107042	软件、集成电路企业优惠情况及明细表	☐	☒
A107050	税额抵免优惠明细表	☐	☒
A108000	境外所得税收抵免明细表	☑	☐
A108010	境外所得纳税调整后所得明细表	☑	☐
A108020	境外分支机构弥补亏损明细表	☐	☒
A108030	跨年度结转抵免境外所得税明细表	☐	☒
A109000	跨地区经营汇总纳税企业年度分摊企业所得税明细表	☐	☒
A109010	企业所得税汇总纳税分支机构所得税分配表	☐	☒
说明：企业应当根据实际情况选择需要填表的表单。			

表 7 - 10　　　　　　　　　企业基础信息表（A000000）

正常申报☑	更正申报☐	补充申报☐
100 基本信息		

101 汇总纳税企业	是（总机构☐　按比例缴纳总机构☐）　　否☑			
102 注册资本（万元）	2 000 万元	106 境外中资控股居民企业	是☐	否☑
103 所属行业明细代码	I6510	107 从事国家限制和禁止行业	是☐	否☑
104 从业人数	80 人	108 存在境外关联交易	是☐	否☑
105 资产总额（万元）	10 200 万元	109 上市公司	是（境内☐境外☐）否☑	
200 主要会计政策和估计				

201 适用的会计准则或会计制度	企业会计准则（一般企业☑ 银行□ 证券□ 保险□ 担保□） 小企业会计准则□ 企业会计制度□ 事业单位会计准则（事业单位会计制度□ 科学事业单位会计制度□ 　　　　医院会计制度□ 高等学校会计制度□ 中小学校会计制度□ 　　　　彩票机构会计制度□ ） 民间非营利组织会计制度□ 村集体经济组织会计制度□ 农民专业合作社财务会计制度（试行）□ 其他□		
202 会计档案的存放地	×××路××号	203 会计核算软件	ERP
204 记账本位币	人民币☑ 其他□	205 会计政策和估计是否发生变化	是□ 否☑
206 固定资产折旧方法	年限平均法☑ 工作量法□ 双倍余额递减法□ 年数总和法□ 其他□		
207 存货成本计价方法	先进先出法□ 移动加权平均法☑ 月末一次加权平均法□ 个别计价法□ 毛利率法□ 零售价法□ 计划成本法☑ 其他□		
208 坏账损失核算方法	备抵法☑ 直接核销法□		
209 所得税计算方法	应付税款法□ 资产负债表债务法☑ 其他□		
300 企业主要股东及对外投资情况			

301 企业主要股东（前5位）

股东名称	证件种类	证件号码	经济性质	投资比例	国籍（注册地址）
（略）					

302 对外投资（前5位）

被投资者名称	纳税人识别号	经济性质	投资比例	投资金额	注册地址
（略）					

星云公司结合公司会计账簿资料填写的《一般企业收入明细表》（A101010）、《一般企业成本支出明细表》（A102010）和《期间费用明细表》（A104000）如表7-11、表7-12、表7-13所示。

表 7-11　　　　　　　　　　一般企业收入明细表（A101010）

行次	项目	金额
1	一、营业收入（2+9）	64 950 000.00
2	（一）主营业务收入（3+5+6+7+8）	64 300 000.00
3	1. 销售商品收入	58 300 000.00
4	其中：非货币性资产交换收入	0.00
5	2. 提供劳务收入	2 100 000.00

续前表

行次	项目	金额
6	3. 建造合同收入	0.00
7	4. 让渡资产使用权收入	3 900 000.00
8	5. 其他	0.00
9	（二）其他业务收入（10＋12＋13＋14＋15）	650 000.00
10	1. 销售材料收入	150 000.00
11	其中：非货币性资产交换收入	0.00
12	2. 出租固定资产收入	150 000.00
13	3. 出租无形资产收入	350 000.00
14	4. 出租包装物和商品收入	0.00
15	5. 其他	0.00
16	二、营业外收入（17＋18＋19＋20＋21＋22＋23＋24＋25＋26）	1 366 000.00
17	（一）非流动资产处置利得	38 000.00
18	（二）非货币性资产交换利得	18 000.00
19	（三）债务重组利得	0.00
20	（四）政府补助利得	1 300 000.00
21	（五）盘盈利得	0.00
22	（六）捐赠利得	0.00
23	（七）罚没利得	10 000.00
24	（八）确实无法偿付的应付款项	0.00
25	（九）汇兑收益	0.00
26	（十）其他	0.00

表 7－12　　　　　一般企业成本支出明细表（A102010）

行次	项目	金额
1	一、营业成本（2＋9）	46 948 000.00
2	（一）主营业务成本（3＋5＋6＋7＋8）	46 580 000.00
3	1. 销售商品成本	43 500 000.00
4	其中：非货币性资产交换成本	0.00
5	2. 提供劳务成本	1 200 000.00
6	3. 建造合同成本	0.00
7	4. 让渡资产使用权成本	1 880 000.00
8	5. 其他	0.00
9	（二）其他业务成本（10＋12＋13＋14＋15）	368 000.00
10	1. 材料销售成本	120 000.00
11	其中：非货币性资产交换成本	0.00
12	2. 出租固定资产成本	98 000.00
13	3. 出租无形资产成本	150 000.00
14	4. 包装物出租成本	0.00
15	5. 其他	0.00
16	二、营业外支出（17＋18＋19＋20＋21＋22＋23＋24＋25＋26）	2 902 440.00
17	（一）非流动资产处置损失	0.00
18	（二）非货币性资产交换损失	0.00
19	（三）债务重组损失	0.00

续前表

行次	项目	金额
20	（四）非常损失	0.00
21	（五）捐赠支出	1 980 000.00
22	（六）赞助支出	0.00
23	（七）罚没支出	4 800.00
24	（八）坏账损失	0.00
25	（九）无法收回的债券股权投资损失	0.00
26	（十）其他	917 640.00

表 7－13　　　　　　　　　　期间费用明细表（A104000）

行次	项目	销售费用	其中：境外支付	管理费用	其中：境外支付	财务费用	其中：境外支付
		1	2	3	4	5	6
1	一、职工薪酬	500 000.00	*	670 000.00	*		*
2	二、劳务费			12 000.00			*
3	三、咨询顾问费					*	*
4	四、业务招待费		*	250 000.00	*	*	*
5	五、广告费和业务宣传费		*	2 100 000.00	*	*	*
6	六、佣金和手续费						*
7	七、资产折旧摊销费		*		*	*	*
8	八、财产损耗、盘亏及毁损损失		*		*	*	*
9	九、办公费	23 000.00	*		*	*	*
10	十、董事会费		*		*	*	*
11	十一、租赁费			4 500 000.00		*	*
12	十二、诉讼费		*		*	*	*
13	十三、差旅费		*	3 800 000.00		*	*
14	十四、保险费	47 820.00	*		*	*	*
15	十五、运输、仓储费					*	*
16	十六、修理费					*	*
17	十七、包装费		*			*	*
18	十八、技术转让费					*	*
19	十九、研究费用			1 700 000.00		*	*
20	二十、各项税费		*	145 000.00	*	*	*
21	二十一、利息收支	*	*	*	*	380 000.00	
22	二十二、汇兑差额	*	*	*	*		
23	二十三、现金折扣	*	*	*	*		*
24	二十四、其他					61 000.00	
25	合计（1＋2＋3＋…＋24）	570 820.00	0.00	13 177 000.00	0.00	441 000.00	0.00

星云公司涉及的收入类调整业务：

（1）将一批软件用于展销会参展，该批软件参展后赠送给客户试用。该批软件成本为40万元，不含税售价为68万元。公司账务处理如下：

　　借：销售费用　　　　　　　　　　　　　　　　　　　　　515 600

贷：库存商品		400 000
应交税费——应交增值税（销项税额）		115 600

解析：

星云公司该行为属于视同销售行为，应确认视同销售收入 68 万元，视同销售成本 40 万元，因此需填写《视同销售和房地产开发企业特定业务纳税调整明细表》（A105010）。

（2）外购 1.8 万元糕点分发给职工作为福利。

解析：

星云公司该行为属于企业所得税的视同销售行为，应确认视同销售收入 1.8 万元，视同销售成本 1.8 万元，因此需填写《视同销售和房地产开发企业特定业务纳税调整明细表》（A105010）。

（3）星云公司持有 A 公司 40％的股份，初始投资成本为 800 万元。2016 年 5 月 26 日 A 公司宣告分配股息、红利 400 万元，星云公司按 40％持股比例可分得 160 万元股息、红利。

解析：

由于星云公司持股比例为 40％，应该采用权益法核算。账务处理为：

借：应收股利	1 600 000
贷：长期股权投资——损益调整	1 600 000

即分得的 160 万元股息、红利会计上不再确认投资收益，税收上需要确认投资收益，应进行纳税调增，需要填写《投资收益纳税调整明细表》（A105030）；同时该笔股息、红利是符合条件的居民企业间股息、红利等权益性收益，属于免税收入，因此需要填写《符合条件的居民企业之间的股息、红利等权益性投资收益优惠明细表》（A107011）和《免税、减计收入及加计扣除优惠明细表》（A107010）。

（4）2016 年 12 月星云公司撤回对 A 公司的全部投资，共收回 1 000 万元。星云公司对 A 公司的初始成本为 800 万元，损益调整的金额为 30 万元，持股比例 40％，当期 A 公司累计未分配利润和累计盈余公积为 400 万元。

解析：

星云公司投资收回 1 000 万元，会计上确认的投资成本为 830 万元，因此会计上投资收益为 170 万元——该数字需要填入主表（A100000）的第 9 行"投资收益"；税收上该笔投资的计税基础为 800 万元，因此税收上投资收益为 200 万元，该项税会差异通过填写《投资收益纳税调整明细表》（A105030）体现。

在税收上 200 万元的投资收益中有 160（400×40％）万元是符合条件的居民企业间股息、红利等权益性收益，属于免税收入，因此需要填写《符合条件的居民企业之间的股息、红利等权益性投资收益优惠明细表》（A107011）和《免税、减计收入及加计扣除优惠明细表》（A107010）。

（5）星云公司于 2016 年 2 月从政府相关部门获得一笔发展扶持资金共 100 万元，用于以后年度的支出，该笔资金不符合不征税收入的条件。星云公司对该笔资金的账务处理为：

借：银行存款	1 000 000
贷：递延收益	1 000 000

解析:

由于该笔资金不属于不征税收入,在税收上应一次性确认收入计算纳税,但会计上并未确认收入,此项税会差异应填入《未按权责发生制确认收入纳税调整明细表》(A105020)。

(6) 星云公司于 2016 年 6 月从政府获得两笔科技企业扶持资金共 248 万元。这两笔资金符合税法规定的不征税收入条件。其中一笔资金为研发专项扶持资金,共计 128 万元,星云公司已于当月将其用于研发费用支出;另外一笔 120 万元购买了 A 生产设备,已于当月使用,7 月开始计提折旧,折旧期限 10 年,预计净残值率 5%,该设备取得增值税普通发票。

解析:

1) 星云公司将获得的不征税收入用于研发费用的支出 128 万元,因为享受不征税收入待遇,所以相应的研发支出企业所得税税前不允许扣除,也不允许享受研发费用加计扣除的税收优惠,其相关信息需要填入《专项用途财政性资金纳税调整明细表》(A105040)和《研发费用加计扣除优惠明细表》(A107014)。

账务处理为:

借:银行存款　　　　　　　　　　　　　　　　　　　　1 280 000
　　贷:营业外收入——政府补助　　　　　　　　　　　　　　1 280 000

进行支出时:

借:管理费用　　　　　　　　　　　　　　　　　　　　1 280 000
　　贷:银行存款　　　　　　　　　　　　　　　　　　　　1 280 000

2) 因用于购买生产设备的 120 万元支出,属于资本化支出。120 万元的收入会计上记入"递延收益",逐期转入"营业外收入",2016 年共转入 57 000 元。该项收入属于不征税收入,纳税调减,需要填写《专项用途财政性资金纳税调整明细表》(A105040);相应的折旧企业所得税前不得扣除,需要纳税调增,应填写《固定资产加速折旧、扣除明细表》(A105081)。星云公司从 7—12 月每月计提折旧的账务处理如下:

借:制造费用　　　　　　　　　　　　　　　　　　　　　9 500
　　贷:累计折旧　　　　　　　　　　　　　　　　　　　　　9 500

借:递延收益　　　　　　　　　　　　　　　　　　　　　9 500
　　贷:营业外收入——政府补助　　　　　　　　　　　　　　9 500

当年 A 生产设备全部计入损益的折旧额 = 9 500 × 6 = 57 000(元)。

星云公司涉及的费用类调整业务:

(7) 当年列支的全部工资薪金支出 980 万元。

解析:

工资薪金支出信息需填入《职工薪酬纳税调整明细表》(A105050)。

(8) 全年列支职工福利费 140 万元。

解析:

列支的职工福利费 140 万元超过税法标准 137.2(980×14%)万元,需要纳税调增 2.8 万元。职工福利费支出信息需填入《职工薪酬纳税调整明细表》(A105050)。

(9) 当年列支的职工教育经费 15 万元。

解析:

列支的职工教育经费 15 万元未超过税法标准 24.5(980×2.5%)万元,不需要纳税调整。职工教育经费支出信息需填入《职工薪酬纳税调整明细表》（A105050）。

（10）当年取得《工会经费收入专用收据》上注明的工会经费19.6万元。

解析：

列支的工会经费19.6万元未超过税法标准19.6（980×2‰）万元，不需要纳税调整。工会经费支出信息需填入《职工薪酬纳税调整明细表》（A105050）。

（11）当年星云公司按照当地规定的标准为职工缴纳基本社会保障性缴款289.1万元，住房公积金117.6万元。

解析：

列支的基本社会保障性缴款和住房公积金均未超过税法规定扣除标准，不需要纳税调整。相应信息需填入《职工薪酬纳税调整明细表》（A105050）。

（12）当年列支的业务招待费17万元。

解析：

业务招待费税法扣除标准：标准1＝25×60％＝15（万元）；标准2＝（6 495+69.8）×5‰＝32.824（万元），税前可以扣除15万元的业务招待费。

实际列支的业务招待费25万元超过税法标准15万元，需要纳税调增10万元。业务招待费支出信息需填入《纳税调整项目明细表》（A105000）的第15行"（三）业务招待费支出"。

（13）当年列支的广告费和业务宣传费为420万元，已经取得税法认可的相关票据。没有以前年度结转本年扣除的广告费和业务宣传费。

解析：

列支的广告费和业务宣传费420万元未超过税法标准984.72［（6 495+69.8）×15％］万元，不需要纳税调整。广告费和业务宣传费支出信息需填入《广告费和业务宣传费跨年度纳税调整明细表》（A105060）。

（14）星云公司于2016年3月直接向北京利生中学捐赠18万元；于2016年6月通过中国红十字会向某贫困地区捐赠180万元，已经取得《公益性单位接收捐赠统一收据》。

解析：

直接向北京利生中学捐赠的18万元属于纳税人向受赠人的直接捐赠，不属于税法规定的公益性捐赠，因此不允许在税前扣除。

通过中国红十字会向某贫困地区捐赠180万元属于税法规定的公益性捐赠，其要与税法扣除标准（利润总额×12％）比较大小，超过部分需要进行纳税调增处理。

从企业的利润表和《中华人民共和国企业所得税年度纳税申报表（A类）》（A100000）第13行可知，该企业的利润为2 795 492元，公益性捐赠扣除限额＝2 795 492×12％＝335 459.04（元）。发生的公益性捐赠180万元超过扣除限额的部分1 464 540.96元不得扣除，需要纳税调增。

上述信息需要填写《捐赠支出纳税调整明细表》（A105070）。

（15）支付公司车辆交通违章罚款4 800元；由于违反合同规定，支付客户违约金917 640元。

解析：

支付公司车辆交通违章罚款不允许在税前扣除，需将其信息需填入《纳税调整项目明细表》（A105000）的第19行"（七）罚金、罚款和被没收财物的损失"。

支付的客户违约金税前允许扣除，无须纳税调整。

星云公司涉及的资产类调整业务：

(16) 2016 年 11 月购买 10 台打印机，每台打印机不含增值税价格为 1 800 元。星云公司在会计上对打印机采用直线法计算折旧，折旧期限为 3 年，预计净残值率 5%；在税收上采用加速折旧政策，对其价值在计算企业所得税时一次性扣除。

解析：

打印机当年折旧额＝1 800×10×(1-5%)÷36＝475 (元)

因为单台打印机价值小于 5 000 元，星云公司可以按照税法规定在计算企业所得税时对其价值一次性扣除，即税前允许扣除 18 000 元，其中 17 525 元为加速折旧部分。星云公司针对上述信息应填写《资产折旧、摊销情况及纳税调整明细表》(A105080) 和《固定资产加速折旧、扣除明细表》(A105081)。

(17) 生产设备的账载金额为 2 825 641 元，计税基础为 1 625 641 元 [不包括第 (6) 项业务中以不征税收入购买的设备]，会计上计提的折旧额为 388 717.9 元，累计折旧额为 1 199 865 元。与生产经营活动有关的器具、工具、家具等的账载金额和计税基础均为 989 800 元，会计上计提的折旧额为 188 062 元，累计折旧额为 454 800 元。

解析：

星云公司需要结合第 (6)、(16)、(17) 项业务填写《资产折旧、摊销情况及纳税调整明细表》(A105080)，在填写过程中一定要注意：根据第 (6) 项业务，由不征税收入形成的资产 120 万元不计入计税基础，所计提的折旧 57 000 元税前不得扣除，需要从《资产折旧、摊销情况及纳税调整明细表》(A105080) "按税收一般规定计算的本年折旧、摊销额" 中扣除。

(18) 因债务人破产，星云公司无法收回对债务人的全部借款 100 万元，只获得破产清偿 10 万元，已经取得债务人的破产清算公告及清偿文件等资料。该笔债权系 2015 年销售软件时形成的。2015 年 12 月 31 日，星云公司坏账准备的余额为 135 万元。2016 年星云公司计提坏账准备 98 万元。

解析：

根据基础信息资料，我们可以看到，星云公司对坏账损失采用备抵法核算。因此 2016 年损失发生时，星云公司的账务处理为：

借：银行存款	100 000
坏账准备	900 000
贷：应收账款	1 000 000

2016 年计提坏账准备时，账务处理为：

借：资产减值损失	980 000
贷：坏账准备	980 000

对于上述业务，填表时需要注意：

1) 星云公司 2016 年计提的坏账准备所对应的 "资产减值损失" 需要填入主表 (A100000) 的第 7 行 "资产减值损失"。

2) 由于企业计提的坏账准备税前不得扣除，实际发生时才允许扣除，因此星云公司 2016 年计提的坏账准备需要纳税调增，此项税会差异需要体现在《纳税调整项目明细表》

（A105000）的第 32 行"（二）资产减值准备金"中。

　　3）发生无法收回款项的损失时会计上通过冲减坏账准备的方式进行账务处理，未影响当期损益；而无法收回款项所带来的损失可以在税前扣除，需要进行纳税调减，但需要向税务机关做专项申报，其信息需要填写《资产损失税前扣除及纳税调整明细表》（A105090）和《资产损失（专项申报）税前扣除及纳税调整明细表》（A105091）。

　　星云公司税收优惠项目信息：

　　（19）取得国债利息收入 5 万元。

　　解析：

　　国债利息收入会计上应该记入"投资收益"，因此需要填入主表（A100000）的第 9 行"投资收益"；该项收入属于免税收入，应填入《免税、减计收入及加计扣除优惠明细表》（A107010）。

　　（20）当年用于研发软件产品的符合税法规定条件的研究开发费支出共计 170 万元，其中直接从事研发活动的在职人员费用 60 万元；专门用于研发活动的有关折旧费、租赁费、运行维护费 50 万元；专门用于研发活动的有关无形资产摊销费 26 万元；研发成果论证、评审、验收、鉴定费用 8 万元；设计、制定、资料和翻译费用 26 万元。在全部 170 万元的研发费用支出中有 128 万元属于资料（6）中来自不征税收入所列支的支出。

　　解析：

　　星云公司列支的研发费可以享受加计扣除：

$$加计扣除的研发支出＝（170－128）×50\%＝21（万元）$$

　　其信息需要填写《研发费用加计扣除优惠明细表》（A107014）和《免税、减计收入及加计扣除优惠明细表》（A107010）。

　　（21）星云公司已经被认定为高新技术企业，其享受按 15% 计征企业所得税的优惠。星云公司高新技术企业收入指标、人员指标和研究开发费用指标信息（略）。

　　解析：

　　符合条件的高新技术企业享受 15% 的优惠税率，少缴纳的企业所得税需要填入《高新技术企业优惠情况及明细表》（A107041）和《减免所得税优惠明细表》（A107040）。

　　《高新技术企业优惠情况及明细表》（A107041）的第 29 行"减免税金额"＝中华人民共和国企业所得税年度纳税申报表（A 类）（A100000）的第 23 行"应纳税所得额"×（25%－15%）。

　　星云公司境外所得信息：

　　（22）星云公司于 2016 年 8 月为德国一家企业提供高新技术产品技术咨询，获得咨询费 12 万元，已被德国扣缴税款 1 万元。假设咨询费不涉及境外所得费用、支出纳税调整，也不涉及跨年度抵免境外所得的问题。

　　解析：

　　根据上述信息，星云公司应将境外咨询费信息填入《境外所得纳税调整后所得明细表》（A108010）和《境外所得税收抵免明细表》（A108000）。

$$该咨询费抵免限额＝（12＋1）×15\%＝1.95（万元）$$

　　由于在德国实际缴纳的税款低于抵免限额，因此可以按照实际已纳税额 1 万元进行抵免。

　　星云公司亏损弥补信息，如表 7‑14 所示。

表 7 - 14　企业所得税弥补亏损明细表 (2015 年)

行次	项目	年度	纳税调整后所得	合并、分立转入(转出)可弥补的亏损额	当年可弥补的亏损额	以前年度亏损已弥补额					本年度实际弥补的以前年度亏损额	可结转以后年度弥补的亏损额
						前四年度	前三年度	前二年度	前一年度	合计		
		1	2	3	4	5	6	7	8	9	10	11
1	前五年度	2010	−1 000 000.00	0.00	−1 000 000.00	0.00	800 000.00	0.00	200 000.00	1 000 000.00	0.00	*
2	前四年度	2011	−3 000 000.00	0.00	−3 000 000.00	*	0.00	0.00	200 000.00	200 000.00	2 000 000.00	800 000.00
3	前三年度	2012	800 000.00	0.00	0.00	*	*						
4	前二年度	2013	−100 000.00	0.00	−100 000.00	*	*	*	0.00	0.00	0.00	100 000.00
5	前一年度	2014	400 000.00	0.00	0.00	*	*	*	*		0.00	
6	本年度	2015	2 000 000.00	0.00	0.00	*	*	*	*	*	2 000 000.00	
7	可结转以后年度弥补的亏损额合计											900 000.00

解析:

星云公司应结合上述信息和纳税申报表主表第 19 行、20 行、21 行数据填写《企业所得税弥补亏损明细表》(A106000)。

此外,星云公司的税金及附加为 251 248 元,已经预缴的企业所得税 135 000 元。结合上述业务和数据,填写《纳税调整项目明细表》(A105000) 和《中华人民共和国企业所得税年度纳税申报表 (A 类)》(A100000),最终完成整套表格的填写 (如表 7 - 15 至表 7 - 51 所示)。

表 7 - 15　中华人民共和国企业所得税年度纳税申报表 (A 类) (A100000)

行次	类别	项目	金额
1		一、营业收入 (填写 A101010 \ 101020 \ 103000)	64 950 000.00
2		减:营业成本 (填写 A102010 \ 102020 \ 103000)	46 948 000.00
3		税金及附加	251 248.00
4		销售费用 (填写 A104000)	570 820.00
5		管理费用 (填写 A104000)	13 177 000.00
6	利润	财务费用 (填写 A104000)	441 000.00
7	总额	资产减值损失	980 000.00
8	计算	加:公允价值变动收益	0.00
9		投资收益	1 750 000.00
10		二、营业利润 (1−2−3−4−5−6−7+8+9)	4 331 932.00
11		加:营业外收入 (填写 A101010 \ 101020 \ 103000)	1 366 000.00
12		减:营业外支出 (填写 A102010 \ 102020 \ 103000)	2 902 440.00
13		三、利润总额 (10+11−12)	2 795 492.00

续前表

行次	类别	项目	金额
14	应纳税所得额计算	减：境外所得（填写 A108010）	130 000.00
15		加：纳税调整增加额（填写 A105000）	7 674 815.96
16		减：纳税调整减少额（填写 A105000）	2 655 000.00
17		减：免税、减计收入及加计扣除（填写 A107010）	2 660 000.00
18		加：境外应税所得抵减境内亏损（填写 A108000）	0.00
19		四、纳税调整后所得（13－14＋15－16－17＋18）	5 025 307.96
20		减：所得减免（填写 A107020）	0.00
21		减：抵扣应纳税所得额（填写 A107030）	0.00
22		减：弥补以前年度亏损（填写 A106000）	900 000.00
23		五、应纳税所得额（19－20－21－22）	4 125 307.96
24	应纳税额计算	税率（25%）	25%
25		六、应纳所得税额（23×24）	1 031 326.99
26		减：减免所得税额（填写 A107040）	412 530.80
27		减：抵免所得税额（填写 A107050）	0.00
28		七、应纳税额（25－26－27）	618 796.19
29		加：境外所得应纳所得税额（填写 A108000）	19 500.00
30		减：境外所得抵免所得税额（填写 A108000）	10 000.00
31		八、实际应纳所得税额（28＋29－30）	628 296.19
32		减：本年累计实际已预缴的所得税额	135 000.00
33		九、本年应补（退）所得税额（31－32）	493 296.19
34		其中：总机构分摊本年应补（退）所得税额（填写 A109000）	
35		财政集中分配本年应补（退）所得税额（填写 A109000）	
36		总机构主体生产经营部门分摊本年应补（退）所得税额（填写 A109000）	
37	附列资料	以前年度多缴的所得税额在本年抵减额	
38		以前年度应缴未缴在本年入库所得税额	

表 7－16 一般企业收入明细表（A101010）

行次	项目	金额
1	一、营业收入（2＋9）	64 950 000.00
2	（一）主营业务收入（3＋5＋6＋7＋8）	64 300 000.00
3	1. 销售商品收入	58 300 000.00
4	其中：非货币性资产交换收入	0.00
5	2. 提供劳务收入	2 100 000.00
6	3. 建造合同收入	0.00
7	4. 让渡资产使用权收入	3 900 000.00
8	5. 其他	0.00
9	（二）其他业务收入（10＋12＋13＋14＋15）	650 000.00
10	1. 销售材料收入	150 000.00
11	其中：非货币性资产交换收入	0.00
12	2. 出租固定资产收入	150 000.00
13	3. 出租无形资产收入	350 000.00
14	4. 出租包装物和商品收入	0.00
15	5. 其他	0.00

续前表

行次	项目	金额
16	二、营业外收入(17＋18＋19＋20＋21＋22＋23＋24＋25＋26)	1 366 000.00
17	(一)非流动资产处置利得	38 000.00
18	(二)非货币性资产交换利得	18 000.00
19	(三)债务重组利得	0.00
20	(四)政府补助利得	1 300 000.00
21	(五)盘盈利得	0.00
22	(六)捐赠利得	0.00
23	(七)罚没利得	10 000.00
24	(八)确实无法偿付的应付款项	0.00
25	(九)汇兑收益	0.00
26	(十)其他	0.00

表 7-17　　　　　　　　　一般企业成本支出明细表(A102010)

行次	项目	金额
1	一、营业成本(2＋9)	46 948 000.00
2	(一)主营业务成本(3＋5＋6＋7＋8)	46 580 000.00
3	1.销售商品成本	43 500 000.00
4	其中:非货币性资产交换成本	0.00
5	2.提供劳务成本	1 200 000.00
6	3.建造合同成本	0.00
7	4.让渡资产使用权成本	1 880 000.00
8	5.其他	0.00
9	(二)其他业务成本(10＋12＋13＋14＋15)	368 000.00
10	1.材料销售成本	120 000.00
11	其中:非货币性资产交换成本	0.00
12	2.出租固定资产成本	98 000.00
13	3.出租无形资产成本	150 000.00
14	4.包装物出租成本	0.00
15	5.其他	0.00
16	二、营业外支出(17＋18＋19＋20＋21＋22＋23＋24＋25＋26)	2 902 440.00
17	(一)非流动资产处置损失	0.00
18	(二)非货币性资产交换损失	0.00
19	(三)债务重组损失	0.00
20	(四)非常损失	0.00
21	(五)捐赠支出	1 980 000.00
22	(六)赞助支出	0.00
23	(七)罚没支出	4 800.00
24	(八)坏账损失	0.00
25	(九)无法收回的债券股权投资损失	0.00
26	(十)其他	917 640.00

表 7-18　　　　　　　　　　　　**期间费用明细表（A104000）**

行次	项目	销售费用	其中：境外支付	管理费用	其中：境外支付	财务费用	其中：境外支付
		1	2	3	4	5	6
1	一、职工薪酬	500 000.00	＊	670 000.00	＊	＊	＊
2	二、劳务费			12 000.00		＊	＊
3	三、咨询顾问费					＊	＊
4	四、业务招待费		＊	250 000.00	＊	＊	＊
5	五、广告费和业务宣传费		＊	2 100 000.00		＊	＊
6	六、佣金和手续费						
7	七、资产折旧摊销费		＊		＊		＊
8	八、财产损耗、盘亏及毁损损失						
9	九、办公费	23 000.00	＊		＊	＊	＊
10	十、董事会费		＊		＊	＊	＊
11	十一、租赁费			4 500 000.00		＊	＊
12	十二、诉讼费		＊		＊	＊	＊
13	十三、差旅费		＊	3 800 000.00		＊	＊
14	十四、保险费	47 820.00	＊			＊	＊
15	十五、运输、仓储费					＊	＊
16	十六、修理费					＊	＊
17	十七、包装费		＊		＊	＊	＊
18	十八、技术转让费					＊	＊
19	十九、研究费用			1 700 000.00		＊	＊
20	二十、各项税费		＊	145 000.00	＊	＊	＊
21	二十一、利息收支	＊	＊	＊	＊	380 000.00	
22	二十二、汇兑差额	＊	＊	＊	＊		
23	二十三、现金折扣	＊	＊	＊	＊		
24	二十四、其他					61 000.00	
25	合计（1+2+3+…+24）	570 820.00	0.00	13 177 000.00	0.00	441 000.00	0.00

表 7-19　　　　　　　　　　　　**纳税调整项目明细表（A105000）**

行次	项目	账载金额	税收金额	调增金额	调减金额
		1	2	3	4
1	一、收入类调整项目（2+3+4+5+6+7+8+10+11）	＊	＊	3 598 000.00	1 337 000.00
2	（一）视同销售收入（填写 A105010）	＊	698 000.00	698 000.00	＊
3	（二）未按权责发生制原则确认的收入（填写 A105020）	0.00	1 000 000.00	1 000 000.00	0.00
4	（三）投资收益（填写 A105030）	1 700 000.00	3 600 000.00	1 900 000.00	0.00
5	（四）按权益法核算长期股权投资对初始投资成本调整确认收益	＊	＊	＊	
6	（五）交易性金融资产初始投资调整	＊	＊		＊
7	（六）公允价值变动净损益		＊	＊	0.00
8	（七）不征税收入	＊	＊	0.00	1 337 000.00
9	其中：专项用途财政性资金（填写 A105040）	＊	＊	0.00	1 337 000.00

续前表

行次	项目	账载金额	税收金额	调增金额	调减金额
		1	2	3	4
10	（八）销售折扣、折让和退回				
11	（九）其他				
12	二、扣除类调整项目（13＋14＋15＋16＋17＋18＋19＋20＋21＋22＋23＋24＋26＋27＋28＋29）	＊	＊	3 057 340.96	418 000.00
13	（一）视同销售成本（填写 A105010）	＊	418 000.00	＊	418 000.00
14	（二）职工薪酬（填写 A105050）	15 613 000.00	15 585 000.00	28 000.00	0.00
15	（三）业务招待费支出	250 000.00	150 000.00	100 000.00	＊
16	（四）广告费和业务宣传费支出（填写 A105060）	＊	＊	0.00	0.00
17	（五）捐赠支出（填写 A105070）	1 980 000.00	335 459.04	1 644 540.96	＊
18	（六）利息支出			0.00	0.00
19	（七）罚金、罚款和被没收财物的损失	4 800.00	＊	4 800.00	＊
20	（八）税收滞纳金、加收利息		＊		＊
21	（九）赞助支出		＊		
22	（十）与未实现融资收益相关在当期确认的财务费用		0.00	0.00	0.00
23	（十一）佣金和手续费支出			0.00	＊
24	（十二）不征税收入用于支出所形成的费用	＊	＊	1 280 000.00	＊
25	其中：专项用途财政性资金用于支出所形成的费用（填写 A105040）	＊	＊	1 280 000.00	＊
26	（十三）跨期扣除项目			0.00	0.00
27	（十四）与取得收入无关的支出		＊		＊
28	（十五）境外所得分摊的共同支出	＊	＊		＊
29	（十六）其他		0.00	0.00	0.00
30	三、资产类调整项目（31＋32＋33＋34）	＊	＊	1 019 475.00	900 000.00
31	（一）资产折旧、摊销（填写 A105080）	577 254.90	537 779.90	39 475.00	0.00
32	（二）资产减值准备金	980 000.00	＊	980 000.00	0.00
33	（三）资产损失（填写 A105090）	0.00	900 000.00	0.00	900 000.00
34	（四）其他				
35	四、特殊事项调整项目（36＋37＋38＋39＋40）	＊	＊	0.00	0.00
36	（一）企业重组（填写 A105100）				
37	（二）政策性搬迁（填写 A105110）	＊	＊		
38	（三）特殊行业准备金（填写 A105120）				
39	（四）房地产开发企业特定业务计算的纳税调整额（填写 A105010）				
40	（五）其他	＊	＊		
41	五、特别纳税调整应税所得	＊	＊	0.00	0.00
42	六、其他	＊	＊	0.00	0.00
43	合计（1＋12＋30＋35＋41＋42）	＊	＊	7 674 815.96	2 655 000.00

表 7 - 20　　　视同销售和房地产开发企业特定业务纳税调整明细表（A105010）

行次	项目	税收金额	纳税调整金额
		1	2
1	一、视同销售（营业）收入（2+3+4+5+6+7+8+9+10）	698 000.00	698 000.00
2	（一）非货币性资产交换视同销售收入		
3	（二）用于市场推广或销售视同销售收入	680 000.00	680 000.00
4	（三）用于交际应酬视同销售收入		
5	（四）用于职工奖励或福利视同销售收入	18 000.00	18 000.00
6	（五）用于股息分配视同销售收入		
7	（六）用于对外捐赠视同销售收入		
8	（七）用于对外投资项目视同销售收入		
9	（八）提供劳务视同销售收入		
10	（九）其他		
11	二、视同销售（营业）成本（12+13+14+15+16+17+18+19+20）	418 000.00	−418 000.00
12	（一）非货币性资产交换视同销售成本		
13	（二）用于市场推广或销售视同销售成本	400 000.00	−400 000.00
14	（三）用于交际应酬视同销售成本		
15	（四）用于职工奖励或福利视同销售成本	18 000.00	−18 000.00
16	（五）用于股息分配视同销售成本		
17	（六）用于对外捐赠视同销售成本		
18	（七）用于对外投资项目视同销售成本		
19	（八）提供劳务视同销售成本		
20	（九）其他		
21	三、房地产开发企业特定业务计算的纳税调整额（22−26）		0.00
22	（一）房地产企业销售未完工开发产品特定业务计算的纳税调整额（24−25）		
23	1. 销售未完工产品的收入		*
24	2. 销售未完工产品预计毛利额		
25	3. 实际发生的税金及附加、土地增值税		

续前表

行次	项目	税收金额	纳税调整金额
		1	2
26	（二）房地产企业销售的未完工产品转完工产品特定业务计算的纳税调整额（28—29）		
27	1. 销售未完工产品转完工产品确认的销售收入		*
28	2. 转回的销售未完工产品预计毛利额		
29	3. 转回实际发生的税金及附加、土地增值税		

表7-21　　　　　　　　未按权责发生制确认收入纳税调整明细表（A105020）

行次	项目	合同金额（交易金额）	账载金额		税收金额		纳税调整金额
		1	本年 2	累计 3	本年 4	累计 5	6（4-2）
1	一、跨期收取的租金、利息、特许权使用费收入（2+3+4）	0.00	0.00	0.00	0.00	0.00	0.00
2	（一）租金						0.00
3	（二）利息						0.00
4	（三）特许权使用费						0.00
5	二、分期确认收入（6+7+8）	0.00	0.00	0.00	0.00	0.00	0.00
6	（一）分期收款方式销售货物收入						0.00
7	（二）持续时间超过12个月的建造合同收入						0.00
8	（三）其他分期确认收入						0.00
9	三、政府补助递延收入（10+11+12）	1 000 000.00	0.00	0.00	1 000 000.00	100 000.00	1 000 000.00
10	（一）与收益相关的政府补助	1 000 000.00	0.00	0.00	1 000 000.00	100 000.00	1 000 000.00
11	（二）与资产相关的政府补助						0.00
12	（三）其他	0.00	0.00	0.00	0.00	0.00	0.00
13	四、其他未按权责发生制确认收入				0.00		
14	合计（1+5+9+13）	1 000 000.00	0.00	0.00	1 000 000.00	100 000.00	1 000 000.00

表7-22

投资收益纳税调整明细表（A105030）

行次	项目	持有收益			处置收益							纳税调整金额
		账载金额	税收金额	纳税调整金额	会计确认的处置收入	税收计算的处置收入	处置投资的账面价值	处置投资的计税基础	会计确认的处置所得或损失	税收计算的处置所得	纳税调整金额	
		1	2	3 (2-1)	4	5	6	7	8 (4-6)	9 (5-7)	10 (9-8)	11 (3+10)
1	一、交易性金融资产	0.00	0.00	0.00								
2	二、可供出售金融资产			0.00	0.00	0.00			0.00	0.00	0.00	0.00
3	三、持有至到期投资	0.00	0.00	0.00	0.00	0.00			0.00	0.00	0.00	0.00
4	四、衍生工具			0.00								0.00
5	五、交易性金融负债											
6	六、长期股权投资	0.00	1 600 000.00	1 600 000.00	10 000 000.00	10 000 000.00	8 300 000.00	8 000 000.00	1 700 000.00	2 000 000.00	300 000.00	1 900 000.00
7	七、短期投资			0.00					0.00	0.00	0.00	0.00
8	八、长期债券投资								0.00	0.00	0.00	0.00
9	九、其他			0.00								0.00
10	合计 (1+2+3+4+5+6+7+8+9)	0.00	1 600 000.00	1 600 000.00	10 000 000.00	10 000 000.00	8 300 000.00	8 000 000.00	1 700 000.00	2 000 000.00	300 000.00	1 900 000.00

表 7 - 23

专项用途财政性资金纳税调整明细表（A105040）

行次	项目	取得年度	财政性资金	其中：符合不征税收入条件的财政性资金		以前年度支出情况					本年支出情况		本年结余情况		
				金额	其中：计入本年损益的金额	前五年度	前四年度	前三年度	前二年度	前一年度	支出金额	其中：费用化支出金额	结余金额	其中：上缴财政金额	应计入本年应税收入金额
		1	2	3	4	5	6	7	8	9	10	11	12	13	14
1	前五年度	2011 年													
2	前四年度	2012 年	0.00	0.00	0.00	*	0.00	0.00	0.00	0.00	0.00	0.00	0.00	0.00	0.00
3	前三年度	2013 年	0.00	0.00	0.00	*	*	0.00	0.00	0.00	0.00	0.00	0.00	0.00	0.00
4	前二年度	2014 年	0.00	0.00	0.00	*	*	*	0.00	0.00	0.00	0.00	0.00	0.00	0.00
5	前一年度	2015 年	0.00	0.00	0.00	*	*	*	*	0.00	0.00	0.00	0.00	0.00	0.00
6	本 年	2016 年	2 480 000.00	2 480 000.00	1 337 000.00	*	*	*	*	*	2 480 000.00	1 280 000.00	0.00	0.00	0.00
7	合计(1+2+3+4+5+6)	*	2 480 000.00	2 480 000.00	1 337 000.00	*	*	*	*	*	2 480 000.00	1 280 000.00	0.00	0.00	0.00

表 7－24 **职工薪酬纳税调整明细表（A105050）**

行次	项目	账载金额	税收规定扣除率	以前年度累计结转扣除额	税收金额	纳税调整金额	累计结转以后年度扣除额
		1	2	3	4	5 (1－4)	6 (1＋3－4)
1	一、工资薪金支出	9 800 000.00	＊	＊	9 800 000.00	0.00	＊
2	其中：股权激励	0.00	＊	＊	0.00	0.00	＊
3	二、职工福利费支出	1 400 000.00	14％	＊	1 372 000.00	28 000.00	＊
4	三、职工教育经费支出	150 000.00	＊	0.00	150 000.00	0.00	0.00
5	其中：按税收规定比例扣除的职工教育经费	150 000.00	2.5％	0.00	150 000.00	0.00	0.00
6	按税收规定全额扣除的职工培训费用	0.00	100％	＊	0.00	0.00	＊
7	四、工会经费支出	196 000.00	2％	＊	196 000.00	0.00	＊
8	五、各类基本社会保障性缴款	2 891 000.00	＊	＊	2 891 000.00	0.00	＊
9	六、住房公积金	1 176 000.00	＊	＊	1 176 000.00	0.00	＊
10	七、补充养老保险	0.00	＊	＊	0.00	0.00	＊
11	八、补充医疗保险	0.00	＊	＊	0.00	0.00	＊
12	九、其他	0.00	＊	0	0.00	0.00	0.00
13	合计（1＋3＋4＋7＋8＋9＋10＋11＋12）	15 613 000.00	＊	0.00	15 585 000.00	28 000.00	0.00

表 7－25 **广告费和业务宣传费跨年度纳税调整明细表（A105060）**

行次	项目	金额
1	一、本年广告费和业务宣传费支出	4 200 000.00
2	减：不允许扣除的广告费和业务宣传费支出	0.00
3	二、本年符合条件的广告费和业务宣传费支出（1－2）	4 200 000.00
4	三、本年计算广告费和业务宣传费扣除限额的销售（营业）收入	65 648 000.00
5	税收规定扣除率	15％
6	四、本企业计算的广告费和业务宣传费扣除限额（4×5）	9 847 200.00
7	五、本年结转以后年度扣除额（3＞6，本行＝3－6；3≤6，本行＝0）	0.00
8	加：以前年度累计结转扣除额	0.00
9	减：本年扣除的以前年度结转额［3＞6，本行＝0；3≤6，本行＝8或（6－3）孰小值］	0.00
10	六、按照分摊协议归集至其他关联方的广告费和业务宣传费（10≤3或6孰小值）	0.00
11	按照分摊协议从其他关联方归集至本企业的广告费和业务宣传费	0.00
12	七、本年广告费和业务宣传费支出纳税调整金额（3＞6，本行＝2＋3－6＋10－11；3≤6，本行＝2＋10－11－9）	0.00
13	八、累计结转以后年度扣除额（7＋8－9）	0.00

表 7 - 26 捐赠支出纳税调整明细表 (A105070)

行次	受赠单位名称	公益性捐赠				非公益性捐赠	纳税调整金额
		账载金额	按税收规定计算的扣除限额	税收金额	纳税调整金额	账载金额	
		1	2	3	4	5 (2-4)	6	7 (5+6)
1	北京利生中学	0.00	*	*	*	180 000.00	*
2	中国红十字会	1 800 000.00	*	*	*		*
3			*	*	*		*
4			*	*	*		*
5			*	*	*		*
6			*	*	*		*
7			*	*	*		*
8			*	*	*		*
9			*	*	*		*
10			*	*	*		*
11			*	*	*		*
12			*	*	*		*
13			*	*	*		*
14			*	*	*		*
15			*	*	*		*
16			*	*	*		*
17			*	*	*		*
18			*	*	*		*
19			*	*	*		*
20	合计	1 800 000.00	335 459.04	335 459.04	1 464 540.96	180 000.00	1 644 540.96

表 7－27

资产折旧、摊销情况及纳税调整明细表（A105080）

行次	项目	账载金额			税收金额					纳税调整	
		资产账载金额	本年折旧、摊销额	累计折旧、摊销额	资产计税基础	按税收规定计算的本年折旧、摊销额	本年加速折旧额	其中：2014年及以后年度新增固定资产加速折旧额（填写A105081）	累计折旧、摊销额	金额	调整原因
		1	2	3	4	5	6	7	8	9（2－5－6）	10
1	一、固定资产（2＋3＋4＋5＋6＋7）	3 833 441.00	577 254.90	1 655 140.00	2 633 441.00	520 254.00	17 525.00	17 525.00	1 615 665.00	39 475.00	
2	（一）房屋、建筑物										
3	（二）飞机、火车、轮船、机器、机械和其他生产设备	2 825 641.00	388 717.90	1 199 865.00	1 625 641.00	331 717.90	0.00	0.00	1 142 865.00	57 000.00	不征税收入形成的支出
4	（三）与生产经营活动有关的器具、工具、家具等	989 800.00	188 062.00	454 800.00	989 800.00	188 062.00	0.00	0.00	454 800.00		
5	（四）飞机、火车、轮船以外的运输工具										
6	（五）电子设备	18 000.00	475.00	475.00	18 000.00	475.00	17 525.00	17 525.00	18 000.00	－17 525.00	折旧方法
7	（六）其他										
8	二、生产性生物资产（9＋10）						*	*			
9	（一）林木类						*	*			
10	（二）畜类						*	*			
11	三、无形资产（12＋13＋14＋15＋16＋17＋18）						*	*		*	
12	（一）专利权						*	*		*	
13	（二）商标权						*	*		*	
14	（三）著作权						*	*		*	

续前表

行次	项目	账载金额			税收金额					纳税调整	
		资产账载金额	本年折旧、摊销额	累计折旧、摊销额	资产计税基础	按税收一般规定计算的本年折旧、摊销额	本年加速折旧额	其中：2014年及以后年度新增固定资产加速折旧额（填写A105081）	累计折旧、摊销额	金额	调整原因
		1	2	3	4	5	6	7	8	9（2−5−6）	10
15	（四）土地使用权							*			
16	（五）非专利技术						*	*			
17	（六）特许权使用费						*	*			
18	（七）其他						*	*			
19	四、长期待摊费用（20＋21＋22＋23＋24）						*	*			
20	（一）已足额提取折旧的固定资产的改建支出						*	*			
21	（二）租入固定资产的改建支出						*	*			
22	（三）固定资产的大修理支出						*	*			
23	（四）开办费						*	*			
24	（五）其他						*	*			
25	五、油气勘探投资						*	*			
26	六、油气开发投资						*	*			
27	合计（1＋8＋11＋19＋25＋26）	3 833 441.00	577 254.90	1 655 140.00	2 633 441.00	520 254.90	17 525.00	17 525.00	1 615 665.00	39 475.00	*

表7-28

固定资产加速折旧、扣除明细表（A105081）

行次	项目	房屋、建筑物 原值	房屋、建筑物 本期折旧(扣除)额	房屋、建筑物 累计折旧(扣除)额	飞机、火车、轮船、机器、机械和其他生产设备 原值	飞机、火车、轮船、机器、机械和其他生产设备 本期折旧(扣除)额	飞机、火车、轮船、机器、机械和其他生产设备 累计折旧(扣除)额	与生产经营活动有关的器具、工具、家具 原值	与生产经营活动有关的器具、工具、家具 本期折旧(扣除)额	与生产经营活动有关的器具、工具、家具 累计折旧(扣除)额	飞机、火车、轮船以外的运输工具 原值	飞机、火车、轮船以外的运输工具 本期折旧(扣除)额	飞机、火车、轮船以外的运输工具 累计折旧(扣除)额	电子设备 原值	电子设备 本期折旧(扣除)额	电子设备 累计折旧(扣除)额	合计 原值	合计 本期折旧(扣除)额 正常折旧额	合计 本期折旧(扣除)额 加速折旧额	合计 累计折旧(扣除)额 正常折旧额	合计 累计折旧(扣除)额 加速折旧额
		1	2	3	4	5	6	7	8	9	10	11	12	13	14	15	16	17	18	19	20
1	一、六大行业固定资产																				
2	（一）生物药品制造业																				
3	（二）专用设备制造业																				
4	（三）铁路、船舶、航空航天和其他运输设备制造业																				
5	（四）计算机、通信和其他电子设备制造业																				
6	（五）仪器仪表制造业																				
7	（六）信息传输、软件和信息技术服务业																				

续前表

行次	项目	房屋、建筑物 原值(1)	本期折旧(扣除)额(2)	累计折旧(扣除)额(3)	飞机、火车、轮船、机器、机械和其他生产设备 原值(4)	本期折旧(扣除)额(5)	累计折旧(扣除)额(6)	与生产经营活动有关的器具、工具、家具 原值(7)	本期折旧(扣除)额(8)	累计折旧(扣除)额(9)	飞机、火车、轮船以外的运输工具 原值(10)	本期折旧(扣除)额(11)	累计折旧(扣除)额(12)	电子设备 原值(13)	本期折旧(扣除)额(14)	累计折旧(扣除)额(15)	合计 原值(16)	本期折旧(扣除) 正常折旧额(17)	加速折旧额(18)	累计折旧(扣除) 正常折旧额(19)	加速折旧额(20)
8	(七)其他行业																				
9	二、允许一次性扣除的固定资产				0.00	0.00	0.00	0.00	0.00	0.00				18 000.00	475.00	475.00	18 000.00	475.00	17 525.00	475.00	17 525.00
10	(一)单位价值不超过100万元的研发仪器、设备																				
11	其中:六大行业小型微利企业研发和生产经营共用的仪器、设备																				
12	(二)单位价值不超过5000元的固定资产													18 000.00	475.00	475.00	18 000.00	475.00	17 525.00	475.00	17 525.00
13	总计				0.00	0.00	0.00	0.00	0.00	0.00				18 000.00	475.00	475.00	18 000.00	475.00	17 525.00	475.00	17 525.00

表 7 - 29 资产损失税前扣除及纳税调整明细表（A105090）

行次	项目	账载金额	税收金额	纳税调整金额
		1	2	3（1－2）
1	一、清单申报资产损失（2＋3＋4＋5＋6＋7＋8）	0.00	0.00	0.00
2	（一）正常经营管理活动中，按照公允价格销售、转让、变卖非货币资产的损失			
3	（二）存货发生的正常损耗			
4	（三）固定资产达到或超过使用年限而正常报废清理的损失			
5	（四）生产性生物资产达到或超过使用年限而正常死亡发生的资产损失			
6	（五）按照市场公平交易原则，通过各种交易场所、市场等买卖债券、股票、期货、基金以及金融衍生产品等发生的损失			
7	（六）分支机构上报的资产损失			
8	（七）其他			
9	二、专项申报资产损失（填写 A105091）	0.00	900 000.00	－900 000.00
10	（一）货币资产损失（填写 A105091）	0.00	900 000.00	－900 000.00
11	（二）非货币资产损失（填写 A105091）			
12	（三）投资损失（填写 A105091）			
13	（四）其他（填写 A105091）			
14	合计（1＋9）	0.00	900 000.00	－900 000.00

表 7 - 30 资产损失（专项申报）税前扣除及纳税调整明细表（A105091）

行次	项目	账载金额	处置收入	赔偿收入	计税基础	税收金额	纳税调整金额
	1	2	3	4	5	6（5－3－4）	7（2－6）
1	一、货币资产损失（2＋3＋4＋5）	0.00	0.00	0.00	900 000.00	900 000.00	－900 000.00
2	坏账损失	0.00	0.00	0.00	900 000.00	900 000.00	－900 000.00
3							
4							
5							
6	二、非货币资产损失（7＋8＋9＋10）						
7							
8							
9							
10							
11	三、投资损失（12＋13＋14＋15）						
12							
13							
14							
15							

续前表

行次	项目	账载金额	处置收入	赔偿收入	计税基础	税收金额	纳税调整金额
		1	2	3	4	5	6 (5−3−4)	7 (2−6)
16	四、其他 (17+18+19)						
17							
18							
19							
20	合计 (1+6+11+16)	0.00	0.00	0.00	900 000.00	900 000.00	−900 000.00

表 7 - 31　　　　　　　　　　企业重组纳税调整明细表 (A105100)

行次	项目	一般性税务处理			特殊性税务处理			纳税调整金额
		账载金额	税收金额	纳税调整金额	账载金额	税收金额	纳税调整金额	
		1	2	3 (2−1)	4	5	6 (5−4)	7 (3+6)
1	一、债务重组							
2	其中:以非货币性资产清偿债务							
3	债转股							
4	二、股权收购							
5	其中:涉及跨境重组的股权收购							
6	三、资产收购							
7	其中:涉及跨境重组的资产收购							
8	四、企业合并 (9+10)							
9	其中:同一控制下企业合并							
10	非同一控制下企业合并							
11	五、企业分立							
12	六、其他							
13	其中:以非货币性资产对外投资							
14	合计 (1+4+6+8+11+12)							

表 7 - 32　　　　　　　　　　政策性搬迁纳税调整明细表 (A105110)

行次	项目	金额
1	一、搬迁收入 (2+8)	
2	(一) 搬迁补偿收入 (3+4+5+6+7)	
3	1. 对被征用资产价值的补偿	
4	2. 因搬迁、安置而给予的补偿	

续前表

行次	项目	金额
5	3. 对停产停业形成的损失而给予的补偿	
6	4. 资产搬迁过程中遭到毁损而取得的保险赔款	
7	5. 其他补偿收入	
8	(二) 搬迁资产处置收入	
9	二、搬迁支出 (10+16)	
10	(一) 搬迁费用支出 (11+12+13+14+15)	
11	1. 安置职工实际发生的费用	
12	2. 停工期间支付给职工的工资及福利费	
13	3. 临时存放搬迁资产而发生的费用	
14	4. 各类资产搬迁安装费用	
15	5. 其他与搬迁相关的费用	
16	(二) 搬迁资产处置支出	
17	三、搬迁所得或损失 (1-9)	
18	四、应计入本年应纳税所得额的搬迁所得或损失 (19+20+21)	
19	其中：搬迁所得	
20	搬迁损失一次性扣除	
21	搬迁损失分期扣除	
22	五、计入当期损益的搬迁收益或损失	
23	六、以前年度搬迁损失当期扣除金额	
24	七、纳税调整金额 (18-22-23)	

表7-33　　　　　　　　　　特殊行业准备金纳税调整明细表 (A105120)

行次	项目	账载金额	税收金额	纳税调整金额
		1	2	3 (1-2)
1	一、保险公司 (2+3+6+7+8+9+10)			
2	(一) 未到期责任准备金			
3	(二) 未决赔款准备金 (4+5)			
4	其中：已发生已报案未决赔款准备金			
5	已发生未报案未决赔款准备金			
6	(三) 巨灾风险准备金			
7	(四) 寿险责任准备金			
8	(五) 长期健康险责任准备金			
9	(六) 保险保障基金			
10	(七) 其他			
11	二、证券行业 (12+13+14+15)			
12	(一) 证券交易所风险基金			
13	(二) 证券结算风险基金			

续前表

行次	项目	账载金额	税收金额	纳税调整金额
		1	2	3 (1-2)
14	(三)证券投资者保护基金			
15	(四)其他			
16	三、期货行业 (17+18+19+20)			
17	(一)期货交易所风险准备金			
18	(二)期货公司风险准备金			
19	(三)期货投资者保障基金			
20	(四)其他			
21	四、金融企业 (22+23+24)			
22	(一)涉农和中小企业贷款损失准备金			
23	(二)贷款损失准备金			
24	(三)其他			
25	五、中小企业信用担保机构 (26+27+28)			
26	(一)担保赔偿准备			
27	(二)未到期责任准备			
28	(三)其他			
29	六、其他			
30	合计 (1+11+16+21+25+29)			

表 7-34 　　　　　　　　企业所得税弥补亏损明细表 （A106000）

行次	项目	年度	纳税调整后所得	合并、分立转入(转出)可弥补的亏损额	当年可弥补的亏损额	以前年度亏损已弥补额					本年度实际弥补的以前年度亏损额	可结转以后年度弥补的亏损额
						前四年度	前三年度	前二年度	前一年度	合计		
			1	2	3	4	5	6	7	8	9	10	11
1	前五年度	2011	-3 000 000.00	0.00	-3 000 000.00	0.00	0.00	200 000.00	2 000 000.00	2 200 000.00	800 000.00	*
2	前四年度	2012	800 000.00	0.00	800 000.00	*	—					
3	前三年度	2013	-100 000.00	0.00	-100 000.00	*	*	0.00	0.00	0.00	100 000.00	0.00
4	前二年度	2014	400 000.00	0.00	400 000.00	*	*	*	—	—	—	—
5	前一年度	2015	2 000 000.00	0.00	2 000 000.00	*	*	*	*	*		
6	本年度	2016	5 025 307.96	0.00	5 025 307.96	*	*	*	*	*	900 000.00	0.00
7	可结转以后年度弥补的亏损额合计											0.00

表 7 - 35　　　　　　　　　　免税、减计收入及加计扣除优惠明细表（A107010）

行次	项目	金额
1	一、免税收入（2＋3＋4＋5）	2 450 000.00
2	（一）国债利息收入	50 000.00
3	（二）符合条件的居民企业之间的股息、红利等权益性投资收益（填写 A107011）	2 400 000.00
4	（三）符合条件的非营利组织的收入	
5	（四）其他专项优惠（6＋7＋8＋9＋10＋11＋12＋13＋14）	
6	1. 中国清洁发展机制基金取得的收入	
7	2. 证券投资基金从证券市场取得的收入	
8	3. 证券投资基金投资者获得的分配收入	
9	4. 证券投资基金管理人运用基金买卖股票、债券的差价收入	
10	5. 取得的地方政府债券利息所得或收入	
11	6. 受灾地区企业取得的救灾和灾后恢复重建款项等收入	
12	7. 中国期货保证金监控中心有限责任公司取得的银行存款利息等收入	
13	8. 中国保险保障基金有限责任公司取得的保险保障基金等收入	
14	9. 其他	
15	二、减计收入（16＋17）	
16	（一）综合利用资源生产产品取得的收入（填写 A107012）	
17	（二）其他专项优惠（18＋19＋20）	
18	1. 金融、保险等机构取得的涉农利息、保费收入（填写 A107013）	
19	2. 取得的中国铁路建设债券利息收入	
20	3. 其他	
21	三、加计扣除（22＋23＋26）	210 000.00
22	（一）开发新技术、新产品、新工艺发生的研究开发费用加计扣除（填写 A107014）	210 000.00
23	（二）安置残疾人员及国家鼓励安置的其他就业人员所支付的工资加计扣除（24＋25）	0
24	1. 支付残疾人员工资加计扣除	
25	2. 国家鼓励的其他就业人员工资加计扣除	
26	（三）其他专项优惠	
27	合计（1＋15＋21）	2 660 000.00

表 7-36

符合条件的居民企业之间的股息、红利等权益性投资收益优惠明细表 (A701011)

行次	被投资企业	投资性质	投资成本	投资比例	被投资企业利润分配确认金额		被投资资企业清算确认金额			撤回或减少投资确认金额					应确认的股息所得	合计
					被投资企业做出利润分配或转股决定时间	依决定归属于本公司的股息、红利等权益性投资收益金额	分得的被投资企业清算余资产	被清算企业累计未分配利润和累计盈余公积应享有部分	应确认的股息所得	从被投资企业撤回或减少投资取得的资产	减少投资比例	收回初始投资成本	取得资产中超过收回初始投资成本部分	撤回或减少投资应享有被投资企业累计未分配利润和累计盈余公积部分	应确认的股息所得	
	1	2	3	4	5	6	7	8	9 (7与8孰小)	10	11	12 (3×11)	13 (10−12)	14	15 (13与14孰小)	16 (6+9+15)
1	A公司	直接投资	8 000 000.00	40%	2016/05/26	1 600 000.00				10 000 000.00	100%	8 000 000.00	2 000 000.00	800 000.00	800 000.00	2 400 000.00
2																
3																
4																
5																
6																
7																
8																
9																
10	合计	*	*	*	*	1 600 000.00	*	*	0	*	*	*	*	*	800 000.00	2 400 000.00

表 7-37　　　　**综合利用资源生产产品取得的收入优惠明细表（A107012）**

行次	生产的产品名称	资源综合利用认定证书基本情况			属于《资源综合利用企业所得税优惠目录》类别	综合利用的资源	综合利用的资源占生产产品材料的比例	《资源综合利用企业所得税优惠目录》规定的标准	符合条件的综合利用资源生产产品取得的收入总额	综合利用资源减计收入
		《资源综合利用认定证书》取得时间	《资源综合利用认定证书》有效期	《资源综合利用认定证书》编号						
	1	2	3	4	5	6	7	8	9	10（9×10%）
1										
2										
3										
4										
5										
6										
7										
8										
9										
10	合计	＊	＊	＊		＊	＊	＊	＊	

表 7-38　　　**金融、保险等机构取得的涉农利息、保费收入优惠明细表（A107013）**

行次	项目	金额
1	一、金融机构农户小额贷款的利息收入	＊
2	（一）金融机构取得农户小额贷款利息收入总额	
3	（二）金融机构取得农户小额贷款利息减计收入（2×10%）	
4	二、保险公司为种植业、养殖业提供保险业务取得的保费收入	＊
5	（一）保险公司为种植业、养殖业提供保险业务取得的保费收入总额（6+7−8）	
6	1. 原保费收入	
7	2. 分保费收入	
8	3. 分出保费收入	
9	（二）保险公司为种植业、养殖业提供保险业务取得的保费减计收入（5×10%）	
10	三、其他符合条件的机构农户小额贷款的利息收入	＊
11	（一）其他符合条件的机构取得农户小额贷款利息收入总额	
12	（二）其他符合条件的机构取得农户小额贷款利息减计收入（11×10%）	
13	合计（3+9+12）	

表 7－39

研发费用加计扣除优惠明细表 （A107014）

行次	1 研发项目	2 研发活动直接消耗的材料、燃料和动力费用	3 直接从事研发活动的本企业在职人员费用	4 专门用于研发活动的有关折旧费、租赁费、运行维护费	5 专门用于研发活动的有关无形资产摊销费	6 中间试验和产品试制的模具、工艺装备开发及制造费，样机、样品、样件及一般测试手段购置费	7 研发成果的有关费用，论证、评审、验收、鉴定费用	8 新药研制的临床试验费、勘探开发技术的现场试验费	9 设计、制定、验证、资料费用、翻译费用	10 年度研发费用合计 (2+3+4+5+6+7+8+9)	11 减：作为不征税收入处理的财政性资金用于研发的部分	12 可加计扣除的研发费用合计 (10-11)	13 计入本年损益的金额（费用化部分）	14 计入本年研发费用加计扣除额 (13×50%)（费用化部分）	15 本年形成无形资产的金额（资本化部分）	16 本年形成无形资产本年加计摊销额（资本化部分）	17 以前年度形成无形资产本年加计摊销额（资本化部分）	18 无形资产本年加计摊销额 (16+17)（资本化部分）	19 本年研发费用加计扣除额合计 (14+18)
1	软件产品		600 000.00	500 000.00	260 000.00		80 000.00		260 000.00	1 700 000.00	1 280 000.00	420 000.00	420 000.00	210 000.00					210 000.00
2																			
3																			
4																			
5																			
6																			
7																			
8																			
9																			
10	合计	0.00	600 000.00	500 000.00	260 000.00	0.00	80 000.00	0.00	260 000.00	1 700 000.00	1 280 000.00	420 000.00	420 000.00	210 000.00	0.00	0.00	0.00	0.00	210 000.00

表 7 - 40　　　　　　　　**所得减免优惠明细表（A107020）**

行次	项目	项目收入	项目成本	相关税费	应分摊期间费用	纳税调整额	项目所得额	减免所得额
		1	2	3	4	5	6（1－2－3－4＋5）	7
1	一、农、林、牧、渔业项目（2＋13）							
2	（一）免税项目（3＋4＋5＋6＋7＋8＋9＋11＋12）							
3	1.蔬菜、谷物、薯类、油料、豆类、棉花、麻类、糖料、水果、坚果的种植							
4	2.农作物新品种的选育							
5	3.中药材的种植							
6	4.林木的培育和种植							
7	5.牲畜、家禽的饲养							
8	6.林产品的采集							
9	7.灌溉、农产品初加工、兽医、农技推广、农机作业和维修等农、林、牧、渔服务业项目							
10	其中：农产品初加工							
11	8.远洋捕捞							
12	9.其他							
13	（二）减半征税项目（14＋15＋16）							
14	1.花卉、茶以及其他饮料作物和香料作物的种植							
15	2.海水养殖、内陆养殖							
16	3.其他							
17	二、国家重点扶持的公共基础设施项目（18＋19＋20＋21＋22＋23＋24＋25）							
18	（一）港口码头项目							
19	（二）机场项目							
20	（三）铁路项目							
21	（四）公路项目							
22	（五）城市公共交通项目							
23	（六）电力项目							
24	（七）水利项目							
25	（八）其他项目							
26	三、符合条件的环境保护、节能节水项目（27＋28＋29＋30＋31＋32）							
27	（一）公共污水处理项目							
28	（二）公共垃圾处理项目							
29	（三）沼气综合开发利用项目							

续前表

行次	项目	项目收入	项目成本	相关税费	应分摊期间费用	纳税调整额	项目所得额	减免所得额
		1	2	3	4	5	6 (1-2-3-4+5)	7
30	(四) 节能减排技术改造项目							
31	(五) 海水淡化项目							
32	(六) 其他项目							
33	四、符合条件的技术转让项目 (34+35)					*		
34	(一) 技术转让所得不超过 500 万元部分	*	*	*	*	*	*	
35	(二) 技术转让所得超过 500 万元部分	*	*	*	*	*	*	
36	五、其他专项优惠项目 (37+38+39)							
37	(一) 实施清洁发展机制项目							
38	(二) 符合条件的节能服务公司实施合同能源管理项目							
39	(三) 其他							
40	合计 (1+17+26+33+36)							

表 7-41　　　　　　　　　　抵扣应纳税所得额明细表 (A107030)

行次	项目	金额
一、创业投资企业直接投资于未上市中小高新企业按投资额一定比例抵扣应纳税所得额		
1	本年新增的符合条件的股权投资额	
2	税收规定的抵扣率	70%
3	本年新增的可抵扣的股权投资额 (1行×2行)	
4	以前年度结转的尚未抵扣的股权投资余额	
5	本年可抵扣的股权投资额 (3行+4行)	
6	本年可用于抵扣的应纳税所得额	
7	本年实际抵扣应纳税所得额 (5行≤6行, 本行=5行; 5行>6行, 本行=6行)	
8	结转以后年度抵扣的股权投资余额 (5行>6行, 本行=5行-7行; 5行≤6行, 本行=0)	
二、通过有限合伙制创业投资企业投资未上市中小高新企业按一定比例抵扣分得的应纳税所得额		
9	本年从有限合伙创投企业应分得的应纳税所得额	
10	本年新增的可抵扣投资额	
11	以前年度结转的可抵扣投资额余额	
12	本年可抵扣投资额 (10行+11行)	
13	本年实际抵扣应分得的应纳税所得额 (9行≤12行, 本行=9行; 9行>12行, 本行=12行)	
14	结转以后年度抵扣的投资额余额 (9行≤12行, 本行=12行-9行; 9行>12行, 本行=0)	
三、抵扣应纳税所得额合计		
15	合计: (7行+13行)	

表 7－42 　　　　　　　　　　　　**减免所得税优惠明细表（A107040）**

行次	项目	金额
1	一、符合条件的小型微利企业	
2	二、国家需要重点扶持的高新技术企业（填写 A107041）	412 530.80
3	三、减免地方分享所得税的民族自治地方企业	
4	四、其他专项优惠（5＋6＋7＋8＋9＋10＋11＋12＋13＋14＋15＋16＋17＋18＋19＋20＋21＋22＋23＋24＋25＋26＋27）	
5	（一）经济特区和上海浦东新区新设立的高新技术企业	
6	（二）经营性文化事业单位转制企业	
7	（三）动漫企业	
8	（四）受灾地区损失严重的企业	
9	（五）受灾地区农村信用社	
10	（六）受灾地区的促进就业企业	
11	（七）技术先进型服务企业	
12	（八）新疆困难地区新办企业	
13	（九）新疆喀什、霍尔果斯特殊经济开发区新办企业	
14	（十）支持和促进重点群体创业就业企业	
15	（十一）集成电路线宽小于 0.8 微米（含）的集成电路生产企业	
16	（十二）集成电路线宽小于 0.25 微米的集成电路生产企业	
17	（十三）投资额超过 80 亿元人民币的集成电路生产企业	
18	（十四）新办集成电路设计企业（填写 A107042）	
19	（十五）国家规划布局内重点集成电路设计企业	
20	（十六）符合条件的软件企业（填写 A107042）	
21	（十七）国家规划布局内重点软件企业	
22	（十八）设在西部地区的鼓励类产业企业	
23	（十九）符合条件的生产和装配伤残人员专门用品企业	
24	（二十）中关村国家自主创新示范区从事文化产业支撑技术等领域的高新技术企业	
25	（二十一）享受过渡期税收优惠企业	
26	（二十二）横琴新区、平潭综合实验区和前海深港现代化服务业合作区企业	
27	（二十三）其他	
28	五、减：项目所得额按法定税率减半征收企业所得税叠加享受减免税优惠	
29	合计（1＋2＋3＋4－28）	412 530.80

表 7 – 43　　　　　　　　高新技术企业优惠情况及明细表（A107041）

行次	基本信息					
1	高新技术企业证书编号			高新技术企业证书取得时间		
2	产品（服务）属于《国家重点支持的高新技术领域》规定的范围（填写具体范围名称）			是否发生重大安全、质量事故	是☑	否□
3	是否有环境等违法、违规行为，受到有关部门处罚的	是□	否□	是否发生偷骗税行为	是□	否□
4	关键指标情况					
5	收入指标	一、本年高新技术产品（服务）收入（6＋7）				
6		其中：产品（服务）收入				
7		技术性收入				
8		二、本年企业总收入				
9		三、本年高新技术产品（服务）收入占企业总收入的比例（5÷8）				
10	人员指标	四、本年具有大学专科以上学历的科技人员数				
11		五、本年研发人员数				
12		六、本年职工总数				
13		七、本年具有大学专科以上学历的科技人员占企业当年职工总数的比例（10÷12）				
14		八、本年研发人员占企业当年职工总数的比例（11÷12）				
15	研究开发费用指标	九、本年归集的高新研发费用金额（16＋25）				
16		（一）内部研究开发投入（17＋18＋19＋20＋21＋22＋24）				
17		1. 人员人工				
18		2. 直接投入				
19		3. 折旧费用与长期费用摊销				
20		4. 设计费用				
21		5. 装备调试费				
22		6. 无形资产摊销				
23		7. 其他费用				
24		其中：可计入研发费用的其他费用				
25		（二）委托外部研究开发费用（26＋27）				
26		1. 境内的外部研发费				
27		2. 境外的外部研发费				
28		十、本年研发费用占销售（营业）收入比例				
29	减免税金额				412 530.80	

表 7 – 44　　　　　　软件、集成电路企业优惠情况及明细表（A107042）

行次	基本信息			
1	企业成立日期		软件企业证书取得日期	
2	软件企业认定证书编号		软件产品登记证书编号	
3	计算机信息系统集成资质等级认定证书编号		集成电路生产企业认定文号	

续前表

行次	基本信息		
4	集成电路设计企业认定证书编号		
5	关键指标情况（2011年1月1日以后成立企业填报）		
6	人员指标	一、企业本年月平均职工总人数	
7		其中：签订劳动合同关系且具有大学专科以上学历的职工人数	
8		二、研究开发人员人数	
9		三、签订劳动合同关系且具有大学专科以上学历的职工人数占企业当年月平均职工总人数的比例（7÷6）	
10		四、研究开发人员占企业本年月平均职工总数的比例（8÷6）	
11	收入指标	五、企业收入总额	
12		六、集成电路制造销售（营业）收入	
13		七、集成电路制造销售（营业）收入占企业收入总额的比例（12÷11）	
14		八、集成电路设计销售（营业）收入	
15		其中：集成电路自主设计销售（营业）收入	
16		九、集成电路设计企业的集成电路设计销售（营业）收入占企业收入总额的比例（14÷11）	
17		十、集成电路自主设计销售（营业）收入占企业收入总额的比例（15÷11）	
18		十一、软件产品开发销售（营业）收入	
19		其中：嵌入式软件产品和信息系统集成产品开发销售（营业）收入	
20		十二、软件产品自主开发销售（营业）收入	
21		其中：嵌入式软件产品和信息系统集成产品自主开发销售（营业）收入	
22		十三、软件企业的软件产品开发销售（营业）收入占企业收入总额的比例（18÷11）	
23		十四、嵌入式软件产品和信息系统集成产品开发销售（营业）收入占企业收入总额的比例（19÷11）	
24		十五、软件产品自主开发销售（营业）收入占企业收入总额的比例（20÷11）	
25		十六、嵌入式软件产品和信息系统集成产品自主开发销售（营业）收入占企业收入总额的比例（21÷11）	
26	研究开发费用指标	十七、研究开发费用总额	
27		其中：企业在中国境内发生的研究开发费用金额	
28		十八、研究开发费用总额占企业销售（营业）收入总额的比例	
29		十九、企业在中国境内发生的研究开发费用金额占研究开发费用总额的比例（27÷26）	
30	关键指标情况（2011年1月1日以前成立企业填报）		
31	人员指标	二十、企业职工总数	
32		二十一、从事软件产品开发和技术服务的技术人员	
33		二十二、从事软件产品开发和技术服务的技术人员占企业职工总数的比例（32÷31）	

续前表

行次	基本信息		
34		二十三、企业年总收入	
35		其中：企业年软件销售收入	
36	收入指标	其中：自产软件销售收入	
37		二十四、软件销售收入占企业年总收入比例（35÷34）	
38		二十五、自产软件收入占软件销售收入比例（36÷35）	
39	研究开发经费指标	二十六、软件技术及产品的研究开发经费	
40		二十七、软件技术及产品的研究开发经费占企业年软件收入比例（39÷35）	
41	减免税金额		

表 7 - 45　　　　　　　　税额抵免优惠明细表（A107050）

行次	项目	年度	本年抵免前应纳税额	本年允许抵免的专用设备投资额	本年可抵免税额	以前年度已抵免额						本年实际抵免税额	可结转以后年度抵免的税额
						前五年度	前四年度	前三年度	前二年度	前一年度	小计		
		1	2	3	4=3×10%	5	6	7	8	9	10（5+6+7+8+9）	11	12（4-10-11）
1	前五年度												*
2	前四年度					*							
3	前三年度					*	*						
4	前二年度					*	*	*					
5	前一年度					*	*	*	*				
6	本年度					*	*	*	*	*	*		
7	本年实际抵免税额合计											*	
8	可结转以后年度抵免的税额合计												
9	专用设备投资情况	本年允许抵免的环境保护专用设备投资额											
10		本年允许抵免节能节水的专用设备投资额											
11		本年允许抵免的安全生产专用设备投资额											

表 7 - 46

境外所得税收抵免明细表（A108000)

行次	国家（地区）	境外税前所得	境外所得纳税调整后所得	弥补境外以前年度亏损	境外应纳税所得额	抵减境内亏损	抵减境内亏损后的境外应纳税所得额	税率	境外所得应纳税额	境外所得可抵免税额	境外所得抵免限额	本年可抵免境外所得税额	未超过境外所得抵免限额的余额	本年可抵免以前年度未抵免境外所得税额	按简易办法计算				境外所得抵免所得税额合计
															按低于12.5%的实际税率计算的抵免额	按12.5%计算的抵免额	按25%计算的抵免额	小计	
	1	2	3	4	5 (3－4)	6	7 (5－6)	8	9 (7×8)	10	11	12	13 (11－12)	14	15	16	17	18 (15＋16＋17)	19 (12＋14＋18)
1	德国	130 000.00	130 000.00	0.00	130 000.00	0.00	130 000.00	15%	19 500.00	10 000.00	19 500.00	10 000.00	9 500.00	0.00					10 000.00
2																			
3																			
4																			
5																			
6																			
7																			
8																			
9																			
10	合计	130 000.00	130 000.00	0.00	130 000.00	0.00	130 000.00	15%	19 500.00	10 000.00	19 500.00	10 000.00	9 500.00	0.00					10 000.00

表7-47

境外所得纳税调整后所得明细表（A108010）

行次	国家（地区）1	境外税后所得								境外所得可抵免的所得税额				境外税前所得 14 (9+10+11)	境外分支机构收入与支出纳税调整额 15	境外分支机构调整分摊的有关成本费用 16	境外所得对应调整的相关成本费用支出 17	境外所得纳税调整后所得 18(14+15−16−17)
		分支机构营业利润所得 2	股息红利等权益性投资所得 3	利息所得 4	租金所得 5	特许权使用费所得 6	财产转让所得 7	其他所得 8	小计 9(2+3+4+5+6+7+8)	直接缴纳的所得税额 10	间接负担的所得税额 11	享受税收饶让抵免税额 12	小计 13 (10+11+12)					
1	德国							120 000.00	120 000.00	10 000.00	0.00	0.00	10 000.00	130 000.00	0.00	0.00	0.00	130 000.00
2																		
3																		
4																		
5																		
6																		
7																		
8																		
9																		
10	合计							120 000.00	120 000.00	10 000.00	0.00	0.00	10 000.00	130 000.00	0.00	0.00	0.00	130 000.00

表 7-48

境外分支机构弥补亏损明细表（A108020）

行次	国家（地区）	非实际亏损额的弥补					实际亏损额的弥补													
							以前年度结转尚未弥补的实际亏损额						本年发生的实际亏损额	本年弥补的以前年度实际亏损额	结转以后年度弥补的实际亏损额					
		以前年度结转尚未弥补的非实际亏损额	本年发生的非实际亏损额	本年弥补的以前年度非实际亏损额	结转以后年度弥补的非实际亏损额	小计	前五年	前四年	前三年	前二年	前一年	小计			前四年	前三年	前二年	前一年	本年	小计
		1	2	3	4	5 (2+3-4)	6	7	8	9	10	11 (6+7+8+9+10)	12	13	14	15	16	17	18	19 (14+15+16+17+18)
1																				
2																				
3																				
4																				
5																				
6																				
7																				
8																				
9																				
10																				
	合计																			

表 7 - 49

跨年度结转抵免境外所得税明细表 (A108030)

行次	国家(地区)	前五年境外所得已缴所得税抵免未抵免余额						本年实际抵免以前年度未抵免的境外所得已缴所得税额						结转以后年度抵免的境外所得已缴所得税额					
		前五年	前四年	前三年	前二年	前一年	小计	前五年	前四年	前三年	前二年	前一年	小计	前四年	前三年	前二年	前一年	本年	小计
	1	2	3	4	5	6	7 (2+3+4+5+6)	8	9	10	11	12	13 (8+9+10+11+12)	14(3−9)	15(4−10)	16(5−11)	17(6−12)	18	19 (14+15+16+17+18)
1																			
2																			
3																			
4																			
5																			
6																			
7																			
8																			
9																			
10	合计																		

表 7 - 50　　　　跨地区经营汇总纳税企业年度分摊企业所得税明细表（A109000）

行次	项目	金额
1	一、总机构实际应纳所得税额	
2	减：境外所得应纳所得税额	
3	加：境外所得抵免所得税额	
4	二、总机构用于分摊的本年实际应纳所得税（1－2＋3）	
5	三、本年累计已预分、已分摊所得税（6＋7＋8＋9）	
6	（一）总机构向其直接管理的建筑项目部所在地预分的所得税额	
7	（二）总机构已分摊所得税额	
8	（三）财政集中已分配所得税额	
9	（四）总机构所属分支机构已分摊所得税额	
10	其中：总机构主体生产经营部门已分摊所得税额	
11	四、总机构本年度应分摊的应补（退）的所得税（4－5）	
12	（一）总机构分摊本年应补（退）的所得税额（11×25％）	
13	（二）财政集中分配本年应补（退）的所得税额（11×25％）	
14	（三）总机构所属分支机构分摊本年应补（退）的所得税额（11×50％）	
15	其中：总机构主体生产经营部门分摊本年应补（退）的所得税额	
16	五、总机构境外所得抵免后的应纳所得税额（2－3）	
17	六、总机构本年应补（退）的所得税额（12＋13＋15＋16）	

表 7 - 51　　　　企业所得税汇总纳税分支机构所得税分配表（A109010）

税款所属期间：　年　月　日至　年　月　日

总机构名称（盖章）：　　　　　　　　　　　　　　　　　金额单位：元（列至角分）

总机构纳税人识别号		应纳所得税额	总机构分摊所得税额		总机构财政集中分配所得税额	分支机构分摊所得税额	
	分支机构纳税人识别号	分支机构名称	三项因素			分配比例	分配所得税额
			营业收入	职工薪酬	资产总额		
分支机构情况							
	合计	—					

【本章小结】

1. 在代理企业所得税纳税审查时，主要应从年度收入总额、税前准予扣除项目、适用税率及减免税、应纳税所得额和应纳所得税额等方面进行审查。

2. 收入总额的审查包括主营业务收入的审查、其他业务收入的审查、投资净收益的审查和营业外收入的审查。

3. 税前扣除项目和标准的审查包括主营业务成本的审查、期间费用及支出的审查、营业外支出的审查以及其他业务成本的审查。

4. 应纳税所得额及应纳所得税额的审查包括可弥补亏损的审查、境外投资收益的审查。

5. 代理企业所得税纳税申报时，要分清纳税人的性质，根据纳税人的性质选择纳税申报表的种类。

6. 填写纳税申报表时，需要注意主表和附表之间的关系。按照企业的实际业务情况填写相应表格。

【思考题】

1. 在计算缴纳企业所得税时，会计制度和税法有哪些不同之处？

2. 现行企业所得税有哪些税收优惠政策？

3. 按照企业所得税法的规定，哪些收入属于不征税收入？哪些收入属于免税收入？

4. 在企业所得税中，限额扣除项目有哪些？不得扣除的项目有哪些？

5. 从哪些方面对材料费用进行审查？

6. 符合什么条件的企业可以享受照顾性税率？

7. 在预缴企业所得税时，什么类型的企业报送《中华人民共和国企业所得税月（季）度预缴纳税申报表（A类）》？什么类型的企业报送《中华人民共和国企业所得税月（季）度预缴纳税申报表（B类）》？

8. 在中国境内跨省、自治区、直辖市设立不具有法人资格的营业机构，并实行"统一计算、分级管理、就地预缴、汇总清算、财政调节"汇总纳税办法的居民企业在预缴企业所得税时，需要报送哪些资料？

【实务训练题】

1. 某运输公司 2016 年取得主营业务收入 3 600 万元，其他业务收入 400 万元。当年营业成本 2 500 万元，税金及附加 12 万元，其他业务成本 225 万元，财务费用 40 万元，管理费用 300 万元，销售费用 400 万元，会计利润为 410 万元，已经预缴所得税 102.5 万元。某税务师事务所代理审查该公司账目，得到如下信息：

（1）支付工资总额 875 万元（税务机关认定该企业支付的工资属于合理的工资薪金支出，可以全额在税前扣除）；

（2）向工会组织拨付了 17.5 万元职工工会经费，实际支出了 30 万元职工福利费，发生了 12 万元职工教育经费；

（3）向另外一家企业借款 300 万元，全年支付利息 30 万元，该笔利息支出已经列入财务费用，而同类同期银行贷款利率为 8%；

（4）支付财产保险费和运输保险费共计 40 万元；

（5）管理费用中支付业务招待费 80 万元；

（6）销售费用中列支广告费 150 万元；

（7）营业外支出中，通过中国减灾委员会向遭受雪灾的地区捐款 10 万元。

要求：根据以上事实，请计算该公司 2016 年应纳的企业所得税。

2. 某市好运物资供销公司，系增值税一般纳税人，2016 年会计账已结。2017 年 3 月 15 日企业所得税汇算清缴期内，诚信税务师事务所受托对该公司上年度的纳税情况进行审查，出具 2016 年度企业所得税汇算清缴鉴证报告。税务师经过审查发现如下情况：

（1）2016 年该物资公司全年主营业务收入 4 000 000 元，其他业务收入 100 000 元，全年利润总额－450 000 元，企业自行编制的纳税申报表中无纳税调整事项，企业所得税为零申报。全年在"管理费用"账户中列支业务招待费 46 000 元。

（2）2016 年底修建仓库发生运杂费合计 50 000 元，企业账务处理为：

借：营业费用——运杂费　　　　　　　　　　　　　　　　　　　50 000

　　贷：银行存款　　　　　　　　　　　　　　　　　　　　　　　　50 000

经核查，仓库尚未完工。

（3）2016 年 8 月，发出农机一批，为买方代垫运费 22 200 元。记账凭证后附的原始凭证为运输企业开具给好运物资供销公司运费增值税专用发票及好运物资公司开具给购买方的收据各一份。企业账务处理分别为：

1）代垫费用时：

借：营业费用——代垫运费　　　　　　　　　　　　　　　　　　20 000

　　应交税金——应交增值税（进项税额）　　　　　　　　　　　　2 200

　　贷：银行存款　　　　　　　　　　　　　　　　　　　　　　　22 200

2）收回款项时：

借：银行存款　　　　　　　　　　　　　　　　　　　　　　　　22 200

　　贷：营业外收入　　　　　　　　　　　　　　　　　　　　　　22 200

（4）2016 年 10 月，一批水泥因大雨受潮完全报废，该批水泥不含税进价 60 000 元，市场含税零售价为 100 000 元，经公司领导批准，企业账务处理为：

借：待处理财产损溢——待处理流动资产损溢　　　　　　　　　100 000

　　贷：库存商品　　　　　　　　　　　　　　　　　　　　　　100 000

借：营业外支出　　　　　　　　　　　　　　　　　　　　　　100 000

　　贷：待处理财产损溢——待处理流动资产损溢　　　　　　　　100 000

（5）公司于 2016 年 12 月份为全体 30 名职工家庭财产支付商业保险费，每人 1 000 元，合计 30 000 元，企业账务处理为：

借：管理费用——保险费　　　　　　　　　　　　　　　　　　　30 000

　　贷：银行存款　　　　　　　　　　　　　　　　　　　　　　　30 000

（6）该公司职工工资总额为 620 000 元，属于合理的工资支出，无须纳税调整。同时财务人员按照会计制度的规定计提了 1.5% 的职工教育经费和 2% 的工会经费，本年度实际发生的职工教育经费为 12 000 元。

要求：

（1）指出好运物资供销公司存在的纳税问题；

（2）计算应补（退）各税费。

第八章 代理个人所得税纳税审查与纳税申报

【学习目的】

通过本章的学习，掌握个人所得税的基本规定；掌握个人所得税纳税审查的重点和方法，并能够根据代扣代缴或自行申报的具体情况，选择适当的申报表，正确填写并报送。

【导入案例】

孟欣开了一家饭店，组织形式为个体工商户。2017 年 1 月 15 日，税务师受托代理 2016 年度个人所得税审查。账面反映该饭店 2016 年度营业收入 500 000 元，税金及附加 7 500 元，营业成本 325 000 元，管理费用 120 000 元，销售费用 24 800 元，均未结转本年应税所得。"应交税费——应交个人所得税"账户借方反映，本年已预缴个体工商户生产经营所得的个人所得税 11 200 元。税务师进一步调阅有关凭证，得到如下信息：

(1) "营业成本"账户列支 3 名雇员的工资为 102 800 元（其工资支出为合理工资支出，单位为其雇员代扣代缴了 350 元的个人所得税）。

(2) 该个体经营者个人全年在该饭店领取工资 60 000 元，已在"管理费用"账户列支。

(3) 为扩大经营规模，租用隔壁的两间房屋，租期 3 年，一次性缴纳租金 30 000 元，在"管理费用"中列支。

(4) "管理费用"科目列支业务招待费用 20 000 元。

请根据上面的情况，要求：

(1) 指出存在的问题，并做调账处理。

(2) 计算该饭店 2016 年应纳个人所得税，并做账务处理。

第一节 代理个人所得税纳税审查

我国个人所得税实行分类所得税制，并采取了代扣代缴税款和自行申报两种纳税方法。税务代理人往往是受扣缴义务人的委托，对其代扣代缴税款的情况进行纳税审查。因此，本节着重介绍扣缴个人所得税的纳税审查内容及方法。

一、工资、薪金所得的审查

工资、薪金所得，是指个人因任职或者受雇而取得的工资、薪金、奖金、年终加薪、劳动分红、津贴、补贴以及与任职或者受雇有关的其他所得。工资、薪金所得与劳务报酬所得容易混淆，应注意两者最主要的区别是工资、薪金所得属于非独立个人劳动所得，而劳务报酬所得属于独立个人劳动所得，可以从纳税人与任职单位是否存在雇佣关系方面判断某项所得是属于工资、薪金所得还是属于劳务报酬所得。

【案例8-1】 某歌舞团共有演员20人，2016年12月该歌舞团到某地演出。为提高演出水平，该团临时聘请一名歌手加盟，在当地演出三场，取得收入60万元。该歌舞团支付给临时聘请的歌手演出费12万元（含税），并按工资、薪金所得代扣代缴了38 920元的个人所得税。请问其做法是否正确？

解析：

根据演员与歌舞团之间是否存在雇佣关系判定，该团的20名演员与歌舞团存在雇佣关系，因此，这20名演员的个人所得税应税项目为工资、薪金所得；而临时聘请的歌手与歌舞团不存在雇佣关系，故其个人所得税应税项目应为劳务报酬所得。则该歌舞团实际应代扣代缴的个人所得税为：

应纳所得税额＝120 000×（1－20%）×40%－7 000＝31 400（元）

由于该歌舞团适用的应税项目错误——混淆了工资、薪金所得与劳务报酬所得，造成实际多扣代缴个人所得税税款7 520元。

（一）应纳税所得额的审查

工资、薪金所得项目的应纳税所得额，是指工资、薪金收入总额减去税法规定的费用扣除额之后的余额。因此，对工资、薪金所得的审查，包括工资、薪金收入的审查和扣除费用的审查。

1. 工资、薪金收入的审查

税务代理人在审查工资、薪金收入时，应结合支付单位的"应付职工薪酬"明细账、"盈余公积"和"利润分配"账户及工资结算单、工资卡、用工手册等资料，对照审查支付给个人的工资、薪金、奖金、年终加薪、劳动分红、津贴、补贴等各项收入。审查时，应着重审查有无缩小计税收入范围、少计应税所得的问题。

（1）审查"应付职工薪酬"明细账户。企事业单位应支付给职工的工资、薪金总额，均应通过该账户核算。审查时，应结合相关凭证进行审查，重点审查企业有无少报、瞒报应税工资、薪金所得项目，或按扣除代收费用（如代扣代收水电费、住房租金、托儿费）后的实发工资申报纳税的现象；有无虚列职工人数，将发放给在职职工的奖金、年终加薪、劳动分红等各项收入计入虚列的职工工资中的现象。

（2）审查"盈余公积"和"利润分配"账户，看企业是否从该账户中提取奖金，直接支付给对生产、经营有贡献的员工，而没有通过"应付职工薪酬"账户结算。

（3）审查"管理费用""销售费用"等账户，看企业有无不按会计制度核算，将管理部门和销售人员的某些奖金直接通过该科目以现金形式发放，而没有通过"应付职工薪酬"账户核算。

（4）审查"应付职工薪酬——非货币性福利"账户，看企业有无通过该账户发放实物和现金。若有，则对发放的实物折合为现金计入个人工资、薪金所得。

（5）审查往来账户，看企业有无私设"小金库"为职工"谋福利"的现象。如有些单位违法将其他业务收入以及营业外收入等记入"其他应付款"等往来账户，然后再通过该账户给企业职工发放实物或现金。

如果存在以上问题，均应进行调整账务处理，将企业通过其他账户发放的工资、薪金并入职工当月工资、薪金收入。但在审查工资、薪金收入时也要注意，按照税法规定，对于一些不属于工资、薪金性质的补贴、津贴或者不属于纳税人本人工资、薪金所得项目的收入，不予征税，具体包括：独生子女费，执行公务员工资制度未纳入基本工资总额的补贴、津贴差额和家属成员的副食品补贴，托儿补助费，差旅费津贴，误餐补助等。在计算应纳税所得额时，应将以上这些项目扣除。

【案例 8 - 2】 某工业企业现有职工 300 人，2016 年 12 月份某税务师事务所代理该企业纳税审查时，发现本月有这样一张凭证，会计分录为：

借：制造费用　　　　　　　　　　　　　　　　　　　　　　　　120 000

　　贷：银行存款　　　　　　　　　　　　　　　　　　　　　　120 000

审查原始凭证发现，发票是本市××商场开出的普通发票。按通常的情况，生产中消耗的原材料、辅助材料、低值易耗品等，购入后先记入资产类账户，然后根据领用单据记入成本费用账户，而这张凭证却直接计入制造费用了，与常规不符。另外，企业购入计入成本的货物应该取得增值税专用发票，而不应取得普通发票。审查人员带着疑问进一步询问有关人员，终于真相大白。原来，该发票是企业购买的向职工发放的过节物品，包括每人两盒对虾、一箱海产品、两箱甜橙、两桶食用油等，共计 120 000 元。税务代理人员进一步审查，发现该企业没有就职工该批实物收入履行代扣代缴个人所得税义务。

此时，税务代理人员应该提出何种建议？

解析：

《中华人民共和国个人所得税法实施条例》第 35 条规定："扣缴义务人在向个人支付应税款项时，应当依照税法规定代扣税款，按时缴库，并专项记载备查。"其中所说的支付，包括现金支付、汇拨支付、转账支付和以有价证券、实物以及其他形式支付。因此，税务代理人员应该建议该企业将发放的实物计入工资总额，按每位职工的实际所得额代扣代缴个人所得税。

根据税务代理人的建议，该企业的会计人员将 12 月份每位职工的原工资收入加上实物收入后，重新计算了代扣代缴个人所得税额，总计应补缴个人所得税 1 650 元，经税务代理人审查计算无误。调账分录如下：

借：其他应收款　　　　　　　　　　　　　　　　　　　　　　　1 650

　　贷：应交税费——应交个人所得税　　　　　　　　　　　　　1 650

补缴个人所得税时：

借：应交税费——应交个人所得税　　　　　　　　　　　　　　　1 650

　　贷：银行存款　　　　　　　　　　　　　　　　　　　　　　1 650

2. 扣除费用的审查

按照税法规定，从 2011 年 9 月 1 日起，工资、薪金所得，以每月收入额减除 3 500 元费用后的余额，为应纳税所得额。对在中国境内的外商投资企业和外国企业中工作的外籍人员；应聘在中国境内的企业、事业单位、社会团体、国家机关中工作的外籍专家；在中国境内有住所而在中国境外任职或者受雇取得工资、薪金所得的个人；国务院财政、税务主管部门确定的其他人员，附加减除 1 300 元的费用。

税务代理人在审查时，应注意扣缴义务人有无下列问题：

(1) 任意扩大扣除费用或分多次扣减费用的现象。

（2）扩大附加减除费用的适用范围。如将不符合税法规定的附加减除费用所适用的具体范围人员的工资、薪金所得，按 4 800 元计算扣除费用。

（3）由雇佣和派遣单位分别支付工资、薪金或雇佣单位将部分工资、薪金上交派遣单位的，在确定工资、薪金所得时，派遣单位计算了扣除费用或雇佣单位在未能提供有效证明凭证的情况下多计算了扣除费用。

（二）扣缴所得税额的审查

1. 审查适用税率

工资、薪金所得适用七级超额累进税率。在审查时，应结合《扣缴个人所得税报告表》，审查扣缴义务人适用的税率是否正确，看有无错用超额累进税率、错用速算扣除数等问题。

2. 应纳税额的审查

企事业单位代扣代缴的工资、薪金项目的个人所得税主要通过"应交税费——应交个人所得税"科目核算，该科目借方累计发生额为实际缴纳的个人所得税，贷方累计发生额为本期实际扣缴的税额，贷方余额为已扣但尚未缴纳的金额。因此，在审查工资、薪金所得应纳税额时，应根据审查确定的应纳税所得额和适用税率及速算扣除数，确定扣缴义务人应代扣代缴的税款，并与"应交税费——应交个人所得税"账户相关数字进行核对，看扣缴义务人是否按时、足额地扣缴了个人所得税。同时要注意，对于雇主负担雇员个人所得税税款的情况，应审查全额负担、定额负担部分或定率负担等不同情况下的计算是否正确。

【案例 8-3】 王斌为泰达公司的副总经理，在王斌与单位的雇佣合同中，双方约定王斌的税后实际收入为每月 8 000 元。2016 年 12 月该公司实际支付给王斌的工资为 8 000 元，并为其负担了 345 元的个人所得税。请问该单位负担的个人所得税是否正确？如果不正确，应该如何调整？

解析：

（1）由于王斌的工资收入为不含税收入，单位在计算为其负担的税款时，应首先将不含税收入换算为含税的应纳税所得额。

$$应纳税所得额＝\frac{不含税收入额－费用扣除标准－速算扣除数}{1－税率}$$

上式中的税率，是指不含税所得按不含税级距对应的税率，如表 8-1 所示。

表 8-1　　　　　　　　　　薪金不含税收入适用税率表

级数	全月不含税收入级距	税率（%）	速算扣除数
1	3 500 元至 4 955 元的部分	3	0
2	4 955 元至 7 655 元的部分	10	105
3	7 655 元至 11 245 元的部分	20	555
4	11 245 元至 30 755 元的部分	25	1 005
5	30 755 元至 44 755 元的部分	30	2 755
6	44 755 元至 61 005 元的部分	35	5 505
7	超过 61 005 元的部分	45	13 505

本税率表以不含税收入，而非不含税应纳税所得额作为确定税率的依据，即不含税收入中包含每月 3 500 元的费用扣除额。

因此，王斌的应纳税所得额＝（8 000－3 500－555）÷（1－20%）＝4 931.25（元）。

（2）计算单位为王斌负担的税款。

应纳税额＝应纳税所得额×适用税率－速算扣除数

$$=4\,931.25\times20\%-555$$
$$=431.25\,(元)$$

（3）单位为王斌负担的个人所得税税款为431.25元。由于单位在计算应为王斌负担的个人所得税税款时，未将不含税收入转化为含税收入，造成少纳个人所得税86.25元。由于单位与王斌在雇佣合同中约定，王斌税后收入为8 000元，则单位应为其补缴税款。调账分录为：

1）调增王斌的含税工资。

借：管理费用　　　　　　　　　　　　　　　　　　　　　　86.25
　　贷：应付职工薪酬——工资　　　　　　　　　　　　　　　　　86.25

2）补提个人所得税。

借：应付职工薪酬——工资　　　　　　　　　　　　　　　　　86.25
　　贷：应交税费——应交个人所得税　　　　　　　　　　　　　　86.25

3）补缴个人所得税。

借：应交税费——应交个人所得税　　　　　　　　　　　　　　86.25
　　贷：银行存款　　　　　　　　　　　　　　　　　　　　　　86.25

二、生产、经营所得的审查

生产、经营所得是指个体工商户、个人独资企业和合伙企业从事工业、手工业、建筑业、交通运输业、商业、饮食业、服务业、修理业以及其他行业生产、经营取得的收入以及纳税人对企事业单位承包、承租经营所获得的所得。

（一）个体工商户的审查

1. 应纳税所得额的审查

对于实行查账征收的个体工商户，其生产、经营所得以每一纳税年度的收入总额，减除成本、费用以及损失后的余额为应纳税所得额。计算公式为：

应纳税所得额＝收入总额－（成本＋费用＋损失＋准予扣除的税金）

对个体工商户应纳税所得额的审查主要有以下几方面：

（1）收入总额的审查。

收入总额是指个体工商户从事生产、经营以及与生产、经营有关的活动所取得的各项收入，包括主营业务收入、其他业务收入、投资收益和营业外收入。个体工商户取得的各项收入应按权责发生制原则确定。具体的审查方法可以比照企业所得税的收入总额的审查。

（2）税前扣除项目的审查。

在计算个体工商户的应纳税所得额时，准予减除成本、费用、损失以及相关的税金。在审查准予扣除的项目时，应注意借款利息支出、业务招待费、公益救济性捐赠等限额扣除项目以及资本性支出、被没收财物、支付的罚款、税收滞纳金、各种赞助支出等不允许扣除项目。具体的审查方法可以比照企业所得税的税前扣除项目的审查，但要注意个人所得税中税前扣除项目的具体标准。

2. 应纳税额的审查

对于个体工商户的应纳税额的审查，关键在于适用税率的审查。个体工商户的生产、经营所得适用五级超额累进税率，并采用"按年计算、分月或分季预缴"的方法，由纳税人自行申报纳税。对于个体工商户在年度中间开业，或者由于合并、关闭等原因，使该纳税年度的实际经营期不足 12 个月的，应当以其实际经营期为一个纳税年度，并将实际经营期内的应纳税所得额换算成全年的应纳税所得额，确定适用的税率，计算应纳所得税额；纳税人按月预缴个人所得税时，也应将当月应纳税所得额换算成全年应纳税所得额，确定适用税率，计算当月应纳所得税额。

下面我们来分析本章导入案例中存在的问题，并计算应补、应退的个人所得税。

（1）存在的问题：

1）雇员的工资可以在税前扣除，无须调整。

2）业主的工资不得扣除，但 2016 年全年可扣除业主费用 42 000 元。调账分录为：

借：税后列支费用 　　　　　　　　　　　　　　　　　　　　　60 000
　　贷：管理费用 　　　　　　　　　　　　　　　　　　　　　　　　60 000

3）支付的租金应在 3 年内平均摊销，多摊销费用 20 000 元。

借：待摊费用 　　　　　　　　　　　　　　　　　　　　　　　20 000
　　贷：管理费用 　　　　　　　　　　　　　　　　　　　　　　　　20 000

4）业务招待费超标准列支额＝20 000－500 000×5‰＝17 500（元）。

借：税后列支费用 　　　　　　　　　　　　　　　　　　　　　17 500
　　贷：管理费用 　　　　　　　　　　　　　　　　　　　　　　　　17 500

超支的业务招待费在计算个体工商户生产经营所得个人所得税应纳税所得额时不得在税前扣除。

（2）计算应纳个人所得税：

应纳税所得额＝500 000－7 500－325 000－（120 000－60 000－20 000－175 00）
　　　　　　　－24 800－42 000
　　　　　　＝78 200（元）

应纳个人所得税＝78 200×30%－9 750＝13 710（元）

应补缴个人所得税＝13 710－11 200＝2 510（元）

（3）税务师应督促业主在规定的期限内申报缴纳个人所得税，并指导业主进行下列账务处理：

1）将收入结转至本年应税所得账户。

借：营业收入 　　　　　　　　　　　　　　　　　　　　　　　500 000
　　贷：本年应税所得 　　　　　　　　　　　　　　　　　　　　　　500 000

2）将成本、费用、税金结转至本年应税所得账户。

借：本年应税所得 　　　　　　　　　　　　　　　　　　　　　379 800
　　贷：营业成本 　　　　　　　　　　　　　　　　　　　　　　　　325 000
　　　　税金及附加 　　　　　　　　　　　　　　　　　　　　　　　　7 500
　　　　管理费用 　　　　　　　　　　　　　　　　　　　　　　　　22 500
　　　　销售费用 　　　　　　　　　　　　　　　　　　　　　　　　24 800

3）计算留存利润。

借：本年应税所得 　　　　　　　　　　　　　　　　　　　　　120 200
　　贷：留存利润 　　　　　　　　　　　　　　　　　　　　　　　　120 200

4) 应缴纳的个人所得税。

应缴纳的个人所得税＝(120 200－42 000)×30％－9 750＝13 710 (元)

由于业主已经预缴了 11 200 元的个人所得税，所以需要补缴 2 510 元的个人所得税。会计分录为：

借：留存利润 2 510

    贷：应交税费——应交个人所得税 2 510

5) 用留存利润支付税后列支费用，即业主个人工资。

借：留存利润 60 000

    贷：税后列支费用 60 000

6) 补缴个人所得税。

借：应交税费——应交个人所得税 2 510

    贷：银行存款 2 510

（二）个人独资企业和合伙企业的审查

从 2000 年 1 月 1 日起，对个人独资企业和合伙企业不再征收企业所得税，而是比照个体工商户的"生产、经营所得"征收个人所得税。税务代理人在进行纳税审查时，可以按照个体工商户的审查方法进行，但应特别注意以下问题：

（1）企业实际发生的工资总额、三项经费（工会经费、职工福利费、职工教育经费）以及业务招待费的扣除范围与标准是否符合税法的规定。

（2）企业每一纳税年度发生的广告和业务宣传费是否超过税法的扣除限额，超过限额部分，当年不得扣除，但是可以无限期向以后纳税年度结转。

（3）企业计提的各项准备金不得扣除。

（4）个人独资企业和合伙企业对外投资分回的利息或股息、红利，不并入企业的收入总额，而应单独作为投资者个人取得的利息、股息、红利所得，按"利息、股息、红利所得"计算缴纳个人所得税。

（5）投资者兴办两个或者两个以上的个人独资企业，应以所有企业的应纳税所得总额确定适用税率，用本企业的应纳税所得额计算应缴税款，办理汇算清缴。

（三）对企事业单位承包经营、承租经营所得的审查

审查企事业单位承包、承租经营所得应纳税额时，关键在于对应纳税所得额和适用税率的审查。

企事业单位的承包经营、承租经营所得，以每一纳税年度的收入总额，减除必要费用后的余额，作为应纳税所得额。对企事业单位承包、承租经营所得的审查，首先应结合企业各收入类账户及原始凭证，审查企业收入总额的核算是否真实，看有无转移、漏记或推迟记入收入的问题；其次，结合成本、费用账户核实有关成本、费用、税金和损失的核算，看有无虚列支出、提高费用列支标准、高转成本的问题；最后，审查认定个人因承包、承租经营企业而全年实际取得的工资、薪金收入，并在此基础上，按照承包、承租或转包、转租合同确定的实际应分得的所得加上核实的工资、薪金收入，减除必要费用，计算确定应纳税所得额。

确定应纳税所得额后，要审查纳税人适用的税率是否正确，适用的速算扣除数是否正确。

【案例 8-4】 李新承包一商场，按照承包合同的规定，李新每月从商场领取工资 2 500 元。2016 年商场实现企业所得税后承包经营利润 110 000 元，按照合同规定，李新上交承包费 40 000 元。李新 2016 年已经预缴个人所得税 5 700 元。请分析计算李新 2016 年全年应缴纳的个人所得税。

解析：

李新应纳个人所得税的计算过程为：

(1) 李新全年收入总额。

　　李新全年收入总额＝2 500×12＋110 000－40 000＝100 000（元）

(2) 全年允许扣除的必要费用。

　　全年允许扣除的必要费用＝3 500×12＝42 000（元）

(3) 全年的应纳税所得额。

　　全年的应纳税所得额＝100 000－42 000＝58 000（元）

(4) 适用税率为20%，速算扣除数为3 750元。

(5) 全年应纳个人所得税额。

　　全年应纳个人所得税额＝58 000×20%－3 750＝7 850（元）

(6) 应补缴个人所得税。

　　应补缴个人所得税＝7 850－5 700＝2 150（元）

三、其他所得的审查

除工资、薪金所得，生产、经营所得外，征收个人所得税的项目还有：劳务报酬所得，稿酬所得，特许权使用费所得，财产租赁所得，财产转让所得，股息、红利、利息所得，偶然所得及其他所得。

（一）应纳税所得额的审查

由于劳务报酬所得、稿酬所得等各项所得，一般都属于一次性收入，由支付所得单位按次计算确定应纳税所得额。审查时，可结合支付所得单位有关资产类、费用类账户，并查阅原始凭证，与《扣缴个人所得税报告表》相核对。重点审查以下问题：

(1) 支付的各项所得是否全额计税，有无化整为零进行核算或不做账务处理而在账外循环的现象。

(2) 各项所得扣除费用的适用范围与费用标准是否正确，有无将利息、股息、红利所得和偶然所得计算了扣除费用；有无将劳务报酬所得、稿酬所得的定额扣除与定率扣除的适用范围计错；有无在确定财产租赁所得的扣除项目时，未能按税法规定提供完税证明和有关修缮费用的有效、准确凭证，却扣除了有关税金、费用，或虽提供了有关修缮费用的有效、准确凭证，但未按标准（每次800元）扣除，而一次性全部扣除；有无在确定财产转让所得扣除项目时，未按税法规定准确确定财产原值和合理费用，从而扩大了扣除金额的问题。

（二）代理扣缴所得税额的审查

税务代理人在核实了各项应纳税所得额之后，应根据税法规定的各项所得的计算方法计算个人所得税，并与扣缴义务人的"应交税费——应交个人所得税"账户或"其他应付款"账户及《扣缴个人所得税报告表》等相关资料进行核对审查，看有无少缴或未缴个人所得税的问题。

(1) 在审查劳务报酬所得应纳税额时，首先，应审查支付单位每次向纳税人支付的所得，应纳税所得额是否达到20 000元以上，对应纳税所得额超过20 000元的需采用加成征收办法；其次，按确定的计算方法审查企业扣缴的税款是否正确，有无应按加成征收办法征税而企业未加成征收或加成征收的计算不准确的现象。

（2）在审查稿酬所得应纳税额时，应着重审查个人获得稿酬的方式，确定是否需要合并征税及应征的税额。

对其他各项所得的审查，可参照以上所得的审查方法进行，重点审查各项所得适用的税率、计算方法及应纳税额。

四、特殊计税方法的审查

对特殊计税方法的审查，可结合企业有关纳税资料，侧重审查两个方面：

（1）审查扣除捐赠款的计算方法。首先，应根据《扣缴个人所得税报告表》计算的扣缴所得税款，向扣缴义务人索要个人捐赠的有效证明凭证，或通过函证等手段核实。对确认的捐赠额准予在计算个人所得税时扣除。其次，审查捐赠限额的计算，确定允许扣除的捐赠额。最后，将计算出的应纳税额与扣缴义务人扣缴的税额相比较，多缴或少缴的，按《中华人民共和国税收征收管理法》的规定处理。

（2）审查境外缴纳税额抵免的计税方法。首先，应结合扣缴义务人的账面资料，向银行、邮政等有关部门查询，了解纳税人境外所得的情况，有无发生了境外所得隐匿不报或报税不实的问题；其次，根据扣缴义务人计算扣缴的税款，依照税法的规定，向扣缴义务人索要境外缴纳税款的完税凭证，确定纳税人在境外实缴税额；再次，按税法规定的分国限额法计算抵免限额及应缴的税额，看扣缴义务人扣缴税额的计算过程是否正确，有无不分国计算或分国计算后将抵免限额相加的问题；最后，审查出多缴、少缴或未缴的税额。

第二节　代理个人所得税纳税申报

一、个人所得税的征收管理

个人所得税的纳税办法，有自行申报纳税和代扣代缴两种。

（一）自行申报纳税

自行申报纳税，是由纳税人自行在税法规定的纳税期限内向税务机关申报取得的应税所得项目和数额，如实填写《个人所得税纳税申报表》，并按照税法规定计算应纳税额，据此缴纳个人所得税的一种方法。

自行申报纳税的纳税人主要有：

（1）年所得 12 万元以上的；

（2）从中国境内两处或者两处以上取得工资、薪金所得的；

（3）从中国境外取得所得的；

（4）取得应税所得，没有扣缴义务人的；

（5）国务院规定的其他情形。

自行申报纳税的纳税期限为：

（1）年所得 12 万元以上的纳税人，在纳税年度终了后 3 个月内向主管税务机关办理纳税申报。

（2）个体工商户和个人独资、合伙企业投资者取得的生产、经营所得应纳的税款，分月预缴的，纳税人在每月终了后 15 日内办理纳税申报。分季预缴的，纳税人在每个季度终了后 15 日内办理纳税申报。纳税年度终了后，纳税人在 3 个月内进行汇算清缴。

（3）纳税人年终一次性取得对企事业单位的承包经营、承租经营所得的，自取得所得之日起 30 日内办理纳税申报；在 1 个纳税年度内分次取得承包经营、承租经营所得的，在每次取得所得后的次月 15 日内申报预缴，纳税年度终了后 3 个月内汇算清缴。

（4）从中国境外取得所得的纳税人，在纳税年度终了后 30 日内向中国境内主管税务机关办理纳税申报。

（5）除以上情形外，纳税人取得其他各项所得须申报纳税的，在取得所得的次月 15 日内向主管税务机关办理纳税申报。

（二）代扣代缴

代扣代缴，是指按照税法规定负有扣缴税款义务的单位或者个人，在向个人支付应纳税所得时，应计算应纳税额，从其所得中扣除并缴入国库，同时向主管税务机关报送《扣缴个人所得税报告表》。

我国税法规定，个人所得税以取得应税所得的个人为纳税人；以支付所得的单位和个人为扣缴义务人。扣缴义务人在向个人支付应纳税所得时，不论纳税人是否属于本单位人员，均应代扣代缴其缴纳的个人所得税税款。扣缴义务人依法履行代扣代缴税款义务，纳税人不得拒绝。扣缴义务人应设立代扣代缴税款账簿，正确反映个人所得税的扣缴情况，并如实填写《扣缴个人所得税报告表》及其他有关资料。

扣缴义务人每月所扣的税款，应当在次月 15 日内缴入国库，并向主管税务机关报送《扣缴个人所得税报告表》、代扣代缴税款凭证和包括每位纳税人的姓名、单位、职务、收入、税款等内容的支付个人收入明细表以及主管税务机关要求报送的其他有关资料。

二、代理个人所得税纳税申报的流程

代理个人所得税纳税申报的关键问题是能否全面、真实地反映纳税人的应税所得。由于我国现在个人收入结算与支付具有一定的隐蔽性，所以，要确保代理的质量，必须全面掌握纳税人的收入状况。

根据住所和居住时间两个标准，个人所得税的纳税人分为居民纳税人和非居民纳税人。在代理这两类纳税人的纳税申报时，程序略有不同。

（一）代理居民纳税人纳税申报的程序

（1）核查有关工资薪金所得、劳务报酬所得和利息、股息、红利所得结算账户，审查支付单位工资薪金支付明细表、奖金和补贴性收入发放明细表、劳务报酬支付明细表、福利性现金或实物支出等，确定应税项目和计税收入。

（2）根据税法的有关规定，确定免税所得和应税所得。

（3）核查税款负担方式，确定是由获得所得的个人缴纳税款，还是由支付所得的单位支付税款，并采用不同的方式计算应纳税所得额。

（4）根据扣除项目的规定，确定准予扣除的金额，以此确定应纳税所得额和适用税率，计算应纳税额，并于次月 15 日前向主管税务机关办理纳税申报手续或代扣代缴手续。

（二）代理非居民纳税人纳税申报的程序

（1）核查外籍人员因任职、受雇、履约等原因出入境的实际日期，确定与其派遣公司或雇主的关系，以此确定其所得适用的税目和发生纳税义务的时间。

（2）核查纳税人来源于中国境内的全部所得，划分免税项目和应税项目。

（3）根据纳税人的所得来源，确定适用的应税项目。

（4）根据税款负担方式和税法中扣除项目的规定，确定每类所得的应纳税所得额和适用税率，以此计算应纳税额，填报纳税申报表。

三、《个人所得税纳税申报表》及其填写

由于我国的个人所得税采用了两种纳税申报方式（自行申报和代扣代缴），因此，税务代理人在代理个人所得税纳税申报时分为两大类情况：代理纳税人的纳税申报和代理扣缴义务人的扣缴申报。同时，由于我国的个人所得税采用了分类所得税制，因此，个人所得税纳税申报表种类比较多，其中较常用的有：《扣缴个人所得税报告表》《特定行业个人所得税年度（月份）申报表》《个人所得税月份申报表》《个人所得税年度申报表》；适用于年所得 12 万元以上的纳税人纳税申报的《个人所得税纳税申报表》《个人独资企业和合伙企业投资者个人所得税申报表》；《个人承包承租经营所得税申报表》。

（一）《扣缴个人所得税报告表》填写说明及案例

支付所得的单位或个人在代扣代缴个人所得税时，在初次办理扣缴个人所得税申报时，需要填写《个人所得税基础信息表（A 表）》（见表 8－2）。初次申报后，以后月份只需报送基础信息发生变化的纳税人的信息。每个纳税申报期申报时需要报送《扣缴个人所得税报告表》（见表 8－3）。

【案例 8－5】 深圳华美艺术设计公司 2016 年 12 月份的工资薪金及全年一次性奖金如下：（1）支付李莉工资 9 600 元，年底一次性奖金 20 000 元，缴付 768 元的基本养老保险、192 元的基本医疗保险、96 元的失业保险、1 152 元的住房公积金，共计 2 208 元；（2）支付张明工资 10 200 元，年底一次性奖金 24 000 元，缴付 816 元的基本养老保险、204 元的基本医疗保险、102 元的失业保险、1 224 元的住房公积金，共计 2 346 元；（3）支付王华设计劳务费 6 500 元；（4）因有奖销售支付刘云奖金 5 000 元；（5）因受让孙蒙某项专利权，支付专利使用费 20 000 元。请分析并填列《扣缴个人所得税报告表》。

解析：

李莉工资收入 9 600 元，单位应代扣代缴的个人所得税＝（9 600－2 208－3 500）×10％－105＝284.2（元）；年底一次性奖金 20 000 元，适用的所得税税率为 10％，速算扣除数为 105 元，单位应代扣代缴的个人所得税＝20 000×10％－105＝1 895（元）。

张明工资收入 10 200 元，单位应代扣代缴的个人所得税＝（10 200－2 346－3 500）×10％－105＝330.4（元）；年底一次性奖金 24 000 元，适用的所得税税率为 10％，速算扣除数为 105 元，单位应代扣代缴的个人所得税＝24 000×10％－105＝2 295（元）。

支付给王华的 6 500 元设计劳务费，应按照"劳务报酬所得"应税项目代扣代缴个人所得税，应代扣代缴的个人所得税＝（6 500－6 500×20％）×20％＝1 040（元）。

因有奖销售支付给刘云的 5 000 元奖金，应按照"偶然所得"应税项目代扣代缴个人所得税，应代扣代缴的个人所得税＝5 000×20％＝1 000（元）。

因受让专利权支付给孙蒙的专利使用费 20 000 元，应按照"特许权使用费所得"应税项目代扣代缴个人所得税，应代扣代缴的个人所得税＝（20 000－20 000×20％）×20％＝3 200（元）。

《扣缴个人所得税报告表》的填写如表 8－3 所示。

表8-2

扣缴义务人名称：

扣缴义务人编码：□□□□□□□□□□□□

个人所得税基础信息表（A表）

序号	姓名	国籍（地区）	身份证件类型	身份证件号码	是否残疾烈属孤老	电话	电子邮箱	联系地址	电话	工作单位	公司股本（投资）总额	个人股本（投资）额	纳税人识别号	来华时间	任职期限	预计离境时间	预计离境地点	境内职务	境外职务	支付地	境外支付地（国别/地区）	备注

（雇员、非雇员、股东·投资者、境内无住所个人）

序号
1
2
3
4
5
6
7
8
9
10
11
12

谨声明：此表是根据《中华人民共和国个人所得税法》及其实施条例和国家相关法律法规规定填报的，是真实的、完整的、可靠的。

扣缴义务人公章：

经办人：

填表日期： 年 月 日

代理机构（人）签章：

经办人：

经办人执业证件号码：

代理申报日期： 年 月 日

法定代表人（负责人）签字：

主管税务机关受理专用章：

受理人：

受理日期： 年 月 日

国家税务总局监制

表 8-3

税款所属期：2016 年 12 月 1 日至 2016 年 12 月 31 日
扣缴义务人名称：
扣缴义务人编码：□□□□□□□□□□□□□□□□□□

扣缴个人所得税报告表

扣缴义务人所属行业：☑一般行业 □特定行业月份申报　金额单位：人民币元（列至角分）

序号	姓名	身份证件类型	身份证件号码	所得项目	所得期间	收入额	免税所得	基本养老保险费	基本医疗保险费	失业保险费	住房公积金	财产原值	允许扣除的税费	其他	合计	减除费用	准予扣除的捐赠额	应纳税所得额	税率(%)	速算扣除数	应纳税额	减免税额	应扣缴税额	已扣缴税额	应补(退)税额	备注
1	2	3	4	5	6	7	8	9	10	11	12	13	14	15	16	17	18	19	20	21	22	23	24	25	26	27
1	李莉	身份证	××	工资所得	2016-12	9 600.00	0.00	768.00	192.00	96.00	1 152.00	0.00	0.00	0.00	2 208.00	3 500.00	0.00	3 892.00	10%	105	284.20	0.00	284.20	284.20	0.00	
		身份证	××	一次性奖金	2016-12	20 000.00	0.00					0.00	0.00	0.00	0.00	0.00	0.00	20 000.00	10%	105	1 895.00	0.00	1 895.00	1 895.00	0.00	
2	张明	身份证	××	工资所得	2016-12	10 200.00	0.00	816.00	204.00	102.00	1 224.00	0.00	0.00	0.00	2 346.00	3 500.00	0.00	4 354.00	10%	105	330.4	0.00	330.4	330.4	0.00	
		身份证	××	一次性奖金	2016-12	24 000.00	0.00					0.00	0.00	0.00	0.00	0.00	0.00	24 000.00	10%	105	2 295.00	0.00	2 295.00	2 295.00	0.00	
3	王华	身份证	××	劳务报酬	2016-12	6 500.00	0.00					0.00	0.00	0.00	0.00	1 300.00	0.00	5 200.00	20%	0.00	1 040.00	0.00	1 040.00	1 040.00	0.00	非雇员
4	刘云	身份证	××	偶然所得	2016-12	5 000.00	0.00					0.00	0.00	0.00	0.00	0.00	0.00	5 000.00	20%	0.00	1 000.00	0.00	1 000.00	1 000.00	0.00	非雇员
5	孙豪	身份证	××	特许权转让费所得	2016-12	20 000.00	0.00					0.00	0.00	0.00	0.00	4 000.00	0.00	16 000.00	20%	0.00	3 200.00	0.00	3 200.00	3 200.00	0.00	非雇员
	合计					95 300.00	0.00	1 584.00	396.00	198.00	2 376.00	0.00	0.00	0.00	4 554.00	12 300.00	0.00	78 446.00		420.00	10 044.60	0.00	10 044.60	10 044.60	0	

谨声明：此扣缴报告表是根据《中华人民共和国个人所得税法》及其实施条例和国家有关税收法律法规规定填写的，是真实的、完整的、可靠的。

扣缴义务人公章：　　　　　　　　　　代理机构（人）签章：　　　　　　　主管税务机关受理专用章：

经办人：　　　　　　　　　　　　　　经办人：　　　　　　　　　　　　　法定代表人（负责人）签字：

填表日期：　年　月　日　　　　　　代理人执业证件号码：　　　　　　　受理人：

　　　　　　　　　　　　　　　　　　代理申报日期：　年　月　日　　　　受理日期：　年　月　日

国家税务总局监制

【案例 8-6】 黄浩是某远洋运输公司的船员。2016 年各月工资收入、预缴税款情况见表 8-4，每月缴纳的"三费一金"1 400 元。

表 8-4　　　　　　　　　　**工资收入及预缴税款情况表**　　　　　　　　　　单位：元

月 份	工资收入	单位代扣代缴的"三费一金"	预缴税款
1	2 800.00	1 400.00	0.00
2	2 800.00	1 400.00	0.00
3	2 800.00	1 400.00	0.00
4	10 400.00	1 400.00	445.00
5	10 400.00	1 400.00	445.00
6	10 400.00	1 400.00	445.00
7	10 400.00	1 400.00	445.00
8	10 400.00	1 400.00	445.00
9	10 400.00	1 400.00	445.00
10	10 400.00	1 400.00	445.00
11	2 800.00	1 400.00	0.00
12	2 800.00	1 400.00	0.00
合 计	86 800.00	16 800.00	3 115.00

其中单位每月代扣代缴的"三费一金"中，基本养老保险费 440 元、基本医疗保险费 110 元、失业保险费 55 元、住房公积金 795 元。

请计算黄浩全年平均每月应纳税所得额、全年应纳税额、年终汇算清缴应退税额，并填列《特定行业个人所得税年度申报表》。

解析：

黄浩全年平均每月应纳税所得额 ＝全年工资、薪金收入÷12－费用减除标准－"三费一金"

＝86 800÷12－3 500－1 400＝2 333.33（元）

全年应纳税额＝（每月应纳税所得额×税率－速算扣除数）×12

＝（2 333.33×10%－105）×12＝1 540（元）

年终汇算清缴应退税额＝3 115－1 540＝1 575（元）

《特定行业个人所得税年度申报表》的填写情况见表 8-5。

【案例 8-7】 A 公司与境外的 B 公司合资成立了 C 公司。A 公司将本单位原有财务总监张华派往 C 公司担任副总经理职务。2016 年 12 月份 A 公司支付给张华 4 500 元工资。C 公司支付给张华 22 000 元工资，并从中代扣代缴基本养老保险费 880 元、基本医疗保险费 220 元、失业保险费 110 元、住房公积金 1 590 元，合计 2 800 元。请问张华应如何计算缴纳个人所得税？应如何填写《个人所得税自行纳税申报表（A 表）》？

解析：

张华属于从两处取得工资、薪金所得的纳税人。其中 A 公司属于派遣单位，C 公司属于雇佣单位。A 公司和 C 公司都需要代扣代缴张华的个人所得税，但只能扣除一个费用扣除额——由 C 公司在支付工资、薪金时，按税法规定减除 3 500 元费用，计算扣缴个税；A 公司支付的工资、薪金不再减除费用，以支付金额直接确定适用税率，计算扣缴个税。张华个人需要汇算清缴其个人所得税，多退少补。

（1）C 公司应为张华扣缴的个人所得税。

C 公司应为张华扣缴的个人所得税＝（22 000－2 800－3 500）×25%－1 005＝2 920（元）

（2）A 公司应为张华扣缴的个人所得税。

A 公司应为张华扣缴的个人所得税＝4 500×10%－105＝345（元）

填写的《个人所得税自行纳税申报表（A 表）》，如表 8-6 所示。

表 8－5　　　　　　　　　　　特定行业个人所得税年度申报表

税款所属期：2016 年 1 月 1 日至 2016 年 12 月 31 日

扣缴义务人名称：

扣缴义务人编码：□□□□□□□□□□□□□□□

金额单位：人民币元（列至角分）

序号	姓名	身份证件类型	身份证件号码	所得项目	所得期间	全年收入额	年免税所得	年税前扣除项目						年减除费用	准予扣除的捐赠额	月平均应纳税所得额	税率(%)	速算扣除数	月平均应纳税额	年应扣缴税额	减免税额	年预缴税额	应补(退)税额	备注
								基本养老保险费	基本医疗保险费	失业保险费	住房公积金	其他	合计											
1	2	3	4	5	6	7	8	9	10	11	12	13	14	15	16	17	18	19	20	21	22	23	24	25
1	黄浩			工资薪金所得	2016	86 800.00	0.00	5 280.00	1 320.00	660.00	9 540.00	0.00	16 800.00	42 000.00	0.00	2 333.33	10%	105	128.33	1 540.00	0.00	3 115.0	-1 575.00	

谨声明：此扣缴报告表是根据《中华人民共和国个人所得税法》及其实施条例和国家有关税收法律法规规定填写的，是真实的、完整的、可靠的。

扣缴义务人公章：
经办人：
填表日期：　　年　　月　　日

代理机构（人）签章：
经办人执业证件号码：
代理申报日期：　　年　　月　　日

主管税务机关受理专用章：
受理人：
受理日期：　　年　　月　　日

法定代表人（负责人）签字：
　　年　　月　　日

国家税务总局监制

表 8-6

个人所得税自行纳税申报表（A表）

税款所属期：自 2016 年 12 月 1 日至 2016 年 12 月 31 日

姓名 张华　　国籍（地区）中国　　身份证件类型　身份证件号码　　金额单位：人民币元（列至角分）

自行申报情形：□从中国境内两处或者两处以上取得工资、薪金所得　□没有扣缴义务人　□其他情形

任职受雇单位名称	所得期间	所得项目	收入额	免税所得	税前扣除项目 基本养老保险费	基本医疗保险费	失业保险费	住房公积金	财产原值	允许扣除的税费	其他	合计	减除费用	准予扣除的捐赠额	应纳税所得额	税率（%）	速算扣除数	应纳税额	减免税额	已缴税额	应补（退）税额
1	2	3	4	5	6	7	8	9	10	11	12	13	14	15	16	17	18	19	20	21	22
C公司	2016.12	工资薪金	26 500.00	0.00	880.00	220.00	110.00	1 590.00	0.00	0.00	0.00	2 800.00	3 500.00	0.00	20 200.00	25%	1 005	4 045.00	0.00	3 265.00	780.00

谨声明：此表是根据《中华人民共和国个人所得税法》及其实施条例和国家相关法律法规规定填写的，是真实的、完整的、可靠的。

纳税人签字：　　　　年　月　日

代理机构（人）公章：

代理机构人

经办人：

经办人执业证件号码：

代理申报日期：　　年　月　日

主管税务机关受理专用章：

受理人：

受理日期：　　年　月　日

（3）张华实际应纳个人所得税。

张华实际应纳个人所得税＝（22 000＋4 500－2 800－3 500）×25％－1 005

＝4 045（元）

张华自行申报时，应补缴780（4 045－2 920－345）元。

（二）《个人所得税自行纳税申报表（B表）》填写说明及案例

"从中国境外取得所得"的纳税人，需要在年度终了后30日内向主管税务机关自行申报纳税。纳税人在办理申报时，需要填写《个人所得税自行纳税申报表（B表）》（见表8-7），同时附送《个人所得税基础信息表（B表）》（见表8-8）。

【案例8-8】 某公司人力资源部经理王明宇（中国公民），长期在A国某公司办事机构工作，2016年全年工薪收入120 000美元，在A国已缴纳个人所得税103 680元（已按规定折算成人民币）；同时，他还利用业余时间设计绩效考评系统软件，在A国提供转让给其他单位使用，取得10 000美元的收入，在A国已缴纳个人所得税14 400元（已按规定折算成人民币）。王明宇于12月底回国，按照我国税法规定他应于2017年1月30日前向当地主管税务机关办理个人所得税纳税申报（美元折合人民币汇率为1:6.60）。他应该如何进行纳税申报？

解析：

（1）转让绩效考评系统软件属于特许权使用费项目，不属于工薪所得项目，因此应分别计算申报纳税。

（2）工薪所得项目在我国应纳个人所得税的计算。

王明宇的工资、薪金收入折合为人民币792 000（120 000×6.60）元。按我国税法规定，王明宇的工资、薪金应纳税额为：

工资、薪金应纳税额＝[（全年工薪收入÷12－费用扣除标准）×适用税率

－速算扣除数]×12

＝[（120 000×6.60÷12－4 800）×35％－5 505]×12

＝190 980（元）

（3）特许权使用费所得应纳个人所得税的计算。

特许权使用费应纳税额＝10 000×6.60×（1－20％）×20％＝10 560（元）

根据以上信息，填写《个人所得税年度申报表》。

税务机关收到该纳税申报表后，应首先确定其扣除限额。个人所得税扣除限额应分国不分项计算。因此王明宇来自A国所得的扣除限额＝190 980＋10 560＝201 540（元）。王明宇已经在A国缴纳了118 080（103 680＋14 400）元的税款。王明宇在A国已缴纳税款118 080元小于扣除限额201 540元，因此按照已纳税款扣除，所以王明宇应该补缴税款83 460（201 540－118 080）元。税务机关对表格的填写如表8-7所示。

表8-7

个人所得税自行纳税申报表（B表）

税款所属期：自 2016 年 1 月 1 日至 2016 年 12 月 31 日

金额单位：人民币元（列至角分）

| 姓名 | 王明宇 | | | | | | | 身份证件类型 | | | | | | | | | |
| 国籍（地区） | 中国 | | | | | | | 身份证件号码 | | | | | | | | | |

所得来源国（地区）	所得项目	收入额	税前扣除项目									减除费用	准予扣除的捐赠额	应纳税所得额	工资薪金所得项目月应纳税所得额	税率（%）	速算扣除数	应纳税额
			基本养老保险费	基本医疗保险费	失业保险费	住房公积金	财产原值	允许扣除的税费	其他	合计								
1	2	3	4	5	6	7	8	9	10	11	12	13	14	15	16	17	18
A国	工资薪金所得	792 000.00	0.00	0.00	0.00	0.00	0.00	0.00	0.00	0.00	57 600.00	0.00	734 400.00	61 200.00	35%	5 505	190 980.00
A国	特许权使用费所得	66 000.00	0.00	0.00	0.00	0.00	0.00	0.00	0.00	0.00	13 200.00	0.00	52 800.00	0.00	20%	0.00	10 560.00

本期应缴税额计算	国别（地区）	扣除限额	境外已纳税额	五年内超过扣除限额未补扣余额	本期应补缴税额	未扣除余额
	19	20	21	22	23	24
	A国	201 540.00	118 080.00	0.00	83 460.00	0.00

谨声明：此表是根据《中华人民共和国个人所得税法》及其实施条例和国家相关法律法规规定填写的，是真实的、完整的、可靠的。

纳税人签字：　　　　　　　　　年　月　日

代理机构（人）签章：

经办人：

经办人执业证件号码：

代理申报日期：　年　月　日

主管税务机关受理专用章：

受理人：

受理日期：　年　月　日

国家税务总局监制

表 8-8 个人所得税基础信息表 （B 表）

姓名		身份证件类型		身份证件号码		
纳税人类型	□有任职受雇单位　　□无任职受雇单位（不含股东投资者）　　□投资者 □无住所个人　（可多选）					
任职受雇单位名称及纳税人识别号						
"三费一金"缴纳情况	□基本养老保险费　　□基本医疗保险费 □失业保险费　　□住房公积金　　□无　　（可多选）			电子邮箱		
境内联系地址	_____省_____市_____区（县）			邮政编码		
联系电话	手机：_____ 固定电话：_____			职业		
职务	○高层　　○中层　　○普通　　（只选一）			学历		
是否残疾人/烈属/孤老	□残疾　　□烈属　　□孤老　　□否			残疾等级情况		
该栏仅由有境外所得纳税人填写	○户籍所在地 ○经常居住地	_____省_____市_____区（县）_____ 邮政编码_____				
该栏仅由投资者纳税人填写	投资者类型		□个体工商户　　□个人独资企业投资者　　□合伙企业合伙人 □承包、承租经营者　　　□股东　　□其他投资者　　（可多选）			
	被投资单位信息	名称		扣缴义务人编码		
		地址		邮政编码		
		登记注册类型		行业		
		所得税征收方式	○查账征收　○核定征收（只选一）	主管税务机关		
	以下由股东及其他投资者填写					
	公司股本（投资）总额			个人股本（投资）额		
该栏仅由无住所纳税人填写	纳税人识别号					
	国籍（地区）			出生地		
	性别			出生日期	年　月　日	
	劳动就业证号码			是否税收协定缔约国对方居民	○是　　○否	
	境内职务			境外职务		
	来华时间			任职期限		
	预计离境时间			预计离境地点		
	境内任职受雇单位	名称		扣缴义务人编码		
		地址		邮政编码		
	境内受聘签约单位	名称		扣缴义务人编码		
		地址		邮政编码		
	境外派遣单位	名称		地址		
	支付地		○境内支付　　○境外支付 ○境内、外同时支付　　（只选一）	境外支付国国别（地区）		

谨声明：此表是根据《中华人民共和国个人所得税法》及其实施条例和国家相关法律法规规定填写的，是真实的、完整的、可靠的。

纳税人签字：　　　年　月　日

代理机构（人）签章： 经办人： 经办人执业证件号码： 填表（代理申报）日期：　年　月　日	主管税务机关受理专用章： 受理人： 受理日期：　年　月　日

国家税务总局监制

（三）《个人所得税纳税申报表（适用于年所得12万元以上的纳税人申报）》填写说明及案例

自2006年1月1日起，年所得12万元以上的纳税人，纳税年度终了后3个月内要自行纳税申报。在其自行纳税申报时，要填写《个人所得税纳税申报表（适用于年所得12万元以上的纳税人申报）》，如表8-13所示。

【案例8-9】 小赵是×市M区A公司（非上市公司）的技术骨干并拥有公司的股份。2016年，小赵的全部收入及税款缴纳情况如下：

（1）全年取得工薪收入210 000元，每月收入及扣缴税款情况见表8-9。

表8-9　　　　　　　　　　　　　收入及扣缴税款情况表　　　　　　　　　　　　单位：元

	基本及岗位工资	伙食补助	月奖	住房补贴	过节费	应发工资	住房公积金	基本养老保险费	基本医疗保险费	失业保险费	三费一金合计	个人所得税	实发工资
	①	②	③	④	⑤	⑥	⑦	⑧	⑨	⑩			
1月	7 000	1 000	3 000	3 000	1 000	15 000	1 200	960	240	120	2 520	1 241	11 239
2月	7 000	1 000	3 000	3 000	2 000	16 000	1 200	960	240	120	2 520	1 490	11 990
3月	7 000	1 000	3 000	3 000	0	14 000	1 200	960	240	120	2 520	1 041	10 439
4月	7 000	1 000	3 000	3 000	0	14 000	1 200	960	240	120	2 520	1 041	10 439
5月	7 000	1 000	3 000	3 000	1 000	15 000	1 200	960	240	120	2 520	1 241	11 239
6月	7 000	1 000	3 000	3 000	0	14 000	1 200	960	240	120	2 520	1 041	10 439
7月	7 000	1 000	3 000	3 000	0	14 000	1 200	960	240	120	2 520	1 041	10 439
8月	7 000	1 000	3 000	3 000	0	14 000	1 200	960	240	120	2 520	1 041	10 439
9月	7 000	1 000	3 000	3 000	1 000	15 000	1 200	960	240	120	2 520	1 241	11 239
10月	7 000	1 000	3 000	3 000	1 000	15 000	1 200	960	240	120	2 520	1 241	11 239
11月	7 000	1 000	3 000	3 000	0	14 000	1 200	960	240	120	2 520	1 041	10 439
12月	7 000	1 000	3 000	3 000	0	14 000	1 200	960	240	120	2 520	1 041	10 439
年终奖金	—	—	—	—	—	36 000	—	—	—	—		3 000	33 000

（2）取得公司股权分红20 000元，扣缴个人所得税4 000元。

（3）一年期银行储蓄存款账户孳生利息收入3 000元，银行未扣缴个人所得税。

（4）购买国债，取得利息收入2 000元。

（5）购买企业债券，取得利息收入1 500元，没有扣缴个人所得税。

（6）出售家庭非唯一住房，取得转让收入860 000元，采用核定方式征收个人所得税，实际征收率为1%，按规定缴纳个人所得税8 600元。

（7）出租自有商铺给某公司，每月租金3 500元，缴纳个人所得税500元，同时按国家规定缴纳的其他税费 200 元。

（8）在上交所转让 A 股股票盈利 60 000 元。

（9）持有某上市公司 A 股股票，取得股息 3 000 元，扣缴个人所得税 300 元。

（10）发明一项专利，让渡给某公司使用，取得收入 40 000 元，扣缴个人所得税 6 400 元。

（11）一次购买体育彩票，中奖 9 000 元。

小赵取得的上述收入应如何办理纳税申报？

解析：

小赵全年的收入来源渠道较多，适用的应税项目也多，第（1）项所得适用"工资、薪金所得"税目，第（2）～（5）项、第（9）项所得适用"利息、股息、红利所得"税目，第（6）项、第（8）项所得适用"财产转让所得"税目，第（7）项所得适用"财产租赁所得"税目，第（10）项所得适用"特许权使用费所得"税目，第（11）项所得适用"偶然所得"税目。小赵在取得这些收入时，应由支付所得的单位作为扣缴义务人扣缴税款并向税务机关进行申报。另外，2016 年度终了，如果小赵的年所得达到 12 万元，他应该按规定向主管地税机关办理年所得 12 万元以上的自行纳税申报。具体分析如下：

（1）日常取得收入时，小赵应纳税额的缴纳方式。

按照个人所得税法及其实施条例，以及相关税收法律、法规的规定：

1）小赵每个月取得工资性收入时，单位作为扣缴义务人已扣缴了个人所得税，小赵无须办理自行纳税申报。同时，对于小赵取得的年终奖金，可用全年一次性奖金的政策（国税发〔2005〕9 号文件）计算缴税，税款由扣缴义务人在发放时代扣代缴。

2）取得的 A 公司股权分红，属于"利息、股息、红利所得"项目，税款由公司发放时代扣代缴。

3）银行存款账户孳生的利息按"利息、股息、红利所得"项目，分时间段适用个人所得税税率：1999 年 10 月 31 日之前孳生的银行存款利息，免征个人所得税；1999 年 11 月 1 日至 2007 年 8 月 14 日孳生的银行存款利息，适用 20% 的税率计征个人所得税；2007 年 8 月 15 日以后孳生的银行存款利息，适用 5% 的税率计征个人所得税；2008 年 10 月 9 日后（含 10 月 9 日）孳生的利息，暂免征收个人所得税。对于小赵的存款利息收入免税，因此银行未扣缴个人所得税是正确的。

4）国债利息免纳个人所得税。小赵对此无须办理任何手续。

5）企业债券利息所得，属于"利息、股息、红利所得"项目，应由兑付机构在兑付利息时适用 20% 税率代扣代缴个人所得税。

6）转让家庭非唯一住房，小赵应在办理住房产权转让手续时向 M 区主管地税机关办理纳税申报并缴纳个人所得税 8 600 元。

7）出租房屋所得，属于"财产租赁所得"项目，税款由承租的公司代扣代缴。

8）转让境内上市公司 A 股股票取得的收入，暂免征收个人所得税。

9）持有上市公司股票分红所得，属于"利息、股息、红利所得"项目，由公司在发放时，按照应纳税所得额的 50% 适用 20% 的税率代扣代缴个人所得税。

10）发明专利让渡给某公司使用，属于"特许权使用费所得"项目，由公司在支付收入时适用20％的税率代扣代缴个人所得税。

11）体育彩票中奖所得，属于"偶然所得"项目。根据财税字〔1998〕12号文件的规定，一次中奖收入不超过1万元的，暂免征收个人所得税。

年度终了，小赵应如何办理年所得12万元以上的申报？小赵应在2017年3月底前，汇总上年度应税项目的收入额，看是否达到12万元（即年所得≥120 000元，下同），进而判断是否应该进行年所得12万元以上的自行申报。

（2）计算2016年度小赵年所得。

根据小赵取得收入的情况，其年所得为：

年所得＝年工资、薪金所得＋年利息、股息、红利所得＋年财产转让所得
$$+年财产租赁所得＋年特许权使用费所得$$
$$+年偶然所得－《办法》第7条规定可剔除的所得$$

其中：

1）工资、薪金所得，按照未减除法定费用及附加减除费用的收入额计算。按照《个人所得税自行纳税申报办法（试行）》（以下简称《办法》）第七条第三项的规定，《个人所得税法实施条例》第二十五条规定的按照国家规定单位为个人缴付和个人缴付的"三费一金"不包含在年所得之内。由于小赵缴付的"三费一金"均在税法规定的允许扣除的额度内，因此，在计算年所得时，这部分收入可全额剔除。计算过程如表8-10所示。

表8-10　　　　　　　　　　工资、薪金收入年所得计算表　　　　　　　　单位：元

月份	1月	2月	3月	4月	5月	6月	7月	8月	9月	10月	11月	12月	年终奖金	合计
应发工资	15 000	16 000	14 000	14 000	15 000	14 000	14 000	14 000	15 000	15 000	14 000	14 000	36 000	210 000
三费一金合计	2 520	2 520	2 520	2 520	2 520	2 520	2 520	2 520	2 520	2 520	2 520	2 520	—	30 240
计入年所得的工薪收入	12 480	13 480	11 480	11 480	12 480	11 480	11 480	11 480	12 480	12 480	11 480	11 480	36 000	179 760

年工资、薪金所得＝1月工资性收入＋2月工资性收入＋…＋12月工资性收入
$$=1月份（应发工资－个人缴付的"三费一金"）＋2月份（应发工资－个人缴付的"三费一金"）＋…＋12月份（应发工资－个人缴付的"三费一金"）＋年终奖金合计$$
$$=（5\,000－2\,520）＋（6\,520－2\,520）＋…＋（14\,000－$$

$$2\,520) + 36\,000$$
$$= 162\,160\ (元)$$

2) 利息、股息、红利所得，按照收入额全额计算。针对小赵的情况，主要有（2）、（3）、（4）、（5）、（9）项收入。其中，第（4）项收入，根据《办法》第7条第1项的规定，国债利息属于免税所得，所以不含在年所得范围之内。

$$利息、股息、红利所得 = 公司分红 + 储蓄存款利息 + 企业债券利息 + 股票分红$$
$$= 20\,000 + 3\,000 + 1\,500 + 3\,000$$
$$= 27\,500\ (元)$$

3) 财产转让所得，按照应纳税所得额计算。针对小赵的情况，主要有第（6）、（8）项收入。其中房屋转让所得，按核实征收方式缴纳个人所得税的，其所得按转让房屋收入额减除房屋原值和合理费用后的余额计算；不能提供房屋原值的，采取核定征收个人所得税的，按照实际征收率（1%、2%、3%）分别换算为应税所得率（5%、10%、15%），据此计算年所得。

$$年财产转让所得 = 个人房屋转让所得 + 股票转让所得$$
$$= 860\,000 \times 5\% + 60\,000$$
$$= 43\,000 + 60\,000$$
$$= 103\,000\ (元)$$

4) 财产租赁所得，按照未减除费用和修缮费用的收入额计算。

$$年财产租赁所得 = 3\,500 \times 12 = 42\,000\ (元)$$

5) 特许权使用费所得，按照未减除费用的收入额计算。

$$年特许权使用费所得 = 40\,000\ (元)$$

6) 偶然所得，按照收入额全额计算。

$$年偶然所得 = 9\,000\ (元)$$

综上所述，我们可以计算2016年小赵的年所得：

$$年所得 = 179\,760 + 27\,500 + 103\,000 + 42\,000 + 40\,000 + 9\,000$$
$$= 401\,260\ (元)$$

小赵的年所得大于12万元，因此，小赵应该进行年所得12万元以上的自行申报。

(3)《个人所得税纳税申报表》（适用于年所得12万元以上的纳税人申报）的填写。

申报时，小赵应报送《个人所得税纳税申报表》（适用于年所得12万元以上的纳税人申报）和身份证复印件等。

由于申报表上需要填写小赵的年所得，以及各个所得项目的应纳税额、已缴税额、应补（退）税额等事项。因此，小赵应计算一下自己日常缴纳的税款是否正确。

1) 年工资、薪金所得应纳税额的计算：

第一，计算各个月份发放工资的应纳税额是否正确。

$$工资、薪金所得应纳税所得额 = 工资收入 - 个人缴付"三费一金"$$
$$- 费用扣除标准$$
$$= (① + ② + ③ + ④ + ⑤) - (⑦ + ⑧ + ⑨ + ⑩)$$
$$- 3\,500$$

上式中的①②…⑩代表表8-9中①②…⑩所对应的个人所得项目。

根据以上公式，小赵 2016 年工资、薪金收入应纳税所得额计算见表 8 - 11。

表 8 - 11　　　　　　　　　工资、薪金收入应纳税所得额计算表　　　　　　　单位：元

月份	1月	2月	3月	4月	5月	6月	7月	8月	9月	10月	11月	12月	合计
应发工资	15 000	16 000	14 000	14 000	15 000	14 000	14 000	14 000	15 000	15 000	14 000	14 000	174 000
三费一金合计	2 520	2 520	2 520	2 520	2 520	2 520	2 520	2 520	2 520	2 520	2 520	2 520	30 240
费用减除标准	3 500	3 500	3 500	3 500	3 500	3 500	3 500	3 500	3 500	3 500	3 500	3 500	42 000
应纳税所得额	8 980	9 980	7 980	7 980	8 980	7 980	7 980	7 980	8 980	8 980	7 980	7 980	101 760

注：各个月份工资收入＝基本及岗位工资＋伙食补助＋月奖＋住房补贴＋过节费。

各个月份应纳个人所得税＝应纳税所得额×税率－速算扣除数，小赵 2016 年度工资、薪金收入应纳税额计算见表 8 - 12。

表 8 - 12　　　　　　　　　工资、薪金收入应纳税额计算表　　　　　　　单位：元

月份	1月	2月	3月	4月	5月	6月	7月	8月	9月	10月	11月	12月	合计
个人所得税	1 241	1 490	1 041	1 041	1 241	1 041	1 041	1 041	1 241	1 241	1 041	1 041	13 741

从上面的计算我们可以看到，小赵所在单位每个月扣缴的个人所得税是准确无误的。

第二，计算全年一次性奖金的应纳税额。

因为 36 000÷12＝3 000（元），所以全年一次性奖金适用 10% 的税率和 105 的速算扣除数。

全年一次性奖金应纳个人所得税额＝全年一次性奖金×税率－速算扣除数
$$＝36 000×10\%－105$$
$$＝3 495（元）$$

小赵的单位仅扣缴个人所得税 3 000 元，所以小赵在申报时，应补缴税款 3 495 － 3 000＝495（元）。

第三，全年工资、薪金所得应补税额。

小赵全年工资、薪金所得的应纳税所得额＝101 760＋36 000＝137 760（元）

全年工资、薪金所得应纳税额＝13 741＋3 495＝17 236（元）

全年工资、薪金所得已缴（扣）税额＝13 741＋3 000＝16 741（元）

全年工资、薪金所得应补税额＝17 236－16 741＝495（元）

2）年利息、股息、红利所得应纳税额的计算。

利息、股息、红利所得额为 27 500 元，应纳税所得额为 27 500 元。

利息、股息、红利所得应纳税额＝(20 000＋1 500)×20%＋3 000×50%×20%
$$＝4 600（元）$$

利息、股息、红利所得已缴（扣）税额＝4 000＋300＝4 300（元）

利息、股息、红利所得应补税额＝4 600－4 300＝300（元）

即小赵取得的企业债券利息收入 1 500 元，没有扣缴个人所得税，所以，小赵在申报时应补缴税款 300 元。

3）年财产转让所得应纳税额的计算：

财产转让所得的应纳税所得额＝43 000＋60 000＝103 000（元）

财产转让所得应纳税额＝股票转让应纳税额＋住房转让应纳税额

＝0＋住房转让收入×1%

＝0＋860 000×1%

＝8 600（元）

财产转让所得已缴（扣）税额＝8 600（元）

财产转让所得应补税额＝8 600－8 600＝0（元）

4）年财产租赁所得应纳税额的计算：

年财产租赁所得的应纳税所得额＝（3 500－200－800）×12＝30 000（元）

年财产租赁所得应纳税额＝应纳税所得额×20%＝30 000×20%＝6 000（元）

年财产租赁所得已缴（扣）税额＝500×12＝6 000（元）

年财产租赁所得应补税额＝6 000－6 000＝0（元）

5）年特许权使用费所得应纳税额的计算：

年特许权使用费所得的应纳税所得额＝收入额－减除费用

＝40 000－40 000×20%

＝32 000（元）

年特许权使用费所得应纳税额＝应纳税所得额×20%＝32 000×20%

＝6 400（元）

年特许权使用费所得已缴（扣）税额＝6 400（元）

年特许权使用费所得应补税额＝6 400－6 400＝0（元）

6）年偶然所得应纳税额的计算：

按照政策规定，购买体育彩票一次中奖收入不超过 1 万元的，暂免征收个人所得税。

小赵购买体育彩票中奖 9 000 元，偶然所得应纳税额为 0 元，无须补税。

小赵的《个人所得税纳税申报表》（适用于年所得 12 万元以上的纳税人申报）的填写见表 8-13。

（四）《个人所得税生产经营所得纳税申报表》填写说明及案例

个体工商户、企事业单位承包承租经营者、个人独资企业投资者和合伙企业合伙人在中国境内取得的"个体工商户的生产、经营所得"或"对企事业单位的承包经营、承租经营所得"，应该按月或按季预缴个人所得税，此时需要填写《个人所得税生产经营所得纳税申报表（A 表）》（见表 8-14）；年度终了后汇算清缴，需要填写《个人所得税生产经营所得纳税申报表（B 表）》（见表 8-15）；同时在中国境内两处或者两处以上取得"个体工商户的生产、经营所得"或"对企事业单位的承包经营、承租经营所得"的，同项所得合并计算纳税的个人所得税还需要进行年度汇总纳税申报，需要填写《个人所得税生产经营所得纳税申报表（C 表）》。

表 8 - 13

个人所得税纳税申报表

（适用于年所得 12 万元以上的纳税人申报）

所得年份：2016 年　　填表日期：2017 年 2 月 20 日　　金额单位：人民币元（列至角分）

纳税人姓名	赵××	国籍（地区）	中国	身份证照类型	身份证	身份证照号码	××	职业	
任职、受雇单位	××	任职受雇单位税务代码		任职受雇单位所属行业		职务		联系电话	
在华天数		境内有效联系地址				境内有效联系地址邮编			
此行由取得经营所得的纳税人填写		经营单位纳税人识别号				经营单位纳税人名称			

所得项目	年所得额			应纳税所得额	应纳税额	已缴（扣）税额	抵扣税额	减免税额	应补税额	应退税额	备注
	境内	境外	合计								
1. 工资、薪金所得	179 760.00	0.00	179 760.00	137 760.00	17 236.00	16 741.00	0.00	0.00	495.00	0.00	
2. 个体工商户的生产、经营所得	0.00	0.00	0.00	0.00	0.00	0.00	0.00	0.00	0.00	0.00	
3. 对企事业单位的承包经营、承租经营所得	0.00	0.00	0.00	0.00	0.00	0.00	0.00	0.00	0.00	0.00	
4. 劳务报酬所得	0.00	0.00	0.00	0.00	0.00	0.00	0.00	0.00	0.00	0.00	
5. 稿酬所得	0.00	0.00	0.00	0.00	0.00	0.00	0.00	0.00	0.00	0.00	
6. 特许权使用费所得	40 000.00	0.00	40 000.00	32 000.00	6 400.00	6 400.00	0.00	0.00	0.00	0.00	
7. 利息、股息、红利所得	27 500.00	0.00	27 500.00	27 500.00	4 600.00	4 300.00	0.00	0.00	300.00	0.00	
8. 财产租赁所得	42 000.00	0.00	42 000.00	30 000.00	6 000.00	6 000.00	0.00	0.00	0.00	0.00	
9. 财产转让所得	103 000.00	0.00	103 000.00	103 000.00	8 600.00	8 600.00	0.00	0.00	0.00	0.00	
其中：股票转让所得	60 000.00	0.00	60 000.00	—	—	—	—	—	—	—	
10. 偶然所得	43 000.00	0.00	43 000.00	43 000.00	8 600.00	8 600.00	0.00	1 800.00	0.00	0.00	
11. 其他所得	9 000.00	0.00	9 000.00	9 000.00	1 800.00	0.00	0.00	1 800.00	0.00	0.00	
合　计	401 260	0.00	401 260	339 260	44 636	42 041	0	1 800	795	0	

我声明，此纳税申报表是根据《中华人民共和国个人所得税法》及有关法律、法规的规定填报的，我保证它是真实的、可靠的、完整的。

纳税人（签字）：

代理人（签字）：　　　　　　　年　　月　　日　　联系电话：

税务机关受理人（签字）：　　　税务机关受理时间：　　年　　月　　日　　受理申报税务机关名称（盖章）：　　联系电话：

根据导入案例填写的《个人所得税生产经营所得纳税申报表》(B表),如表8-15所示。

【案例8-10】 张洪分别与王海、李然开办了两家合伙企业——天宏培训中心(张洪分配比例为40%)和蓝天超市(张洪分配比例为50%)。2016年张洪从天宏培训中心分得了30 000元的生产经营所得,已经预缴个人所得税2 250元;从蓝天超市分得了50 000元的生产经营所得,已经预缴个人所得税6 250元。请帮助张洪计算年末应补缴的个人所得税,并填写《个人所得税生产经营所得纳税申报表》(C表)。

解析:

张洪的两项生产经营所得应汇总纳税。

应纳个人所得税的计算过程:

(1) 应纳税所得额:

应纳税所得额=30 000+50 000+42 000=122 000(元)[①]

(2) 适用的税率为35%,速算扣除数为14 750元。

(3) 应纳个人所得税:

应纳个人所得税=122 000×35%-14 750=27 950(元)

(4) 应补个人所得税:

张洪来自天宏培训中心所得占总所得比重=30 000÷(30 000+50 000)

=37.5%

张洪来自天宏培训中心所得应补个人所得税=27 950×37.5%-2 250

=8 231.25(元)

张洪来自蓝天超市所得占总所得比重=50 000÷(30 000+50 000)=62.5%

张洪来自蓝天超市所得应补个人所得税=27 950×62.5%-6 250

=11 218.75(元)

将以上计算结果填入《个人所得税生产经营所得纳税申报表》(C表)(见表8-16、表8-17)。

表8-14　　　　　　　**个人所得税生产经营所得纳税申报表 (A表)**

税款所属期:　年　月　日至　年　月　日　　　　　　金额单位:人民币元(列至角分)

投资者信息	姓　名		身份证件类型		身份证件号码	
	国籍(地区)				纳税人识别号	
被投资单位信息	名　称				纳税人识别号	
	类　型	□个体工商户 □承包、承租经营单位 □个人独资企业 □合伙企业				
	征收方式	□查账征收(据实预缴)□查账征收(按上年应纳所得额预缴) □核定应税所得率征收 □核定应纳税所得额征收 □税务机关认可的其他方式＿＿＿＿＿＿＿＿				
行次	项目					金额
1	一、收入总额					
2	二、成本费用					
3	三、利润总额					
4	四、弥补以前年度亏损					
5	五、合伙企业合伙人分配比例(%)					

---

① 由于在分别计算每个合伙企业所得时,张洪的生计费用都单独扣除过42 000元,而对于同一个纳税人而言,只允许扣除一项,因此需要增加42 000元。

6	六、投资者减除费用	
7	七、应税所得率（％）	
8	八、应纳税所得额	
9	九、税率（％）	
10	十、速算扣除数	
11	十一、应纳税额（8×9－10）	
12	十二、减免税额（附报《个人所得税减免税事项报告表》）	
13	十三、已预缴税额	
14	十四、应补（退）税额（11－12－13）	

谨声明：此表是根据《中华人民共和国个人所得税法》及有关法律法规规定填写的，是真实的、完整的、可靠的。

纳税人签字：　　年 月 日

代理申报机构（负责人）签章： 经办人： 经办人执业证件号码： 　　代理申报日期：　　年 月 日	主管税务机关印章： 受理人： 　　受理日期：　　年 月 日

国家税务总局监制

第八行"应纳税所得额"填写方式：

项目		合伙企业合伙人	其他
查账征收	据实预缴	第8行＝（第3行－第4行）×第5行－第6行	第8行＝第3行－第4行－第6行
	按上年应纳税所得额预缴	第8行＝上年度的应纳税所得额÷12×月份数	第8行＝上年度的应纳税所得额÷12×月份数
核定征收	核定应税所得率征收（能准确核算收入总额的）	第8行＝第1行×第7行×第5行	第8行＝第1行×第7行
	核定应税所得率征收（能准确核算成本费用的）	第8行＝第2行÷（1－第7行）×第7行×第5行	第8行＝第2行÷（1－第7行）×第7行
	核定应纳税所得额征收	直接填写应纳税所得额	直接填写应纳税所得额
税务机关认可的其他方式		直接填写应纳税所得额	直接填写应纳税所得额

表8-15　　　　　　　　　**个人所得税生产经营所得纳税申报表（B表）**

税款所属期：2016年1月1日至2016年12月31日　　　　　　　金额单位：人民币元（列至角分）

投资者信息	姓　名	孟欣	身份证件类型		身份证件号码	
	国籍（地区）	中国			纳税人识别号	
被投资单位信息	名　称				纳税人识别号	
	类　型	☑个体工商户 □承包、承租经营单位 □个人独资企业 □合伙企业				
行次	项目					金额
1	一、收入总额					500 000.00
2	其中：国债利息收入					0.00
3	二、成本费用（4＋5＋6＋7＋8＋9＋10）					457 300.00
4	（一）营业成本					325 000.00
5	（二）营业费用					24 800.00
6	（三）管理费用					100 000.00

7	（四）财务费用	0.00
8	（五）税金	7 500.00
9	（六）损失	0.00
10	（七）其他支出	0.00
11	三、利润总额（1－2－3）	42 700.00
12	四、纳税调整增加额（13＋27）	77 500.00
13	（一）超过规定标准的扣除项目金额（14＋15＋16＋17＋18＋19＋20＋21＋22＋23＋24＋25＋26）	17 500.00
14	（1）职工福利费	0.00
15	（2）职工教育经费	0.00
16	（3）工会经费	0.00
17	（4）利息支出	0.00
18	（5）业务招待费	17 500.00
19	（6）广告费和业务宣传费	0.00
20	（7）教育和公益事业捐赠	0.00
21	（8）住房公积金	0.00
22	（9）社会保险费	0.00
23	（10）折旧费用	0.00
24	（11）无形资产摊销	0.00
25	（12）资产损失	0.00
26	（13）其他	0.00
27	（二）不允许扣除的项目金额（28＋29＋30＋31＋32＋33＋34＋35＋36）	60 000.00
28	（1）个人所得税税款	0.00
29	（2）税收滞纳金	0.00
30	（3）罚金、罚款和被没收财物的损失	0.00
31	（4）不符合扣除规定的捐赠支出	0.00
32	（5）赞助支出	0.00
33	（6）用于个人和家庭的支出	0.00
34	（7）与取得生产经营收入无关的其他支出	0.00
35	（8）投资者工资薪金支出	60 000.00
36	（9）国家税务总局规定不准扣除的支出	0.00
37	五、纳税调整减少额	0.00
38	六、纳税调整后所得（11＋12－37）	120 200.00
39	七、弥补以前年度亏损	0.00
40	八、合伙企业合伙人分配比例（％）	
41	九、允许扣除的其他费用	0.00
42	十、投资者减除费用	42 000.00
43	十一、应纳税所得额（38－39－41－42）或［（38－39）×40－41－42］	78 200.00
44	十二、税率（％）	30%
45	十三、速算扣除数	9 750.00
46	十四、应纳税额（43×44－45）	13 710.00
47	十五、减免税额（附报《个人所得税减免税事项报告表》）	0.00

48	十六、实际应纳税额（46－47）	13 710.00
49	十七、已预缴税额	11 200.00
50	十八、应补（退）税额（48－49）	2 510.00
附列资料	年平均职工人数（人）	
	工资总额（元）	
	投资者人数（人）	

谨声明：此表是根据《中华人民共和国个人所得税法》及有关法律法规规定填写的，是真实的、完整的、可靠的。

纳税人签字： 年 月 日

| 代理申报机构（负责人）签章：
经办人：
经办人执业证件号码：
　代理申报日期： 年 月 日 | 主管税务机关印章：

受理人：

受理日期： 年 月 日 |

国家税务总局监制

表8-16　　　　　个人所得税生产经营所得纳税申报表（C表）

税款所属期：2016年1月1日至2016年12月31日　　　　　金额单位：人民币元（列至角分）

投资者信息	姓　名	张洪	身份证件类型		身份证件号码		
	国籍（地区）		中国		纳税人识别号		
各被投资单位信息	被投资单位编号	被投资单位名称		被投资单位纳税人识别号		分配比例 %	应纳税所得额
	1. 汇缴地	天宏培训中心		略		40%	30 000.00
	2. 其他	蓝天超市		略		50%	50 000.00
	3. 其他						
	4. 其他						
	5. 其他						
	6. 其他						
	7. 其他						
	8. 其他						

行次	项目	金额
1	一、被投资单位应纳税所得额合计	80 000.00
2	二、应调增的投资者减除费用	42 000.00
3	三、调整后应纳税所得额（1＋2）	122 000.00
4	四、税率（％）	35%
5	五、速算扣除数	14 750.00
6	六、应纳税额（3×4－5）	27 950.00
7	七、本单位经营所得占各单位经营所得总额的比重（％）	37.5%
8	八、本单位应纳税额（6×7）	10 481.25
9	九、减免税额（附报《个人所得税减免税事项报告表》）	0.00
10	十、实际应纳税额	10 481.25
11	十一、已缴税额	2 250.00
12	十二、应补（退）税额（10－11）	8 231.25

谨声明：此表是根据《中华人民共和国个人所得税法》及有关法律法规规定填写的，是真实的、完整的、可靠的。

纳税人签字：　年　月　日

代理申报机构（负责人）签章： 经办人： 经办人执业证件号码： <div align="right">代理申报日期：　年　月　日</div>	主管税务机关印章： 受理人： <div align="right">受理日期：　年　月　日</div>

国家税务总局监制

表 8 – 17　　　　　个人所得税生产经营所得纳税申报表（C表）

税款所属期：2016 年 1 月 1 日至 2016 年 12 月 31 日　　　　　　金额单位：人民币元（列至角分）

投资者信息	姓　名	张洪	身份证件类型		身份证件号码		
	国籍（地区）		中国		纳税人识别号		
各被投资单位信息	被投资单位编号	被投资单位名称		被投资单位纳税人识别号		分配比例 %	应纳税所得额
	1. 汇缴地	蓝天超市		略		50%	50 000.00
	2. 其他	天宏培训中心		略		40%	30 000.00
	3. 其他						
	4. 其他						
	5. 其他						
	6. 其他						
	7. 其他						
	8. 其他						

行次	项目	金额
1	一、被投资单位应纳税所得额合计	80 000.00
2	二、应调增的投资者减除费用	42 000.00
3	三、调整后应纳税所得额（1+2）	122 000.00
4	四、税率（%）	35%
5	五、速算扣除数	14 750.00
6	六、应纳税额（3×4－5）	27 950.00
7	七、本单位经营所得占各单位经营所得总额的比重（%）	62.5%
8	八、本单位应纳税额（6×7）	17 468.75
9	九、减免税额（附报《个人所得税减免税事项报告表》）	0.00
10	十、实际应纳税额	17 468.75
11	十一、已缴税额	6 250.00
12	十二、应补（退）税额（10－11）	11 218.75

谨声明：此表是根据《中华人民共和国个人所得税法》及有关法律法规规定填写的，是真实的、完整的、可靠的。

纳税人签字：　年　月　日

代理申报机构（负责人）签章： 经办人： 经办人执业证件号码： <div align="right">代理申报日期：　年　月　日</div>	主管税务机关印章： 受理人： <div align="right">受理日期：　年　月　日</div>

国家税务总局监制

【本章小结】

1. 在个人所得税的纳税审查中，重点介绍了工资、薪金所得，个体工商户、个人独资企业和合伙企业生产、经营所得，企事业单位承租经营、承包经营所得的纳税审查。同时，介绍了如何审查扣除捐赠款，如何审查境外已纳税额抵免的计税方法。

2. 在代理个人所得税的纳税申报时，应注意区分居民纳税人和非居民纳税人，并注意两者纳税义务的不同之处——居民纳税人负无限纳税义务、非居民纳税人负有限纳税义务。

3. 个人所得税采用自行申报纳税和代扣代缴两种不同的纳税方法。

4. 由于我国的个人所得税采用了分类所得税制，因此，个人所得税纳税申报表种类比较多，其中较常用的有：《扣缴个人所得税报告表》《特定行业个人所得税年度申报表》《个人所得税生产经营所得纳税申报表》和适用于年所得12万元以上的纳税人申报的《个人所得税纳税申报表》。

【思考题】

1. 应从哪些方面进行工资、薪金的审查？

2. 个体工商户、个人独资企业、合伙企业应缴纳何种所得税？在审查其应纳所得税时，应重点审查哪些方面？

3. 在缴纳个人所得税时，什么样的纳税人需要自行纳税申报？

4. 在中国境外取得所得的个人在年度终了后自行纳税申报时，需要填写何种纳税申报表？

5. 如何确定个人所得税的纳税人的年所得是否超过12万元？

6. 个人获得的经营所得如何填写纳税申报表？

【实务训练题】

1. 2016年12月，某公司经董事会研究决定，从已提取的职工奖励及福利基金中拿出50万元用于奖励在产品开发、市场开拓和经营管理方面取得成就的员工，具体奖励办法为：对作出突出贡献的2名科研人员每人奖励价值20万元的国产汽车1辆；对其他10名对产品研发做出较大贡献的人员每人奖励价值1万元的笔记本电脑1台。企业发放时，其账务处理为：

借：盈余公积   500 000

    贷：银行存款   500 000

要求：请指出该公司存在的纳税问题。

2. 钱总户籍在北京市海淀区，任职于北京海淀区的中国M公司。2016年，他共取得以下几项收入：

（1）每月从M公司取得工资收入25 000元，每月个人缴纳"三费一金"2 500元，每月公司已扣缴个人所得税3 745元。

（2）12月份，由于钱总工作出色，获得全年一次性奖金120 000元，单位已经代扣代缴17 875元的个人所得税。

（3）从A国取得特许权使用费10 000元，并按A国税法规定缴纳了个人所得税1 500元。

（4）从 B 国取得利息收入 2 000 元、股票转让盈利 100 000 元，并按 B 国税法规定，分别缴纳了个人所得税 500 元、24 500 元。

请问年度终了时，钱总该如何办理纳税申报？应该报送哪种个人所得税纳税申报表？报送时间有何规定？

3. 孟凡宇投资开办了一家酒楼（个人独资企业），该酒楼拥有在册职工 7 人。2016 年 1 月 1 日至 2016 年 12 月 31 日会计资料反映的经营情况如下：（1）取得营业收入总额 525 000 元；（2）营业成本 121 000 元；（3）税金及附加 28 875 元；（4）管理费用 45 680 元，其中业务招待费为 4 688 元；（5）发生财务费用 1 200 元；（6）营业外支出 15 000 元，其中税收罚款为 800 元；（7）全年已经预缴个人所得税 1 200 元。

请计算孟凡宇 2016 年应纳的个人所得税，并为其填报相应的纳税申报表。

第九章

代理其他税种纳税审查与纳税申报

【学习目的】

通过本章的学习，应当掌握印花税、土地增值税、房产税、土地使用税、城市维护建设税、资源税纳税审查的关键点和技巧；掌握上述税种纳税申报表填写的技巧，并能够在实践中加以应用。

【导入案例】

旭日税务师事务所受托对福城房地产开发公司的土地增值税纳税情况进行审核。在审查中，了解到该公司本期转让一块土地，取得 2 500 万元的销售收入。在计算缴纳土地增值税时其扣除项目如下：取得土地使用权及开发投资 800 万元；缴纳城市维护建设税及教育费附加 10.2 万元；按取得土地使用权及开发成本的 10% 扣除开发费用 80 万元；按取得土地使用权及开发成本的 20% 加计扣除 160 万元，扣除项目总额为 1 050.2 万元。为此，福城房地产公司计算应纳土地增值税为 567.37 万元。

旭日税务师事务所经过审查发现：该企业一共取得了 25 000 平方米的土地使用权，为此支付了 800 万元，未进行任何开发，便将其中 15 000 平方米的土地使用权转让，取得收入 2 500 万元。

根据以上信息，请问福城房地产公司计算应交 567.37 万元的土地增值税是否正确？为什么？如果不正确，该公司应交多少土地增值税？

第一节　代理印花税纳税审查与纳税申报

印花税的征税对象为税法列举的各类经济合同、产权转移书据、营业账簿、权利许可证照和经财政部确定征税的其他凭证。代理印花税纳税审查与纳税申报，应深入纳税人内部各个部门，对其书立或领受的各类应税凭证，逐项核实其计税和完税情况。

一、代理印花税纳税审查

（一）应税合同及其纳税的审查

印花税应税合同是指纳税人在经济活动和经济交往中书立、领受的各类经济合同或具有合同性质的凭证，包括购销合同、加工承揽合同、建设工程勘察设计合同、建筑安装工程承包合同、财产租赁合同、货物运输合同、仓储保管合同、借款合同、财产保险合同和技术合同等。对应税合同及其纳税情况的审查,应从以下几个方面进行。

1. 审查征税范围

纳税人在经济交往中书立的凭证种类很多,鉴别所书立的凭证是否具有合同性质,是判别征免税的主要标准。应根据有关政策规定,对照纳税人的有关凭证从其内容、性质等方面进行审查。例如审查纳税人有无错划凭证性质,将应税凭证划为非应税凭证,或因对政策规定理解有误,而将应税凭证作为免税凭证,造成漏纳印花税的问题。

2. 审查应税合同的计税情况

在确定应税合同之后,应根据印花税法规的规定,对照每一应税合同,分别确定其计税金额和适用税率,复核应税合同的应纳税额,并与应税合同上所粘贴的印花税票金额相核对,看有无差错。对于采用汇贴或汇缴办法的纳税人,可将复核后的应纳税额与《印花税纳税申报表》或"税收完税证""税收缴款书"相核对,便可查出有无问题。

3. 审查应税合同完税情况

对只载明数量而未标明金额的合同,审查是否按规定先计算出计税依据后再计算贴花;所载金额为外国货币的合同,审查是否按规定先折合成人民币后再计税贴花;到期不能兑现的合同,审查有无将已贴印花税票揭下重用的情况。

(二)其他应税凭证及其纳税审查

其他应税凭证包括营业账簿、产权转移书据、权利许可证照和经财政部确定征税的其他凭证。

1. 审查营业账簿及其纳税情况

审查营业账簿及其纳税情况时,应着重审查下列问题:

(1)审查企业有无错划核算形式,将应税凭证划为非税凭证,漏纳印花税的问题。例如,采用分级核算形式的纳税人,有无误按一级核算形式,仅就财会部门本身设置的账簿计税贴花,而对设置在其他部门和车间的明细账未按规定计税贴花的情况。

(2)审查资金账簿计税是否正确,以及著作权和版权、商标专用权、专利权、专有技术使用权等转移书据计税是否正确。审查时,首先,应深入到纳税人内部,了解和掌握纳税人在经济活动或交往中都书立了哪些产权转移书据;其次,对每项应税书据按照书据所载金额和 0.5‰的适用税率复核应纳税额,并与应税书据上所粘贴的印花税票金额相核对,看其税款的计算缴纳情况是否真实、准确。同时,要注意审查所粘贴的印花税票的注销或划销情况,看有无未注销或未划销的问题。

2. 审查权利许可证照及其纳税情况

权利许可证照,包括政府部门发给的房屋产权证、工商营业执照、商标注册证、专利证、土地使用证等。审查时,首先应核实纳税人领受的权利许可证照的种类及数量,其次,逐个审查其纳税情况,看其是否按件贴花,金额是否准确(每件 5 元),已贴用的印花税票是否按规定注销等。

二、代理印花税纳税申报

(一)印花税纳税办法

印花税的纳税办法主要有三种:

（1）自行贴花完税，即由纳税人自行计算应纳税款、自行购买印花税票并粘贴在应税凭证上，自行注销或画销完税。这种方法适用于应税凭证较少或同一种凭证缴纳税款次数较少的纳税人，其适用范围比较广泛。

（2）汇贴或汇缴，即对一份应纳税额超过500元的凭证，可由纳税人向主管税务机关申请，采用填开完税凭证或缴款书的办法纳税，将其中一联粘贴在凭证上或由税务机关在凭证上加注完税标记代替贴花；对需要频繁贴花的同一类应税凭证也可由纳税人向主管税务机关申请按期汇总缴纳印花税，但最长期限不得超过1个月。

（3）委托代征，即由税务机关委托发放或办理应税凭证的单位代征代缴印花税。

（二）《印花税纳税申报表》及填写案例

【案例9-1】 森源公司2016年12月份开业。该公司12月份发生以下交易或事项：领受工商营业执照正副本各1件，房屋产权证1件，商标注册证2件；实收资本5 000 000元，除记载资金的账簿外，还有6本营业账簿；签订财产保险合同1份，投保金额3 000 000元，缴纳保险费50 000元；签订货物买卖合同1份，所载金额为500 000元。

请计算填列该公司2016年12月份的《印花税纳税申报（报告）表》。

解析：

工商营业执照副本无须缴纳印花税，因此，森源公司应纳印花税税额为：

领受权利许可证照应纳印花税额＝(1＋1＋2)×5＝20（元）

资金账簿应纳印花税额＝5 000 000×0.5‰＝2 500（元）

其他账簿应纳印花税额＝6×5＝30（元）

财产保险合同应纳印花税额＝50 000×1‰＝50（元）

购销合同应纳印花税额＝500 000×0.3‰＝150（元）

共计应纳印花税税额＝20＋2 500＋30＋50＋150＝2 750（元）

《印花税纳税申报（报告）表》的填写如表9-1所示。

表9-1　　　　　印花税纳税申报（报告）表

税款所属期限：自2016年12月1日至2016年12月31日　　填表日期：2017年1月6日　　金额单位：元至角分

纳税人识别号□□□□□□□□□□□□□□□□□□

纳税人信息	名称		森源公司		☑单位 □个人			
	登记注册类型			所属行业				
	身份证件类型			身份证件号码				
	联系方式							
应税凭证	计税金额或件数	核定征收		适用税率	本期应缴税额	本期已缴税额	本期减免税额		本期应补（退）税额
		核定依据	核定比例*				减免性质代码	减免额	
	1	2	3	4	5＝1×4＋2×3×4	6	7	8	9＝5-6-8
购销合同	500 000.00			0.3‰	150.00	0.00		0.00	150.00
加工承揽合同	0.00			0.5‰					

建设工程勘察设计合同	0.00			0.5‰					
建筑安装工程承包合同	0.00			0.3‰					
财产租赁合同	0.00			1‰					
货物运输合同	0.00			0.5‰					
仓储保管合同	0.00			1‰					
借款合同	0.00			0.05‰					
财产保险合同	50 000.00			1‰	50.00	0.00		0.00	50.00
技术合同	0.00			0.3‰					
产权转移书据	0.00			0.5‰					
营业账簿(记载资金的账簿)	5 000 000.00	—		0.5‰	2 500.00	0.00		0.00	2 500.00
营业账簿(其他账簿)	6件	—		5	30.00	0.00		0.00	30.00
权利、许可证照	4件	—		5	20.00	0.00		0.00	20.00
合计	—			—	2 750.00			2 750.00	

以下由纳税人填写:			
纳税人声明	此纳税申报表是根据《中华人民共和国印花税暂行条例》和国家有关税收规定填报的,是真实的、可靠的、完整的。		
纳税人签章		代理人签章		代理人身份证号	
以下由税务机关填写:			
受理人		受理日期	年 月 日	受理税务机关签章	

* 很多地区在征收印花税时,按照纳税人收入或采购额的一定比例计算纳税,因此有核定依据和核定比例。我们在代理印花税纳税申报时,假设未进行核定。

注:本表一式三份,一份返还纳税人,一份作为资料归档,一份作为税收会计核算的原始凭证。减免性质代码:减免性质代码按照税务机关最新制发的减免税政策代码表中的最细项减免性质代码填报。

第二节 代理土地增值税纳税审查与纳税申报

土地增值税是对转让国有土地使用权、地上建筑物及其附着物并取得收入的单位和个人征收的一种税。其计税依据是增值额——纳税人转让房地产所取得的收入减去规定扣除项目金额后的余额。因此,审查土地增值税的纳税情况,关键是核实转让房地产所取得的收入和法定的扣除项目金额,以此确定增值额和适用税率,并核实应纳税额。

一、代理土地增值税纳税审查

(一) 增值额的审查

1. 转让房地产收入的审查

"营改增"后,纳税人以取得的不含增值税收入作为计税依据,计算缴纳土地增值税。

纳税人转让房地产取得的收入,应包括转让房地产所取得的全部价款及有关的经济利益。从收入形式上看,包括货币收入、实物收入和其他收入。审查时,应从以下几个方面进行:

(1) 审查收入明细账,如房地产开发企业的"主营业务收入"明细账、工商企业的"其他业务收入"(转让土地使用权)明细账、"固定资产清理"(转让房地产)明细账,并结合房地产转让合同、评估报告、记账凭证、原始凭证等,看有无分解或隐瞒房地产转让收入的情况;房地产成交价格是否合理,有无明显偏低而无正当理由的情况。对于房地产成交价格明显低于评估价格,而又无正当理由的,应当由评估部门进行评估,按房地产评估价格计算应纳的土地增值税额。

(2) 审查往来账户,如"应收账款""预收账款""应付账款"或"其他应付款"明细账及有关会计凭证,看有无将房地产转让收入长期挂账,不及时申报纳税的情况。

对于纳税人预售房地产所取得的收入,重点查阅"预收账款"或"应收账款"明细账及有关会计凭证,核实其收入金额。若当地税务机关规定对此项收入预征土地增值税,还要进一步审查其申报纳税情况。

(3) 将核实后的房地产转让收入与《土地增值税纳税申报表》有关栏目数据相核对,看其申报数额是否正确。

2. 扣除项目金额的审查

税法规定准予扣除的项目主要包括:取得土地使用权支付的金额、房地产开发成本、房地产开发费用、旧房及建筑物的评估价格、与转让房地产有关的税金和财政部规定的其他扣除项目。

(1) 审查取得土地使用权所支付的金额。

取得土地使用权所支付的金额包括两方面内容:纳税人取得土地使用权所支付的地价款;纳税人取得土地使用权时,按国家统一规定缴纳的有关费用。按照房地产开发企业会计制度规定,实行国有土地使用权有偿使用后,企业为新建办公楼等而获得的土地使用权所支付的土地出让金,在"无形资产"科目核算;企业为房地产开发而获得的土地使用权所支付的土地出让金,在"开发成本"科目中核算。审查时,首先应区分不同情况,审查"无形资产"或"开发成本"明细账及有关会计凭证,并与土地受让合同相对照，看其是否真实，是否将不属于开发房地产产品的成本也记入了"开发成本"账户；其次，审查费用的分配与结转是否正确，例如，纳税人同时进行自建房屋和开发房地产出售，这时就很有可能出现房地产开发成本和费用分摊不合理的情况。纳税人可以通过多计待售房地产的开发成本，少计自建房屋成本的方法，减轻土地增值税的税收负担。

（2）审查房地产开发成本。

房地产开发成本是指纳税人进行房地产开发项目时实际发生的成本，包括土地征用及拆迁补偿费、前期工程费、建筑安装工程费、基础设施费、公共配套设施费、开发间接费用等。按照房地产开发企业会计制度的规定，房地产开发成本通过"开发成本"账户核算，"开发成本"账户下设"土地开发""房屋开发""配套设施开发""代建工程开发"等明细账，在明细账下按成本核算对象和成本项目进行明细核算。当企业将土地、房屋、配套设置和代建工程开发完成并验收合格时，将其成本转入"开发产品"账户。当已开发完成并验收合格的房地产对外转让时，将其销售成本由"开发产品"或"分期收款开发产品"账户转入"主营业务成本"账户。"主营业务成本"账户按照主营业务成本的种类设置明细账，如"土地转让成本""商品房销售成本""配套设施销售成本""代建工程结算成本""出租产品经营成本"等明细账。房地产开发企业发生的开发间接费用，先通过"开发间接费用"账户核算，期末按企业成本核算办法的规定，分配计入有关的成本核算对象，即转入"开发成本"各明细账中。

审查时，应着重从以下几个方面进行：

1）审查"开发成本"明细账，并与有关会计凭证相核对，看企业成本核算是否真实、准确，有无将不属于开发房地产的成本记入房地产"开发成本"账户的情况；有关成本费用在各成本核算对象之间的分配与结转有无差错，有无多转"开发产品"成本的情况。

2）审查"开发间接费用"明细账，并与有关会计凭证相核对，看企业有无将不属于开发产品的费用支出计入了开发间接费用之中；已发生的开发间接费用在各成本核算对象之间的分配与结转是否合理、正确，有无多计应税项目费用而少计非税项目或免税项目费用的情况。

3）审查"开发产品""分期收款开发产品""主营业务成本"明细账及有关会计凭证，并与房地产转让合同、会计凭证相核对，看其成本结转是否正确，有无虚列、多转房地产销售成本的情况。

（3）审查房地产开发费用。

房地产开发费用是指与房地产开发项目有关的销售费用、管理费用和财务费用。但在计算纳税时，并不按照会计账面上反映的实际发生额扣除，而是按照《中华人民共和国土地增值税暂行条例实施细则》中规定的标准进行扣除，即财务费用中的借款利息支出，凡能够按转让房地产项目计算分摊并提供金融机构证明的，允许据实扣除，但最高不能超过按商业银行同类同期贷款利率计算的金额；其他房地产开发费用，按取得土地使用权所支付的金额与房地产开发成本之和的5%以内计算扣除；凡不能按转让房地产项目计算分摊利息支出或不能提供金融机构证明的，其房地产开发费用，按取得土地使用权所支付的金额与房地产开发成本之和的10%以内计算扣除。计算扣除的具体比例，由各省、自治区、直辖市人民政府规定。

审查时，首先审查企业借款及其使用情况，看其借款利息支出能否按转让房地产项目计算分摊；然后，分别不同情况，按上述计算办法重新复核可计入扣除的房地产开发费用。在复核时，对于能够按转让房地产项目计算分摊并提供金融机构证明的借款利息支出，还应注意两点：一是利息的上浮幅度按国家的有关规定执行，超过上浮幅度的部分不允许扣除；二是对于超过贷款期限的利息部分和罚息不允许扣除。

（4）审查与转让房地产有关的税金。

与转让房地产有关的税金，是指在转让房地产时缴纳的营业税①、城市维护建设税和印花税。因转让房地产交纳的教育费附加，也可视同税金予以扣除。

对于从事房地产开发的企业而言，在销售开发产品时，与转让房地产有关的税金是指营业税、城市维护建设税和教育费附加。由于房地产开发企业在转让房地产时缴纳的印花税在房地产开发费用项目中已经按照税法规定进行了扣除，故在此不允许扣除，否则将造成印花税的重复扣除。

对于非房地产开发企业而言，在转让房地产时，与转让房地产有关的税金是指营业税、城市维护建设税、教育费附加和印花税

（5）审查财政部规定的其他扣除项目。

按照规定，对从事房地产开发的纳税人，可按照取得土地使用权所支付的金额与房地产开发成本之和，加计20%扣除。这项政策只适用于从事房地产开发的纳税人，其他纳税人不适用这一规定。审查时，应在核实纳税人取得土地使用权所支付的金额和房地产开发成本的基础上，按规定的扣除比例重新计算核实。

在核实了扣除项目及其金额之后，应对照《土地增值税纳税申报表（二）》（从事房地产开发的纳税人清算适用）的有关栏目，逐项进行核对，便可查明纳税人申报的扣除项目金额是否准确，有无差错。

（6）审查旧房、建筑物的评估价格及其他扣除项目。

对于纳税人转让旧房及建筑物，应按照财政部、国家税务总局的规定确定扣除项目金额。其扣除项目包括：房屋及建筑物的评估价格、取得土地使用权所支付的地价款和按国家统一规定缴纳的有关费用、在转让环节缴纳的税金等。

纳税人转让已使用的房屋及建筑物时，应由政府批准设立的房地产评估机构评定其重置成本价和成新度折扣率，确定评估价格计入扣除项目。审查时，应根据房地产评估机构出具的评估报告进行核实，看其申报情况是否真实、准确。对取得土地使用权时未支付地价款或不能提供已支付的地价款凭据的，不允许扣除取得土地使用权所支付的金额。各类企业发生上述业务时，税务代理人应根据"无形资产""固定资产清理""管理费用"等有关账户及其有关会计凭证，结合房地产评估机构出具的评估报告、房地产转让合同等有关资料进行审查核实。核实后，对照检查《土地增值税纳税申报表》（从事房地产开发的纳税人适用或者非从事房地产开发的纳税人适用），看其申报情况是否真实、准确，有无虚报现象。

（二）适用税率的审查

土地增值税实行四级超率累进税率。按照增值额占扣除项目金额的比率，分别为

---

① 由于"营改增"后，仍有一些老项目在计算缴纳土地增值税时涉及营业税，因此保留该说法。

30％、40％、50％、60％，与之相应的速算扣除系数分别为0、5％、15％、35％。

审查时，在审查收入总额和扣除项目金额的基础上，核实增值额，然后计算增值额占扣除项目金额的比率，以此确定适用税率和速算扣除系数；再将核实后的各项数据与《土地增值税纳税申报表》中有关栏目对照审查，看其适用税率及速算扣除系数的确定有无差错。

（三）税款计算及缴纳情况的审查

根据上述审查结果，对照《土地增值税纳税申报表》和"应交税费——应交土地增值税"明细账及相关会计凭证，审查核实税款计算缴纳情况。审查时，应重点审查下列内容。

1. 审查税款计算是否正确

前面我们已经介绍了相关的审查程序，总结如下：（1）核实房地产转让收入；（2）核实扣除项目金额；（3）核实增值额；（4）核实增值额占扣除项目金额的比率；（5）核实适用税率和速算扣除系数；（6）运用速算扣除法计算土地增值税应纳税额；（7）将核实后的各项数据与《土地增值税纳税申报表》相关栏目数据相对照，便可查明问题。

在本章的导入案例中，福城房地产公司是按下列程序计算土地增值税的：

（1）收入总额：2 500万元。

（2）扣除项目金额：1 050.2万元。

（3）计算增值额：

增值额＝2 500－1 050.2＝1 449.8（万元）

（4）计算增值率：

增值额占扣除项目金额的比率＝1 449.8÷1 050.2×100％＝138.05％

（5）根据增值率确定适用税率为50％，速算扣除系数为15％。

（6）计算应纳土地增值税：

应纳土地增值税＝1 449.8×50％－1 050.2×15％＝567.37（万元）

以上福城房地产公司应纳土地增值税的计算中，错误之处在于多计算了扣除项目金额——因为福城房地产公司转让的土地没有开发，所以计征土地增值税时不能享受20％的加计扣除政策。由于扣除项目计算错误，导致增值额、增值率计算错误，适用的土地增值税率与速算扣除系数错误。所以，需要重新计算其应纳土地增值税：

（1）收入总额：2 500万元。

（2）扣除项目金额：

取得土地使用权支付金额＝800÷25 000×15 000＝480（万元）

可以扣除的开发费用＝480×10％＝48（万元）

扣除项目金额合计＝480＋10.2＋48＝538.2（万元）

（3）计算增值额：

增值额＝收入总额－扣除项目金额＝2 500－538.2＝1 961.8（万元）

（4）计算增值率：

增值额占扣除项目金额的比率＝1 961.8÷538.2×100％＝364.51％

（5）根据增值率确定适用税率为60％，速算扣除系数为35％。

（6）计算应纳土地增值税：

应纳土地增值税＝1 961.8×60％－538.2×35％＝988.71（万元）

企业少计提的土地增值税＝988.71－567.37＝421.34（万元）

为此，企业应作相应的调账分录：

借：税金及附加　　　　　　　　　　　　　　　　　4 213 400

　　贷：应交税费——应交土地增值税　　　　　　　　　　4 213 400

2. 审查税款申报缴纳时间是否符合规定要求

审查纳税人是否在转让房地产合同签订后 7 日内，到房地产所在地税务机关办理申报手续，并提交房屋及建筑物产权、土地使用权证书，土地转让、房产买卖合同，房地产评估报告及与转让房地产有关的资料；对因经常发生房地产转让而难以在每次转让后申报纳税的纳税人，是否经税务机关同意并按税务机关规定的期限申报纳税。

3. 审查减免税项目是否符合规定

(1) 审查纳税人建造普通标准住宅的销售情况。

根据《中华人民共和国土地增值税暂行条例》的规定，纳税人建造普通标准住宅出售，增值额未超过扣除项目金额 20% 的，免征土地增值税。审查时，首先应对纳税人转让的房地产进行实地查验，并根据房产设计文件，对照省级人民政府规定的普通标准住宅与其他住宅的具体划分标准，看其是否属于普通标准住宅，有无将高级公寓别墅、度假村等错列为普通标准住宅的情况。其次，核实普通标准住宅的销售收入和法定扣除项目金额，确定增值额。审查时应注意有无隐瞒收入、虚列成本费用、隐匿增值额的情况。最后，核实增值额占扣除项目金额的比率，看其是否超过 20%，以确定其征免税问题。

(2) 审查国家征用收回房地产的情况。

根据《中华人民共和国土地增值税暂行条例》的规定，因国家建设需要依法征用、收回的房地产免征土地增值税；因城市实施规划、国家建设需要而搬迁，而由纳税人自行转让原房地产的，比照有关规定免征土地增值税。审查时，应查阅政府部门下达的有关文件或批件，对照房地产转让项目判定是否符合免税规定。对于既有免税项目又有征税项目的纳税人，还要进一步审查其转让收入、成本费用等是否真实，有无将征税项目的转让收入隐匿在免税项目收入中，而把免税项目的成本费用挤入征税项目，扣除项目金额的情况。

【案例 9-2】 2016 年 12 月 10 日，上海华丰房地产开发公司转让新建办公楼一幢，共取得转让收入 5 000 万元，另收到冰箱 10 台，市场售价为 2 万元。公司按 5 002 万元分别计算缴纳了城市维护建设税 18.2 万元、教育费附加 7.8 万元、地方教育费附加 5.2 万，印花税 2.6 万元，共计 33.8 万元。已知该单位为取得土地使用权而支付的地价款和有关费用为 800 万元，投入房地产开发成本为 1 500 万元，房地产开发费用中的利息支出为 250 万元（能够按转让房地产项目分摊且有金融机构的证明），但其中 50 万元的利息属于罚息支出。其他房地产开发费用的扣除比例为 5%。该单位在申报缴纳土地增值税时计算如下：

(1) 收入总额 5 000 万元。

(2) 扣除项目金额：

扣除项目金额＝(800＋1 500)×(1＋20%)＋250＋(800＋1 500)×5%＋33.8

　　　　　　　＝3 158.8（万元）

(3) 计算增值额：

增值额＝5 000－3 158.8＝1 841.2（万元）

(4) 增值额占扣除项目金额的比例：

增值额占扣除项目金额的比例＝1 841.2÷3 158.8×100%＝58.29%

（5）根据增值率确定适用税率为40%，速算扣除系数为5%。

（6）应纳土地增值税额：

应纳土地增值税额＝1 841.2×40%－3 158.8×5%＝578.54（万元）

请问：在该企业应纳土地增值税款的计算中，存在哪些问题？该企业实际应缴纳的税款有哪些？

解析：

（1）该企业在计税中存在以下问题：

1）少计了转让收入，冰箱作为实物收入应计而未计入收入总额。

2）多计了扣除项目金额，利息支出中的50万元罚息支出按规定不得计入扣除项目；印花税不得作为与转让房地产有关的税金扣除。

（2）根据以上存在的问题，重新计算如下：

1）收入总额。

按税法的规定，转让房地产的收入不仅包括货币收入，还包括实物收入和其他收入。所以，该公司收到的10台冰箱也应属于转让房地产所收取的收入，应计入收入总额。

收入总额＝5 000＋2＝5 002（万元）

2）扣除项目金额。

该单位为取得土地使用权而支付的地价款和有关费用800万元以及投入的房地产开发成本1 500万元，可依法计入扣除项目。

发生的利息支出可以按转让房地产项目分摊，并且有金融机构的证明，按规定可以据实扣除，但其中的50万元罚息支出不应计入扣除项目。所以可以扣除的利息支出是200（250－50）万元。

利息支出以外的其他房地产开发费用的扣除比例为5%，所以，这一部分的开发费用可以按（800＋1 500）×5%依法扣除。

由于该企业属于房地产开发企业，所以可以按照取得土地使用权所支付的金额和房地产开发成本之和，加计扣除20%。因此：

扣除项目总金额＝800＋1 500＋(250－50)＋(800＋1 500)×5%＋31.2

＋(800＋1 500)×20%

＝3 106.2（万元）

（3）计算增值额：

增值额＝5 002－3 106.2＝1 895.8（万元）

（4）增值额占扣除项目金额的比例：

增值额占扣除项目金额的比例＝1 895.8÷3 106.2×100%＝61.03%

（5）根据增值率确定适用税率为40%，速算扣除系数为5%。

（6）应纳土地增值税额：

应纳土地增值税额＝1 895.8×40%－3 106.2×5%＝603.01（万元）

可见，由于计算错误，华丰房地产开发公司少缴纳土地增值税24.47万元。

二、代理土地增值税纳税申报

土地增值税的纳税人分为两大类：从事房地产开发的纳税人和非从事房地产开发的纳

税人。

（一）代理房地产开发企业土地增值税纳税申报

1. 房地产开发企业预缴申报

房地产开发企业销售开发产品，需要在收到预售收入时按照当地地税机关确定的预征比例预缴土地增值税。预缴土地增值税时需要报送《土地增值税项目登记表》（从事房地产开发的纳税人适用）（见表9-2）和《土地增值税纳税申报表（一）》（从事房地产开发的纳税人预征适用）（见表9-3）。

表9-2

土地增值税项目登记表

（从事房地产开发的纳税人适用）

纳税人识别号：　　　　　纳税人名称：　　　　　　　　　　　填表日期：　年　月　日
金额单位：元至角分　　　　　　　　　　　　　　　　　　　　　面积单位：平方米

项目名称		项目地址		业　别	
经济性质		主管部门			
开户银行		银行账号			
地　址		邮政编码		电　话	
土地使用权受让（行政划拨）合同号			受让（行政划拨）时间		
建设项目起讫时间		总预算成本		单位预算成本	
项目详细坐落地点					
开发土地总面积		开发建筑总面积		房地产转让合同名称	
转让次序	转让土地面积（按次填写）	转让建筑面积（按次填写）		转让合同签订日期（按次填写）	
第1次					
第2次					
……					
备注					
以下由纳税人填写：					
纳税人声明	此纳税申报表是根据《中华人民共和国土地增值税暂行条例》及其实施细则和国家有关税收规定填报的，是真实的、可靠的、完整的。				
纳税人签章		代理人签章		代理人身份证号	
以下由税务机关填写：					
受理人		受理日期	年 月 日	受理税务机关签章	

表 9-3   **土地增值税纳税申报表（一）**

（从事房地产开发的纳税人预征适用）

税款所属时间： 年 月 日至 年 月 日   填表日期： 年 月 日

项目名称：   项目编号：   金额单位：元至角分；面积单位：平方米

纳税人识别号□□□□□□□□□□□□□□□□□□□□

房产类型	房产类型子目	收入				预征率（%）	应纳税额	税款缴纳	
		应税收入	货币收入	实物收入及其他收入	视同销售收入			本期已缴税额	本期应缴税额计算
	1	2=3+4+5	3	4	5	6	7=2×6	8	9=7-8
普通住宅									
非普通住宅									
其他类型房地产									
合 计	—								
以下由纳税人填写：									
纳税人声明	此纳税申报表是根据《中华人民共和国土地增值税暂行条例》及其实施细则和国家有关税收规定填报的，是真实的、可靠的、完整的。								
纳税人签章		代理人签章				代理人身份证号			
以下由税务机关填写：									
受理人		受理日期		年 月 日		受理税务机关签章			

本表一式两份，一份纳税人留存，一份税务机关留存。

2. 房地产开发企业清算

房地产开发企业销售开发产品达到一定条件，需要进行土地增值税清算。

（1）符合下列情形之一的，纳税人应进行土地增值税的清算：

1）房地产开发项目全部竣工、完成销售的。

2）整体转让未竣工决算房地产开发项目的。

3）直接转让土地使用权的。

（2）符合下列情形之一的，主管税务机关可要求纳税人进行土地增值税清算：

1）已竣工验收的房地产开发项目，已转让的房地产建筑面积占整个项目可售建筑面积的比例在85%以上，或该比例虽未超过85%，但剩余的可售建筑面积已经出租或自用的。

2）取得销售（预售）许可证满三年仍未销售完毕的。

3）纳税人申请注销税务登记但未办理土地增值税清算手续的。

4）省税务机关规定的其他情况。

房地产开发企业在进行土地增值税清算时需要报送《土地增值税项目登记表》（从事房地产开发的纳税人适用）（见表9-2）和土地增值税纳税申报表（二）（从事房地产开发的纳税人清算适用）（见表9-4）。清理尾盘时需要报送《土地增值税纳税申报表（四）》（从事房地产开发的纳税人清算后尾盘销售适用）和《清算后尾盘销售土地增值税扣除项目明细表》；

如果房地产开发企业以核定征收方式进行清算，则需要报送《土地增值税纳税申报表（五）》（从事房地产开发的纳税人清算方式为核定征收适用）。

【案例9-3】 北京市天河房地产开发公司，在2016年12月整体转让其开发的一栋写字楼，取得收入10 000万元。为建该楼取得土地使用权而支付的地价款及有关费用1 000万元；房地产开发成本3 000万元，其中：土地征用及拆迁补偿费750万元，前期工程费150万元，建筑安装工程费1 700万元，基础设施费250万元，公共配套设施60万元，开发间接费用90万元；管理费用和财务费用共计1 000万元，其中该写字楼应分摊的借款利息支出300万元（含罚息30万元），并能提供金融机构证明。该地区规定其他费用扣除比例为5%。为转让该写字楼天河房地产开发公司缴纳了300万元增值税，21万元城市维护建设税，9万元教育费附加和6万元地方教育费附加。该项目已经预缴土地增值税200万元。

该公司已与对方签订了房地产转让合同，并办理了房地产过户登记手续。税务机关为其核定的纳税期间为1个月。该公司委托中旺税务师事务所为其办理纳税申报手续。

请计算填列《土地增值税纳税申报表（二）》（从事房地产开发的纳税人清算适用）。

解析：

中旺税务师事务所接受委托后，应逐项核实有关计税资料：

（1）核实房地产转让收入及其转让合同。

转让房地产取得的收入为10 000万元，与房地产转让合同、"主营业务收入"账户的记载相符。

（2）核实扣除项目金额。

1）取得土地使用权时所支付的地价款及相关费用1 000万元，与土地转让合同及有关账户、凭证资料的记载金额相符。

2）房地产开发成本3 000万元及各项目数额，与"开发成本""主营业务成本——商品房销售成本"账户及有关会计凭证的记载相符。

3）按照税法规定，罚息支出不允许扣除。因此，计入扣除的房地产开发费用为：

$$(300-30)+(1\ 000+3\ 000)\times5\%=470（万元）$$

4）由于增值税是价外税，因此增值税不属于土地增值税前可以扣除的"与转让房地产有关的税金"。因此，与房地产转让有关的税金为：

$$与房地产转让有关的税金=21+9+6=36（万元）$$

应计入扣除项目的税金共计36万元，与"税金及附加""应交税费"等账户的有关记载核实相符。

5）财政部规定的其他扣除项目：

$$(1\ 000+3\ 000)\times20\%=800（万元）$$

准予扣除项目金额合计：

$$1\ 000+3\ 000+470+36+800=5\ 306（万元）$$

（3）确定增值额及其占扣除项目金额的比率，并确定适用税率和速算扣除系数。

$$增值额=10\ 000-5\ 306=4\ 694（万元）$$

$$增值额占扣除项目金额的比率=4\ 694\div5\ 306\times100\%=88.47\%$$

适用的土地增值税税率为40%，速算扣除系数为5%。

（4）计算、核实土地增值税应纳税额。

$$应纳税额=4\ 694\times40\%-5\ 306\times5\%=1\ 612.3（万元）$$

根据上述有关资料，填写《土地增值税项目登记表》（从事房地产开发的纳税人适用)、《土地增值税纳税申报表（二）》（从事房地产开发的纳税人清算适用）（见表9-4），并连同企业当期财务会计报表（如利润表、主要开发产品销售明细表、在建开发项目成本表、已完工开发项目成本表）、银行贷款利息结算通知单、与转让房地产有关的资料（如商品房购销合同副本、项目工程合同结算单等）在规定期限内向税务机关报送。

表9-4

土地增值税纳税申报表（二）
（从事房地产开发的纳税人清算适用）

税款所属时间：2016年12月1日至2016年12月31日
填表日期：2017年1月8日　　　　　　　　　　　　　　　　金额单位：元至角分
纳税人识别号□□□□□□□□□□□□□□□□□□□□　　　　　面积单位：平方米

纳税人名称	北京市天河房地产开发公司	项目名称		项目编号		项目地址	
所属行业		登记注册类型		纳税人地址		邮政编码	
开户银行		银行账号		主管部门		电话	
总可售面积				自用和出租面积			
已售面积		其中：普通住宅已售面积		其中：非普通住宅已售面积		其中：其他类型房地产已售面积	

项目	行次	普通住宅	非普通住宅	其他类型房地产	合计
一、转让房地产收入总额 1=2+3+4	1			100 000 000.00	
其中：货币收入	2			100 000 000.00	
实物收入及其他收入	3			0.00	
视同销售收入	4			0.00	
二、扣除项目金额合计 5=6+7+14+17+21+22	5			58 200 000.00	
1.取得土地使用权所支付的金额	6			10 000 000.00	
2.房地产开发成本 7=8+9+10+11+12+13	7			30 000 000.00	
其中：土地征用及拆迁补偿费	8			7 500 000.00	
前期工程费	9			1 500 000.00	
建筑安装工程费	10			17 000 000.00	
基础设施费	11			2 500 000.00	
公共配套设施费	12			600 000.00	
开发间接费用	13			900 000.00	
3.房地产开发费用 14=15+16	14			5 700 000.00	
其中：利息支出	15			2 700 000.00	
其他房地产开发费用	16			2 000 000.00	
4.与转让房地产有关的税金等 17=18+19+20	17			360 000.00	
其中：税金及附加	18			0.00	
城市维护建设税	19			210 000.00	
教育费附加	20			150 000.00	
5.财政部规定的其他扣除项目	21			8 000 000.00	
6.代收费用	22			0.00	
三、增值额 23=1-5	23			46 940 000.00	
四、增值额与扣除项目金额之比（%） 24=23÷5	24			88.47%	

五、适用税率（％）	25			40％
六、速算扣除系数（％）	26			5％
七、应缴土地增值税税额 27＝23×25－5×26	27			16 123 000.00
八、减免税额 28＝30＋32＋34	28			0.00
其中 减免税（1） 减免性质代码（1）	29			
减免税额（1）	30			
减免税（2） 减免性质代码（2）	31			
减免税额（2）	32			
减免税（3） 减免性质代码（3）	33			
减免税额（3）	34			
九、已缴土地增值税税额	35			2 000 000.00
十、应补（退）土地增值税税额 36＝27－28－35	36			14 123 000.00

以下由纳税人填写：

纳税人声明	此纳税申报表是根据《中华人民共和国土地增值税暂行条例》及其实施细则和国家有关税收规定填报的，是真实的、可靠的、完整的。	
纳税人签章	代理人签章	代理人身份证号

以下由税务机关填写：

受理人	受理日期	年 月 日	受理税务机关签章

本表一式两份，一份纳税人留存，一份税务机关留存。

（二）代理非房地产开发企业土地增值税纳税申报

非从事房地产开发的纳税人转让房地产，如果采用查账征收方式，需要报送《土地增值税纳税申报表（三）》（非从事房地产开发的纳税人适用）（见表9-5）；如果纳税人采用核定征收方式，则需要报送《土地增值税纳税申报表（七）》（非从事房地产开发的纳税人核定征收适用）。

【案例9-4】 天津市某机械厂于2016年12月将一栋旧楼出售，取得收入2 000万元；该楼账面原值1 000万元，已提折旧500万元。企业为建该楼取得土地使用权所支付的地价款及相关费用100万元（反映在"无形资产"账上）。经评估机构评估确认：该楼重置成本价1 500万元，成新度折扣率60％，支付了1.2万元评估费用。该企业已于12月30日与购买方签订了房地产转让合同，并办理了房地产产权变更登记手续。在转让房地产过程中该机械厂缴纳了3万元城市维护建设税，3万元教育费附加和地方教育费附加，1万元印花税。该企业委托中旺税务师事务所代为办理土地增值税纳税申报手续。

请计算填列《土地增值税纳税申报表（三）》（非从事房地产开发的纳税人适用）。

解析：

中旺税务师事务所接受委托后，应核实有关计税资料，并填报纳税申报表。

（1）核实房地产转让收入及其转让合同。

转让房地产取得的收入为2 000万元，与房地产转让合同及有关会计账户记载相符。

（2）核实扣除项目金额。

1）取得土地使用权时支付的地价款及相关费用为100万元，与原账面记载、土地使用权受让合同记载金额相符。

2）根据评估机构出具的评估资料，确定计入扣除的旧房及建筑物的评估价格：

$1\ 500 \times 60\% = 900$（万元）

此外评估费用 1.2 万元也准予扣除。

3）核实应计入扣除的与转让房地产有关的税金。

应计入扣除的与转让房地产有关的税金＝3＋3＋1＝7（万元）

准予扣除项目金额合计＝100＋900＋1.2＋7＝1 008.2（万元）

（3）确定增值额及其占扣除项目金额的比率，确定适用税率速算扣除系数。

增值额＝2 000－1 008.2＝991.8（万元）

增值额占扣除项目金额的比率＝991.8÷1 008.2×100%＝98.37%

适用的土地增值税税率为 40%，速算扣除系数为 5%。

（4）计算、核实土地增值税应纳税额。

应纳税额＝991.8×40%－1 008.2×5%＝346.31（万元）

根据上述资料填列《土地增值税纳税申报表（三）》（非从事房地产开发的纳税人适用）（见表 9-5），连同房地产价格评估报告表、转让有关的房屋所有权证、房产买卖合同、委托书、公证书以及与转让房地产有关的税费缴纳资料等，在房地产转让合同签订后的 7 日内，向房地产所在地主管税务机关申报纳税。

表 9-5　　　　　　　　　　土地增值税纳税申报表（三）
（非从事房地产开发的纳税人适用）

税款所属时间：2016 年 12 月 1 日至 2016 年 12 月 31 日　　　　　填表日期：2017 年 1 月 3 日

金额单位：元至角分　　　　　　　　　　　　　　　　　　　　面积单位：平方米

纳税人识别号□□□□□□□□□□□□□□□□□□□□□

纳税人名称	天津某机械厂	项目名称		项目地址	
所属行业		登记注册类型	纳税人地址	邮政编码	
开户银行		银行账号	主管部门	电话	

项目			行次	金额
一、转让房地产收入总额 1＝2＋3＋4			1	20 000 000.00
其中	货币收入		2	20 000 000.00
	实物收入		3	0.00
	其他收入		4	0.00
二、扣除项目金额合计 （1）5＝6＋7＋10＋15 （2）5＝11＋12＋14＋15			5	10 082 000.00
（1）提供评估价格	1. 取得土地使用权所支付的金额		6	1 000 000.00
	2. 旧房及建筑物的评估价格 7＝8×9		7	9 000 000.00
	其中	旧房及建筑物的重置成本价	8	15 000 000.00
		成新度折扣率	9	60%
	3. 评估费用		10	12 000.00
（2）提供购房发票	1. 购房发票金额		11	
	2. 发票加计扣除金额 12＝11×5%×13		12	
	其中：房产实际持有年数		13	
	3. 购房契税		14	
4. 与转让房地产有关的税金等 15＝16＋17＋18＋19			15	70 000.00

其中	税金及附加	16	0.00
	城市维护建设税	17	30 000.00
	印花税	18	10 000.00
	教育费附加	19	30 000.00
三、增值额 20＝1－5		20	9 918 000.00
四、增值额与扣除项目金额之比（%）21＝20÷5		21	98.37%
五、适用税率（%）		22	40%
六、速算扣除系数（%）		23	5%
七、应缴土地增值税税额 24＝20×22－5×23		24	3 463 100.00
八、减免税额（减免性质代码：＿＿＿＿＿＿＿＿＿）		25	0.00
九、已缴土地增值税税额		26	0.00
十、应补（退）土地增值税税额 27＝24－25－26		27	3 463 100.00

以下由纳税人填写：			
纳税人声明	此纳税申报表是根据《中华人民共和国土地增值税暂行条例》及其实施细则和国家有关税收规定填报的，是真实的、可靠的、完整的。		
纳税人签章		代理人签章	代理人身份证号

以下由税务机关填写：			
受理人		受理日期　　年　月　日	受理税务机关签章

本表一式两份，一份纳税人留存，一份税务机关留存。

第三节　代理房产税纳税审查与纳税申报

一、代理房产税纳税审查

房产税以房屋为征税对象，按照房屋的计税余值或出租房屋的租金为计税依据，向产权所有人征收。

房产税的会计核算比较简单，纳税审查的针对性较强，税务师在开展纳税审查时，应主要核查有关合同和会计账户，征免界限的划分，适用税率、幅度税额的确定等问题。

（一）房产税的计算方法

房产税应纳税额的计算分为两种情况：

（1）以房产原值为计税依据的，计算公式为：

应纳税额＝房产计税余值×税率（1.2%）

（2）以房产租金收入为计税依据的，计算公式为：

应纳税额＝房产租金收入×税率（12%）

企业缴纳的房产税应在"税金及附加"中列支。计算应缴房产税时，借记"税金及附加"科目，贷记"应交税费——应交房产税"科目；缴纳房产税时，借记"应交税费——应交房产税"科目，贷记"银行存款"科目。

由于房产税是按年征收、分期缴纳（一般是6个月）的，如果企业分期缴纳的税额较大，可以通过"待摊费用"科目，分期摊入税金及附加中去。

(二) 自用房产审查要点

审查"固定资产""预提费用""待摊费用""在建工程"等核算账户，确认应税房产的净值，确定房产税的计税依据。审查房产的原值是否真实，有无少报、瞒报的现象。审查"固定资产"账簿中房屋的造价或原价是否真实、完整，有无分解记账的情况。同时，要注意纳税人对原有房屋进行改建、扩建的，是否按规定增加其房屋原值，有无将其改建、扩建支出列入大修理范围处理的情况。审查纳税人"在建工程"明细账，看有无已完工交付使用的房产继续挂账，未及时办理转账手续、少计房产原值的情况。必要时要深入实地查看，看企业是否有账外房产。

(三) 出租房产审查要点

(1) 审查"其他业务收入"等账户和房屋租赁合同及租赁费用结算凭证，核实房产租金收入，审查有无出租房屋不申报纳税的问题。

(2) 审查有无签订经营合同隐瞒租金收入，或以物抵租少报租金收入，或将房租收入计入营业收入未缴房产税的问题。

(3) 审查有无出租使用房屋，或租用免税单位和个人私有房产的问题。

(四) 应纳税额审查要点

(1) 审查征免界限的划分。审查各免税单位的自用房产与生产、经营用房产、出租房产的划分，免税单位房产与下属单位房产的划分是否明确，其划分方法是否正确，以及免税房产在改变用途转为应税房产后是否按规定申报纳税。在需要时，检查其申报的房产使用情况与其实际用途是否相符。

审查在征税范围内按现行政策应予以减税免税的房产。如危房、险房、停止使用、企业停产闲置不用的房产，因大修理停用在半年以上的房产等，报税务机关备案可以暂免征收房产税。

(2) 审查房产税计算纳税的期限。审查应税房产投入使用或竣工、验收的时间，确认纳税义务发生的时间。对于新建、改造、翻建的房屋，已办理验收手续或未办理验收手续已经使用的，是否按规定期限申报纳税，有无拖延纳税期限而少计税额的问题。

(3) 审查房产税纳税申报表，核实计税依据和适用税率的计算是否正确，对于固定资产账户未记载的房产原值，或房产原值明显不合理的应提议纳税人按有关程序进行评估，以保证计税依据的准确完整。

二、代理房产税纳税申报

房产税实行按年征收、分期缴纳，地方政府有较大的税收管理权限。因此代理房产税的纳税申报，除要掌握税法的一般规定外，还必须了解地方政府的特殊政策。

一般而言，在首次申报缴纳房产税时，需要填报《税源明细申报表》，之后每次申报需要填写《房产税纳税申报表》（见表9-6）和《房产税减免税明细申报表》（见表9-7）。下面我们以北京市房产税纳税申报为例加以介绍。

【案例9-5】 北京市鸿达运输公司办公楼、厂房等房产2016年的账面原值为2 800万元，计算缴纳房产税时房产原值减30%。2016年6月底，鸿达运输公司签订合同，将价值600万元的房产出租，租期2年，每月不含增值税的租金为5万元。当地规定每年4月、10月分两次缴纳房产税。则2016年10月申报缴纳2016年7月至2016年12月的房产税时：

$$从价计征部分应纳房产税＝(2\,800-600)\times(1-30\%)\times1.2\%\times6\div12$$
$$＝9.24（万元）$$

$$从租计征部分应纳房产税＝5\times6\times12\%＝3.6（万元）$$

填写《房产税纳税申报表》，如表9-6所示。

表9-6　　　　　　　　　　　　　　房产税纳税申报表

税款所属期：自2016年7月1日至2016年12月31日　　　填表日期：2016年10月15日

纳税人识别号□□□□□□□□□□□□□□□□□□□　　　　金额单位：元至角分；面积单位：平方米

纳税人信息	名称	北京市鸿达运输公司				纳税人分类			单位☑ 个人□		
	登记注册类型	*				所属行业			*		
	身份证件类型	身份证□护照□其他□				身份证件号码					
	联系人					联系方式					

一、从价计征房产税

	房产编号	房产原值	其中：出租房产原值	计税比例	税率	所属期起	所属期止	本期应纳税额	本期减免税额	本期已缴税额	本期应补(退)税额
1	*	28 000 000.00	6 000 000.00	70%	1.2%	2016.7.1	2016.12.31	92 400.00	0.00	0.00	92 400.00
2	*										
3	*										
4	*										
5	*										
6	*										
7	*										
8	*										
9	*										
10	*										
合计	*	*	*	*	*	*	*	92 400.00	0.00	0.00	92 400.00

二、从租计征房产税

	本期申报租金收入	税率	本期应纳税额	本期减免税额	本期已缴税额	本期应补(退)税额
1	300 000.00	12%	36 000.00	0.00	0.00	36 000.00
2						
3						
合计	300 000.00	12%	36 000.00	0.00	0.00	36 000.00

以下由纳税人填写：				
纳税人声明	此纳税申报表是根据《中华人民共和国房产税暂行条例》和国家有关税收规定填报的，是真实的、可靠的、完整的。			
纳税人签章		代理人签章	代理人身份证号	
以下由税务机关填写：				
受理人		受理日期　　　年　月　日	受理税务机关签章	

本表一式三份，一份返还纳税人，一份作为资料归档，一份作为税收会计核算的原始凭证。

表9-7　　　　　　　　　　房产税减免税明细申报表

税款所属期:自　年　月　日至　年　月　日　　　　　　填表日期:　年　月　日

金额单位:元至角分;面积单位:平方米

纳税人识别号□□□□□□□□□□□□□□□□□□□□

纳税人名称:

				一、从价计征房产税减免信息					
	房产编号	所属期起	所属期止	减免税房产原值	计税比例	税率	减免性质代码	减免项目名称	本期减免税额
1									
2									
3									
合计	＊	＊		＊	＊		＊	＊	
			二、从租计征房产税减免信息						
	房产编号	本期减免税租金收入			税率		减免性质代码	减免项目名称	本期减免税额
1									
2									
3									
合计					＊		＊	＊	

以下由纳税人填写:				
纳税人声明	此纳税申报表是根据《中华人民共和国房产税暂行条例》和国家有关税收规定填报的,是真实的、可靠的、完整的。			
纳税人签章		代理人签章		代理人身份证号
以下由税务机关填写:				
受理人		受理日期	年　月　日	受理税务机关签章

第四节　代理土地使用税纳税审查与纳税申报

城镇土地使用税以纳税人实际占用的土地面积为计税依据,按照当地政府根据国务院制定颁布的条例和省、自治区、直辖市人民政府规定的年税额幅度确定的适用税额计算征收。

一、代理城镇土地使用税纳税审查

城镇土地使用税实行从量定额征收办法,其应纳税额公式为:

应纳税额＝单位税额×实际占用土地面积

在审查时,应重点审查纳税人实际占用土地的面积、减免税土地面积、适用单位税额以及税款计算缴纳等问题。

(一)应税土地面积审查要点

应税土地面积是纳税人实际占用土地的面积,它是计算土地使用税的直接依据。凡已由省、自治区、直辖市人民政府指定的单位组织测定土地面积的,以实际测定的土地面积为应税土地面积;凡未经省、自治区、直辖市人民政府指定的单位组织测定的,以政府部门核发的土地使用证书确认的土地面积为应税土地面积;对尚未核发土地使用证书的,暂以纳税人据实申报的土地面积为应税土地面积。纳税审查时,企业土地使用证标示的土地面积和实际占用的土地面积，在此基础上核查土地实际所处的类区和用途，以确定征税土地面积的数量和适用的单位税额。

（二）减免税土地面积审查要点

在审查过程中，应严格掌握城镇土地使用税的减免税规定，对纳税人新征用的土地面积，可依据土地管理机关批准征地的文件来确定；对开山填海整治的土地和改造的废弃土地，可依据土地管理机关出具的证明文件来确定。另外，要审查是否将免税土地用于出租，或者多报免税土地面积的问题。

（三）应纳税额审查要点

根据土地位置和用途，对照当地人民政府对本地区土地划分的等级及单位税额，审查纳税人适用税率是否正确。在此基础上，进一步复核土地使用税纳税申报表和有关完税凭证，审查纳税人应纳税款的计算正确与否，税款是否及时申报缴纳入库。

二、代理城镇土地使用税纳税申报

城镇土地使用税按年计算、分期缴纳。其纳税申报的方法与房产税有很多相似之处。此处简单介绍《城镇土地使用税纳税申报表》的填写。

【案例9-6】 鑫旺服装厂实际占用土地面积 20 000 平方米，该企业所占用土地为二级，土地使用税年税额为 15 元/平方米。企业所在地规定每年 4 月、10 月分期计算缴纳土地使用税。

该企业年缴纳城镇土地使用税＝20 000×15＝300 000（元）

每半年应纳税额为 15 万元。

填写《城镇土地使用税纳税申报表》，如表 9-8 所示。

表 9-8　　　　　　　　　　城镇土地使用税纳税申报表

税款所属期：自 2016 年 7 月 1 日至 2016 年 12 月 31 日　　　　　　　填表日期：2016 年 10 月 15 日

金额单位：元至角分

纳税人识别号□□□□□□□□□□□□□□□□□□　　面积单位：平方米

纳税人信息	名称		鑫旺服装厂		纳税人分类		单位☑ 个人□		
	登记注册类型		＊		所属行业		＊		
	身份证件类型		身份证□ 护照□ 其他□		身份证件号码				
	联系人				联系方式				
	土地编号	宗地的地号	土地等级	税额标准	土地总面积	所属期起	所属期止	本期应纳税额	本期减免税额	本期已缴税额	本期应补（退）税额
申报纳税信息	＊		二级	15	20 000	2016.7.1	2016.12.31	150 000.00	0.00	0.00	150 000.00
	＊										
	＊										
	＊										
	＊										
	＊										
	＊										
	＊										
	＊										
	＊										
	合计			＊	20 000	＊	＊	150 000.00	0.00	0.00	150 000.00

以下由纳税人填写:			
纳税人声明	此纳税申报表是根据《中华人民共和国城镇土地使用税暂行条例》和国家有关税收规定填报的,是真实的、可靠的、完整的。		
纳税人签章	代理人签章		代理人身份证号
以下由税务机关填写:			
受理人	受理日期	年 月 日	受理税务机关签章

本表一式三份,一份返还纳税人,一份作为资料归档,一份作为税收会计核算的原始凭证。

第五节　代理城市维护建设税纳税审查与纳税申报

城市维护建设税是对缴纳增值税、消费税、营业税[①](简称"三税")的单位和个人,就其实际缴纳的"三税"税额为计税依据而征收的一种税。

税务代理人为纳税人代理城市维护建设税纳税审查与纳税申报时,应按下列程序进行:

(1) 根据企业所处的位置,确定企业适用的城市维护建设税税率。

(2) 核实企业应纳的增值税、消费税和营业税的税额,确定城市维护建设税的计税依据。

(3) 根据核实后的"三税"税额和企业适用的城市维护建设税税率计算该企业应纳的城市维护建设税税额,并与"应交税费——应交城建税"账户资料核对相符。

(4) 填写《城市维护建设税纳税申报表》,企业在缴纳城市维护建设税的同时,往往需要一并缴纳教育费附加(包括地方教育费附加),因此很多地区将城市维护建设税和教育费附加合并在一张申报表中。

【案例 9-7】 雅红公司地处北京市区,2016 年 12 月份实际应缴纳增值税 76 810 元,消费税 46 000 元。请计算城市维护建设税、教育费附加、地方教育费附加,并填列《城建税、教育费附加、地方教育附加税(费)申报表》。

解析:

雅红公司地处市区,因此其城市维护建设税的税率为 7%,教育费附加的征收率为 3%,地方教育费附加的征收率为 2%。

应纳城市维护建设税=(76 810+46 000)×7%=8 596.7(元)

应纳教育费附加=(76 810+46 000)×3%=3 684.3(元)

应纳地方教育费附加=(76 810+46 000)×2%=2 456.2(元)

填写《城建税、教育费附加、地方教育附加税(费)申报表》(见表 9-9)。

---

① 虽然全面"营改增"后,营业税退出历史舞台,但是由于今后在纳税检查时,仍可能涉及纳税人补缴 2016 年 4 月 30 日之前的营业税,补缴营业税就需要补交城市维护建设税,因此保留营业税的相关表述。

表9-9　城建税、教育费附加、地方教育附加税（费）申报表

税款所属期限：自2016年12月1日至2016年12月31日　填表日期：2017年1月10日

纳税人识别号□□□□□□□□□□□□□□□

金额单位：元至角分

纳税人信息

名称	雅红公司
登记注册类型	所属行业
身份证号码	联系方式

☑单位　□个人

税（费）种（税目）	计税（费）依据				税率（征收率）	本期应纳税（费）额	本期减免税（费）		本期已缴税（费）额	本期应补（退）税（费）额
	增值税		消费税	营业税	合计			减免性质代码	减免额		
	一般增值税	免抵税额									
	1	2	3	4	5=1+2+3+4	6	7=5×6	8	9	10	11=7-9-10
城建税（增值税）	76 810.00	0.00	—	—	76 810.00	7%	5 376.70		0.00	0.00	5 376.70
城建税（消费税）	—	—	46 000.00	—	46 000.00	7%	3 220.00		0.00	0.00	3 220.00
教育费附加（增值税）	76 810.00	0.00	—	—	76 810.00	3%	2 304.30		0.00	0.00	2 304.30
教育费附加（消费税）	—	—	46 000.00	—	46 000.00	3%	1 380.00		0.00	0.00	1 380.00
地方教育附加（增值税）	76 810.00	0.00	—	—	76 810.00	2%	1 536.20		0.00	0.00	1 536.20
地方教育附加（消费税）	—	—	46 000.00	—	46 000.00	2%	920.00		0.00	0.00	920.00
合计						—	14 737.20			0.00	14 737.20

以下由纳税人填写：

纳税人声明	此纳税申报表是根据《中华人民共和国城市维护建设税暂行条例》《国务院征收教育费附加的暂行规定》《财政部关于统一地方教育附加政策有关问题的通知》和国家有关税收收定填报的，是真实的、可靠的、完整的。	
纳税人签章	代理人签章	代理人身份证号
	受理日期　　年　月　日	

以下由税务机关填写：

受理人	受理日期	受理税务机关签章

本表一式三份，一份还纳税人，一份作为资料归档，一份作为税收会计核算的原始凭证。

减免性质代码：减免性质代码应按照国家税务总局制定下发的最新《减免性质及分类表》中的最细项减免性质代码填报。

— 291 —

第六节 代理资源税纳税审查与纳税申报

资源税是对在中华人民共和国领域及管辖海域开采或者生产应税产品的单位和个人征收的一种税。2016 年 5 月 9 日,财政部和国家税务总局联合发布了财税〔2016〕53 号《财政部　国家税务总局关于全面推进资源税改革的通知》,该通知自 2016 年 7 月 1 日起正式实施。此次资源税改革是以资源税从价计征及对水资源征税为切入点,其具体内容体现为扩大了资源税征收范围;实施了矿产资源税从价计征改革;全面清理了涉及矿产资源的收费基金;合理确定了资源税税率水平;加强了矿产资源税收优惠政策管理;提高了资源综合利用效率。

一、代理资源税纳税审查

对资源税进行审查时,应从计税依据、适用税率、税款计算与缴纳等方面进行。

(一)计税依据的审查

自 2016 年 7 月 1 日起,资源税实施从价定率改革,因此资源税的计税依据主要为应税产品的销售额。销售额包括纳税人销售应税产品向购买方收取的全部价款和价外费用,但不包括收取的增值税销项税额和运杂费用。

纳税人开采或者生产应税产品自用于连续生产应税产品的,不缴纳资源税;自用于其他方面(包括用于非生产项目和生产非应税产品两部分)的,视同销售,依法缴纳资源税。

(1)价外费用,包括价外向购买方收取的手续费、补贴、基金、集资费、返还利润、奖励费、违约金、滞纳金、延期付款利息、赔偿金、代收款项、代垫款项、包装费、包装物租金、储备费、优质费、运输装卸费以及其他各种性质的收费。但下列项目不包括在内:

1)运杂费用。运杂费用是指应税产品从坑口或洗选(加工)地到车站、码头或购买方指定地点的运输费用、建设基金以及随运销产生的装卸、仓储、港杂费用。运杂费用应与销售额分别核算,凡未取得相应凭据或不能与销售额分别核算的,应当一并计征资源税。

2)同时符合以下条件代为收取的政府性基金或者行政事业性收费:由国务院或者财政部批准设立的政府性基金,由国务院或者省级人民政府及其财政、价格主管部门批准设立的行政事业性收费;收取时开具省级以上(含省级)财政部门监(印)制的财政票据;所收款项全额上缴财政。

3)以委托方名义开具发票代委托方收取的款项。

(2)纳税人申报的应税产品销售额明显偏低并且无正当理由的、有视同销售应税产品行为而无销售额的,除财政部、国家税务总局另有规定外,按下列顺序确定销售额:

1)按纳税人最近时期同类产品的平均销售价格确定。

2)按其他纳税人最近时期同类产品的平均销售价格确定。

3)按组成计税价格确定。组成计税价格的计算公式为:

$$组成计税价格＝成本×(1＋成本利润率)÷(1－税率)$$

公式中的成本是指应税产品的实际生产成本；公式中的成本利润率由省、自治区、直辖市税务机关确定。

（二）自用应税产品审查要点

按照规定，纳税人开采或者生产应税产品，自用于连续生产应税产品的，不缴纳资源税；自用于其他方面的，视同销售，依法缴纳资源税。

审查时，应查看"库存商品""自制半成品"明细账的贷方记录，若其对应账户是"生产成本""制造费用"，则说明企业将自制应税产品用于连续生产产品，此时应按照所生产的产品是否属于应税产品准确确定是否应视同销售——若自用于连续生产应税产品的，不缴纳资源税，以最终产品缴纳资源税；若自用于连续生产非应税产品的，则应视同销售缴纳资源税；若对应账户是"管理费用""在建工程""应付职工薪酬——非货币性福利"等，则属于将自产应税产品用于其他方面，应视同销售缴纳资源税。此时，应进一步审查出库单等原始凭证并与账户相对照，查明用于其他方面的数量、确定视同销售额，计算缴纳资源税。

【案例9-8】 某税务师事务所受托对某煤矿（系增值税一般纳税人）进行纳税审查，发现该企业当期有两笔经济业务异常：

（1）用原煤500吨等价交换柴油，双方互开普通发票，账务处理为：

借：原材料——燃料（柴油）　　　　　　　　　　　50 000（成本价）
　　贷：库存商品——原煤　　　　　　　　　　　　50 000（成本价）

（2）有一笔减少产成品200吨的会计分录为：

借：银行存款　　　　　　　　　　　　　　　　　35 100
　　贷：库存商品　　　　　　　　　　　　　　　　20 000
　　　　其他应付款　　　　　　　　　　　　　　　15 100

该煤矿适用的资源税税率为3%，该煤矿销售原煤每吨不含增值税售价为150元/吨。

解析：

（1）按照规定，用原煤产品交换原材料应作销售处理，并缴纳资源税、增值税。该煤矿用原煤交换原材料，直接冲减"库存商品"成本，漏计销售收入＝500×150＝75 000（元），少计增值税＝75 000×17%＝12 750（元），少缴资源税＝75 000×3%＝2 250（元）。所以第（1）笔分录的调账分录为：

1）调增产品销售收入。

借：原材料——燃料（柴油）　　　　　　　　　　　37 750
　　库存商品——原煤　　　　　　　　　　　　　　50 000
　　贷：主营业务收入　　　　　　　　　　　　　　75 000
　　　　应交税费——应交增值税（销项税额）　　　12 750

2）结转产品销售成本。

借：主营业务成本　　　　　　　　　　　　　　　50 000
　　贷：库存商品——原煤　　　　　　　　　　　　50 000

3）补提资源税。

借：税金及附加　　　　　　　　　　　　　　　　2 250
　　贷：应交税费——应交资源税　　　　　　　　　2 250

(2) 企业销售原煤 200 吨，未记入"主营业务收入"账户，少计收入＝200×150＝30 000（元），少计增值税＝30 000×17％＝5 100（元），少缴资源税＝30 000×3％＝900（元）。所以第（2）笔分录的调账分录为：

1) 调增产品销售收入。

借：库存商品——原煤	20 000
其他应付款	15 100
贷：主营业务收入	30 000
应交税费——应交增值税（销项税额）	5 100

2) 结转产品销售成本。

借：主营业务成本	20 000
贷：库存商品——原煤	20 000

3) 补提资源税。

借：税金及附加	900
贷：应交税费——应交资源税	900

（三）收购应税产品审查要点

按照规定，收购未税矿产品的单位为资源税的扣缴义务人。独立矿山、联合企业收购未税矿产品的单位，应按照本单位应税产品的适用税率，依据收购额代扣代缴资源税；其他收购单位收购的未税矿产品，按税务机关核定的应税产品适用税率，依据收购额代扣代缴资源税。

如果扣缴义务人属于商品流通企业，税务代理人应审查"库存商品"明细账的借方发生额，并结合"商品入库单""购货发票"等凭证，核实购进未税产品的数量和购进金额。如果扣缴义务人属于工矿企业，应审查其"原材料"账户，结合"材料入库单"等原始凭证，查实购进未税产品的数量。查实计税数量后，与企业纳税申报的计税数量相核对，如果不符，应进行调整。

【案例 9-9】 某税务师事务所受托对某煤气化公司进行纳税审查，发现企业所用煤炭不是从煤炭公司或煤矿购入的，而是从当地小煤窑收购的，购销双方均未缴纳资源税。经查实，当期企业收购煤炭 400 吨，每吨收购价为 500 元，该地区煤炭资源税单位税率为 3％。企业原账务处理为：

借：材料采购	200 000
贷：银行存款	200 000

验收入库后：

借：原材料——煤炭	200 000
贷：材料采购	200 000

解析：

该企业收购未税矿产品未履行代扣代缴义务，故建议企业做如下调账处理：

(1) 补提代扣代缴资源税税金。

应代扣代缴资源税＝200 000×3％＝6 000（元）

借：原材料	6 000
贷：应交税费——应交资源税	6 000

（2）补缴资源税。

借：应交税费——应交资源税   6 000

  贷：银行存款   6 000

（四）适用税目、税率的审查

资源税的税目共有原油、天然气、煤炭等 7 个税目及若干个子目，其适用税率分为两个层次：一是原则性的幅度税率；二是具体的明细税率。因此，不同地区、不同资源产品或不同等级的资源产品，其适用税率是不同的。

审查时应注意纳税人有无存在以下问题：（1）降低或混淆应税产品的等级，使用低等级的税率，少纳资源税。（2）将液体盐加工成固体盐销售，但仍按液体盐的单位税额申报纳税。（3）《中华人民共和国资源税暂行条例》及其实施细则未列举单位适用税率及等级的，未按省、自治区、直辖市人民政府规定的适用税率计算纳税。（4）适用税率错误。

此外，应注意纳税人开采或者生产不同税目应税产品的核算情况。按照规定，纳税人开采或者生产不同税目应税产品的，应分别核算不同税目应税产品的销售数量和销售额；未分别核算或者不能准确提供不同税目应税产品的销售额或者销售数量的，从高适用税率。审查时，应根据纳税人开采或生产应税资源产品的种类、名称、等级等，查阅"主营业务收入""主营业务成本""库存商品"等明细账及有关会计凭证，看其是否单独核算；然后，对照《资源税纳税申报表》，看其是否按规定计算纳税。

（五）税款计算缴纳的审查

在核实销售数量、销售额、适用税目、适用税率的基础上，对照审查《资源税纳税申报表》，审查销售数量、销售额是否真实，适用税率是否准确，税款计算是否正确。在审查时，应注意减免税的有关规定以及纳税人是否单独核算减免税的销售额或者销售数量。未单独核算或者不能准确提供销售额或者销售数量的，不予减税或者免税。之后，审查"应交税费——应交资源税"明细账及有关会计凭证，核实资源税的计算与缴纳情况。若发现问题，应及时告知纳税人补正。

【案例 9-10】 新华税务师事务所于 2016 年 12 月份接受西山煤矿委托，代理审查其 11 月份资源税缴纳情况。审查时，新华税务师事务所根据"库存商品"账户记载计算出产品出库量，将此数字与该煤矿的"主营业务收入"账户所记的销售数量相核对，发现销售收入数量比产品出库量少 1 000 吨。为此，新华税务师事务所检查了"应交税费——应交资源税"账户贷方发生额，发现企业全部按"主营业务收入"账户记载的销售数量申报纳税。税务师进一步核查"库存商品"减少的记账凭证，发现有这样一笔分录：

借：固定资产   180 000

  贷：库存商品   180 000

经抽查原始凭证，核实该企业采取以物易物方式以 1 000 吨原煤交换一台机器设备，未计算缴纳资源税（该煤矿资源税适用税率为 2%），原煤每吨不含税售价为 250 元，成本每吨为 180 元。

请计算应补缴的资源税，并做出相应的调账处理。

解析：

（1）西山煤矿存在的问题：煤矿用原煤换取固定资产，属于非货币性资产交换。按照会计准则的规定，非货币性资产交换具有商业实质且公允价值能够可靠计量的，应当以换出资产的公允价值和应支付的相关税费作为换入资产的成本。而该企业以成本转账，而且未计提增值税和资源税。

（2）计算应补缴的税金：

  应补缴资源税＝1 000×250×2％＝5 000（元）

  增值税的销项税额＝250 000×13％＝32 500（元）

（3）调账处理：

西山煤矿以物易物的交易应按非货币性资产交换进行账务处理。调账分录如下：

1）调增产品销售收入。

借：固定资产	102 500	
库存商品	180 000	
贷：主营业务收入		250 000
应交税费——应交增值税（销项税额）		32 500

2）结转产品销售成本。

借：主营业务成本	180 000	
贷：库存商品——原煤		180 000

3）补提资源税。

借：税金及附加	5 000	
贷：应交税费——应交资源税		5 000

4）结转增值税应缴税金。

借：应交税费——应交增值税（转出未缴增值税）	32 500	
贷：应交税费——未交增值税		32 500

5）补缴税款。

借：应交税费——未交增值税	32 500	
——应交资源税	5 000	
贷：银行存款		37 500

二、代理资源税纳税申报

2016年7月1日资源税从价定率改革后，国家启用了新的《资源税纳税申报表》（见表9-10）及其附表（见表9-11、表9-12、表9-13）。

【案例9-11】 一家开采铁矿石的矿山2016年12月份共生产销售铁矿石原矿2.5万吨，每吨不含增值税售价400元/吨。该矿山在开采铁矿石的过程中，还开采销售了伴生矿锰矿石2 400吨，每吨不含增值税售价为60元/吨；铬矿石1 200吨，每吨不含增值税售价为50元/吨。这家矿山开采的矿石全部用于对外销售，已知该矿山铁矿石的适用税率为3％，锰矿石、铬矿石的适用税率为2％。计算该矿山应纳的资源税并填写《资源税纳税申报表》。

解析：

  铁矿石应纳资源税＝25 000×400×3％＝300 000（元）

  铁矿石减按40％征收，因此铁矿石实际应纳税额＝300 000×40％＝120 000（元）

  锰矿石应纳资源税＝2 400×60×2％＝2 880（元）

铬矿石应纳资源税＝1 200×50×2％＝1 200（元）

填写《资源税纳税申报表》，如表9-10所示，附表略。

表9-10 **资源税纳税申报表**

根据国家税收法律法规及资源税有关规定制定本表。纳税人不论有无销售额，均应按照税务机关核定的纳税期限填写本表，并向当地税务机关申报。 填表日期： 年 月 日

税款所属时间：自 年 月 日至 年 月 日 金额单位：元至角分

纳税人识别号□□□□□□□□□□□□□□□□□□□

纳税人名称	（公章）		法定代表人姓名			注册地址		生产经营地址	
开户银行及账号			登记注册类型					电话号码	
税目	子目	折算率或换算比	计量单位	计 税销售量	计税销售额	适用税率	本 期应纳税额	本 期减免税额	本期已缴税额	本期应补（退）税额
1	2	3	4	5	6	7	8①＝6×7；8②＝5×7	9	10	11＝8－9－10
黑色金属矿	铁矿石		吨	25 000.00	10 000 000.00	3‰	300 000.00	180 000.00	0.00	120 000.00
黑色金属矿	锰矿石		吨	2 400.00	144 000.00	2％	2 880.00	0.00	0.00	2 880.00
黑色金属矿	铬矿石		吨	1 200.00	60 000.00	2％	1 200.00	0.00	0.00	1 200.00
合 计	—	—	28 600.00	10 204 000.00		—	304 080.00	180 000.00	0.00	124 080.00

注：表下半部分

授权声明	如果你已委托代理人申报，请填写下列资料： 为代理一切税务事宜，现授权_____（地址）为本纳税人的代理申报人，任何与本申报表有关的往来文件，都可寄予此人。 授权人签字：	申报人声明	本纳税申报表是根据国家税收法律法规及相关规定填写的，我确定它是真实的、可靠的、完整的。 声明人签字：

主管税务机关： 接收人： 接收日期： 年 月 日

本表一式两份，一份纳税人留存，一份税务机关留存。

表9-11 **资源税纳税申报表附表（一）**

（原矿类税目适用）

纳税人识别号□□□□□□□□□□□□□□□□□□□

纳税人名称：（公章）

税款所属时间：自 年 月 日至 年 月 日 金额单位：元至角分

序号	税目	子目	原矿销售额	精矿销售额	折算率	精矿折算为原矿的销售额	允许扣减的运杂费	允许扣减的外购矿购进金额	计 税销售额	计量单位	原矿销售量	精矿销售量	平均选矿比	精矿换算为原矿的销售量	计 税销售量
	1	2	3	4	5	6＝4×5	7	8	9＝3＋6－7－8	10	11	12	13	14＝12×13	15＝11＋14
1															

续前表

序号	税目	子目	原矿销售额	精矿销售额	折算率	精矿折算为原矿的销售额	允许扣减的运杂费	允许扣减的外购矿购进金额	计税销售额	计量单位	原矿销售量	精矿销售量	平均选矿比	精矿换算为原矿的销售量	计税销售量
	1	2	3	4	5	6=4×5	7	8	9=3+6−7−8	10	11	12	13	14=12×13	15=11+14
2															
3															
4															
5															
6															
7															
8															
合计															

表 9-12　　　　　　　　　　**资源税纳税申报表附表（二）**
（精矿类税目适用）

纳税人识别号□□□□□□□□□□□□□□□□□□□□

纳税人名称：　　　（公章）

税款所属时间：自　年　月　日至　年　月　日　　　　　　　　　　金额单位：元至角分

序号	税目	子目	原矿销售额	精矿销售额	折算率	原矿折算为精矿的销售额	允许扣减的运杂费	允许扣减的外购矿购进金额	计税销售额	计量单位	原矿销售量	精矿销售量	平均选矿比	原矿换算为精矿的销售量	计税销售量
	1	2	3	4	5	6=3×5	7	8	9=4+6−7−8	10	11	12	13	14=11÷13	15=12+14
1															
2															
3															
4															
5															
6															
7															
8															
合计															

表 9 - 13   **资源税纳税申报表附表（三）**
（减免税明细）

纳税人识别号□□□□□□□□□□□□□□□□□□□□

纳税人名称：   （公章）

税款所属时间：自 年 月 日至 年 月 日   金额单位：元至角分

序号	税目	子目	减免项目名称	计量单位	减免税销售量	减免税销售额	适用税率	减免性质代码	减征比例	本期减免税额
	1	2	3	4	5	6	7	8	9	10①＝6×7×9；10②＝5×7×9
1										
2										
3										
4										
5										
6										
7										
8										
合 计	—	—	—	—						

【本章小结】

1. 印花税的征税对象为税法列举的各类经济合同、产权转移书据、营业账簿、权利许可证照和经财政部确定征税的其他凭证。审查时，应根据不同征税对象的特点进行审查。印花税的纳税办法主要有三种：自行贴花完税、汇贴或汇缴以及委托代征。

2. 代理审查土地增值税的纳税情况，关键是核实转让房地产所取得的收入和法定的扣除项目金额，以此确定增值额和适用税率，并核实应纳税额。在审查时，应注意从事房地产开发的纳税人和非从事房地产开发的纳税人在扣除项目上的异同。土地增值税的纳税人分为两大类：从事房地产开发的纳税人和非从事房地产开发的纳税人。不同的纳税人需要填列不同的纳税申报表。

3. 房产税有从价计征和从租计征两种情况，在进行纳税审查时需要注意计税依据、税率、减免税、应纳税额等方面的审查，并按审查的结果填写纳税申报表。

4. 土地使用税从量定额计税，在对土地使用税进行审查时，关键是审查其占用土地面积、适用税额、减免税和应纳税额，并按审查的结果填写纳税申报表。

5. 城市维护建设税是对缴纳增值税、消费税、营业税的单位和个人，就其实际缴纳的"三税"税额为计税依据而征收的一种税。在为纳税人代理城市维护建设税纳税申报的过程中，核实纳税人应纳的"三税"税额是关键环节。

6. 代理资源税纳税审查时，应从销售额、适用税率、税款计算与缴纳等方面进行审查核实。在审查时，应注意税法关于销售额的规定。

【思考题】

1. 印花税的征税范围是如何规定的？

2. 从事房地产开发的纳税人和非从事房地产开发的纳税人在缴纳土地增值税时有何

不同？

3. 何时从价计征房产税？何时从租计征房产税？如何确定房产税的计税依据？

4. 如何确定土地使用税的计税依据？

5. 在计算缴纳资源税时，如何确定纳税人自产自用应税产品的销售额？

6. 如果某矿山收购了一个小型煤矿生产的原煤，而且该小型煤矿没有缴纳资源税，此时收购原煤的矿山有何义务？

【实务训练题】

1. 2016 年 12 月，天津明哲电子公司将一栋旧办公楼出售，取得收入 3 000 万元。企业为修建该楼取得土地使用权所支付的地价款及相关费用 180.5 万元（反映在"无形资产"账上）。经评估机构评估确认：该楼重置成本价 3 500 万元，成新度折扣率 60%。该企业已于 12 月 25 日与购买方签订了房地产转让合同，并办理了房地产产权变更登记手续，为此缴纳了 150 万元增值税、10.5 万元城市维护建设税、4.5 万元教育费附加、3 万元地方教育费附加和 1.5 万元印花税。该企业按下列顺序计算了应缴纳的土地增值税：

(1) 转让房地产取得的收入 3 000 万元。

(2) 计算扣除项目金额。

扣除项目金额 = 3 500×60% + (150+10.5+4.5+3+1.5) + 180.5

= 2 450（万元）

(3) 确定增值额及其占扣除项目金额的比率，确定适用税率及速算扣除系数。

增值额 = 3 000 - 2 450 = 550（万元）

增值额占扣除项目金额的比率 = 550÷2 450×100% = 22.45%

适用的土地增值税税率为 30%，速算扣除系数为 0%。

(4) 计算、核实土地增值税应纳税额。

应纳税额 = 550×30% = 165（万元）

要求：在该企业应纳土地增值税款的计算中，指出存在哪些问题。

2. 武汉市楚天房地产开发公司（地处市区）2016 年 12 月销售一栋写字楼，取得收入 4 790 万元。为建该楼取得土地使用权而支付的地价款及有关费用 500 万元；房地产开发成本 1 498 万元，其中：土地征用及拆迁补偿费 390 万元，前期工程费 78 万元，建筑安装工程费 822 万元，基础设施费 133 万元，公共配套设施 30 万元，开发间接费用 45 万元；管理费用和财务费用共计 500 万元，其中该写字楼应分摊的借款利息支出 120 万元（含罚息 10 万元），并能提供金融机构证明。该地区规定其他费用扣除比例为 5%。

该公司已与对方签订了房地产转让合同，并办理了房地产过户登记手续。税务机关为其核定的纳税期间为 1 个月。

要求：请计算该公司应交多少土地增值税，并填列相应的《土地增值税纳税申报表》。

第三篇

拓
展
篇

第十章

税务代理其他涉税事宜

【学习目的】

通过本章的学习，应当掌握税收行政复议的受案范围和申请程序、代理税收行政复议的操作要点、税收筹划的概念和方法、从事税务代理的执业风险因素。

【导入案例】

云帆市地方税务局在税务检查中发现新浪潮服装设计有限责任公司有偷逃所得税的情况，于是依据《中华人民共和国税收征收管理法》的有关规定，于 2016 年 1 月 20 日向该企业送达了《税务处理决定书》和《税务行政处罚决定书》，对该企业做出补税、加收滞纳金，并处以 3 万元罚款的决定，同日送达了《税务行政处罚告知书》。但是新浪潮服装设计有限责任公司对该处罚决定不服，在这种情况下，新浪潮服装设计有限责任公司应通过什么样的途径保护自己的合法权益呢？

第一节　税务行政复议代理实务

为了保障纳税人的权益，监督税务机关依法征税，当纳税人及其他税务当事人认为税务机关的行政行为侵害了自己利益的时候，可以通过行政复议的途径，保护自己的合法权益。

税务行政复议是指当事人（纳税人、扣缴义务人、纳税担保人及其他税务当事人）不服税务机关及其工作人员的税务行政行为，依法向上一级税务机关（复议机关）提出申请，复议机关经审理对原税务机关具体行政行为依法做出维持、变更、撤销等决定的活动。

一、税务行政复议的受案范围、参加人与管辖原则

（一）税务行政复议的受案范围

根据《中华人民共和国税收征收管理法》《中华人民共和国行政复议法》和《税务行政复议规则》的规定，税务行政复议的受案范围仅限于税务机关做出的下列税务具体行政行为。包括：

（1）征税行为，包括确认纳税主体、征税对象、征税范围、减税、免税、退税、抵扣

税款、适用税率、计税依据、纳税环节、纳税期限、纳税地点和税款征收方式等具体行政行为，征收税款、加收滞纳金，扣缴义务人、受税务机关委托的单位和个人作出的代扣代缴、代收代缴、代征行为等。

（2）行政许可、行政审批行为。

（3）发票管理行为，包括发售、收缴、代开发票等。

（4）税收保全措施、强制执行措施。

（5）行政处罚行为，包括罚款、没收财物和违法所得、停止出口退税权。

（6）不依法履行下列职责的行为：1）颁发税务登记；2）开具、出具完税凭证、外出经营活动税收管理证明；3）行政赔偿；4）行政奖励；5）其他不依法履行职责的行为。

（7）资格认定行为。

（8）不依法确认纳税担保行为。

（9）政府信息公开工作中的具体行政行为。

（10）纳税信用等级评定行为。

（11）通知出入境管理机关阻止出境行为。

（12）其他具体行政行为。

（二）税务行政复议的参加人

1. 税务行政复议的申请人

税务行政复议的申请人，是指认为税务机关的具体行政行为直接侵犯其合法权益、依法向税务行政复议机关提出复议申请的公民、法人和其他组织以及外国人、无国籍人，具体是指纳税义务人、扣缴义务人、纳税担保人和其他税务争议当事人。

有权提出复议申请的法人或其他组织发生合并、分立或者终止的，承受其权利的法人或其他组织可以申请复议；有权提出复议申请的公民死亡的，其近亲属可以申请行政复议；有权申请复议的公民为无行为能力人或者限制行为能力人的，其法定代理人可以代理申请行政复议。

同一行政复议案件申请人超过5人的，应当推选1至5名代表参加行政复议。

2. 税务行政复议的被申请人

税务行政复议的被申请人，是指作出引起争议的具体行政行为的税务机关。申请人对具体行政行为不服申请行政复议的，作出该具体行政行为的税务机关为被申请人。

（1）申请人对扣缴义务人的扣缴税款行为不服的，主管该扣缴义务人的税务机关为被申请人。

（2）对税务机关委托的单位和个人的代征行为不服的，委托税务机关为被申请人。

（3）税务机关与法律、法规授权的组织以共同的名义作出具体行政行为的，税务机关和法律、法规授权的组织为共同被申请人。

（4）税务机关与其他组织以共同名义作出具体行政行为的，税务机关为被申请人。

（5）税务机关依照法律、法规和规章规定，经上级税务机关批准作出具体行政行为的，批准机关为被申请人。

（6）申请人对经重大税务案件审理程序作出的决定不服的，审理委员会所在税务机关为被申请人。

（7）税务机关设立的派出机构、内设机构或者其他组织，未经法律、法规授权，以自己名义对外作出具体行政行为的，税务机关为被申请人。

3.税务行政复议的第三人

税务行政复议的第三人，是指与申请复议的具体行政行为有利害关系的公民、法人或者其他组织。这里所说的"利害关系"，一般是指经济上的债权、债务关系、股权控股关系等。税务行政复议的第三人，经税务行政复议机关批准，可以参加税务行政复议活动。

4.税务行政复议的代理人

税务行政复议的代理人，是指接受当事人的委托，以被代理人的名义，在法律规定或当事人授予的权限范围内，为代理复议行为而参加复议的个人。

税务行政复议的申请人和第三人可以委托代理人代为参加行政复议；被申请人不得委托代理人代为参加行政复议。

第三人不参加行政复议的，不影响行政复议的举行。

(三)税务行政复议的管辖原则

税务行政复议的管辖原则是指税务行政复议机关之间受理税务行政复议案件的职权划分。税务行政复议机构是税务机关内部的一个职能部门，它包括常设的"税务行政复议办公室"和非常设的"税务行政复议委员会"两部分。

(1)对各级国家税务局的具体行政行为不服的，向其上一级国家税务局申请行政复议。

(2)对各级地方税务局的具体行政行为不服的，可以选择向其上一级地方税务局或者该税务局的本级人民政府申请行政复议。省、自治区、直辖市人民代表大会及其常务委员会、人民政府对地方税务局的行政复议管辖另有规定的，从其规定。

(3)对国家税务总局的具体行政行为不服的，向国家税务总局申请行政复议。对行政复议决定不服，申请人可以向人民法院提起行政诉讼，也可以向国务院申请裁决。国务院的裁决为最终裁决。

(4)对下列税务机关的具体行政行为不服的，按照下列规定申请行政复议：

1)对计划单列市国家税务局的具体行政行为不服的，向国家税务总局申请行政复议；对计划单列市地方税务局的具体行政行为不服的，可以选择向省地方税务局或本级人民政府申请行政复议。

2)对税务所(分局)、各级税务局的稽查局的具体行政行为不服的，向其所属税务局申请行政复议。

3)对两个以上税务机关共同作出的具体行政行为不服的，向共同上一级税务机关申请行政复议；对税务机关与其他行政机关共同作出的具体行政行为不服的，向其共同上一级行政机关申请行政复议。

4)对被撤销的税务机关在撤销以前所作出的具体行政行为不服的，向继续行使其职权的税务机关的上一级税务机关申请行政复议。

5)对税务机关作出逾期不缴纳罚款加处罚款的决定不服的，向作出行政处罚决定的税务机关申请行政复议。但是对已处罚款和加处罚款都不服的，一并向作出行政处罚决定的税务机关的上一级税务机关申请行政复议。

有上述2)、3)、4)、5)项所列情形之一的，申请人也可以向具体行政行为发生地的县级地方人民政府提交行政复议申请，由接受申请的县级地方人民政府依法转送。

二、税务行政复议审理的基本规程

（一）税务行政复议的申请

（1）申请人可以在知道税务机关做出具体行政行为之日起60日内提出行政复议申请。

（2）当纳税人因不可抗力或者被申请人设置障碍等原因被耽误法定申请期限的，申请期限的计算应当扣除被耽误时间。

（3）纳税人及其他税务当事人对税务机关征税行为不服的，应先向复议机关申请复议，对行政复议不服的，可以再向人民法院提起诉讼。纳税人及其他税务当事人对税务机关其他行政行为不服的，可以申请行政复议或者直接向人民法院提起诉讼。

（4）申请人申请行政复议，可以书面申请，也可以口头申请；口头申请的，复议机关应当场记录。

（5）税务行政复议和诉讼不能同时进行。

（二）税务行政复议的受理

（1）行政复议申请符合下列规定的，行政复议机关应当受理：

1）属于本规则规定的行政复议范围。

2）在法定申请期限内提出。

3）有明确的申请人和符合规定的被申请人。

4）申请人与具体行政行为有利害关系。

5）有具体的行政复议请求和理由。

6）符合《税务行政复议规则》第33条和第34条规定的条件。

7）属于收到行政复议申请的行政复议机关的职责范围。

8）其他行政复议机关尚未受理同一行政复议申请，人民法院尚未受理同一主体就同一事实提起的行政诉讼。

行政复议机关收到行政复议申请以后，应当在5日内审查，决定是否受理。对不符合本规则规定的行政复议申请，决定不予受理，并书面告知申请人。

（2）对应当先向复议机关申请行政复议，对行政复议决定不服再向人民法院提起行政诉讼的具体行政行为，复议机关决定不予受理或者受理后超过复议期限不作答复的，纳税人及其他当事人可以自收到不予受理决定书之日起或者行政复议期满之日起15日内，依法向人民法院提起行政诉讼。

（3）纳税人及其他当事人依法提出行政复议申请，复议机关无正当理由而不予受理且申请人没有向人民法院提起行政诉讼的，上级税务机关应当责令其受理；必要时，上级税务机关也可以直接受理。

（4）行政复议申请受理后，发现不符合受理条件的，行政复议机关应当终止行政复议并书面告知当事人。

【案例10-1】 海阳市地方税务局在税务检查中发现海杰有限公司偷逃所得税，于是依据《中华人民共和国税收征收管理法》的有关规定，于2016年3月10日制作并向该企业送达了《税务处理决定书》和《税务行政处罚决定书》，对该企业做出补税、加收滞纳金，并处以4万元罚款的决定，同日送达了《税务行政处罚事项告知书》。该公司对罚款不服，在未缴清税款、滞纳金和罚款的情况下，于 2016 年 4 月 15 日申请税务行政复议，请求撤销罚款决定。请问：（1）对该公司的复议申请应由哪一级税务机关管辖？（2）复议机关是否应当受理该公司的复议申请？

解析：

（1）该行政复议申请案件应由海阳市地方税务局的上一级地税机关管辖。因为，根据有关规定，地方税务机关实行省以下垂直管辖，该公司只能向上一级税务机关申请复议。

（2）复议机关不应当受理该公司的复议申请。因为，该公司没有按《中华人民共和国税收征收管理法》第 88 条规定的前置程序办理，即应该先结清税款和滞纳金，再申请复议。

（三）税务行政复议的决定

（1）具体行政行为认定事实清楚，证据确凿，适用依据正确，程序合法，内容适当的，决定维持。

（2）被申请人不履行法定职责的，决定其在一定期限内履行。

（3）具体行政行为有下列情形之一的，决定撤销、变更或者确认该具体行政行为违法；决定撤销或者确认该具体行政行为违法的，可以责令被申请人在一定期限内重新做出具体行政行为：

1）主要事实不清、证据不足的；

2）适用依据错误的；

3）违反法定程序的；

4）超越或者滥用职权的；

5）具体行政行为明显不当的。

（4）被申请人不按规定提出书面答复，提交当初作出具体行政行为的证据、依据和其他有关材料的，视为该具体行政行为没有证据、依据，决定撤销该具体行政行为。

（5）复议机关应当自受理申请之日起 60 日内作出行政复议决定。情况复杂，不能在规定期限内作出行政复议决定的，经复议机关负责人批准，可以适当延长，并告知申请人和被申请人，但延长期限最多不超过 30 日。

复议机关作出行政复议决定，应当制作行政复议决定书，并加盖印章。行政复议决定书一经送达，即发生法律效力。

行政复议决定书

_____ 〔   〕号

申请人：（公民：姓名、性别、住址、联系电话；法人或其他组织：名称、地址、法定代表人或者主要负责人姓名、联系电话）

委托代理人：（姓名、性别、住址、联系电话）

被申请人：（名称、地址、法定代表人姓名及职务）

第三人：（姓名、地址、职业）

申请人因不服被申请人的_____，于_____年_____月_____日提起行政复议申请，本机关依法已予受理。申请人请求_____。申请人称_____。

经查，_____。本机关认为：_____。

根据《中华人民共和国行政复议法》第___条规定，本机关决定：_____

_____。

申请人如对本决定不服，可以自接到本决定之日起 15 日内向_____

人民法院提起行政诉讼。

年 月 日

（行政复议机关章）

（6）行政复议决定作出前，申请人要求撤回行政复议申请的，可以撤回，但不得以同一基本事实或理由重新申请复议。

三、代理税务行政复议的操作规范

（一）确定代理复议操作要点

签订《税务代理协议书》，正式决定受托代理之前，税务师应履行如下程序：（1）了解情况；（2）审核复议条件是否具备；（3）磋商代理事项、价格和收费方法。

（二）代理复议申请操作要点

（1）向税务行政复议机关提交《复议申请书》，简单清晰地表达申请复议的要求和理由，针对税务机关的具体行政行为，提出持有异议的论据并进行充分的论证。

（2）在向税务行政复议机关提交《复议申请书》之后的 10 日内，税务师可视下列情况分别处理：1）复议机关决定受理复议申请，应做好参加审理的准备；2）复议机关要求限期补正，应按限定的时间提供有关资料；3）复议机关通知不予受理，如果申请人对此裁决不服可以自收到不予受理裁决书之日起 15 日内，向人民法院起诉。

（3）在法定的申请期限内，如因不可抗力而延误申请，税务师应在障碍消除后的 10 日内，向复议机关申请延长复议期限。

（三）代理复议审理

审理是复议机关对决定受理的复议申请，审查其具体行政行为合法性和适当性的过程，它是复议机关最终作出复议决定的基础。

（1）在采取书面审理的方式下，被申请人自收到《复议申请书》之日起 10 日内，向复议机关提交《答辩书》和有关证据材料，复议机关对争议双方所提出的论点和证据进行分析研究，责成专人调查取证，经税务行政复议委员会集体审议后作出复议决定。税务师应密切注意案情的发展，针对原具体税务行政行为在合法性与适当性方面存在的问题，补充和完善《复议申请书》的证据材料，指导申请人在复议机关调查取证时提供更详尽有力的证据。

（2）在采取公开审理的方式下，税务师要与被申请人就税收争议进行辩论，公开陈述申请人的复议请求，税务师参加公开审理，除要作充分的书面准备外，还要有雄辩的口才，在公开辩论中充分表述。

（四）复议决定后的代理策略

税务行政复议机关作出复议决定，并向复议参加人送达《复议决定书》，标志税务行政复议这一行政裁决税收争议程序的结束。复议决定的结论不同，税务师其后操作的代理策略也要有所区别。

（1）复议机关作出维持原具体行政行为的决定时，意味着对代理复议的请求给予否认，该项税务代理未能达到预定的目的，税务师应客观冷静地分析。如果是由于上级税务机关未在复议中履行审查职责，或者有意偏袒下级税务机关作出的原具体行为，税务师应向人民法院提起诉讼。如果是由于申请人隐瞒了某些重要的事实及过程并提供了不真实的资料，或者是税务师在分析税收争议适用税收法律、法规方面的某些错误而导致复议请求的否定，税务师应以书面形式向申请人作出说明，并提示其今后应吸取的教训。

（2）在复议机关作出变更、撤销原具体行政行为的决定时，表明对代理复议的请求给予部分或全部肯定，可以认为该项税务代理的结局比较理想。税务师应总结经验，并以书面的形式告知申请人如何执行税务复议决定。

（3）在复议机关认为原具体行政行为有程序上的不足，税务师可根据申请人的复议请求决定是否服从复议机关的裁决。如果原具体行政行为有除执法程序上的不足外的其他问题，税务师仍可与申请人研究通过进一步的申诉得到解决。

（4）在复议机关对税务机关的不作为行为裁决应在一定期限内履行的，税务师应尽快与税务机关沟通，将所请求的办税事项予以完成，并以书面形式告知申请人。

第二节　税务咨询与税务顾问

一、税务咨询

税务咨询是咨询服务的一种。它是通过电话、信函、晤谈等方式解答纳税人、扣缴义务人有关税收方面的问题，是税务代理业务中最具普遍性的服务内容。

（一）税务咨询的内容

税务咨询的内容有：（1）税收法律规定方面的咨询；（2）税收政策运用方面的咨询；（3）办税实务方面的咨询；（4）涉税会计处理的咨询；（5）税务动态方面的咨询。

（二）税务咨询的形式

1. 书面咨询

书面咨询是税务咨询最为常用的一种方法。它是以书面的形式如"税务咨询备忘函"解决纳税人遇到的疑难问题。在咨询时，税务师要制作书面文书，要求题目明确、解答清楚、证据充分，引用的法律、法规准确。

2. 电话咨询（口头咨询）

电话咨询主要用于比较简单明了的税务问题的咨询服务，通过电话中的交谈就能给纳税人、扣缴义务人一个简要的答复。

3. 晤谈

晤谈是当面解答纳税人、扣缴义务人提出的税收问题。往往是对于较为复杂的问题双方进行讨论，最后由税务师作出结论。

4. 网络咨询

代理人可以通过网络平台及相关软件在线即时解答或留言解答纳税人、扣缴义务人提出的问题。

二、税务顾问

税务顾问是综合性的税务咨询服务，它通过上门服务的方式为纳税人、扣缴义务人提供税收方面的咨询服务。与税务咨询相比，税务顾问具有权威性强、咨询内容广泛、服务对象专一的特点。

税务顾问的作用主要体现在以下几个方面：

（一）政策指导

担任纳税人、扣缴义务人税务顾问的人员，应是在财税方面学有专长并有一定造诣的税务师，对于税收法律、法规、税收政策、财务处理方面的问题，能够给予专门性的指导，以及税收政策疑难问题的解答。

（二）办税指导

税务师为纳税人、扣缴义务人提供日常办税咨询服务与操作指南，包括纳税框架的设计，适用税种、税目、税率的认定。

（三）提供信息

税务顾问可向客户提供税收方面的信息，也可以提供财务、会计、法律等方面的信息。

三、现代税务咨询——税收筹划

（一）税收筹划的概念及特点

税收筹划指的是在税法规定的范围内，通过对经营、投资、理财活动的事先筹划和安排，尽可能地取得"节税"的税收利益。税收筹划的特点主要有以下几点。

1. 合法性

税收筹划虽然能帮助企业减少税收负担，但必须在合法的范畴内进行。通过违反税收法规而进行的减少税负行为不是税收筹划行为，必须加以禁止。

2. 筹划性

税收筹划是通过对纳税人的生产经营活动进行规划和安排减少纳税人未来时间的税收负担。如纳税人的税收负担已经确定，却想方设法减少税收负担的行为已不构成税收筹划。

3. 目的性

税收筹划的目的很明确，通过筹划减少企业税收支出，增加税后收益。

（二）税收筹划的方法

1. 不予征税方法

不予征税方法是指选择国家税收法律、法规或政策规定不予征税的经营、投资、理财等活动的方案以减轻税收负担的方法。如：我国现行税收政策规定，在不动产出售、出租和投资等方案中，从营业税不予征税的角度考虑，可以选择投资方式；在土地及地上附着物的出售、出租或投资等方案中，从土地增值税不予征税的角度考虑，可以选择出租或投资方案。

2. 减免税方法

减免税方法是指根据国家税收法律、法规或政策规定，选择享受减税或免税优惠的经营、投资、理财等活动方案，以减轻税收负担的方法。

3. 税率差异方法

税率差异方法是指根据国家税收法律、法规或政策规定的税率差异，选择税率较低的经营、投资、理财活动的方案，以减轻税收负担的方法。

4. 分割方法

分割方法是指根据国家税收法律、法规或政策规定，选择能使计税依据进行分割的经营、投资、理财等活动的方案，以达到不同税负、税种的计税依据相分离；或是分解为不同纳税人或征税对象，增大不同计税依据扣除的额度或频度；或是避免税率的爬升等效果，使税收负担减轻的方法。

【案例 10 - 2】 郑峰于 2016 年 11 月取得工资、薪金所得信息如下：

(1) 当月取得一般工资、薪金 4 000 元；

(2) 当月取得全年一次性奖金 18 120 元。

请问：请利用分割方法对上述个人所得进行纳税筹划。

解析：

郑峰当月工资、薪金所得应纳个人所得税情况如下：

一般工资、薪金应纳个人所得税＝(4 000－3 500)×3%－0＝15 (元)

全年一次性奖金应纳个人所得税：18 120÷12＝1 510 元，其对应税率为 10%，速算扣除数 105。

应纳税额＝18 120×10%－105＝1 707 (元)

针对上述情况，如果把全年一次性奖金中的 120 元转入到一般工资、薪金中发放，则会呈现出不同的节税效果，具体如下：

一般工资、薪金应纳个人所得税＝(4 120－3 500)×3%－0＝18.6 (元)

全年一次性奖金应纳个人所得税：18 000÷12＝1 500 元，其对应税率为 3%，速算扣除数 0。

应纳税额＝18 000×3%－0＝540 (元)

筹划后，郑峰全部应纳税额为 558.6 元，较筹划前节税 1 163.4 元。

5. 扣除方法

扣除方法是指依据国家税收法律、法规或政策规定，使经营、投资、理财等活动的计税依据中尽量增加可以扣除的项目或金额，以减轻税收政策负担的方法。

6. 抵免方法

抵免方法是指依据国家税收法律、法规或政策规定，使经营、投资、理财等活动的已纳税额或相应支出，在其应纳税额中予以抵扣，以减轻税收负担的方法。

7. 延期纳税方法

延期纳税方法指依据国家税收法律、法规或政策规定，将经营、投资、理财等活动的当期应纳税额延期缴纳，以实现相对减轻税收负担的方法。

8. 退税方法

退税方法是指依据国家税收法律、法规或政策规定，使经营、投资、理财等活动的相关税额退还的方法。

第三节 税务师的执业风险与税务师事务所的质量控制

一、税务师的执业风险

税务师的执业风险是税务师因未能完成代理事项和履行代理职责所要承担的法律责任。它主要表现在两个方面：其一，税务师未能完成代理事项而使纳税人、扣缴义务人遭受税收权益的损失；其二，税务师未能履行代理职责而使纳税人、扣缴义务人承担纳税风险。

（一）从纳税人、扣缴义务人方面产生执业风险的因素

（1）企业委托代理的意向。委托代理的意向与税收法律、法规和主管税务机关的要求偏离度越大，就意味着税务代理的执业风险越高。

（2）企业纳税意识的强弱。有的企业纳税意识淡薄，委托代理的目的是通过税务代理的运作尽可能地少纳税款，甚至采用少报收入、虚列成本费用的手段偷税，这类企业的代理风险就会很高。

（3）企业财务核算的基础。企业财务核算资料如果不能客观、全面、准确地反映其生产经营的情况，代理纳税申报就容易产生错误，出现少纳或多纳税款的问题。

（二）从税务代理执业人员方面产生的风险因素

（1）税务代理执业人员的职业道德水平。税务代理执业人员的职业道德水平影响其工作态度和代理事项最终完成的结果。

（2）税务代理执业人员的专业胜任能力。

（3）税务代理机构执业质量控制程度。从税务师方面分析产生税务代理执业风险的因素，除了执业人员的个人行为外，还与税务代理机构自身有无健全的质量控制体系有关，税务代理机构质量控制体系越完备，其税务代理执业风险就会越小。

二、税务师事务所的质量控制

税务师事务所质量控制主要内容有以下几方面。

（一）质量控制责任

税务师事务所制定的质量控制制度，应当根据自身规模和业务特征等因素，形成以业务质量控制为核心的全面质量控制制度体系。税务师事务所所长和项目负责人对服务结果的质量承担最终责任；项目其他成员为其完成的工作质量承担责任。

（二）职业道德要求

税务师事务所应当考虑职业道德对注册税务师在不同业务类型和业务不同阶段的要求，制定相关制度或采取相应防范措施，以合理保证发现、评价威胁职业道德的情形，消除或降低对职业道德的威胁。

（三）人力资源

税务师事务所制定的人力资源的管理制度，应当考虑业务质量对人力资源的要求，形成以质量为导向的人员选聘、培训、业绩评价、薪酬、晋升、奖励与惩罚制度体系。

（四）业务承接与业务保持

在确定是否接受和保持业务委托关系前，税务师应当对委托人的情况进行了解和评

估，税务师事务所应当对注册税务师的评估情况进行评价和决策。税务师事务所应当制定业务承接质量控制制度，明确对委托人事项了解的内容、方法、风险评估内容和方法，确定接受或保持委托关系的决策程序。

（五）业务委派

税务师事务所应当制定业务委派制度，内容包括：项目组织结构、项目负责人和其他重要人员的回避及选定程序、责任、权力。税务师事务所在对业务委派环节进行管理时，应当关注选定的项目负责人的技术专长、经验、独立性是否符合要求以及已有项目的工作量。

（六）业务实施

税务师事务所应当针对业务计划、证据收集与评价、业务结论、服务结果提交等业务实施的各个阶段制定相应的质量控制制度。税务师事务所质量控制制度应当对确定和处理业务实施过程的重大事项进行规定，并规范与税务机关、委托人的沟通权限和时间。

（七）业务复核与监控

（1）业务复核是指税务师事务所为保证业务质量对项目组作出的重大判断和形成的业务结果作出客观评价的过程。税务师事务所应当根据自身规模和项目风险等级制定业务质量复核制度。业务质量复核制度应包括：复核级别、复核内容、复核程序、复核记录等内容。

（2）业务监控是指税务师事务所选派项目组以外人员（以下简称业务监控人），对项目组的工作作出客观评价的过程。税务师事务所应当制定业务监控制度，对一定风险等级的项目分别实施监控。业务监控人应当具备业务监控所需要的足够、适当的技术专长、经验并满足独立性的要求。不能因业务监控的实施而减轻项目负责人应承担的责任。

（八）业务工作底稿及档案管理

（1）税务师事务所业务工作底稿和档案管理制度应当包括以下内容：

1）业务工作底稿制定（修订）、使（停）用权限。

2）业务工作底稿编制、修改、复核在时间、权限、签字方面的要求。

3）业务工作底稿形成档案时限。

4）档案保管、借阅、销毁要求。

5）其他业务工作底稿档案相关要求。

（2）项目组自提交业务结果之日起 90 日内将业务工作底稿归整为业务档案。业务档案应按不同客户不同委托业务分别归整，对同一客户不同的委托业务，应分别归整业务档案。

（3）税务师事务所的业务档案，应当自提交结果之日起至少保存 10 年。

【本章小结】

1. 税务行政复议是纳税人及其他涉税人保护自己权益的重要手段。所谓税务行政复议，是指当事人（纳税人、扣缴义务人、纳税担保人及其他税务当事人）不服税务机关及其工作人员的税务行政行为，依法向上一级税务机关（复议机关）提出申请，复议机关经审理对原税务机关具体行政行为依法做出维持、变更、撤销等决定的活动。

2. 税务行政复议的申请人具体是指纳税义务人、扣缴义务人、纳税担保人和其他税务争议当事人。

3. 税务行政复议审理的基本规程主要包括税务行政复议的申请、受理和决定。

4. 税务咨询是咨询服务的一种。它是通过电话、信函、晤谈等方式解答纳税人、扣缴义务人有关税收方面的问题，是税务代理业务中最具普遍性的服务内容，其形式主要包括书面咨询、电话咨询、晤谈和网络咨询。

5. 税收筹划指的是在税法规定的范围内，通过对经营、投资、理财活动的事先筹划和安排，尽可能地取得"节税"的税收利益。税收筹划的特点为合法性、筹划性和目的性。

6. 税务代理的执业风险是税务师因未能完成代理事项和履行代理职责所要承担的法律责任。它主要表现在两个方面：一是税务师未能完成代理事项而使纳税人、扣缴义务人遭受税收权益的损失；二是税务师未能履行代理职责而使纳税人、扣缴义务人承担纳税风险。

【思考题】

1. 税务行政复议的受案范围是什么？税务行政复议申请不予受理的情形有哪些？

2. 代理税务行政复议申请操作的要点有哪些？

3. 税收筹划的方法有哪些？

4. 什么是税务代理的执业风险？其执业准则有哪些？

【实务训练题】

海阳市纳税人李某 2015 年 5 月开办了一家图片社，未向工商税务部门办理登记就开始营业，2016 年 7 月被群众举报，工商局对其进行了处理。海阳市地税局新区税务所通过调查后，于 8 月 2 日向李某下达了《税务行政处罚事项告知书》，8 月 16 日以税务所的名义向李某下达了《税务处理决定书》和《税务行政处罚决定书》，对其做出了补缴税款、滞纳金和 1 000 元罚款的处理。李某对罚款存有异议，缴纳了税款、滞纳金后，在未缴纳罚款的情况下，于 9 月 5 日向海阳市地税局提出行政复议申请。

要求：

（1）李某可以申请行政复议吗？请说出申请的程序。

（2）税务行政复议机关应作何决定？请说出理由。

参考文献

［1］中国注册会计师协会．税法．北京：经济科学出版社，2016．

［2］全国税务师资格考试教材编写组．涉税服务实务．北京：中国税务出版社，2016．

［3］财政部会计司编写组．企业会计准则讲解．北京：人民出版社，2010．

图书在版编目（CIP）数据

税务代理实务/奚卫华主编 . —4 版 . —北京：中国人民大学出版社，2017.4
21 世纪高职高专精品教材 . 新税制纳税操作实务系列
ISBN 978-7-300-23959-0

Ⅰ.①税… Ⅱ.①奚… Ⅲ.①税务代理-高等职业教育-教材 Ⅳ.①F810.423

中国版本图书馆 CIP 数据核字（2017）第 016006 号

"十二五"职业教育国家规划教材
经全国职业教育教材审定委员会审定
普通高等教育"十一五"国家级规划教材
21 世纪高职高专精品教材·新税制纳税操作实务系列
总主编　苏春林

税务代理实务（第四版）
主　编　奚卫华
副主编　徐　伟　何　敬　司　茹
Shuiwu Daili Shiwu

出版发行	中国人民大学出版社		
社　　址	北京中关村大街 31 号	邮政编码	100080
电　　话	010－62511242（总编室）	010－62511770（质管部）	
	010－82501766（邮购部）	010－62514148（门市部）	
	010－62515195（发行公司）	010－62515275（盗版举报）	
网　　址	http://www.crup.com.cn		
	http://www.ttrnet.com（人大教研网）		
经　　销	新华书店		
印　　刷	三河市汇鑫印务有限公司	版　次	2004 年 10 月第 1 版
规　　格	185 mm×260 mm　16 开本		2017 年 4 月第 4 版
印　　张	20.25	印　次	2017 年 4 月第 1 次印刷
字　　数	482 000	定　价	39.00 元